管一辈子的教育（第2版）

林格 著

清华大学出版社
北京

本书封面贴有清华大学出版社防伪标签，无标签者不得销售。
版权所有，侵权必究。侵权举报电话：010-62782989 13701121933

图书在版编目(CIP)数据

管一辈子的教育/林格 著.—2版.— 北京：清华大学出版社，2020.1
ISBN 978-7-302-54033-5

Ⅰ.①管⋯ Ⅱ.①林⋯ Ⅲ.①中小学生—习惯性—能力培养—研究 Ⅳ.①G635.5

中国版本图书馆 CIP 数据核字(2019)第 238349 号

责任编辑：	陈 莉 高 屾
封面设计：	周晓亮
版式设计：	方加青
责任校对：	成凤进
责任印制：	李红英

出版发行：清华大学出版社
　　　　网　　址：http://www.tup.com.cn，http://www.wqbook.com
　　　　地　　址：北京清华大学学研大厦 A 座　邮　编：100084
　　　　社 总 机：010-62770175　　　　　　　　邮　购：010-62786544
　　　　投稿与读者服务：010-62776969，c-service@tup.tsinghua.edu.cn
　　　　质 量 反 馈：010-62772015，zhiliang@tup.tsinghua.edu.cn
印 装 者：涿州市京南印刷厂
经　　销：全国新华书店
开　　本：170mm×240mm　　印　张：20.25　　字　数：430 千字
版　　次：2010 年 4 月第 1 版　2020 年 1 月第 2 版　印　次：2020 年 1 月第 1 次印刷
定　　价：69.00 元

产品编号：082806-01

目 录

学习篇
引导孩子自主学习

怎样指导孩子学习	2
怎样培养孩子的学习兴趣	21
怎样诱发孩子的求知欲	29
怎样激发孩子的学习潜能	42
怎样培养良好的学习习惯	51
怎样帮助孩子提高能力	64
怎样指导孩子阅读	67

才能篇
激发个性成功

孩子的特长与成才方向	108
假定与确定孩子的最佳才能区	121
提高孩子的多种能力	133
激发孩子的最佳才能区	179

习惯篇
习惯决定命运

习惯的基本理论	244
做人习惯的养成	270
做事习惯的养成	286
学习习惯的养成	303
生活习惯的养成	313

学习篇
引导孩子自主学习

怎样指导孩子学习
怎样培养孩子的学习兴趣
怎样诱发孩子的求知欲
怎样激发孩子的学习潜能
怎样培养良好的学习习惯
怎样帮助孩子提高能力
怎样指导孩子阅读

怎样指导孩子学习

大家都了解，孩子的学习问题既关系到孩子的前途和发展，也关系到家庭、国家和社会的发展。学习是孩子未来成功的起点，帮助孩子迈向成功，就应该指导孩子把学习搞好。

越来越多的父母把孩子的学习作为家庭的第一件大事来抓，动脑筋，想办法，也许取得了一定的成功。但有些父母费了不少心，出了不少力，可孩子的学习仍然问题很多，因而很着急，很苦恼。因此，如何帮助孩子迈向成功，让我们从家庭学习指导开始谈起。

一、家庭学习指导的误区

影响孩子学习成绩的因素很多，但父母的观念和方法有问题是很重要的一个原因。概括起来，主要有以下三类错误，或叫作三大误区。

1. "不管型"教育

有的父母是"忙碌不管"。父母忙事业、忙工作、忙挣钱、忙吃穿，总之是"忙碌不管"。

有的父母对孩子"放任不管"，溺爱孩子，任凭孩子玩闹，不做作业，最后把孩子学习不好的原因怪罪在学校老师身上，这样不仅有损教师形象，而且自己的孩子将成为最大的受害者。

有的父母对孩子失去信心、放任不管，常会听到父母说，"这孩子全交给你了，我们不会管，就不管了""这孩子没出息了，不用管了"。

有的父母不懂教育，说："都别管，这样可以提高孩子的自学能力。"孩子的自学能力是教育培养出来的，不是放纵出来的。如此这般不管孩子，放任孩子，对孩子的发展是有害的。

有的父母是"散乱不管"。父母自己心"散乱"了，当着孩子大声嚷着"向前看就是向钱看""挣钱要紧，有钱能使鬼推磨，学习好了有什么用"，等等。这些错误的观念和言论，严重地影响孩子学习的心情和效果。

有的父母把家庭环境搞得乱糟糟的。晚上，大声地放电视等，招来一屋子人，抽烟、喝酒、打牌，甚至赌博，满屋子乌烟瘴气，一片狼藉。孩子连个学习的环境都没有，学习生活被严重干扰。

上述这些父母，忙碌、放任、散乱，平时不管孩子学习，甚至干扰孩子学习，而期末却严厉地看孩子考试的分数，看见分数不好时，轻则骂，重则打。孩子有说不出来的委屈，常常瞪着父母掉眼泪，怨恨这样的家庭环境。

父母应该明白，关心孩子，指导孩子学习，是父母应尽的责任，多忙也要拿出一段时间和孩子在一起，多忙心里不能没有孩子。可以充分利用现代化手段经常和孩子沟通，离家越远，越要常给孩子打电话，拿起电话的第一句话，就是问孩子的学习情况，这既增加亲情，对孩子的学习和成长也很有好处。

2."乱管型"教育

有的父母喜欢刺激孩子。只要孩子学习上有一点问题，就没完没了地唠叨、埋怨、讽刺、挖苦，甚至谩骂。轻则骂"木头疙瘩""糨糊脑袋"，重则骂什么"还不撒泡尿照照""还有脸见人，扎进茅坑死了算了"，甚至骂"你这笨驴，蠢猪，傻瓜"，等等。这些话近似于精神折磨、精神虐待。

有的父母当着客人面说孩子："你这傻瓜呀，傻瓜，是随你爹，还是随你妈？"孩子生气地说："随你们俩！"

有的父母在家里搞"金钱刺激"，把学习成绩跟奖金挂钩，和孩子说"考100分奖给100元，考90分给90元"，过两天孩子跟爸爸要50元，当父母醒过味来又气得不得了。孩子小，这种金钱刺激很容易使孩子产生错误的单纯追求金钱的观念。

有一次，一位专家和一个多次涂改分数的小孩子谈话：

"你去干啥？"

"上学！"

"上学干啥？"

"得分！"

"得分干啥？"

"捞钱！"

他还说："我们全家捞了不少钱，我也从他们那儿捞了不少钱。"

说着就从衣袋里往外掏钱，在场的人看到这样的事情，感到又新鲜又痛心。用金钱刺激副作用是很大的，这种错误的导向对孩子的发展很危险。

有的父母教育方式粗暴。时至今天，还有父母信奉封建社会那些"棍棒出孝子""不打不成才"的旧观念，动不动就大发雷霆，见什么抄什么，乱打乱抢，甚至发疯发狂，样子非常可怕。有的父母经常体罚孩子甚至毒打孩子，问题很严重。

粗暴的做法必将导致严重后果，一是会使孩子怕学习、怕考试，越怕考试越考不好，从而怕学、厌学；二是有的孩子从拿到卷子开始，就咬着牙等着挨打，出现抵抗的消极心态，更难教育；三是造成孩子身心伤害，一旦出现悲剧性后果，最痛苦、最悲哀的是我们做父母的，这样的事情报纸上经常有报道，应该吸取教训了。

上述讲的"刺激""诱惑""粗暴"的管教，是"乱管型"教育。这样的管教是越管越乱，越管越糟。

3. "包办型"教育

有的父母对孩子的学习采取"保姆包办"的方法，造成孩子出现依赖性，严重影响孩子的主动发展。

近来又出现了"家教包办"。请家教适时地帮助孩子学习，"扭转一下战局"是可以的，请高水平教师指点孩子掌握学习方法更好。而有的父母，买了一堆习题书，利用家教长时间地给孩子做习题，讲习题，就有害了，这是"捡了芝麻丢了西瓜"的事，很容易加重孩子的负担，影响孩子的身心健康和全面发展。

无论是"父母包办"，还是"家教包办"，都有损孩子自动自发地学习和发展。

上述误区使我们认识到，家庭学习指导应有正确原则(四大原则)：热心、持久、民主、科学。简略地解释一下：热心和持久大家都了解，我们强调民主，强调的是，孩子是学习的主体，孩子的学习具有不可替代性，一定要理解孩子、尊重孩子，把孩子当成正在成长的人来看待，才能教育好孩子。我们倡导科学，也就是要倡导遵循现代化的学习规律和孩子的成长规律去教育孩子。

把家庭教育和学校教育结合起来，是孩子全面、和谐发展的需要，更是家庭进行科学学习指导的前提，是社会发展的必然趋势。

首先，父母要了解孩子学习好的关键环节——上课。上课时孩子表面都一样，而内心的差别很大。有的孩子上课时很热情、思维积极、活跃，而有的孩子上课时态度懒散、思维简单。时间长了，结果很不一样。可以说，孩子在学校期间，出现知识、能力、思想品德等方面的差异，包括素质差异，很大程度是孩子上课参与水平不同的结果。

其次，父母还要了解孩子的作业情况。作业是培养孩子能力的重要方面。

最后，尽量了解孩子知识、能力、情感等方面的阶梯发展情况，把握孩子的成长规律。

二、家庭学习指导的基本方法

1. 学会引导，严格教育，注重实效

学会引导，通俗地讲，就是软硬兼施，重在激励，"软"就是启发、激励孩子，"硬"就是严格教育。

严格教育不是教条，不是管死。凡是正确的、孩子愿意做的事情，就要抓紧、抓狠、不放松、不打折、不妥协，坚决抓出实效。

高素质的人是严格教育的结果。

严格教育是我们现代东方教育一个重要的优势。

2. 阶梯目标，艰苦奋斗，形成习惯

孩子的成长一定要有个阶梯目标，让孩子通过自己的努力一步一步地实现自己的目标。

孩子的进步是需要教师、父母的关心、支持和帮助的，有的父母不了解这一点，平时不关心孩子，只是期末看到孩子成绩不好时，轻则批评，重则打骂。

他们不了解的是，孩子的内心是非常想好的，只是苦于没有办法，父母应该帮助孩子生成目标，多想办法，培养良好的学习习惯，这才是孩子学习好的根本。

当然，孩子要改变自己，一定要付出艰苦努力，在人的知识和品德成长上想要不劳而获、一蹴而就是不可能的，要鼓励孩子脚踏实地、艰苦奋斗，这样才能使孩子尽快成长发展。

可见，对孩子的学习指导要动之以情、晓之以理、情理交融、深入心灵。

作为父母，对孩子一定要有耐心，坚持对孩子的信心和期望，更要尊重信任，宽容期待，学会赏识。

3. 发扬优势，重点突破，集中治理

学会突破，就是让孩子逐步学会发现和发展自己的特长和优势。孩子的知识、能力、情感、意志等某一方面的长处得到展示，受到肯定，对孩子来说，都是他成长中的重要的突破性发展。

孩子一定要学会突破。人成长的一个重要规律是努力从某一方面有所突破，带动全面发展，从而使人更快成长。

每个孩子都是有特长、有天赋、有潜力、有潜能的，这也是孩子的实际，父母的学习指导也要从这个实际出发进行工作和改革。

人的特长、天赋、潜能的发现和发展过程，也是人的创新过程，一定要给孩子提供这样的机会和环境(氛围)。现代化教育观念的核心，就是全面调动人的积极因素，努力挖掘人的潜能，充分体现每一个人的价值。

4. 学会合作，注重探索，全面发展

学会合作包括学会生活合作、学会学习合作、学会事业合作等。

父母要学会跟孩子合作搞好学习。在一天里，父母要尽量安排一些时间和孩子在一起，如共同干家务等，跟孩子亲切、自然地在一起聊聊，比如聊今天学了什么，对老师讲的什么内容感到新鲜等。既要引导孩子谈学习，还要热心地表示爱听孩子谈学习、感谢孩子谈学习。在自然、亲切的谈话中，父母很容易发现孩子学习的特点、优势，也容易发现孩子学习上的问题，给予孩子具体的指导和帮助，这样，对孩子的个性发展、潜能开发大有好处。

在行为上，父母要跟孩子合作，可以与孩子合作制定"三个保证"的学习协定。

一是保证定时学习。孩子学习时间"神圣不可侵犯"，家里事情尽量不影响孩子学习，表明全家高度重视孩子的学习。

二是保证专心学习。学习前要准备好全部学习用具，学习时要专注、认真。

三是保证积极学习。学习时态度要积极、热心，讲究效率和收获。开始时，家长与孩子是互相合作、互相督促的。孩子有了行动，有了进展，要及时给予肯定和赞赏，不断强化，稳定升级。为此，父母还可以给孩子书桌前立一面镜子，加强孩子学习时的自我意识、自我调控，使之形成习惯。

5. 学会调整，控制情感，振奋精神

良好情感是孩子成功的重要素质。因此，在家庭教育中也要充分发挥情感对人的发展作用，既要发挥情感的动力作用，又要发挥情感的调节作用。同样，可以用丰富起来、控制起来和理智起来的方法促进孩子的情感发展。

总之，要帮助孩子树立具体的生活理想、职业理想和社会理想，振奋精神。

努力让孩子去接触社会实践，参与社会实践。若有可能，尽量让孩子去接触那些有作为的人，去感受、体验甚至去模仿一些成功人士的思想观念和行为习惯。

家庭教育的内容范畴很广，如家庭如何指导预习、复习、总结、考试等，如何改变孩子贪玩、马虎、懒散等坏习性，还有如何解决孩子的说谎、骂人问题等。解决方法多种多样，因人而异，而最重要的是要掌握基本的学习指导方法。

三、实质性提高家教水平的建议

在教育过程中，产生一切困难的根源都可以追溯到家庭。可见，家庭教育是学校教育、社会教育的基础。要充分发挥家庭教育具有的权威性、情感性和及时性等独特的优势。学习化社会要求提高家庭教育水平，提高家庭的整体素质。

1. 发展"学习型家庭"

这里提到的学习包括书本学习和实践学习。

家庭学习水平是家庭水平的主要标志，只有家庭水平提高了，国家水平才会提高。国家提出科教兴国，家庭要"学习兴家"。

做到"学习型家庭"也很容易，就是在前面提到的四项原则(热心、持久、民主、科学)前面，再加上一项原则"带头"：父母要带头学习。学习型家庭的5个条件(原则)是：带头、热心、持久、民主、科学。

2. 发展"科研型家庭"

家庭迫切需要科学的教育，父母也应该成为学习、实践、科研结合的科学教育型父母。家庭的发展迫切需要父母们的教育经验，也迫切需要孩子们的成长、成功经验。

四、学习的本质是什么

无论是对于父母，还是对于孩子，学习都是一件大事。要在现代社会立足与发展，学习是根本之根本，只有学会了学习，才能以不变应万变，从这个意义上讲，学习是成功和应变的不二法门。

与所有的人类活动一样，学习也一定有"道道"。只有弄清楚了其中的"道道"，才能有效指导孩子的学习。

如果有人挖过冬笋，一定会觉得那种挖到冬笋的感觉奇妙极了，不仅仅是一种收获的喜悦，更是发现和探索过程的兴奋。

挖冬笋并不是一件很容易的事情，冬笋不像春笋会冒出尖来，都是潜伏在泥土里，如果盲目地在竹子所在的地区挖掘，不仅会弄坏竹根，而且收获也是很小的，即使你将整个地都翻了一个遍，也许一天也挖不到10个；而善于找到"道道"的人呢，就会按照竹尾的交互特点，判断竹根的延伸方向，依据这个方向确定冬笋所在，这样，就能一挖一个准。

学习就像挖冬笋，掌握了"道道"，一挖一个准，既省劲又省时；没有找到"道道"，永远也不会尝到收获的喜悦滋味。

如果我们的孩子掌握了学习的窍门，养成了良好的学习习惯，并逐渐形成了自己的学习风格或者方法，能解决的绝不仅仅是紧迫的升学问题，还将为孩子的未来植下成功密码。

也许你会觉得这是一个众所周知的"大道理"，而关键是要能从这个"大道理"找到"小道理"，所谓"小道理"，就是具体的操作方法与原则，"小道理"是能解决问题的。本书的最终意图是帮助大家明确诸多容易被忽视的"小道理"，从而找到提升孩子学习质量的捷径。

那么，学习究竟是什么呢？

学习是一个不断自我改变、自我更新的过程。如果你是一个有心人，可以在夏天观察一下蝉怎样蜕壳。它们的共同点是，不断将束缚自我的"旧东西"去掉，从而获得新生。

五、学习，艰苦并快乐着

学习不付出努力与汗水是不可能成功的，学习本质上是快乐的。虽然苦思冥想意味着伤脑筋，但对心灵而言，它不过是肉体的疲惫。这种疲惫伴随着人们发掘和表现自己，实际是快乐的附属品。

那么，在怎样的情况下，孩子能体味到学习的快乐呢？

1. 所学的知识有用的时候

通过自己的努力，掌握了一些新的知识，而这些知识可以用来解决生活中的实际问题，并且以此作为帮助别人、得到别人认可的资本。这时，学习再艰苦，也可以做到"以苦为乐"。

2. 取得进步和成绩得到及时反馈的时候

当孩子取得进步，及时获得了老师或者父母的重视和赞赏时，孩子能感觉到自己的付出和努力得到了精神上的回报，使他的心理达到一种平衡，从而体味到一种真正的快乐。

3. 有具体并完全可以通过努力实现的目标的时候

当孩子界定一个目标然后设法去实现它时，这个目标就会组织起孩子的1000亿个活跃的脑神经细胞，在现实与理想结果之间架起桥梁，这使孩子为之奋斗而觉得充满愉悦感，并且充满激情，甚至达到乐此不疲、痴迷忘我的境界。

六、学习最终是孩子自己的事情

就像"知了蜕壳"，外力的过度强化是不理想的，甚至将导致"夭折"，孩子的学习谁也无法替代，老师或者父母的"包办"只能毁灭孩子的求知欲，使孩子成为一个"学习机器"，这是一种悲剧。

在孩子学习的过程中，起主要作用的是孩子的自我意识。孩子不断意识到自己的进步与发展，才能超越自己，创造自己，走向成功。

怎样帮助孩子意识到学习是他自己的事情呢？就是要努力帮助孩子认清学习的目的。

一是告诉孩子，不是为了考试而学习，而是为了学习而学习，学习是每一个孩子都应当完成的任务。

二是学习是孩子自己的事情，父母、老师只是承担着协助和支持的作用。

三是父母所提出的任何一个要求，都必须是具体的，直到孩子明确知道怎么做，也就是说，父母所说的话要具有操作性，否则总是提一些空洞的要求，如"好好学习""学习靠自觉"等，孩子听多了，就会产生腻烦心理。

更为重要的是，孩子有时会产生"为父母学习、为别人学习"的念头，是因为孩子没有进入动脑学习的境界，说学术一点，叫作"没有在学习过程中找到自己的存在"，或者说"没有找到感觉"，所以，真正让孩子意识到学习是自己的事情，有关专家认为，至少应该在学习指导中做好以下几件事情。

1. 让孩子给父母讲题，做孩子的学生

如果孩子能讲出思考分析过程，表明孩子已经用脑学习了，还可以鼓励孩子写出解题理由来。

2. 引导孩子依照书本上的例题编题

这是对所学知识有意识地进行综合利用，也可以说是对所拥有的知识进行创造性运用。孩子会将自己所学的知识、做过的题目、积累的方法进行组合，形成学习上的创造活动。

3. 引导孩子有效复习

复习是站在新角度审视以往所学过的知识，将复杂的问题简单化，以建立知识之间的联系，又将简单的问题复杂化，实现深入浅出。

4. 引导孩子用想象力理解知识或者做题目

想象力是思维的翅膀，没有想象力的思维就像没有马达的机器。运用想象力进行学习，实际上就是将知识形象化，在大脑中形成各种各样的图式。

七、学习是一个循序渐进的过程

就像"知了"从地下先钻出地面，然后一步一步爬到一个高处，再一点点蜕去身上的壳，最后自由地飞上天空一样，学习也是这样一个过程。

孩子有了学习的热情以后，就要找到路子，这就需要将大目标细化成切实可行的、具体的、他自己能力范围内的诸多小目标，一个一个小目标的实现，才能最终实现大目标。如果只有大目标没有小目标，大目标就变成了一个无形的魔鬼，构成了巨大的"学习压力"，一有压力，什么动机、兴趣将"灰飞烟灭"。

1984年，在东京举办的国际马拉松邀请赛中，名不见经传的日本选手山田本一出人意料地夺得了世界冠军。当记者问他凭什么取得如此惊人的成绩时，他说了一句话：凭智慧战胜对手。

两年后，意大利国际马拉松邀请赛在意大利北部城市米兰举行，山田本一代表日本参加比赛。这一次，他又夺得了世界冠军。记者又请他谈经验，山田本一性情木讷，不善言谈，回答的仍然是上次那句话：用智慧战胜对手。这回记者没有再挖苦他，但是对他所说的"用智慧战胜对手"还是迷惑不解。

10年后，这个谜底终于揭开了。

他在自传里是这样说的："每次比赛之前，我都要乘车把比赛的线路仔细看一遍，并把沿途比较醒目的标志画下来，并以此为目标，比如第一个目标是银行，第二个目标是一棵大树，第三个目标是一座红房子……这样一直画到赛程的终点。比赛开始后，我就以百米的速度奋力地向第一个目标冲去，等到达第一个目标后，就又以同样的速度向第二个目标冲去，40多公里的赛程，就被我分解成这么几个小目标轻松地跑完了。起初，我并不懂这样的道理，我把我的目标定在40公里外终点线上的那面旗帜上，结果我跑到十几公里时就疲惫不堪了，我被前面那段遥远的路程给吓倒了。"

在学习过程中，把一个大目标科学地细分成若干个切实可行的小目标，每实现一个小目标，就得到一次激励，一步一步地走向成功。

将学习当作一个长期的、逐步、循序发展的过程，关键是要不断为孩子提供创造成功的机会，在高要求、高目标的指引下，一步一步实现小的成功，最终实现大的成功。这个理念通常也概括为"低起点，小步子，多活动，快反馈"。

因此，引导孩子的学习，不能操之过急，更不能"大跃进"或者"杀鸡取卵"，而是应该慢慢来，慢慢来不等于不追求效率和时间，而是保持一种良好的心态。

八、学习的最终目的是获得能力

"知了"蜕壳，不断"解放"之后，最终获得的是"飞翔"的能力。学习的根本目的是获取能力，而不仅仅是记忆和积累知识，比如"懂了但不会做"就是指掌握了知识，但没有获得能力。

学习的效果当然不仅仅是为了考试，但有了效果以后，考试是没有问题的，这时，考试至多就是应用知识的一种能力。

能力是什么呢？

能力就是努力运用条件实现效果的可能性。效果是目的，知识是条件，能力才是获得效果的有效手段。而能力的形成又是渐进的、不知不觉的，就像小孩子学游泳，学骑车，不会的时候觉得很难，要喝很多的水，要摔很多的跤，但一旦上了路，形成了能力，就觉得是很自然的事情，可能连自己都不知道是怎样学会游泳、学会骑车的了。

能力一般具有以下特点：

① 掌握了很多知识，但仍然无法切实地完成事情，就是还没有形成能力；

② 不能笼统地评价一个孩子的能力如何，而首先应从"努力运用条件的程度"上来激励性考察，并以"效果"作为目标来指导能力的形成，而实际上自信心是实现能力的前提；

③ 能力具有个性，就像人的指纹和大脑一样，只要是独特的，就是优秀的；

④ 能力呈螺旋式上升趋势发展，其中贯穿以自我超越和自我顿悟，所以能力需要连续一致地、长期地去追求，以达到理想效果；

⑤ 最重要的是提高缺乏的能力，因为欠缺的能力通常是最有价值的能力；

⑥ 必须经过运用知识或者运用条件达到效果才能确认是一种能力，也就是说，能力必须在实践中(做题、考试)得以培养。

九、不能把学习指导的任务全部推给学校

教育是整个社会的事情，家庭、学校、社会都承担着各自的责任。课程学习指导任务大部分都应当由学校来承担，当然，学校只能一般性地承担这个任务。

在城市里，要使每一个孩子都得到个性化的发展，并结合具体实际提高自身的竞争力，取决于家庭的作用。

谈到如何指导孩子的学习时，很多父母都有疑虑，认为学习指导中最核心的一个任务就是要与孩子同步学习他们的课程，这样才能全面地辅导孩子的功课。小学的内容似乎还能应付，而中学的就有些为难了，即使有足够的时间、足够的能力来重新学习那些课程，恐怕也是难以跟上形势的。所以很多父母都请家教，或者干脆将学习指导的任务一股脑儿交给学校，这实际上是一种逃避。

事实上，优秀的父母并没有去花很多的时间来研读孩子的课本，也没有去对孩子的学习进行同步辅导，而是在增进孩子的非智力因素方面下了很多的工夫。而这和父母的学历、知识程度、职业以及社会地位并没有必然关系，高明的父母总是能在孩子的学习问题上"四两拨千斤"，自己既轻松，效果又很好。

可以说，增进孩子的非智力因素是家庭辅导的核心内容。

十、好的关系大于一切教育

父母与自己的孩子具有一种天然的、独特的缘分，这种缘分绝不仅仅是一种血缘关系。父母与孩子在这种神秘的关系中的相互影响是必然的，更是独特的，是谁也无法替代的。

父母对孩子的学习施加正确的影响，从而帮助孩子达到学习的目的，这是我们倡导的学习指导的核心规律。这里，我想对这句话进行必要的解释。

① "父母"。父母是施加影响的主体，而不是教师，"父母"这个角色在孩子学习过程中所承担的任务与教师是不一样的，也就是说，父母可以不懂学科的知识，也不必为孩子讲解辅导课程、批改作业，一样可以产生必要的影响力。

② "正确"。影响必须是积极的、正向的、有效的，着眼点也是准确的，否则会阴差阳错，物极必反。

③ "目的"。父母对孩子影响的主要目的是启发孩子的求知欲，激发孩子的学习潜能，帮助孩子找到学习的路子等。

任何父母，无论知识水平和社会层次高低，都具有影响力的天然来源。

通过影响改变的是孩子的态度，而不是别的什么。所谓态度，就是心理上的倾向，即"心情"："心"即"心领神会"，是"认识"与"理解"，也是"自主选择"；"情"则是指"情感"或者"情绪"，也可以说是"非智力因素"。

实际上，孩子的态度与行为全部都在父母的眼里，只要你是有心人，从改变态度出发，对孩子施加影响，一定是可行的，尤为重要的是，"非智力因素"恰恰是决定孩子学习成绩的关键。当然，父母不仅可以通过影响促进孩子的非智力因素的发展，在智力因素方面甚至学科学习方面也能产生一定的作用。

尽管孩子是我们自己的孩子，但也并非一团橡皮泥，你想让他怎样就怎样，他也有自己独立的人格。我们对孩子施加了影响的力量，能否起到积极的作用，则取决于父母的立场。这也是为什么许多父母花了很多时间与精力去辅导孩子的功课，效果未必好的原因。

要对孩子施加有效的影响，也应先确定我们的态度。按照我们的研究，判断一个人的态度，通常有三种方法：

① 自主选择的角色以及由角色所决定的行为；
② 和社会规范不相吻合的行为；
③ 脱离了自身利益的行为。

其中最切实际的判断方法是第一种，即从自主选择的角色以及行为看态度，每一个人都担当着好几种角色，不同的角色会有不同的态度。

父母选择怎样的角色就会产生怎样的影响效能。比如，你觉得你只是"家长"，那么孩子就是你的"下属"，你对孩子的教育就是管教与控制，孩子只能在顺从与听话中变为你的"仆从"。

1. 做孩子的律师

(1) 了解孩子的前提是尊重孩子

作为一个独立的个体，孩子的内心世界是丰富多彩的，我们要对孩子施加影响与教育，不了解其内心世界是无从谈起的。而要了解孩子，第一要诀就是要呵护孩子的自尊，维护孩子的权利，成为孩子值得信赖与尊敬的朋友。优秀的律师总是能从自己当事人的角度了解其内心需求，并始终以维护当事人的合法权利为唯一宗旨，这样才能打好官司。

所以，要积极影响孩子，就要先当孩子的"律师"。特别需要注意的是，一定不能当孩子的"法官"，不能只会评判，而不会维护。

对于父母这样的"律师"，需要专门学习孩子的心理、孩子的权利、孩子的学习状况等。在学习上要当好孩子的"律师"，至少应该掌握一些技术，如怎样正确评价孩子的学习，如何确定孩子学习成绩差的真正原因等。

(2) 如何正确理解孩子的分数

考试的分数是孩子学习成绩的重要评估形式。到目前为止，对孩子学习以及教师的教学进行考查与检验，尚无其他任何一种更好的形式可以代替考试与分数。而对于自信的孩子来说，考试则是能力与素质的推进器。当然，随着时代的进步与发展，必然会出现部分不适应，如与"以人为本"原则相冲突的地方——应试教育使大多数学生成为"失败者"，目前教育部门也充分意识到了其不足之处，一直努力使之更加完善，相信一定会向好的方向发展。

所以，对考试不必回避也不必怨天尤人，它毕竟只是一种手段，而其目的与我们倡导的素质教育又是一致的。恰恰相反，对于有实力、有智慧的孩子来说，考试不算什么，获取高分也并非什么很艰难的事情，因为，会考试本身也是一种能力，即在规定的范围、时间内独立接受考查与挑战的能力。

人的一生中，需要接受无数次的挑战与考查，这是现代人必备的基本能力，而考试是锻炼这种能力的最佳方法。父母应当清楚的是，对待考试分数不必过于强调一时的起落高低，关键要看过程而不是看某一个片段，在全过程中分析其学习成绩与学习效果。

为了科学地、过程性地理解孩子的学习分数，建议采用"曲线法"与孩子共同制作"学期分数曲线"。

(3) 孩子的学习究竟是几段

了解孩子的学习状况比了解孩子的考试分数重要得多、准确得多。只要你平时是一个有心人，必要时可以和老师一起对照一下，就可以基本判断孩子在哪些方面需要加强，哪些方面已经达到优秀学生的标准。从学习意识和几个标志性的过程环节上看，可以形成4个段位。

第一学习段位	
动机	学习的目的不明确，有时还会认为是大人逼迫自己受苦，对新知识不敏感，即使提醒了，也不能有意识地去抓住
课堂	被动地去上课，简单地抄笔记，有时候连笔记都不做，对老师的提问总是提心吊胆
复习	回家后基本上不看课本，对于基本概念、精彩片段、公式等不下功夫记忆，对知识不联想、不复习
作业	不能按时完成作业，为了应付，经常抄别人的作业
第二学习段位	
动机	有动向，但目标不明确，学习属于半自觉状态，如果没有外在的激励和要求，不能坚持不懈；经老师或者父母的提醒，能学习新知识，但掌握能力弱
课堂	基本能跟上老师的思维，有20分钟以上的时间能保持思维活跃，在理解的基础上有意识地记忆，偶尔也能提问
复习	看书较认真，能背诵基本概念、精彩片段、公式等，但知识的联想能力弱，对新旧知识之间的联系，只能在总复习的时候有一些笼统认识
作业	能先复习后做作业，会的自己做，不会的就抄别人的，效率较差，有时还有欠账的情况
第三学习段位	
动机	能为达到目的而学习，但在实现原有目标后，且没有树立新目标时，动机减弱；对于新知识较敏感，但不能进入主动状态，不能迅速捕捉其重要特征
课堂	在有预习的情况下能充分利用45分钟，敢于提问，基本可以当堂消化，并能在课后复述出课堂的主要内容
复习	看书认真，能准确解释基本概念、精彩片段、公式等，经老师或者父母提示，可以从旧知识联想到新知识，进而将新旧知识联系起来理解
作业	基本能在短时间内认真完成作业，偶尔也抄别人的作业，但是想明白了再抄
第四学习段位	
动机	有崇高的理想追求，有具体的行动目标，把学习当作达到目的的手段，具有强烈的求知欲，学习处于动脑状态，能立即意识到新知识的特征
课堂	能充分利用45分钟时间，当堂消化，当堂吸收，并力争当堂记住，能从旧知识中迅速联想到新知识，新旧知识成为一个有机的整体系统
复习	看书复习以想为主，读活课本，对于基本概念、精彩片段、公式能准确地记忆
作业	能独立完成作业，并能分出题目的难易程度，能在错题中找到错误的真正原因

(4) 如何找到孩子学习差的真正原因

父母除关注孩子成绩以外，还要帮助孩子分析学习成绩差的真正原因，并根据找出的原因对症下药，与孩子一起制订整改措施。

通常而言，影响孩子学习成绩的原因很多，也很复杂，似乎不学习心理学和教育学很难掌握操作方法。

基于此，我们结合实际做了研究。为了便于父母掌握，需要为父母确定一个前提，这个前提就是，假如我们无法一下判定具体的复杂的原因，不妨试着从决定性原则上先行确定其中一个最关键的原因，从最关键的原因出发，从而找到解决问题的途径。

如何确定哪一个原因是真正的呢？可分为三个步骤，第一步是变换时间，看看有无一贯性；第二步是变换场合，看看有无一致性；第三步是变换对象，看看有无辨别性。

对于"孩子学习成绩差"这种情况而言，先要树立一种观念。这个观念就是，对于大多数的孩子来说，智商基本上不存在问题，这并不否认一些孩子在学习上确实存在困难，但是给孩子贴上"学习障碍"的标签是最大的教育悲剧之一，因为，除了极个别的情况，大多数的孩子在智商上基本平等，每一个孩子都有通过学习获得成功的可能。

孩子学习不好，可能有两种情况：一是不努力，当然学习成绩不好；二是很努力，但学习成绩不好。我们针对这两个方面来寻找真正的原因。

第一种情况：不努力，当然学习成绩不好

"不努力，当然学习成绩不好"，也就是说"不爱学，所以效果不好"，那么可能的原因最具体的是如下三个。

第一是缺乏成就感，没有形成成就意识和收获感，通俗一点来说就是没有尝到学习的甜头，心理上没有实现付出和回报的平衡，自然就不爱学了。

解决思路

一是父母和教师应当给予及时的鼓励性反馈。二是针对孩子不能尝到学习的甜头的问题，充分启发孩子的求知欲，挖掘孩子的学习潜能，并落实到能力的培养上来，当孩子拥有了一定的能力以后，可以主动运用学到的知识能力，进而独立解决问题，孩子将获得重要的成就感，这个问题下面将做详细阐述。

第二是贪玩，也就是说，孩子整天沉迷在玩耍之中，一旦有机会玩，就不顾一切地放弃学习任务，自己无法控制自己，自然就不爱学了。

解决思路

孩子的天性就是玩，不能违背孩子的天性，但孩子如果完全没有外力的作用，是很难调节到"自觉学习"的状态的。要把布置的任务落到实处，不能泛泛地训导。让孩子自己制订复习计划，父母可以针对计划内要完成多少内容、做多少题目，进行一些辅导工作，并在一周内进行必要的检查。可以从例题中抽出几道让孩子讲给你听，不能讲出来，就要求再看，还讲不出来，就复习以前的知识。

第三是没有目标，也就是说，孩子的心灵深处没有对未来的一种渴望、一种梦想，同时在学习过程中没有形成明确的目标。孩子不知道为什么学习，也不知道该怎样为了梦想和目标而努力。

> **解决思路**
>
> 　　一是启发孩子形成自己的梦想，并告诉孩子梦想是可以通过努力实现的，实现了梦想的人才是幸福的；二是通过比较和激励，让孩子找到榜样，并引导孩子模仿榜样的成功学习法；三是明确最具体的目标，并告诉孩子要实现目标，就要有切实可行的行动步骤，一个个步骤实现了，目标也就实现了。

　　如上所述，其中有一个一定是孩子学习不好的真正原因，那么哪一个最重要呢？
　　第二种情况：很努力，但学习成绩不好
　　"很努力，但学习成绩不好"，也就是说"不会学，所以效果不好"，那么具体原因可能是如下三个。
　　第一是身体原因。由于身体不好或者营养跟不上，所以注意力不能集中，其他非智力因素也不能充分自由地发挥。

> **解决思路**
>
> 　　一是调整身体状况，必要时可以到医院寻求医生的帮助；二是调整饮食结构，增加有益大脑的食品；三是保证每天9小时左右的睡眠，特别是晚上11点到凌晨1点之间必须进入睡眠最佳境界。

　　第二是习惯问题。没有良好的习惯，就不能形成适合孩子自己的学习方法。

> **解决思路**
>
> 　　父母帮助孩子养成良好的学习习惯，详见本书"习惯篇"。

　　第三是粗心。认真是灵魂获取回报的唯一方式，粗心经常被孩子用来作为学习不好的借口，但粗心往往是致命的原因。

> **解决思路**
>
> 　　与孩子确定"粗心"的实质，告诉孩子，认为自己粗心，实质上就是原谅自己的过错而不去深究错误产生的本质原因，将复杂的问题简单化了，错后能改正是不够的，特别是对于作业和考试的粗心，要对那些能做对而实际上做错的题目进行思考，怎样才能避免错误。

　　如上所述，其中有一个一定是孩子学习不好的真正原因，那么哪一个最重要呢？

2. 赞美孩子

   (1) 赞美要清楚而及时

   "清楚"使孩子明确自己做得对，从而有助于他们把成功归结于自己的努力；"及时"表明反馈的时效性，及时的反馈和赞美才是有意义的。

   (2) 赞美的重点应该放在"努力"上，而不是"能力"上

   对孩子的赞美和奖励应根据孩子是否尽了力，是否在原来基础上有了提高。

   (3) 赞美孩子要具体，有根据，注重赞美"具体行为"和"具体细节"

   赞美要有新意。如果只是一味地进行简单赞美，孩子就会陷进"赞美疲劳"，所以还应该不断选择新的角度发掘新的内容，特别是潜在的优点，比如孩子学习好，仅仅称赞他学习刻苦、成绩优异，就显得没有新意，还不如赞美他学习方法独特，效率很高，以促进他更加注重效率和方法，会使他的成绩"更上一层楼"。这就要求我们要有敏锐的观察力，要善于从新角度看问题，能从孩子表现出的细微处，及时发现孩子身上潜在的东西，给予赞美和肯定。

3. 做孩子的魔术师

   父母的天职之一就是让孩子的生活空间充满欢笑与梦想。在这里，深具魅力的微笑、发自内心的真诚倾听、幽默的气氛等，都成为最重要的调料。

   父母如果能像魔术师那样，经常诱导、发掘孩子的好奇心，激励他去探索未知世界，这样，孩子能不具备求知的热情吗？注意，一定不能做孩子的"导演"。

   任何一个孩子都会有好奇心，好奇心是一种天性，也可以说，孩子天生就有求知的愿望，即对知识的饥饿感，渴望将事情弄明白，渴望将事情做得更好，渴望能通过学习解决和处理问题。

   有这样一个经典的故事：

   有个孩子的母亲，因为孩子把她刚刚买回来的一块金表当作新鲜玩具拆卸并弄坏了，就狠狠揍了孩子一顿，并把这件事情告诉了孩子的老师，老师幽默地说："恐怕一个中国的爱迪生被枪毙了。"

   接着老师进一步分析："孩子这种行为是创造力的表现，你不该打孩子，要解放孩子的双手，让他从小有动手的机会。"

   "那我现在应该怎么办？"这位母亲听了老师的话，觉得很有道理，再仔细想想自己的行为，感到有些后悔。

   "补救的办法是有的，"老师接着说，"你可以和孩子一起把金表送到钟表铺，让孩子站在一旁看修表匠如何修理，这样，修表铺就成为学习的课堂，修表匠成了老师，你的孩子就成了学生，修表费成了学费，孩子的好奇心就可以得到满足了。"

这位老师就是著名的教育家陶行知先生。陶行知先生是创造教育的倡导人之一,他认为人的创造是根本之根本,而教育的一个宗旨就是激发孩子的创造力。

学习也是一项具有"探险"性质的创造性工作,每一个孩子的学习实际上就是不断创造的过程,不管是哪一门学科的学习,都需要创造。

而创造本身也是人的基本欲望,可以说,创造是孩子的天性,在生活中表现为"玩",在学习中表现为"思"。我们曾经倡导过从玩中学、学中玩,这正是因为融合并迁移孩子的天性为学习服务的现实做法。

这里,要强调的是如何将孩子的好奇心牵引到求知愿望上来。这个牵引的过程实际上是孩子左右大脑结合使用的过程,或者说,左右大脑能否结合使用,是为什么人人都有好奇心,但不可能人人都成为爱因斯坦的主要原因。

(1) 引导孩子学会玩,从玩中学

孩子主动去玩,大多是因为具有强烈的好奇心,所以我们不必总是抱怨"我的孩子只知道玩",或者总是和孩子说"只知道玩,玩是没有出息的"等。不过,如果孩子总是重复一个结果非常明显的游戏时,就应该规定时间,在规定的时间内任由孩子去玩。

(2) 将孩子的好奇心迁移到学习上来

好奇心的迁移需要教育者进行明确的定向,即将孩子的好奇心转移到解决学习难题的探究习惯上来。①重视孩子提出的每一个问题。孩子提出问题,一般可以予以反问,让孩子自己去寻找问题答案的线索。②对孩子提问,务必不要提出用"是"和"不是"便能回答的问题。③鼓励孩子与其他人讨论,每当孩子争得面红耳赤的时候,正是孩子好奇心得到提升的时候。④给孩子一些没有答案的问题,让他们深入思考。⑤提示孩子从不同的角度分析事物的优缺点。

(3) 做孩子的学生

不是去扮演孩子的学生,而是用心向孩子学习,事实上,现代的孩子具有很多值得成人学习的地方。

4. 做孩子的"镜子"

人只有认识自己,才能战胜自己,而人是很难认识自己的,认识自己都是依据他人的反馈而实现的。

人们通过照镜子来观察自己,认识自己,发现自己。所谓反馈,就是对是非对错表现一种倾向,既然是倾向,就一定不是行为,比如,孩子因为爱玩,不小心把你心爱的东西打碎了,你能起的作用只是对"事"做一个倾向的判断,而不是以此为借口,发泄自己的愤怒,体罚,甚至打骂孩子。注意,一定不能做孩子的"交通警察"。

孩子自我意识的提升过程就是学习进步的过程,要提高孩子的自我意识,就需要父母的反馈作用,也就是镜子的作用。

孩子照你这面"镜子"的时候，最好是看不见你明显的"指示"和"要求"，而是接受了你的影响，但他又没有觉得被动，而是觉得心情愉快，这时，你的想法就很容易内化为他自己的选择，这就形成了他自己的态度。

所以，要把学习变成孩子的内心渴望，就需要父母充当好镜子的作用。

有这样一个经典的故事：

有位老人与邻居的孩子们有些纠纷，每天，那些顽皮的孩子都要聚集在他家的附近，向他的房子扔石头。老人想了很多办法来阻止他们，他叫警察，打电话给孩子们的父母，大喊大叫地威胁他们，但都不奏效。相反，孩子们似乎更加起劲，石头扔得更起劲了。

经过思考，老人将孩子们召集到一起，对他们说："我现在慢慢地喜欢你们向我的房子扔石头了，为此我愿意向你们付钱，每人每天一块钱，作为你们扔石头的回报。"尽管这个承诺看起来很离奇，但孩子们仍然非常高兴地接受了这个协议。于是，孩子们每天都在约定的时间里来向老人的房子扔石头，老人呢，也如约付给他们每人每天一块钱。

这样过了几天，老人又把孩子们召集起来，他对孩子们说："很抱歉，最近我挣钱出现了一些困难，无法每天付给你们一块钱了，我每人每天付给你们5毛钱怎么样？"孩子们当然很不乐意，但他们嘀咕了一阵后还是接受了老人的条件。

又过了几天，老人再次对孩子们说："最近我的挣钱状况实在糟极了。我连付给你们5毛钱也无法办得到，但我还是愿意付给你们每人每天一毛钱，你们看怎么样？"

孩子们很快交换了一下眼神，其中的一个打破了沉默："别想得太美了，谁会愿意只为了一毛钱干这种苦差事？"就这样，孩子们走了，再也不来扔石头了。

一开始，孩子们扔石头是出于内在动力的驱使，扔石头使他们觉得新奇、好玩、冒险，因此，那位老人越管，他们就越逆反。可是，自老人给他们第一笔钱开始，这些孩子扔石头的原因或者动机就发生变化了，他们所做的事情再也不是源于兴趣，而是从内心的渴望转变为外来金钱的刺激，当外来的刺激变得越来越小，甚至没有的时候，扔石头的行为也就失去了激励因素，其结果自然就可想而知了。

显然，这种激励办法的弊端就是，孩子们干这种事情是因为报酬和竞争的因素去做的，一旦受到了不公平的待遇或者觉得自己的能力与回报不相称的时候，就会怠工，就会缺乏积极性，甚至丧失创造力。工作就变为真正的苦差事。

要让孩子们以轻松愉快的心情，心甘情愿地去"搬小石头"，最好的办法就是按照孩子们的内心需求设置可能性，并尽量与孩子达成共识，让孩子体验到成功的快乐，在此基础上增加外在激励因素，就会达到最佳效果。从根本上说，诱发孩子的求知欲就是要设置这种可能性。设置这种可能性通常要先考虑这些问题，孩子有没有能力做？孩子努力了是不是可以实现效果？孩子愿不愿意做？是不是符合孩子的内心需求与天性？孩子是不是进入了一种氛围，接受求知环境的激励？是否让孩子们具有成就感或满足感，并不断获得一步步的成功？等等。

所以，做孩子的"镜子"，首要任务是：

第一，设身处地地理解孩子的苦衷。学习本来就是一件很艰苦的事情，而且每一个孩子的承受能力是不同的，就像挑东西一样，有些人能挑起200斤，有些人则只能挑起100斤。尊重孩子是了解孩子的前提，了解孩子是诱发孩子求知欲的前提。

第二，从可以实现的需求出发，即将抽象的、高级的东西具体化，要求过高的要先降低要求，一步一步去实现。

第三，避免孩子与你"顶牛"。我们经常说："孩子，如果你好好学习，将来就会有出息。"一般而言，孩子不会因为你的这句话而强化自己的求知欲望，而应该将这句话分解成几个孩子能回答的小问题。

怎样培养孩子的学习兴趣

一、什么是兴趣

古今中外，由于对某种事物有浓厚兴趣而成为专家、科学家、伟大的人的事例太多了。

历史上，有个专偷尸体的人的故事。1536年的一天，在比利时发生了一件怪事，绞刑架上的尸体被盗了。在比利时，法律上明文规定，盗尸是要被处以绞刑的。正当警方四处通缉盗尸犯的时候，一个人正藏在秘密的地窖里专心致志地解剖偷来的头颅呢！

这个偷尸体的人叫维萨里，后来，他多次偷尸体进行解剖，他不知与尸体打了多少年的交道，最后写成了一部惊世著作《人体的构造》，成为世界上第一个正确认识人体结构的科学家。

兴趣是人的基本需要，是人的一种内在动力。兴趣的源泉是人的伟大天性——好奇心，正因为如此，人们才带有感情色彩地积极地去探究某种事物和活动，人们才会产生揭示自然和人类奥秘的强烈欲望，才有了对真理的执着追求。可见，兴趣是人的意识对一定事物或活动的内在趋向性和选择性。

人内在趋向什么，选择什么，有着丰富而深刻的内涵。可见，兴趣是人生命活力的主要表现。有的人面对纷纭复杂的大千世界，面对浩瀚无垠的知识海洋，熟视无睹、麻木不仁，甚至心情冷漠，我们说他缺少兴趣，不如说他缺少生命活力。

二、兴趣使人爱学习，会学习，成就大业

兴趣对人的知识的增长、智能的提高、情感的调动、品格的形成、潜能的发挥，乃至成长、成功、成才等都起着巨大的作用。今天，从社会角度来看，兴趣是爱学、会学的重要基

础，是终身学习的人必不可少的重要素质。

孩子一接触到自己感兴趣的学习内容或活动，态度就积极，心情就愉快，思维就活跃。苏霍姆林斯基说："他们带着一种高涨的、激动的情绪从事学习和思考，对面前展示的真理感到惊奇甚至震惊；孩子在学习中意识和感觉到自己的智慧力量，体验到创造的欢乐，为人的智慧和意志的伟大而感到骄傲。"可见，兴趣是一种动力，是人生存和发展的内在重要的动力。它既有"引起"的动力作用，又有"维持"的动力作用。

在生活、学习和工作中，常会听到人们用下列词汇去表述由于有了强烈兴趣而达到的境界："积极主动""如饥似渴""废寝忘食""持之以恒""夜以继日""手不释卷"。兴趣是有感情色彩倾向的。当人处于上述状态时，可想而知，人付出了极大的热情。这种状态就是对人付出热情的最大回报。人在这种状态里的宝贵体验对人的最直接作用，就是调动人更大的积极性，对学习来说，就会使人更加热爱学习。这种状态也会把兴趣提升为乐趣。当充满乐趣地学习时，不管环境多么困难艰苦，他都感到快乐，甚至感到无比快乐。

我国东晋著名书法家王羲之专心于书法，一次他写字时书童把饼子和蒜泥端上来，请他吃饭。他的夫人走进来，只见王羲之满嘴是墨。原来他是用饼子蘸着墨汁吃的，还不住地对夫人说蒜泥好吃、好吃。类似这样专注的趣事还很多。全神贯注确实能像钻头一样，能钻透如铜墙铁壁一般的知识堡垒，占领知识的高峰。学习需要兴奋。人在兴奋状态下思维活跃，思路开阔，联想丰富，创新强烈。同时，人的分析、综合、抽象、概括等能力都较强。这时的学习效率肯定高，学习效果肯定好。

兴趣对人的发展还有一个重要作用，就是定向作用。一个人现在做什么、不做什么是由自己的兴趣来定向的。因此，要努力地引导自己发展那些积极的、健康的兴趣，坚决拒绝和抑制那些低级趣味的、不正当的兴趣，如赌博、恶作剧等。在现代社会中，一个人现在做什么，将来做什么，与兴趣有很大关系，特别是当一个人的某方面兴趣与他的志向结合起来时，也就是说兴趣与他的崇高理想、远大目标结合起来时，就形成了志趣。这时的兴趣会对人的未来发展起到全面准备的作用。

父母要深刻理解"兴趣"这个普通但神奇的方向盘，只有从这里出发，才能真正驾驶好未来的生命之舟。

三、如何培养孩子的兴趣

对孩子兴趣的培养，一般有以下几个基本方法。

1. 开扩法

人在多接触事物、多读书、多联想过程中会激发兴趣。

山川、河流、海洋、植物、动物；生活、工作、艺术、科学，纷纭复杂又变幻莫测的大千世界，随时都可以唤起人的好奇。

历史、地理、诗歌、散文、科普读物，这些知识也随时可以激发人的兴趣。

赋予孩子以更加开阔的生活，在开阔的实践中，帮助孩子积极思考，展开联想，感受愉快，强化体验。

2. 突破法

培养孩子的兴趣，要找准一个突破点，从而举一反三。也就是说，要帮助孩子认识自己的优势，发扬自己的优势。比如孩子某一科功课好些，就让它更好些，甚至让它在班上"拔尖"，让老师和同学们肯定、称赞，这样做是形成一个人的中心兴趣最有效的办法。

要避免孩子兴趣的随意性，即今天对这个感兴趣，明天又对那个感兴趣，哪个兴趣都不稳定，对哪个兴趣都不投入劳动，也没有成果，很随意。这种随意性对孩子的学习和发展是不利的。

3. 转移法

把人对其他方面的兴趣转移到学习兴趣上来的方法，叫作兴趣转移或迁移法。例如，有的孩子爱唱歌，那么多唱一些英语歌曲就会增加外语学习的兴趣。

善于联系、因势利导，帮助孩子从自身具体情况出发，不断努力，把其他方面兴趣转移为学习兴趣是容易成功的。

4. 讨论法

讨论学习有利于孩子获取真知，增长能力，发展交往。孩子在讨论中，最能展示他们思维的深刻性、灵敏性、丰富性和批判性。讨论也最能调动人的情感，激发热情和情绪，激烈的讨论和争论也最能激发学习的兴趣和探索研究的兴趣。所以，鼓励孩子与同学、老师和父母经常进行讨论是激发孩子兴趣的一种好方法。

四、每个孩子都是聪明的

所谓聪明就是"耳聪目明"，"耳"和"目"都是人重要的感知和学习器官，而所谓"耳聪"就是能敏锐地感觉到一般人无法领悟的东西，"目明"则是能透过表面现象看到事物的实质。

我们先从生理上来了解人是怎样变得聪明的。现代脑科学研究发现，大脑皮层是由许许多多的神经细胞组成的，这些神经细胞又叫作神经元。神经元就像一棵小树，分支的树冠部分有许多树状突起，叫作"树突"。

"树突"像灌木丛那样围绕着细胞体，树突的表面积很大，约占神经元总表面积的

80%。而长长的树干和树根,叫作"轴突",又叫作"神经纤维",它们的末端分布于其他组织中,形成各种神经末梢。轴突细而长,一个神经元上有一条。

神经元和神经元之间并不是互相联结的,而是像平行线那样中间隔着一条间隙。神经元和神经元之间相邻接的部位叫"突触",人之所以能学习,靠的就是这些微小却数量众多的突触的传递。

人在思维时,信息的主要表现为神经冲动,神经冲动从一个神经元经过突触,传到另一个神经元,这时,前一个神经元释放出一种化学物质神经递质,作用于后一个神经元,使下一个神经元产生新的神经冲动,像接力赛一样把信息传递过去。突触越多,传递信息的能力越强,脑细胞之间建立网络的范围就越大,通路就越多,脑的机能就越发达,人的智能也就越高。

神经冲动是可以人为设计的,其核心就是怎样想问题,多想了,想活了,神经冲动就可以一个个实现,人就是这样变聪明的。而对于孩子来说,主要是引导他们对称着想,发散着想,整体地想,倒过来想。事实证明,这"四想"是启动大脑神经元的关键,经常这样进行训练,孩子也就会变得越来越聪明。

1. 对称着想,才能想得通

世界是由对称构成的,比如有女就有男,有父就有子,有左手就有右手,有左耳就有右耳,有上就有下,有前就有后,有虚就有实,有白就有黑……所谓对称就是美,是对称使世界真相大白。

在想问题的时候,就要对称着想,知其一,必知其二。引导孩子思考问题的时候,时时注意不能只考虑一个方面,还要考虑与其对称的那个方面,两者联系起来思考,在对称中间的夹缝,就是思想的通道了。

另外,所谓比较出真知,也是对称着想的进一步发展,思考问题的方向确定以后,不可单独一个劲地"死磕",一定要找到一个参照物,比较着想,才能想得通。

2. 发散着想,才能想得开

创造性思维的三个特点,一是思想的流畅性,想得开阔、敏捷,没有阻碍;二是思想的变通性,想得灵活应变,举一反三,触类旁通;三是新奇独特性,异想天开,与众不同。举一个例子,玻璃杯能做什么?如果孩子回答是:喝茶,喝水,喝啤酒,喝可乐,喝牛奶……一口气说出几十种用途,这表明了其思想的流畅;如果再问孩子,孩子回答是:装盐,装味精,装洗衣粉,装烟灰,打狗……这表明了其思想的变通性;如果接着问孩子,孩子的回答是:不用来喝也不用来装,而是把它打碎,把玻璃渣子锤成玻璃粉,把粉染上颜色,用来作为原料制作彩色玻璃粉工艺画,这表明了其思想的新奇性、独特性。

3. 整体地想，才能想得准

任何事物都是某一个整体事物的局部，任何事物又都是另一些局部事物的整体。所以要把事情想得准，就要整体地想，整体效应有两个方面，一是再大的整体都应当是另一个更大整体的局部，二是整体大于各部分之和。

举一个例子，春秋战国时期，有一次，齐王与田忌赛马，每人各选上中下三种马进行比赛，胜者可得千金。以同等级马相比较，上对上、中对中、下对下，则田忌胜败未卜，怎样才能有绝对胜利的把握呢？田忌的谋士孙膑给他献了一计：以下马对上马、以上马对中马、以中马对下马，结果田忌两胜一负，赢得了千金。这就是整体效应，如果上对上、中对中、下对下进行比赛，即部分对部分，只从部分出发，不从整体出发，则胜负无绝对把握，后来孙膑从整体出发，来一个重新组合，结果稳操胜券，这样整体就大于各部分之和了。

4. 倒过来想，才能想得活

倒过来想，有两个方面的要求，一是反向性要求，要有意识地将思考的重点放在反面。二是异常性要求，敢于把头脑中的旧框框除掉。举一个例子，荷兰有一座城市，由于人们不愿意把垃圾倒进垃圾桶里，搞得满城都是垃圾。当地卫生部门采取了许多解决办法，如罚款、增加巡逻人员等，但效果很差，最后他们想了一个办法：设计了一种会说笑话的垃圾桶，每当丢进垃圾，录音机就播出一则事先录好的笑话，每一个垃圾桶的笑话都不一样，而且笑话两个星期换一次，结果不论任何人，不管路程多远，都愿意把垃圾倒进垃圾桶去了，城市又恢复了清洁，这就是倒过来想的妙处。

五、会不会学习，关键在于是否"开窍"

聪明的核心是独立思考。一般而言，人与人的智商差别不是很大，人与人之间的差距通常由是否能独立思考问题并解决问题来决定的。

独立思考才能"开窍"，"开窍"才能最终实现融会贯通、触类旁通及举一反三，所以，在学习能力中，独立思考是最重要的。独立思考是有所发现、有所突破、有所创造的前提，也是理解掌握知识的必要条件。没有独立思考，就谈不上创造，只能照猫画虎。社会的进步，国家的强盛，科学的发展，依靠的都是每一个人的独立思考。

一个孩子如果没有形成独立思考的习惯，在生活中也就无法独立地去努力想办法解决问题。同样，学习是一件独立完成的工作，老师和父母只能起到协助的作用，更多的时候，都是孩子自己去摸索、去探究，特别是考试上，没有独立思考能力自然就不可能取得好成绩。

思维是人的重要特征，而独立思考是思维能动性的集中表现。思维本身的特点很多，如抽象思维、形象思维、创造性思维、方向性思维等。

我们同时也发现，决定孩子学习质量的正是思维能力是否得到充分开发。我们认为，发展和训练孩子的思维是智力开发和实现独立思考的根本途径。而人的聪明只有在遇到难题时，才能得到展现。所以，发展和训练孩子的思维能力也应当针对"难题"或者"趣题"来进行，一是有难度，不是一目了然，需要动脑筋才能解决；二是有意思，只有有意思才能吸引孩子去解决问题；三是有活动，调动所有的器官功能，全面地投入其中。

因此，父母要重视以下两个方面的训练。

1. 通过做趣味题来训练孩子的思维

趣味和思维总是联系在一起的，因为"有趣"才能激发孩子浓厚的兴趣，激活孩子的学习主动性，"趣味题"的主要功能是充分挖掘孩子深层次的思维、认知、理解能力，比如数学名题中的"鸡兔同笼""高斯求和""火柴梗组合"等。

所有的智力训练题都隐含着丰富的思维方法。"趣味题"一般可以按照层次分为两类，一类是基本思维训练题，通常是通过讲一个故事暗示一种方法，寓方法于故事中，从而引导孩子积极思考；另一类是学科思维训练题，包括数学、语文、物理、化学以及自然等学科方面的经典趣题、古题、世界名题等。

2. 通过让孩子设计并参与游戏活动来训练思维

游戏是孩子的最好学习方式，只有游戏可以充分调动孩子的所有感觉器官，自由自在地发挥思维的乐趣。游戏的幻想成分有助于发散型思维的生长，给孩子提供游戏的机会，有助于发展他日后的创造力。

越爱玩的孩子，其创造性和探索性越强。在游戏中发现和锻炼孩子的天赋与智力，培养各种兴趣，这些兴趣将会在他成长中占中心位置。当有益的游戏占据孩子课外生活时，是利于孩子的成长和系统知识的学习的。培养孩子阅读天文、地理、历史等百科读物，进行有关这方面的探索游戏，如引导孩子探索UFO，让游戏具有多学科参与的探索性，能使孩子形成主动思考问题的习惯性动力。

可以说，教育的一个秘诀就是游戏。另外，游戏还是身体和心理发育的途径和需要。对沉重的学习负担，适当的游戏能形成一种转换，从而达到松弛的作用。"游戏"一般可以按照参与人数和场地分为两类，一类是家庭亲子游戏，另一类是孩子群体游戏。

六、仅有知识是不够的

记忆是很重要的，真正的记忆依靠的是联系能力，没有联系就没有记忆。记忆的最高境界则是理解，理解了的记忆是具有创造性的记忆，所以，联系和理解能力是记忆能力的核心。在实际学习生活中，联系与理解应当是最重要的竞争力。

在现代社会，拥有信息与知识是很容易的，所有的人均有权利并能够获得无限的信息和知识，所以竞争力的内容以及形式发生了变化。

从某种意义上说，现代社会的竞争实际上是理解与应用的竞争，一个人的独特性不在于你拥有多少知识与信息，而在于理解了多少知识与信息，应用了多少知识与信息。《辞海》里对"理解"是这样界定的——应用已有知识揭露事物之间的联系而认识新事物的过程。

人从感性认识到理性认识的过程就是理解的过程，而理解就是抓住事物的特征结构，包括事物内在各部分自身的特征与各部分之间在关系上的特征。

但是为什么很多知识或者概念我们已经理解了，却仍然不会用呢？这就涉及悟性认识(顿悟)，即理性中的感性认识。知识要得到实现，就在于能应用到实际生活中去，这样，光有理解是不够的，还需要将知识实现迁移，就是我们通常说的"活化"，而所谓"活化"，就是加强理性认识的可迁移性，也叫作悟性认识(顿悟)。

这个问题有点过于抽象，不妨打一个比方，比如我们十年前认识了一个人，这十年来从来没有见过。但偶然在一次聚会上又相遇了，尽管他的体形、样貌都有很大的变化，但你还是能一下子就认出来，所谓"烧成骨灰都能认出来"，就是指你对他的理解和认识已经形成了"模式特点"，并实现了迁移。

对于孩子来说，掌握理解的方式非常重要，主要分为以下三步。

1. 学会表达

知识需要表达，表达是理解的推进器。要鼓励孩子学会表达。

一是模仿性复述，从模仿到创新是深入理解的必经之道。

二是与别人共享你的理解，说出一二三来。这是建设性地转化为自己的理解，按照自己的意愿，确定它的发展方向。

三是学会举例说明。举例说明不仅可以验证人的理解，同时也稳定人的理解，为悟性认识奠定坚实的基础。

四是学会交流。思想的遇合产生新的自由度，追求新的发现与概括。

2. 学会沉淀

知识要在一个人的理解中得以发展，才会有生机和力量，但这又是一个循序渐进的过程，不能超越的是，一定要经历"沉淀"这个环节，然后螺旋式上升，不断沉淀，不断"复活"，所谓厚积薄发，就是这个含义。鼓励孩子学会沉淀知识和理解。

一是封存。当知识进入了人的灵魂以后，有必要阶段性地封存起来，但封存必须是一个知识整体而不是散沙，必须留有一个"衣领"，以便想起的时候"提纲挈领"。

二是笔记。养成"每天写一点"的习惯，哪怕只是一句话，几个词，当有一些想法的时候，随时随地地记录下来，一周翻一次，一个月复习一次，慢慢地，就将知识、思想沉淀下来了。

3. 学会联系

联系是事物存在和发展的条件，同样也是知识得以理解和掌握的关键，实际上，联系理解是使人聪明的途径之一，因而要鼓励孩子学会联系。

一是比较。知识太多，如果一个一个去掌握，将会堆积成无际的瓦砾，并且不利于深入各个内容，事倍功半，但是在比较中学习新的知识，观察、分析、寻找它与旧知识的联系与区别，挖掘共性，分离个性，则会事半功倍，并且可以提高能力。

二是联想。一个人的聪明依靠的是思维的活跃，思维活跃就是不能拘泥于书本上的知识或者已有的知识，而是应当浮想联翩、思潮如涌，将一个人的情感和经验巧妙地连接起来，形成"联想油然而生"的美感。

三是画图，就是将比较、联想之后的知识分级别，谁管谁，谁是谁的部分和局部，谁是谁的整体和系统，然后用画图的方式将它呈现出来。

怎样诱发孩子的求知欲

一、持续好成绩的真正秘密

怎样才能实现持续的好成绩呢？这里需要说明一下"持续"的含义，某一个学科或者某一阶段取得了好成绩应当是很正常的事情，但要让好成绩稳定下去，是一个良性的惯性概念，这就给了我们一个很好的提示，好成绩最重要的稳定剂是什么呢？

如果观察很多成绩持续优异的孩子，会发现这些孩子有一些共同的特点，其中最为明显的是"懂事"。后来，进一步深入思考，又发现了一个客观的共性，就是一般而言，他们的父母都在人品上具有优势，主要表现为正派、善良，由于父母的善良和正派，让他们的孩子也变得懂事、善良、正派，是这些品格的力量推进了学习的效能。

罗曼·罗兰说过，一个人从平凡到伟人，没有不可逾越的鸿沟，而在于他不断地自拔和更新罢了。而自拔和更新，更多的时候靠的不是智力因素，而是非智力因素，那么品格就是一个重要的非智力因素。

在现实中能将素质教育与应试教育结合在一起的可能性就在于——将培养一个人的品格与提高学习效果统一起来，而两者之间能完全重合的部分，我们将其界定为学习品格。

可以说，好成绩最重要的稳定剂就是充分发挥人的学习品格力量，并逐渐浇铸成一个人不可分割的灵魂形式。人的学习品格是学习的基本保证，人的学习品格因素在生活中表现为具体的人格特征，但逐渐内化为一种稳定的品质之后，其共性的存在为实现迁移提供了可能性。素质教育的一个核心内容就是做人的教育，这就是我们常说的人格培养。

二、影响孩子学习成绩的5种学习品格

学习品格包含正派、勇敢、诚实、责任感和爱心。

1. 正派

树不直，则难以长大成才，而在生长过程中也难以舒展，无法抵抗更多的风雨雷电，人的成长也一样，不正直则不能顺利地承受成长本身所带来的风险。一棵树要健康正直地生长，主要要依靠：

① 树根的扎实深刻，以充分吸收养分；
② 树干的力度，以保持正直生长的方向；
③ 树枝的飘摇直上，以潇洒自主。

相对于求知和学习来说也是如此，"树根的扎实深刻"就是稳健踏实的作风，才能不断深入，从而具备钻研的底气和实力。"树干的力度"就是战胜怠惰、克服干扰因素的力量，这样才能形成稳定的求知欲。"树枝的飘摇直上"就是健康丰富的情感世界，只有爱憎分明，勇于选择，才能树立远大的目标。

美国一位心理学家为了研究早期教育对人生的影响，在全美国选出50名成功人士和50名有犯罪记录的人，分别给他们去信，请他们谈谈母亲对他们的影响。

在后来收到的回信中，有两封给他的印象最深，一封来自白宫的著名人士，一封来自监狱服刑的犯人，他们谈的都是同一件事情：小时候，母亲给他们分苹果。

那位来自监狱的犯人在信中这样写道：小时候，有一天妈妈拿来几个苹果，红红绿绿，大小各不相同，我一眼就看出中间的一个又大又红的，十分喜欢。这时弟弟抢先说出了我想说的话，妈妈瞪了他一眼，责备地说：好孩子要学会把好东西留给他人，不能总想着自己。于是我灵机一动，改口说：妈妈我想要那个最小的，把大的留给弟弟吧，妈妈听了，非常高兴，在我的脸上亲了一口，并把那个最大的苹果奖励给了我。我得到了我想要的东西，从此我学会了说谎，学会了不择手段，学会了打架，学会了偷、抢，反正我可以使用一切手段去争取自己想要的东西，直到现在被送到监狱。

那位来自白宫的成功人士是这样写的：小时候，有一天妈妈拿来几个苹果，红红绿绿，大小各不相同，我和两个弟弟都争着要大的，妈妈把那个最大的苹果拿在手上高高举起，对我们说：这个苹果最大最红最好吃，谁都想要它。很好，现在让我们来做个比赛。我把门前的草坪分成三块，你们三个人一人一块，负责修剪好。谁干得最快最好，谁就有权得到最大的苹果。我们三人比赛锄草，结果我赢得了它。我非常感谢母亲，她让我明白了一个道理：要想得到最好，就必须努力争第一。

我们可以从中提炼出"正派"的定义，所谓正派，就是通过正当的手段，遵循公平的原则去争取自己想要的东西，而不是我们经常说的口号——坦荡无私、作风正派、摸摸自己的

良心等。

对于孩子来说，就是学会遵循所有的游戏规则，在学习中也是一样，只有遵守竞争规则，才能学会竞争，学会合作，学会充分使用正当手段达到自己的目的，否则就很容易经常选择投机取巧的方式。选择了投机取巧并且达到目的之后，人的精神气质以及深层心理结构就会发生改变，或者阴暗，或者低迷，或者消极等，这样，不仅人格受到挑战，而最终也会陷入学习的困境中。

正派的孩子会得到最完美的回报，而更重要的是因为正派，还能确定他们求知与学习的正确方向，在正派的前提下学得的东西才更加扎实。功底和才华是因为正派而变得更加稳固，将来才能派上真正的用场，才能成为对社会有用的人。

怎样培养孩子的正派品格呢？

(1) 帮助孩子处理好理想和现实的关系

理想要远大，但更加重要的是要提醒孩子做好自己手头上的事情，这才是对自己负责的现实做法。

(2) 在生活中，以身作则，一切都按照规则办

对孩子的"为"和"不为"要明确操作标准和界限。鼓励竞争，通过公平的方式去争取自己想要的东西。

(3) 养成良好的4个生活小习惯

①说了就要做，言必行，行必果。②自觉按照规则办事，如排队购物、购票乘车等。③用过的东西放回原处。④善始善终，做一件事情必须坚持到最后。

(4) 经常调试孩子的错误心态

当孩子"这棵小树"长歪了以后，用绳子将一根棍子紧紧捆在树干上，必要时方可强制纠正。另外，弯曲了还可以努力改进环境，变换时空帮助孩子形成积极的竞争心态。但是，正直也很容易折断，所以需要依靠丰富的情感调节来增强它的韧性，比如学会控制自己的情绪，比如学会爱、学会合作等。

2. 勇敢

勇敢就是勇气、胆识。勇气是克服困难战胜敌人的必备因素，胆识是一个人的"魂"，有"魂"才能披荆斩棘，突破陈腐常规，不断扩大胜利的成果。

人最大的敌人就是自己，战胜自己，需要的是勇气与魄力，勇者不惧，勇敢还是挑战与创新的前提。

如果我们仔细分析世界上那些获得巨大成功的人们，他们都是平平常常的人，唯一不同的就是他们敢于探索未知、敢于走别人不敢走的道路。

有一位教师给学生留了四道数学题。

一个学生三道题解答得很顺利，但是第四道题很难，让他一筹莫展。他苦思冥想，一直到凌晨才把它解答出来。

这道题做了这么长的时间，他十分惭愧。

第二天，他把自己的作业交给老师，老师大吃一惊，这个学生解答的第四道题是世界性的数学难题，是他无意间混在其他题目里一道抄到黑板上的。

有时候对困难太清楚了，或者过于稳妥，恰恰是我们未能创造奇迹的根本原因。在学习过程中，勇敢与敢于探索未知的品质是何等珍贵啊！

在学习品格中，勇敢的品质具体迁移为以下几种。

(1) 挑战未知

对于未知的东西勇于探索，对于挑战充满斗志，相信自己的同时还表现为无所畏惧。

(2) 勇于牺牲

具备了牺牲精神才能抓住重点，而勇于放弃一些干扰因素以及外物的诱惑。

(3) 善于自省

人最大的困难是将自己的弱点袒露出来给自己看，这需要异常的勇气，只有敢于自省，才能不断进步。

3. 诚实

美国的一位教师为他的学生编写了一本《黄皮书》，其中有一篇关于诚实的文章，很精彩，照抄如下：

一、为什么要考试？

1. 测试你对某门课的掌握程度；

2. 测试你的学习技巧和记忆力；

3. 评估教师的教学质量，了解哪些教得不错，哪些需要加强；

4. 最重要的是，测试你是否诚实。

二、什么是诚实？

人类社会正常的和必要的道德原则是，正直、诚实、实在。与诚实有关的故事和谚语：

1. 《狼来了》；

2. 人无诚信，好景不长；

3. 来路不明的财宝一文不值；

4. 诚实最明智，老实人不吃亏；

5. 如果我耍花招，人们便不再信任我，我再也享受不到诚实的快乐。

三、在这次考试中，你可以用以下方式表现你的诚实。

1. 即使没有老师监考，你也知道怎么做才合适；

2. 会多少答多少；

3. 不要作弊。

四、对于一个民族，作弊怎么能使其进步、不断强大呢？而对于一个人，也是如此。考试作弊的行为包括：

1. 偷看别人的试卷；

2. 问别人怎么答题；

3. 看事先写好的小纸条。

五、作弊的时候，你就失去了老师对你的信任——本来我们是多么爱你呀。假如你作弊了：

1. 你伤害了老师，给师生关系蒙上阴影；

2. 你的良心就有罪了；

3. 你改变了你在人们心目中的形象。

六、作弊的后果：

1. 没收并撕毁试卷，打零分；

2. 你丢脸，我们丢脸，大家无地自容。

七、不过，即使你真的作弊了，我们也不会那么做，我们会装作没看见，眼睛故意向外看，因为来自生活本身的惩罚要严厉得多。孩子，你的信誉价值连城，你怎么舍得用一点点考分把它出卖了呢？作弊的代价实在太高了，实在划不来。

在教育孩子的过程中，为避免孩子说谎，父母可以这样做：

第一，经常奖励孩子"实话实说"，即使犯了错，只要是说了真话，就应当肯定其做人真诚的优点；

第二，杜绝使用打骂、斥责、体罚等消极方式对待孩子的错误缺点；

第三，如果是因父母的原因造成孩子说谎，应向孩子检讨自己；

第四，告诉孩子对于不同的人说不同的话不是不诚实，而是一种技巧。

4. 责任感

对自己负责任，才能对更多人负责，才能对社会负责，对国家负责。是否具有责任感，是衡量一个人是不是现代人的重要标志。

著名教育家陶西平曾经说过这样一段话：

责任感是做人的基础，人自身的发展，人与人的交往，人对社会的贡献，都来自明确并且认真履行自己的责任。人的道德自律和遵纪守法也靠责任感。

责任感也是成才的基础，进取精神、科学态度、创新能力是优秀人才的可贵品质，但离开了责任感，这些就会成为无源之水，无本之木。任何的聪明才智，只有建立在强烈的责任感之上，才可能迸发出耀眼的光芒，否则都是徒有其表。

责任感更是一个真诚的人的标志，其言必行，其行必果，言行如一，表里如一，是一个人受到别人尊敬与信赖的基本条件，也是社会健康的营养液和净化剂。

在学习品格中，责任感迁移为以下几项内容：

一是为自己学习，学习目的明确，主要是为了将来更好地实现自我而学习，自己的事情自己做；

二是正确面对学习中的过错以及不足，总是能从自身方面寻找原因，并设身处地为别人着想，能在学习中发扬合作精神；

三是谦虚谨慎，善于承担责任的人也同样善于向别人学习，并且能真诚地求知好问，这样能得到更多人的支持与帮助。

5. 爱心

在生活中，爱心是无限珍贵的人性瑰宝。特别是对"以自我为中心"特点显著的新一代独生子女来说，尤其显得重要。

记得在一本书上读到一个故事：

一个又冷又黑的夜里，在美国中部的一个乡村道路上，一位老太太的汽车抛锚了，由于这里人烟稀少，她等了半小时左右。终于有一辆车经过，开车的男子见此情况便下车帮忙，几分钟以后，汽车修好了，老太太问开车的男子要多少钱。他回答说，他这样做，并不是为了钱，而是为了助人为乐。

但老太太坚持要付些钱作为报酬，否则觉得过意不去，开车的男子谢绝了她的好意，并建议她将钱给那些比他需要的人，最后，他们各自上了路。

紧接着，老太太来到了一家路边的咖啡馆，一位怀孕的女招待给她煮了一杯热咖啡，并问她为什么这么晚还赶路。于是，老太太就将刚才发生的事情讲述给她听，女招待听后感慨道，这样的好人真是难得。然后，老太太也问女招待为什么工作那么晚，女招待说是为了迎接孩子的出世，需要第二份工作，这第二份工作就是夜晚兼职当咖啡馆的女招待。老太太听后执意要女招待收下200美元的小费，女招待说她不能收下那么多的小费，老太太坚持说，你比我更需要它！

女招待回到家，把这件事告诉了丈夫，结果很让人惊讶，她的丈夫就是那位好心的帮助修车的男子。

我们来分析一下具有爱心的人的心理形成特征。

首先，当爱心油然而生的时候，他(她)就会有一种极端敏感的神经冲动，这种神经冲动将把自己的所有感觉器官打开，这时，接受新的事物和新的知识，就会变得容易得多。

其次，当一个人经常无私帮助别人时，他(她)的整个心态是平和的、从容的、积极的。内心深处自然就会形成一种稳定的、高尚的动机概念，这种动机概念与学习的动机是相互连接的，所谓举一反三，便会将学习的热情激发起来。

最后，具有爱心的人，通常都是真正自信的人。自信就是相信自己有能力去实现心中的目标，自信是人格的核心，而爱心是自信的伴生物。有了自信，还能学不好吗？培养孩子自信心的方法尽管很多，但其中一个捷径就是从培养孩子的爱心开始，在鼓励孩子爱人、帮助别人的过程中，应从更高的角度来引导孩子形成"我能行"的意识。怎样培养孩子的爱心呢？

一是父母以身作则。要让孩子去爱，自己必须懂得爱，要让孩子同情弱小，自己必须先关注平凡、同情弱小。

二是提供熏陶的环境和条件。爱心品格的培养是一个很复杂的问题，但也是完全可能的，除了以身作则以外，主要是要为孩子提供一种环境和条件。比如带着孩子奔向田野，在田野里一起呵护所有的生命；再比如鼓励孩子收养被人遗弃或者有缺陷的小宠物等，在潜移默化中，培养孩子的爱心。

三、求知欲

求知欲，就是对知识的学习具有一种内在的渴望，按照我们的话说，就是"爱学"。孩子只有"爱学"，对获得丰富的知识和好的成绩具有一种内在的持续的追求愿望，才可能"学好"，并持续地保持好成绩，作为父母，需要特别重视如何诱发孩子的求知欲。

孩子的求知欲是通过内因与外因相互作用形成的，那么，究竟是外因为先，还是内因为先呢？这个问题大家讨论得很多，似乎没有什么定论。但针对于不爱学的孩子来说，由教育者对孩子施加影响从而导致内因的形成并发生作用，应当是可能的。

由外因所导致的求知欲叫作外在求知欲，外在求知欲在孩子的学习过程中的作用呈不稳定的状态，孩子在形成内在求知欲之前，随着知识的增加，社会接触面的扩大，外在求知欲的鞭策作用将由强变弱，如果在此过程中过分强调外在求知欲的作用，反而加速孩子厌学，外在和内在求知欲相互作用，才能起到作用。

因此，外在求知欲不是最终的目的，而应该通过外在求知欲的诱发，引导孩子形成稳定的内在求知欲。

所谓内在求知欲，就是孩子有意识或者潜意识地运用已学过的知识进行推理、接受新知识，有意识或者潜意识地运用知识进行学习，在此过程中找到动脑的感觉和自己智慧的存在，从而强化能力的培养，意识的形成，感受到知识的作用，领悟到学习的真谛，从而发自内心地想拥有更多的知识。

四、怎样诱发孩子的求知欲

诱发，就是让孩子产生强烈的求知欲，产生求知的需求和内在动力，从而主动去求知。

孩子的内心世界由个性、需要以及价值观、态度、动机构成。个性、需要、价值观决定了一个人的态度，态度是这三者的综合，态度在外在诱因的作用下形成动机，动机在外界时间地点条件都适合的时候就会产生行为。一个人只要注意到某一个事物，他就会对它进行认识，还会产生一定的情感，基于这种认识与情感，人就会对这一事物形成一种反对或者赞成的倾向，即这个人对这一事物的态度。

所以，态度就是一种心理倾向，既包含着理性的认识，也包含着情感的体验，态度是产生动机的一种准备状态和愿望。态度包含着认识、情感和自主选择三个内容，其中核心是自主选择，这是最能体现人的主观能动性的成分，是一个人内心世界中核心的核心。

而一个人的认识与情感是由客观条件、主观的个性和需要以及主观能动性决定的，而最重要的是主观能动性。

当一个人处于逆境时，危害最大的不是客观条件和主观条件，而是自己放弃自己的主观能动性，放弃了自己的选择权与控制权，让自己被客观条件牵着走，让自己被恶习、本能牵着走。

人的心理活动是和周围世界密切相关的，所以周围世界的结构特点也必然反映到我们的心理活动上来。我们生活在一个充满对称结构和因果关系的物理世界中，一切物质都在持续地运动着，因而人也具有一种相应的心理特征：总喜欢追求规律性，总喜欢追求对称、均衡、持续、普遍、完满等。

如果在某种条件下这种规律、对称、完满等有了缺陷或者遭到破坏，该有而没有，这就出现了空穴，这种空穴会让人产生上面所说的完满心理，使人产生一种欲望，希望去填补上这个空穴，我们可以把这种欲望比喻成空穴产生了吸引力。知识结构与能力结构上也会产生这种空穴。因此，启发就是形成空穴，所谓空穴就是"该有而没有"，它是由一些已有的东西特殊地组织在一起衬托出来的局部的"没有"。怎样形成空穴呢？一是让人感到"该有"，二是让人看清"没有"。

孩子的天性和需求为诱发求知欲提供了可能，即提供了"有"，所以诱发孩子求知欲的主要内容是，从天性出发，着重指出"无"的存在，从而让他们感到"该有"并看清"没有"。

把知识的学习放在知识体系中去理解，让孩子不但知道该知识点，而且知道与该知识点相关的知识，做到"知其然，亦知其所以然"，这样就会使新知识很容易被原有知识兼容，在兼容过程中，培养更高的解决问题能力，形成更多的求知意识。

孩子不爱学，通常不是我们的影响或者严格要求不够，而是人为地阻塞了孩子的求知欲输出的线路和接口，比如梦想、好奇心、成就感、感恩、发奋、发愤等就是需要我们经常疏通和维护的重要接口。

五、诱发孩子求知欲的5个接口

因为好奇心的内容在"做孩子的魔术师"中已经阐述，这里就不再强调了，除了好奇心以外，诱发孩子求知欲的重要接口有如下5个。

1. 梦想

可以说，梦想、做自己引以为豪的事情、父母和老师的信任和尊重，是让每一个孩子保持好心情，并进入快乐学习状态的三要素，而梦想则又是其中的核心。

美国有一个男孩，他的父亲是一位马术师，他从小就必须跟着父亲东奔西跑，一个马厩接着一个马厩四处奔波，男孩的求学过程并不顺利，初中时，有一次老师叫全班同学写报告，题目是"长大后的志愿"。

他洋洋洒洒写了七张纸，描述他的伟大志愿，那就是想拥有一座属于自己的牧马农场，并且仔细画了一张200亩农场的设计图，上面标有马厩、跑道等的位置，然后在这一大片农场中央建造一栋占地4000平方米的豪宅。第二天他将他的心血之作交给了老师，两天后他拿回了报告，报告第一页上打了一个又大又红的"F"，旁边写了一行字：下课后来见我。

胸中充满幻想的他下课后带着报告去找老师，问："老师，为什么给我不及格？"

老师回答道："你年纪那么小，不要老做白日梦。你没有钱，没有家庭背景，什么都没有，盖座农场可是个花钱的大工程，你要花钱买地、花钱买纯种马、花钱照顾它们，你别太好高骛远了。"老师接着说："你如果肯重写一个不太离谱的志愿，我会给你重新打分的。"

男孩回家后反复思量，然后征询父亲的意见，父亲只是告诉他："儿子，这是非常重要的决定，你必须拿定主意。"

再三考虑以后，他决定原稿交回，一个字都不改，他告诉老师："即使拿个大红'F'，我也不愿意放弃梦想。"

后来这位男孩真的完完整整地实现了自己的梦想，那位老师还曾经带着自己的学生来到农场露营。离开之前，他对这位已经长大的学生说："初中的时候，我曾经给你泼过冷水，这些年来，我也对不少学生说过这样的话，幸亏你有这种毅力去追寻自己的梦想。"

父母或者老师对孩子梦想的态度决定了孩子的发展方向，无论如何，都要珍视孩子的梦想。诱发孩子的求知欲，第一个接口就是让孩子不断有梦想，并在梦想的熏陶中去做每一件事情。以下是几个链接孩子梦想的明智之举：

① 千万不要对孩子的梦想泼冷水，哪怕孩子的梦想看起来非常可笑；

② 告诉自己，同时也告诉孩子，世界上没有什么是不可能的；

③ 引导孩子将自己的每一个梦想描述出来，用图，也可以用表格，当然也可以写一篇题为"我有一个梦想"的作文；

④ 与孩子共同探讨实现梦想的必要条件以及努力方法，并将学习的意义建构在每一个梦想上。另外，经常与孩子一起温习他的梦想，感受美妙本身正是梦想的根本意义。

2. 成就感

成就感通常来源于对困难和逆境(概率50%)的不断克服以及在反复成功之后不断获得认

同与反馈。满足了孩子的成就需求之后，他就会获得稳定的成就感。在100名孩子中，其中大约有75名都具有不同程度的成就需求，并以追求成就感为做事学习的主要依据。

因此，就教育的意义而言，给予孩子积极的评价是帮助孩子获得成就感的唯一通道。

积极评价包括以下几个方面的内容。

(1) 及时准确反馈，发自内心地去欣赏孩子的每一个小小的进步

父母需要做一个有心人，注意观察孩子在学习过程中的每一个进步，小进步小激励，大进步大庆祝，优秀的教育者总是能敏感地发现孩子的每个变化，并及时有所表示，如一个眼神、一句赞扬的话、一张表扬性质的纸条等。

如果没有这种习惯，那么应当努力去形成这个习惯，孩子在学习上出问题，大部分原因是因为家长或教师没有善于发现的眼睛。需要强调的是，欣赏是精神概念，我们有足够的证据说明，物质奖励并不能形成孩子稳定的成就感，物质上的馈赠和奖励仅适合于增进感情，比如生日时为孩子准备一份很好的礼物。关于学习，我们反对使用物质奖励，因为它与成就感没有必然的关系，甚至容易转移并削弱孩子对成就感的积聚、感知。

(2) 科学地用别人的孩子做比较

我们经常会使用比较的方式来激励孩子，比如，"你看谁谁得了100分，你才得80分，你真笨，没出息的东西"或者"人家就是聪明，智商一定高，而你呢，认命吧，天生就比人家笨"等，比较是很正常的，但消极的比较将会打击孩子的自尊心，自尊心是孩子最宝贵的东西，没有自尊心就不可能有成就感。所以比较一定要掌握分寸，科学比较的出发点是鼓励，而不是诋毁或者发泄，比如可以这样比较："你看，他那样做倒不错，你也可以试试这样做，没准你做得更好。"

(3) 注重过程，淡化结果，努力为孩子减少消极压力

过程评价是素质教育的一个重要原则，只注重一时的分数，而不考虑整个过程，容易将孩子逼进心理的死胡同里去。高明的父母总是能将过程看得比结果重要。

3. 感恩

只有懂事的孩子才能好好学习。在求知欲的几个接口中，让孩子懂得感恩，实质上就是培养孩子懂事，这样，孩子就能理解父母的苦心，并通过努力学习回报关心呵护自己的师长。

有人曾经对北京大学、清华大学、中国青年政治学院的100名优秀大学生进行了学习规律个案调查，其中有66名学生在中学时期曾明确地把"回报父母的苦心"作为重要的学习动力之一。

这是现实的，而且从教育的原则出发，培养孩子健康的亲情体验，形成孩子丰富的内心世界，同样也可以将注意力全部集中到学习上来。

关于让孩子懂得感恩，我们为父母提出了以下有效建议。

① 不要包办，不能让孩子习惯于被包办代替。这样孩子就会认为你所做的一切都是理所当然的。

② 不要让孩子太容易得到东西。所有的父母都愿意为孩子提供最好的物质条件，尽管父母为此付出了很大的代价，但孩子往往感觉不到它的来之不易。所以满足孩子的愿望应当学会量力而行，必要时可以设置步骤，一步一步地去满足他。

③ 让孩子受一些挫折，特别是让孩子通过一定的努力去争取自己想要的东西，即使偶尔受挫也是没有关系的。

④ 经常和孩子讲讲自己的工作艰辛和苦恼。这样，孩子才能在体谅和感恩中健康成长。

4. 发愤

因为自身明确的缺陷或者受到了不公平的待遇或者评价，将会激发一个人产生自强不息的内在动力，而这种动力的着力点将很稳定地集中到一个方向上来，即通过改变并创造条件实现最佳效果。

我们都知道张海迪、海伦·凯勒以及保尔的故事，他们依靠不屈的精神和坚苦卓绝的意志，克服无数常人无法想象的困难，最终成为有所作为的成功者。他们，都是人类精神的财富。

所有的成功者都须经历孤独、屈辱、失败，这是一条亘古不变的真理。

忍受孤独——上天只帮助那些能帮助自己的人，人要有出息，必须忍受常人无法忍受的孤独与寂寞，在孤独与寂寞中才能卓尔不群。

忍受屈辱——暂时的屈辱与苦难可以磨砺一个人的意志，只要心中有梦想，就可以坦然应对出现在面前的不幸，关键是我们要做好自己手头上的事情。

忍受失败——机会存在于对失败的清醒认识之中，最重要的是立即去做。这些都是发愤的思想前提，即自强不息，艰苦奋斗。

但是，更为重要的是发愤的内容和形式，即如何改变条件去达到最佳效果，这是发愤的核心。

巴西有一个小孩叫桑托斯，他和巴西的其他小孩一样，从小酷爱足球。但是后来他得了小儿麻痹症，六次手术之后，虽然免于一死，但却留下了终身残疾，他的左膝盖骨变形，脚尖向外撇，肌肉发育不全，右腿也是严重的畸形，他不能站立，只能坐在轮椅上行动。

他看到街上的小伙伴们踢球，真是羡慕极了，有时候看得入迷，自己的脚步也不由自主地动了起来，可是当他的脚碰到轮椅上的挡板而疼痛难忍时，他又回到残酷的现实。

正是这个孩子，经过顽强的锻炼，后来竟能站起来，丢开轮椅，能跑能跳，学会了踢球，而且成为国家队的主力，参加过第六届、第七届、第八届世界杯比赛，为巴西队连获两届冠军做出了卓越的贡献。

这个桑托斯，就是大家所熟悉的加查林，加查林是火箭鸟的意思，由于他比赛时满场飞快地奔跑，使人想起巴西最常见的飞得最快的火箭鸟。

加查林能够创造奇迹，首先在于他克制了自己的痛苦，他没有坐在轮椅上向隅而泣，而是行动了起来，积极地进行顽强的锻炼。其次，在于他看清楚了问题。他看出失败并未成为定局，只要努力，就有胜利的希望，这些都不算什么。

更绝的是，他利用自己一只脚长一只脚短的特点，练出了在快速奔跑中灵活地突然转身变向的绝招，同时，利用左脚外撇的缺陷来做假动作，快速转身切入，形成世界足球史上的奇迹。

这是发愤的经典案例，所以，当孩子受到挫折或者愤愤不平的时候，最重要的不是安慰，也不是等待着孩子自己去领会，然后去发愤，而是做到以下两点。

第一，与孩子共同分析"不平"的真正原因通常是"条件"准备不足，而不是天赋或者人情世故，所以，要努力去创造条件、改变条件。争强好胜要有理由，要有方法。

第二，试着转移孩子的发愤情绪。最好的做法是找到立即可以圆满完成的学习任务，让孩子保持忙碌。

5. 榜样

榜样的作用也是不可忽视的，我们以往进行教育的时候，通常喜欢拿孩子感觉不到的英雄人物，或者伟人来做材料，这种激励是必要的，但起不了根本的作用。

经过研究发现，所有优秀的学生，在自己的学习过程中，总是存在着不同时期的模仿榜样。从成功学的原理看，模仿成功者的态度是一条成功铁律，就是说，今天，你看什么书，跟什么人在一起，决定了你成为怎样的人，与成功者交朋友，系统模仿成功者的态度、信念、习惯，就是快速成功的最佳策略。

一个大学毕业多年的教育者这样说在学习中榜样的作用：

我在中学时代也有一个发现，发现我们班的同学只要是他们有哥哥或者姐姐是大学生的，一般学习成绩都很好，而且都形成了自己独特的学习习惯，当时我以为是因为他们的哥哥姐姐可能在学习上能给予他们指导和帮助，后来发现最重要的不是指导，而是榜样的影响作用。

后来，我考上了很好的一所大学，我的妹妹也渐渐学习好起来，我自己很清楚，自己从来没有给她辅导具体的课程，甚至明确的学习方法，但是我偶然发现，妹妹的笔记分类方法以及记忆方法竟然和自己的极其相似，这时我就知道了，其实，妹妹只是努力在模仿我的学习习惯，在她的眼中，我就是她最现实最能摸得着的学习榜样。

因此，为孩子创造一个具有明确榜样的生活氛围是很重要的，这样，孩子不仅能潜移默化地形成发奋的基本动力，还可以逐渐在模仿中形成适合自己的有效学习方法。

那么，父母要做些什么呢？

第一，父母要学会为了孩子的学习而去交朋友。

我们经常说，孩子啊，不要总跟学习不好的人在一起，要多与学习好的孩子在一起，看起来是对的，但实际上是不科学的。最好的办法是节假日自己家人和好朋友一家人在一起，或者聚会，或者外出度假，或者旅游等。这种朋友最好具备这两个条件：一是朋友的孩子比自己的孩子大一些，二是朋友的孩子因为学习好获得了周围人的赞赏和认可。当然也不必太多，有一两个就行，这样，由于父母有选择地为孩子提供了一个接受潜移默化的教育激励氛围，不用再去强调应向谁学习，孩子自己就会有求知的意愿。

第二，与孩子研究成功者的学习经验。

阅读传记，缩写伟人的童年求知故事，将每一个伟人的求知精神总结出来，如陈景润、鲁迅、居里夫人等。

怎样激发孩子的学习潜能

一、潜能

两个人都到医院看病,一位真有病,很重的肺病,医生给他照了X光,另一位没病,但老怀疑自己有病,非得让医生也照一下X光,医生拗不过他,只好给他也照了。没想到洗出来之后,两个人的胸透相片往病历档案里装时弄反了。

到看片子的时候,有病的人一看自己的病已经好了,顿感轻松、愉快,每天都觉得自己是个健康的人,高高兴兴地生活,过了一年,到医院复查,真的一点病都没有了。

那位怀疑自己有病的人呢?本来就疑神疑鬼,再看自己肺部的病灶片子,情绪更加低落、沮丧,心理压力极大,惶惶不可终日。这样每天提心吊胆地过日子,没到一年时间,他真的因病去世了。

这是著名教育家魏书生经常提及的一个经典案例。这里暂且不去讨论医院的失误,而是发现,当意识通过下意识告诉病人自己没病时,潜意识便调动体内的潜能向病灶进攻,以使自己真的没病,潜意识的力量很大,果然战胜了病灶,使病人逐渐康复。相反,当意识通过下意识告诉潜意识自己正犯病,且非常严重时,潜意识便组织身体各部分器官撤退,把病灶引入体内,最终使健康的人变成名副其实的病人。

对于大脑的潜能开发也一样,如果能不断输入积极的意识,让意识通过下意识对大脑提出要求,潜意识就会调动体内的潜能发挥作用。其实我们都有这样的经验,比如我们在镜子前对自己笑一笑,心情马上就会变得愉快轻松。再比如,有一道题苦思冥想都没有做出来,在睡前将有关的条件、信息输入大脑,第二天早上起来,说不定答案就出来了。

潜能是可以开发的。一个很简单的例子,男子铅球世界纪录在100年内翻了两番,1886年是10.02米,1986年为22.04米。1864年世界跳高纪录是1.67米,到1985年,瑞典的舍贝里跳过了2.42米。体育运动纪录的不断创新，除了与人身体素质的自然发展有一定关系以外，很大程度上与体育训练的改进，人的运动潜能得以开发相关联。

人与人的区别不是智商，也不是学历，更不是社会地位，而在于是否有效地开发自己的潜能。对于孩子来说，所谓竞争优势就是潜能得到比较有效的开发。

人们常说，我们只使用了我们全部智力潜能的10%，但实际上可能连1%都不到，也许是0.1%甚至更少，就人脑的复杂性和多用性而言，它远远超过地球上的任何计算机。科学家一直在研究人脑的结构与运动规律，以便人类能更加充分地发挥自身的潜能。而作为我们，了解大脑的基本工作环节就可以了，关键是正确选择开发潜能的途径，尽量地使大脑的潜能在学习中发挥得更加充分。孩子的学习水平能否螺旋式地逐步得以提高，就取决于其潜能是否逐步得到开发。

二、激发潜能的6种方法

激发孩子的学习潜能通常有以下方法。

1. 心情法

心情法就是需要通过情感的阳光以及提供丰富多彩的环境，将孩子潜能的屏蔽捅开，比如贴近自然。总之，要培养孩子的丰富感情世界，从而导入良好的心情，有了好心情，就会自觉地输入积极因素，从而调动潜意识进行工作。

而经过研究，我们发现，天才的秘密就是智力潜能比一般人开发得多一些，早一些。所有天才的诞生都源于他们的幼年生活有着丰富多彩的环境，并获得了较好的心灵阳光。那么，怎样使用环境法开发孩子的潜能呢？就是为孩子的心灵生活布置充足的阳光，培植健康的情感世界，让孩子始终有个好心情。

2. 开窍法

学习法专家钟道隆先生曾经举过一个例子，他说，西藏有一个高山湖，它的水位比雅鲁藏布江高出数百米，如果能打通一个山洞，把水引出来发电的话，将是取之不尽、用之不竭的能源。实际上，该湖所具有的只是潜能，而不是"现实能"。就"现实能"而言，该湖的水与天津塘沽口海拔为0米的水是完全一样的。"窍，孔洞也"，打山洞就是在周围的山上开窍，开了窍以后就可以把潜在的水能转化为"现实能"。人的大脑潜能为高山所阻隔，这里的"高山"包括偏见、自卑、懈怠等消极因素。

3. 暗示法

1960年，哈佛大学的罗森塔尔博士曾在加州一所学校中做过一个著名的实验。新学年开始，他让校长把三位老师叫进办公室，对他们说："根据过去三年的教学表现，你们是本校最好的老师。为了奖励你们，今年我们特别挑选了三班全校最聪明的学生给你们教。这批学生的智商比同龄人都要高，希望你们能有更好的成绩。"

老师们表现出掩饰不住的喜悦，临出门时校长又叮嘱他们：要像平常一样教他们，不要让孩子或者家长知道他们是被特意挑选出来的。

一年之后，这三班的学生成绩是整个学区中最优秀的，比平均分数高出两三成。这时候，校长才告诉老师们真相，这些学生并不是刻意选出来的，而只是随机抽选出来的普通学生，三位老师万万没有想到事情是会这样的，只有归功于自己教得好而已。而校长又告诉他们，其实他们也是随机抽选出来的。

是因为暗示发生了重要作用，这三位老师觉得自己很优秀，充满了自信与自豪，工作中自然就格外卖力，学生知道自己是个好学生，肯定会努力学好，结果就真的全部优秀起来了。

4. 遐想法

爱因斯坦之所以伟大，是因为他除了具有常人没有的洞察力以外，还有杰出的理性思维，他能用数学方法使他的洞察力变成逻辑的符号公式，这就沟通了他的左右脑。

爱因斯坦既是一个思想家，也是一个科学家，同时还是一个脑袋里充满符号和公式的数学家，是个左半球发达的有逻辑思维的人。但是，爱因斯坦的思想首先来自图像和形象，并把它们翻译成词句和数学符号。当他创立相对论时，不是通过他的理性思维，他没有坐下来用纸和笔一步步算出这个理论，最后得到符合逻辑的结论。理论的诞生是在一个夏天的下午，爱因斯坦躺在长满青草的山坡上，透过微闭的眼睑，凝视着太阳，玩味着通过睫毛而来的光线，当时他想知道沿着光束行进会是什么样子，他就像进入了梦境一样，躺在那里，让他的思想随意邀游，幻想着他自己正沿着光束行进。突然，他意识到(顿悟)这正是刚才所探求的问题的答案，这个意识正是相对论的精髓。

5. 砥砺法

种子的生命力是巨大的，即使上面盖着一个常人无法搬动的石头，种子也可以将它掀翻，而且石头的重量越大，种子的力量也就越大。因此，开发孩子的潜力，也可以采用砥砺法，即设置合适的困难，人可以通过不断克服困难激发大脑中的神经元之间的突触，产生征服困难的内在兴奋感。

6. 计划法

我们经常从照片上看见以万里晴空为背景的冰山景观，相信每一个人都会发出由衷的赞叹：啊，多美啊！而我们所看到的，也许不过是浮出水面的一部分而已。到底是什么造就了冰山之美呢？是那部分隐藏在底下的冰山。堆积在底下的冰山，渐渐地就会将一部分瑰丽呈现在水面上。在这里，"呈现"是不可预料也不好控制的，而"堆积"是完全可能通过计划实现的，而事实上，实现了"堆积"，"呈现"就是不速而至的。"堆积"要有计划，包括有目的、有计划、有准备、有措施、有安排、有步骤、有反复、有效率、有节制、有效果。

三、影响潜能释放的5种关键因素

具体而言，影响潜能释放的5种关键因素如下。

1. 目标

没有目标的努力是没有实际价值的，而没有目标的指引，孩子的潜能是无法释放的，所以激发孩子的学习潜能应从目标的确定开始。

1952年7月4日清晨，加利福尼亚海岸笼罩在浓雾之中，在海岸以西21英里的卡塔林纳岛上，一个34岁的女人涉水下到太平洋中，开始向加州海岸游过去。要是成功了，她就是第一个游过这条海峡的妇女，这名妇女叫费罗伦丝·查德威克。在此之前，她是从英法两边海岸游过英吉利海峡的第一个妇女。

那天早晨，海水冻得她身体发麻，雾很大，她连护送她的船都几乎看不到。时间一个钟头一个钟头过去，千千万万人在电视上看着。有几次，鲨鱼靠近了她，被人开枪吓跑。她仍然在游。在以往这类渡海游泳中她最大的问题不是疲劳，而是刺骨的水温。

15个钟头之后，她又累，又冻得发麻。她知道自己不能再游了，就叫人拉她上船。她的母亲和教练在另一条船。他们都告诉她海岸很近了，叫她不要放弃。但她朝加州海岸望去，除了浓雾什么也看不到。

几十分钟之后——从她出发算起15个钟头零55分钟之后，人们把她拉上船。又过了一个钟头，她渐渐觉得暖和多了，这时却开始感到失败的打击，她不假思索地对记者说："说实在的，我不是为了自己找借口，如果当时我看见陆地，也许我能坚持下来。"

人们拉她上船的地点离加州海岸只有半英里！后来她说，令她半途而废的不是疲劳，也不是寒冷，而是因为她在浓雾中看不到目标。

目标的根本意义是确定奋斗的方向。而在实际的学习生活中，目标的意义就具体化为自我评价或者评价。

小的量变质变的积累一定会出现大的量变质变，这是客观规律，这就是人的发展处于螺旋式上升的态势。螺旋式上升的态势要求把人的远大目标和"小、近、实"的阶段性目标结合起来。人类发展的历史，就是既有远大美好的愿望，又有适当高于自身水平的目标进行激励，求得目标的实现。

一个人有了目标，就有了动力，有了责任，有了勇气，如果没有追求的目标，就会变得无聊、孤独甚至彷徨，不知所措。

一个人没有远期目标，就会变得没有气势；一个人没有中期目标，就会没有精神；一个人没有短期目标，就会变得不勤奋。有人列出了这样一个公式：目标＝目标高度×达到的可能性。目标低了，不感兴趣，目标高了，达到的可能性就小了，就会失去信心。

有效的目标不是最有价值的那个，而是最有可能实现的那个。

贝尔纳是法国著名的作家，一生创作了大量的小说和剧本，在法国戏剧史上占有重要的地位，可以说是法国文学史上的里程碑人物。有一次，法国一家报纸进行了一次有奖智力竞赛，其中有这样一个题目：如果法国最大的博物馆卢浮宫失火了，情况紧急，只允许抢救出一幅画，请问你会抢救哪一幅？结果在该报纸收到的成千上万个回答中，贝尔纳以最佳答案获得该题的奖金，他的回答是："我抢救离出口最近的那幅画！"

怎样的目标才是有效的呢？一个有效的目标必须具备以下条件：

① 具体的；

② 可以量化的；

③ 能够实现的；

④ 注重效果的；

⑤ 有时间期限的。

以上条件必须同时具备，否则就不是目标。其中最重要的是②和⑤。量化是指可以使用精确数字来描述的，即使不能用数字描述，也必须进一步分解，然后再用数字来描述。时间限制是指必须在限定时间内完成的。不能量化且没有时间限制的目标是无效的，很容易是一种幻想，没有任何意义。

对于目标来说，最重要的是管理和评估，通常而言，目标的设立有以下三种常见方法。

第一，阶梯法，就是将目标细化为若干个阶梯，并且使用明确的语言对不同阶梯的内存进行描述，这样每一个人在不同时间、不同空间都能明确自己的现实位置以及下一个目标的状态，一个一个逐级向上迈进，最终达到总的目标。

第二，枝权法。树干代表大目标，每一个小树枝代表小目标，叶子代表即时的目标，或者现在马上要做的事情。

第三，剥笋法。实现目标的过程是由现在到将来，从低级到高级，由小目标到大目标，一步一步前进的。但是设定目标的方法则与实现目标的方法相反，由将来到现在，由大目标到小目标，由高级到低级层层分解。

2. 意志

这个世界上，很多人成了大人物，也有很多人永远都是小人物，大人物受人尊敬，小人物一辈子过着平实而微不足道的生活。从生活意义上而言，两者都是无可厚非的。

而如果要探究两者之间的区别，就很有现实意义了。大人物与小人物的本质区别之一，同样也是学习差异的重要原因。这个区别就在于意志力。

意志力，不是爆发力，而是一种韧性，无坚不摧的往往正是这种看似绵薄但后劲十足的持久力。

观察一下，在学校上体育课的时候，学生们经常做双手悬挂运动，通常在单杠上坚持几分钟就觉得再也坚持不下去了，并从单杠上安全地跳到地面。但设想一下，如果是在一种意外的情况下，双手握住的不是离地面两米的单杠，而是离地面1000米的机翼，你不知道什么时候被营救，于是只好耐心地坚持着，这时，也许你能超乎寻常地坚持一个小时，甚至更长，这就是意志力在发生作用。人有很多极限，通常情况下，人是无法超越极限的，所以很多人做事情，包括孩子学习，到了艰难困苦的时候，就轻易放弃了，就像从单杠上跳到了地面一样。

学习就像钉钉子，钉子要钉进木头里，一靠钻，二靠挤劲，钻就是刻苦钻研，遇到问题绝不放弃，不彻底解决不罢休，这样对知识就会有更加深刻的理解，挤劲就像是挤海绵里的水一样，充分使用零碎的边角料时间，这样才能将学习时间从实质上延长。无论是"钻"还是"挤"，都需要我们付出超乎寻常的意志。

意志是和目标联系在一起的。如果没有目标，人的意志就很容易出现断节，意志需要目标来保证。人生很重要的一项品质是"完成能力"，这是所有天才最突出的品质。

3. 专注

如果用一个放大镜，将散漫的阳光聚焦于某一点，就可以引燃一根火柴。能做饭能煮鸡蛋的太阳灶也是使用了聚焦的原理，许许多多的事实告诉我们，专注是可以产生奇迹的。

专注，不仅是灵魂获取酬劳的唯一途径，更是激发孩子学习潜能的必要条件。专注的最高境界是痴迷，受到鼓励的、训练的孩子则让大脑进入了较深层次的智力快感状态，从而在发展这种兴趣中进入一种痴迷的忘我境界，一旦孩子养成了痴迷的习惯和个性，那么他的智力活动便进入了一个质的提高期，而这种让他痴迷的事物也必将成为他日后极其重要的部分。

培养孩子专注精神的方法是将孩子的注意力集中到努力运用已经具备的条件去实现目标上来。这样做需要的是以下两点。

第一是定力，就是排除干扰，心神坚定，不乱不散，集中力量突破一个问题。怎样形成一个人的定力呢？一是确定信念，坚定不移；二是自律；三是充分调动所有的器官听从大脑的指挥，比如手、脚、眼、鼻等，去完成自己已经确定了的事情。

第二是定向，确定一个着眼点，一旦选定，轻易不转移。怎样选定明确的方向呢？一是寻找准确科学的参照标准；二是如果很难确定是否值得或者应该做，那就立即决定，假定这个方向就是你努力的方向，并且在这个假定下立即去做。

4. 情绪

情绪就是非智力因素的核心之一。

人的需要、心愿和客观事物发生各种相互作用时，就会产生情绪和情感，或喜或悲或怒或惧……而情绪通常又与人的追求紧密相关，当我们无法确定是否应去追求时，就会感到犹豫、彷徨；当我们失去追求的目标时，就会感到空虚、寂寞、无聊、伤感、怀旧；而当追求的过程中出现紧张的局面、受到严峻的压力，需要付出巨大的心理能量，持久地高度地集中注意力时，我们就会感到紧张、焦虑、忧虑、担心、烦恼、有压迫感，要摆脱或者消除这一类的消极情绪，就要求我们能正确对待追求。

心理学研究成果告诉我们，不但情绪会影响行为，而且反过来，行为也会影响情绪。比如，如果你露出微笑，那么你就立即会感到几分愉快。外界的刺激是客观存在的，但烦恼或者其他情绪则是主观上对外来刺激的反应。外来的刺激未必能引起烦恼。如果我们选择好的态度，就可以通过各种办法来抵制、转移和疏导这些刺激，不让它在我们的情绪中引起不良反应，或者尽可能减少不良反应，或者利用它来产生积极的、有益的反应。

指导孩子学会控制情绪是一件很重要的事情，孩子一旦学会控制情绪，就能不断超越自己、创造自己，成为自己的主人，并且在学习上将潜能发挥到最大值。一般而言，控制情绪可以采用以下几种方法。

一是转移。转移注意力，就是将注意力转移到最能使自己感到自信、愉快和充实的活动上来。关键是尽量避免外界刺激的输入量，尽量减少它的影响和作用。

二是分散。把我们遇到的烦恼隔离分散开来，各个击破。

三是弱化。减弱烦恼，不记忆，不思考，不想象。

四是体谅。生气是因为别人的过错而惩罚自己，原谅了别人也就饶过了自己。要把对方看作一种客观存在，去摸它的规律，而不要生气。大人生气与孩子的哭都是无能的表现，体谅同样适合用于自己。

五是解脱，即更换一个角度来看待令人烦恼的问题。从更深、更高、更长远的角度来看待问题，对它作出新的解释、新的理解，以求跳出原来的圈子，使精神得到解脱。

六是升华，就是利用强烈的情绪冲动，并且把它引进到积极的、有益的方向上来，使之具有建设性的意义和价值。某些刺激会使我们产生强烈的情绪冲动时，我们既不能采取阻截的方法，又不能采取直接发泄的方式，这时，升华就是最好的解决途径。我们常说的化悲痛为力量就是一个典型的例子，其实其他情感也可以化为力量。比如对对手的愤怒，对敌人的仇恨，在工作中受到的挫折，取得成绩之后的表扬奖励，自己的无知受到嘲弄，自己陷于窘境、羞辱等。世界上最富有诗意的行为就是发奋努力。这种升华是人类心灵所迸发出来的最美的花朵。这是人类赖以生存和发展的最重要的情操。

七是抵消。当某一刺激使我们产生不良情绪时，我们有意识地采取一些行动，寻求另外一种刺激，使之抵消原有刺激。

八是表达。其一是书写，把心中的委屈、烦闷、气愤、申辩……痛快淋漓地写出来，写完看几遍，让心中的郁闷全发出来，然后把它撕掉。其二是与其他人谈心，找当事人谈心。

人不能像树那样站在那里不动，人总是有追求的，要奔向一定的目标，要向前跑，跑起来就一定有阻力，就必然有风。树是被动的，尽管在树根的坚定、树干的力度和树枝的飘摇自如上三者和谐统一，但潇洒有限。而人是主动的，人的潇洒就表现在目标的坚定、精神的力度和心情的从容上。

5. 挫折意识

在漫长的学习过程中，失败和挫折是难免的，所以如何面对它们成为一个很重要的问题。

首先，父母应当认识到的是，失败究竟是什么？失败就是指预定的目标没有达到或者达不到，或是受到打击或者陷入困境等。一般来说，失败总是先于成功，过不好失败关，就很难实现成功。失败不是一种静止的局面，它还会发生变化，如果你的态度正确，就可以反败为胜；如果你的态度不正确，那就会受到更严重的第二次打击，失败是会发生连锁反应的。

其次，父母应当和孩子共同学会面对失败和挫折，在挫折面前，父母与孩子是同一战壕里的战友，要相互支持，共同努力，锻炼强健的应对挫折的能力。

挫折与暂时的失败，对于孩子的成长是一个机会。教育大师杜和戎曾经将其分解成如下三个步骤。

第一步是克制痛苦，避免连锁反应。

要学会对待失败，首先就要学会正确对待失败所带来的痛苦，正是因为自己精神上的痛苦，才使人在受到第一次打击时，就精神涣散，失去防守和反攻的能力，放弃眼前可以转败为胜的机会，坐等第二次打击的到来。

在精神上对失败要有所准备。一个普通人要经过千锤百炼才能成为一个完美的胜利者，人的身上有许多的缺点、短处，也是在失败的痛苦磨炼中，才肯丢掉这些毛病，只有经过失败的历练，人们才可以变得更加坚强、有韧性，才更懂得生活，更懂得人的价值。失败是痛苦的，有时候甚至是个灾难，在还没有出现之前，要尽量避免，在发生之后，我们就不要把它看成完全消极的东西，而要充分地认识到它的积极作用，把它作为提高自己精神力量的好机会。失败是难免的，所以我们在精神上对失败应有所准备，另外，我们在平时也要注意在每一个小失败中锻炼自己控制情绪的能力。

第二步是看清真相，努力实现转机。

看清楚是不是真的失败了，特别要看清楚它的局部性和暂时性。不要让失败盖住一切，甚至窒息了你的智慧。要对失败精确地描述，要说明它仅仅是某一个局部的失败，或者是在某一个时间段内的失败，某一次试探性的失败，暂时的失败……最好把它的局部性和暂时性写在纸上。

看清楚有利因素，吸收有利信息，坏事可以变为好事，关键就在于要看清转化的有利因素。我们应该坚信任何人在任何失败中，都会找到有利因素。越是处于失败的境地，越是要冷静地发掘有利因素，充分地利用，去争取胜利。同样，失败也会给我们带来很多的信息，除了关于有利的信息以外，还会带来一些失败的连锁反应的信息，以及失败的起因及后果的信息，都需要仔细分析。

第三步是积极行动，条件决定发展方向。

首先是坚定信念，努力创造条件。我们一定要坚信有转败为胜的可能，这是事物发展的规律，但是它的发展方向取决于条件，条件决定发展方向。其次是抓住时机，当机立断。当时机来临时，我们能不能敏感地认识到它，敢不敢当机立断，付诸行动，这是成败的关键。最后是出奇制胜。有时候，我们遇见的失败看起来是无法挽回的，其实，如果把目的弄清楚，就会看到通向目的的路不止一条。换一条路试试看，往往能出奇制胜。

结合以上三个步骤，家长可以试着和孩子一起探讨以下几个问题：一是如果孩子期末考试的总分是全班倒数第一名，怎么办？二是如果你的孩子数学很好，老师推荐他参加全区的奥林匹克竞赛，本来很有希望获得名次，但由于发挥不好，最后却成为参赛选手中得分最差的一个，怎么办？

怎样培养良好的学习习惯

一、习惯是教育的最终成果

对于家长来说,最重要的当然是解决孩子"爱学"的问题,因为这是学习的基本条件,也是底线原则。但是只是"爱学"而没有掌握科学的学习方法,是不可能取得好成绩的,没有取得好成绩,"爱学"就不可能持久。所以"爱学"是"会学"的前提,而"会学"是"爱学"的保证。

只有养成了好的学习习惯,孩子才可能在习惯形成过程中不断实现强大的精神自我,从而总结出最适合他自己的学习方法。实际上,模仿成功者的习惯比借鉴成功者的学习方法要重要得多。

习惯是稳定的行为倾向,只要形成了习惯,人就会按照下意识的指示去选择行为方式。从某种意义上说,习惯也是教育的最终成果。爱因斯坦说过,当一个学生毕业离开学校时,如果把老师教给他的知识都忘光了,最后所剩下的,才是学校以及教育者在他身上发生作用的成果。

二、怎样培养孩子的学习习惯

习惯的形成过程可以分为三个阶段,第一阶段是约束阶段,即确定了习惯养成目标以后,刻意修正和约束,这时人会觉得很不舒服,甚至很难适应,但这是养成习惯的第一步,没有这一步,好习惯就不可能实现,这个阶段通常的时间为一至两周。第二阶段为适应阶段,即经过了第一阶段之后,仍然有意识地进行坚持,但心理已经基本适应,坚持已经不是很难,这个阶段最容易半途而废,这个阶段通常时间是4~5周。第三阶段为自然阶段,为了巩固第一、第二阶段的成果，将适应变为一个人的自觉行为，习惯就基本形成了，这个阶段通常时间为3~4个月。

因此，培养孩子的良好学习习惯，可以按照以上三个阶段设置实施步骤。

第一步：确定需要养成的习惯。确定的目标要具体。性格是习惯的集合，但习惯毕竟不是性格，所以不能将类似"安静""随和""急躁""固执"等属于性格描述的内容当作目标，而应当将最具体的行为习惯当作目标，比如"认真写字""独立完成作业"等，而且需要将行为习惯细化成可以立即评估的内容。

第二步：从现在开始制订计划。孩子明确目标以后，应从"现在"开始做起，按照三个阶段划分为三个时间段：第1天到第15天(约束)，第16天到第50天(适应)，第51天到第150天(自然)。

第三步：父母帮助孩子评估成果。让孩子学会评估自己习惯养成的成果，经常进行检查，必要时可以制订日程表，在每一个阶段之后，为孩子写一份鼓励性的评语。

三、决定学习效果的7个好习惯

有人曾就学习方法对北京大学、清华大学等全国多所大学的优秀学生进行了个案访谈研究，同时也对广大父母的学习辅导情况进行了问卷调查。研究确实总结了一些优秀的学习方法，但研究者没有停留在对学习方法的探讨上，而是将重点转移到了方法的基石上来，这就是学习习惯。没有习惯，就没有个性化的方法。不过，从广义上讲，倒过来理解也是成立的，即习惯就是学习方法的固态物质。

为了进一步确认这些习惯的优越性和准确性，研究者还将之和湖北、福建、江苏、北京4个省市的10所重点学校学生的学习习惯一一对比，现在可以确定这7个习惯是决定性的。这7个习惯包括按计划完成的习惯、认真写字的习惯、慢慢看课本的习惯、整理错题的习惯、善问敢问的习惯、随手记笔记的习惯、无私帮助同学的习惯。

需要强调的是，这里所阐述的"习惯"不是大家众所周知的"预习""复习"等习惯，也不是"能力"所涵盖的"审题""阅读"等习惯，类似的习惯只能决定你的孩子成为一个优秀学生，而我们这里探讨的"习惯"是决定你的孩子能否成为学习好手，解决如何拔尖的问题，一切都为你的孩子考上一流大学做准备。

所以，无论你的孩子现在是读几年级，建议从现在开始，用心帮助孩子一个一个地养成。

1. 按计划完成的习惯

完成是一种意识，"完"就是按照计划在自己规定的时间内打上一个句号，善始善终，而"成"就是高质量、高效率地做成功了，也就是努力追求"干得漂亮"，我们通常所说的

"今日事，今日毕"，实际上就是"完成意识"的集中体现。

其实，"完成"是每个人的一种本来需求，比如我们画一个大半圆，放在桌上，回头再看的时候，一定有一种拿起笔将其画满的想法，这就是心理学意义上的"趋圆心理"。而对于孩子来说，形成行为上的"完成意识"则是学会学习过程中的一项很重要的习惯。

为什么要强调按计划完成的习惯呢？原因有三个，一是生活的秩序为学习提供有利条件。设定目标，按照计划，有条不紊，就可以将一个人的心态调整到最佳位置。二是不断"完成"逐渐形成习惯后，积攒了孩子的自信心。有了扎扎实实的自信心，什么困难都不在话下，因为，自信心是人格的核心。三是"完成"可以不断激发孩子的学习潜能。潜能只有在从容不迫的情况下，才会不请自来。

按计划完成习惯养成的基本要求有以下几点。

① 保证睡眠。有了充足的睡眠，才能保证身体的正常发育，才能为学习提供充沛的精力和清醒的头脑。无论如何，要保证小学生每天10个小时的睡眠时间，初中生9个小时的睡眠时间，高中生8个小时以上的睡眠。

② 制订计划。与孩子共同约定每天的"专门时间"和"自由时间"，孩子的自控力相对较差，所以需要父母和孩子一道制订好周计划和日计划，规定"学习专门时间"和"游戏专门时间"，同时也要给予孩子一定的"自由支配时间"，所谓自由支配时间是指完全由孩子自主选择的时间。

③ 每天小结。帮助孩子养成每天睡前10分钟小结，小结内容包括"今天完成了什么？""今天最有趣的事情是什么？""今天获得的最大进步是什么？""今天在学习上帮助了谁？"等等。

2. 认真写字的习惯

快参加高考的时候，有一个班主任老师在考前一个月内为学生们安排了一项工作，就是每人利用一个小时认真写字，而且提出了三个要求：一是字迹清晰，不一定要多好看，但一定要清楚明了；二是标点准确，不要忽视任何一个标点符号；三是姿势端正，在白纸上也能不偏不斜写上满满一页。

当时学生们都不理解，但还是按照要求做了。高考结束后，这个班90%的同学的总成绩比原来预想的要高出15分左右。认真写字的作用怎么会有那么大呢？考前一个月，该掌握的知识都已经差不多了，除了补缺补漏以外，最重要的工作应当是调节心神，争取在原有知识水平上多拿一些分数，而认真写字起的作用至少有两个方面，一是集中精力，沉住气，调理心神，使一个人处于沉着的思维秩序之中，等到考试了，一个月养成的这种沉着习惯就发挥作用了。二是提高卷面的清洁和表达的质量，任何一门学科的考试都是需要写字的，语文不用说了，政史地数理化，门门课考试都需要写一定量的汉字或者数字，而阅卷老师因为看考卷太多了，所以看到清楚整洁的考卷时，感觉到了一种尊重，所以心情是比较好的，很有可能就多给那么一分两分，几门加起来，就有十几分了。

写字绝不仅仅是一种思维方式，著名教育家霍懋征女士曾经在国家教育部教材中心召开的"硬笔字模"鉴定会上说："随着信息时代的来临，尽管电脑日益普及，但硬笔书写仍是日常生活中不可缺少的传递信息和知识的技能，写一手好字仍是一个优秀人才应具备的素质之一。这一基本技能在一个人的生活中、工作中、人际关系等各个领域都有着重要的作用，手写汉字所特有的艺术性、创造性也是任何机器都无法做到的。"

认真写字的习惯至少具有以下根本的意义。

① 认真写字是学生个性成长的展现。人们常说"字如其人"，字在一定程度上反映了一个人的个性特征。有的字写得刚强，有的字写得温柔，有的字写得潇洒，有的字写得飘逸。孩子在写字时，也展示和体现了自己的个性。

② 认真写字影响孩子的身体全面发展。书写对于孩子是非常重要的。对于刚刚入学的孩子来讲，他的书写过程其实是一个全面发展的过程，其中包括对小肌肉的协调发展，眼、耳等多方面的配合。

③ 认真写字激发孩子的非智力因素。书写能力的不断提高，可以使孩子对事情认真，讲究清洁，从内心去追求一种比较完美的东西，它对这些非智力因素也有很好的促进作用。

④ 认真写字可以帮助孩子变得沉着。在认真写字的过程中，当孩子感觉哪些字特别美，间架结构特别合理时，他就会有一种美感，从而陶冶了他的情操。有的孩子写字很潦草，看不清，其实这只是一个表面现象，从内在来看，可能就显得他比较浮躁，不是很踏实，不是很用心做每件事。认真写字的习惯可以塑造孩子的性格，以及对事、对人、对生活的一种积极态度。

从孩子刚上学，学校老师就开始教孩子正确的写字姿势，从保护视力的角度，从写字执笔的方法方面也都有指导。但是问题在于学生在正式升入小学一年级之前，父母就已经让他写字了，学前教育父母都很重视，先入为主，因为没有专业指导，他一拿起笔来就是错的。到学校后，学前形成的不良姿势老师就很难再纠正了。由于孩子的小肌肉没有发育完全，所以家长尽量不要让孩子在学前提前学写字。

教孩子形成认真写字的习惯可以有这样几个过程。第一，激发。给孩子讲写好字的作用，让他在内心里有要写好字的需要。第二，赏识。对他现有的字好的地方给予肯定，即使字写得再差的孩子，也要看到他好的部分。第三，协助。协助一定要有科学性。对于字，一是结构，二是笔画。现在很多的人，包括一些大学生，结构普遍问题不大，主要问题是笔画。这是因为平时缺少美感，或者不够留心，对字的笔画的基本走向分析得不够，缺少认识。所以要写好字，就要在笔画上下功夫。第四，成效。让学习者彻底改变过去写字的走向，坚持下去，从一两个字练好开始，慢慢写几个好字出来，把自己的习惯固定下来，就会看到成效。第五，强化。对孩子写字要有耐心，教育是一个形成过程。

(1) 让孩子喜欢写字

孩子之所以不喜欢写字，一部分是因为生理发展未达成熟，以致眼手不协调。如有可能，不妨和孩子多玩"沙地写字""海滩作画"的游戏，让孩子在广阔的沙地中，快乐地写下他刚刚学会的"国"字。这可比在笔记本上，一笔一画地勾勒要有成效，因为孩子多半不喜欢有框框来框住他们的写字空间。等他们会写那些字后，对老师交代下来的作业，自然不会有太大的抗拒。

除此之外，跟孩子说说"寓言故事"也是很有用的。在故事中，你可以告诉孩子一些写字能博取父母喜欢的情节，让孩子有机会从中"领悟"写字的潜藏功能，绝对比逼迫他有效多了。

最后一个妙招是，把写字作为孩子欣赏卡通影片的筹码，但须谨记在心，千万别限制孩子的作业时间，因为他们都有一套自己的处事原则，只要他能在当天把功课做完，即使是就寝前一刻，家长也应该允许其看一会儿卡通片。至于字写得好不好看，那就不必太在意了。

(2) 从乱涂乱画到正式书写

专家认为应鼓励孩子"涂字"，因为这是连接思想与纸张的重要步骤，同时又不会让孩子受到复杂的技巧的"恐吓"。有些父母会让孩子在"涂字"的同一张纸上画一幅画，将它挂在显著的地方，例如卧室墙壁上，以显示对孩子"涂字"的尊重。

学龄前儿童书写的重要进展是临摹自己的名字，这里有很强烈的个人兴趣。对一些知觉和细微运动神经发育还不够的孩子，学写字还过于困难，一个聪明的父母是不会让孩子对写字产生任何不愉快的感觉的。

对于在家里开始学写字的幼童，一个最大的问题是拿铅笔的姿势不正确，这是较难校正的。如果你的孩子不能正确执笔，最好不要让他开始学写字。不正确的握笔姿势是将来学习困难的一个重要原因，这会造成疲劳和书写速度缓慢。在这种情况下，可以让他继续使用蜡笔、粉笔、刷子、手指画画，或用棍子在沙坑中画。

不应要求不满6岁的儿童开始抄写句子。有意义的抄写需要大脑成熟到可以结合两个或三个感官(视、触、移动，甚至加上听力)之后。幼童们可以抄写，但只是死记硬背。这种年龄的孩子不应坐在桌子旁进行正式的学习，要让他们繁忙的小脑瓜尽情探索这个世界，不要去练习低级的技巧。

(3) 感性学习：听觉和视觉

孩子们在掌握视觉和听觉信息，如写字和对单词音节细节的感觉等能力上有不同的天分。天分高的会主动寻找暗示和细节，从环境中吸取信息。这种能力部分来源于大脑天生的构造，但大部来自使用非文字材料进行的练习。你大概没有意识到训练孩子识别画面的细节，如审视一只蚂蚁或一根草能培养书写技巧，重复读歌谣能为学拼写做好准备。任何培养辨别细节和对所见所闻进行分析的活动对学写字都有帮助。好的感性学习能力依赖于主动性和强烈的愿望，能够主动地将摄入大脑中的信息进行处理。

练习是感性学习的关键，但机械的抄写一般来说不是好办法。下面是一位父母帮助孩子积极参与的例子。他的孩子希望学写自己的名字MARIA。

父亲："你的名字写出来是这样的(在一张大纸上用彩色铅笔写)，看着我写，念出每一个字母，我们来数一下有几个字母，演示给孩子怎样识别字母。现在我们来看一下哪些字母是相像的(帮助孩子注意到两个字母A)。你是不是要自己试着写呢(这给孩子一个机会审视纸上的感觉区域)？写给我看哪一个字母最先出现(帮助孩子识别M，将其余部分遮盖住)？你开始写之前能不能告诉我M看起来是什么样的？"

孩子："嗯，它有两根棍子，在顶上有两个尖尖的东西。它们连在一起，还有一个尖点向着下方。"父母："你看得很仔细呀！你要不要先写出第一根棍子？"

从上向下。孩子们写字一般喜欢从下向上写，要鼓励他们从上向下写。这是视觉分析的第一课，训练孩子在做事情前先对外界的信号进行分析和组织。你有没有意识到这样做，使孩子在这件事上觉得自己有控制权，他不仅仅学会写一个字母，同时还在学习用感官进行分析的技巧，还在进行口头的信息转换。这种学习可以帮助他记得更牢，并避免在阅读时对相似的字母有识别的困难(如N和M)。大多数学校不会用这种方法教孩子书写，因此这是父母可以发挥独特作用的地方，但一定要等到孩子足够大(4～5岁)，这样你同孩子都可以享受成功的快乐。

(4) 大一些孩子的书写问题

感性学习的原则也可应用于还没有养成良好书写习惯的年龄大一些的孩子身上。有些非常聪明的大脑对字母的组成形式感到困难，许多孩子在小学的高年级，甚至初中时，仍然在这样一些细节处挣扎，如果你能细想一下这些字的印刷体和手写体有多么不同，这样的困惑就很容易消除了。

如果发现孩子有问题，应从头开始帮助孩子认识字母的形状。首要的是进行视觉分析，然后加入尽量多的感官刺激，例如在沙子中或在不平的布面上画字，从而"感觉"字，使字在大脑中形成印象。

书写上的问题可能是因为未协调好的细微运动神经尚未成熟，造成对字形状记忆困难。有趣的是，这类儿童中的有些人在需要大肌肉活动的运动中表现得异常出色，这些神经系统构成的选择性的确令人迷惑。

一个应注意的事实是，大脑中负责手运动的部分与负责讲话时嘴与舌运动的部分相距很近，而语言表达和书写的问题又常常同时出现，专家称此为"表述—图像运动"症状。传统的表现之一是不正确的握笔姿势：孩子将铅笔抵在拇指的根部，或将它握在紧握的拳头里。难怪在他们看来书写是如此困难、单调的事，这样的孩子需要专业人员的帮助，重新学习握笔姿势。

每个人都希望自己写得一手漂亮的好字，孩子也不例外，但是字写不好与许多因素有关。对于低年级孩子来说，他们的小肌肉发育尚不完全，手部精细活动不协调(不同的儿童存在着一定差异，但整体发展的规律是这样的)，因此，写作业时即使有写好的愿望，书写质量依然较差，我们经常看到一些孩子写字非常卖力气，有时本子都被字迹穿透，一有错字就拼命地擦，最后弄得本子又黑又破，字还是歪七扭八的；有的孩子书写差与坐姿、书写姿势的错误有关，比如歪着(或趴着)身子，本子没有放正，头和书本的距离过近，执笔姿势不正确等；字的笔顺、笔画、结构掌握不好也是书写差的原因之一；另外，有的孩子为了及早完成作业，只求快点写完，这种孩子虽然能把字写得较好，但对书写没有一个认真的态度，因而造成作业质量低下。

如果孩子的书写姿势有问题，一定要及时进行纠正可以让孩子通过简单的儿歌来记忆正确的书写姿势，并时刻提醒自己注意。比如：书写要求"三个一"，即眼离桌面一尺远，胸离桌子一拳远，手离笔尖一寸远。另外，可以给孩子缝制一个"一尺带"(用彩带按一定尺寸缝起的环形带子)，在书写时，带子的一端套在孩子的脖子上，另一端套在写字手的腕部，在写字时要让一尺带绷直，使头部与书本保持一尺的距离。

孩子的书写能力也可加以训练使之提高。每天可让孩子专门练写几个字，每字书写遍数不求多，少到5个，最多不超过一行。写的时候要求孩子先看，了解字的间架结构，还可让孩子说说每一笔画的位置、笔顺的先后，父母发现错误立即予以纠正，在做完这些准备后再开始动笔书写，经过这一过程，孩子对所要书写的字有了较详细了解，写起来自然胸有成竹，根据他书写的情况可以提一些建议，如落笔时用劲的大小、用橡皮时要注意轻一点，橡皮一定要经常清洗……

练字、养成良好的书写习惯都不是一朝一夕可以完成的，因此父母不能急于求成，当孩子产生急躁情绪甚至想要放弃时，父母要不断为其鼓劲，对孩子的每一个小小进步加以表扬，使孩子获得成就感。

3. 慢慢看课本的习惯

人最容易在基本的问题上吃亏、犯错误，摔跟头往往也是在认为最平坦的道路上。我们还经常看到，大街上发生行人被车撞的车祸，悲剧的主要原因就是过街不走人行横道。其实，在我们还小的时候，老师就反复强调过，过街要走人行横道，可是结果呢？许许多多的人都忽视了，悲剧发生时才后悔自己没有坚守住最基本的东西。

最基本的往往是最重要的，这是一条成功天规，更是孩子学习过程中不可忽视的一个习惯法则，比如看课本、研究基本概念，就比大量做题重要一万倍！

这里想说的是"以本为本"的含义，所有在学习上获得成功的孩子都异常重视课本的价值，那么怎样有效地看课本呢？

著名数学家华罗庚提出读书要"从薄到厚""由厚到薄"，许多专家认为这个过程可以分为三个阶段。

一是把书读"薄"。

在学习开始的时候，把学习内容概略地读一读，也叫概读，概读有利于统览学习材料，有助于后续学习中的理解和概括。

在学习的不同时期，概读的基本要求也有所不同。学期开始时浏览全部教材，要知道全书分成几个大知识单元，每个单元的主要内容是什么。在学习转入每个知识单元时，要略读一个单元分成几章，每章主要解决什么问题。学习新的一章时则看它分成几节，学习几个概念，几个规律，解决什么问题。

概读时要注意书的目录，目录体现了书本的基本内容和脉络。掌握了目录，就掌握了知识的大概。略读还要注意书的前言、章节的导引段落、总结段落和知识间的转折语句，它们往往揭示了知识的主要内容和知识的内在联系。了解了知识的概要，对书的初步感觉就是"薄"。

二是把书读"厚"。

这是读书的主要阶段，又叫"细读"，主要指对每一节教材的阅读。初读每节教材时，需要略读，大体知道教材说的是什么，列出简要提纲，课文可以分成几大段，每一段从什么侧面说明和解决了什么问题。在略读的基础上再进行细读，要静下心来，细细地一句一句地读，重要的语句、看不明白的段落要反反复复读，可以采用勾画的方法帮助阅读，也可以采用"复述"的方法。

细读的首要任务是搞懂书里讲的是什么，切忌用自己的认识代替书里的想法，把书的原意读偏了。细读时，要勤于思考，有思考，理解才能深入下去，所谓"俯而读，仰而思"就是这种思考过程的写照。可以站在书的立场上，设想一下作者是怎么想的，他为什么这样说，他要表达怎样的思想，把握书的思路；要养成联想的习惯，举一反三；要特别注意联想中的反例，那往往是理解难点的关键，或者将把你引向发现；可把类似内容加以比较，问其异同，把认识引向深入。有时候书的观点和思路会与自己的认识和思路有距离、有矛盾，对书提出质疑，这会加深对知识的理解。疑，是活跃思维、发展创造能力的有力手段；问，是最宝贵的读书学习状态。在细读过程中，联系到的内容越来越多，书就渐渐变"厚"了。

三是再把书读"薄"。

这就是"复读"，在学习中起着重要的作用。复读时应注意以下几个方面。①巩固记忆。复读主要用浏览、略读的方式进行，快速概略地阅读教材，熟悉的知识一览而过，生疏了的重要知识要多花一点时间唤起记忆，疑难的地方则要下功夫弄通弄懂。②厘清脉络。如果说细读是钻进去理解知识，那么复读就是从部分知识中跳出来，从高处回看知识的整体。在复读中要厘清知识间的逻辑关系，提出知识的脉络，列出知识的结构提纲，使知识条理化。③领悟基本。"基本"是系统知识的根据和出发点，是理解和运用知识过程中大量重复运用的东西，是知识结构的核心内容。领悟基本就是发现基本内容，并理解基本内容和一般内容之间的关系。不过要注意，"基本"不是别人告诉就能理解的，而是经过自己大脑的深思熟虑后对知识本质的领悟。知道"基本"和悟到"基本"是两回事。当你悟出什么是"基本"内容时，你就理解了知识的本质，你对所学知识的掌握就达到了更高境界。经过反复的阅读后，你掌握了书本知识的结构，领悟了基本知识，熟练了运用知识的技能，你对书的感觉将是：主要内容越来越少，书变得越来越薄。

养成孩子慢慢看书习惯，基本要求具体如下。

第一，培养与训练注意力。注意力是意志的表现，同时又是一个大门，如果没有它，所有文字与信息都无法真正进入孩子的心灵。训练孩子的注意力，可以借助一些好的方法练习，其中最有效的一种方法就是眼球训练法：先拿一个不大的物体(如纽扣、钻戒等)，细心观察一分钟至一分半钟后收起物体，让孩子用笔将物体的特征描述出来，应尽可能加以详细描述；然后把物体拿出来细看一遍，如果有错，应尽可能反复几次以后，逐渐转到更复杂的物体(如时钟、台灯、名画)，必须把描述与原物加以对照，力争做到描写精微、细致，在对名画做练习时，应通过形象思维激发孩子的感情，由感受上升到兴致。

第二，掌握好速度，形成知识分布图。慢慢看的速度基本上要求在每分钟100字以内，必要的时候还可以在重点信息处进行反复咀嚼。具体要求是，在大脑中将知识与信息串起来，在大脑中形成一个平面的知识重点分布图，然后，再往下读，在读完计划内的任务时，逐渐在大脑中形成一个立体的知识重点分布图。

4. 整理错题的习惯

许多的学习方法专家都会强调这个习惯，因为学习就是争取正确的过程，而在孩子求知的过程中，必然会出现很多错误，如果养成整理错题的习惯，那么错误就会变成经验，这种经验会为孩子下一步追求正确提供可贵的学习资源。

整理错题一定不是目的，所以不能为了完成这个任务而去整理，那么怎样的错题是需要整理的呢？通常而言，需要孩子自己去整理的内容有两类，一是平时作业中因为不会而错的题目，二是在考试中因为粗心造成的错误。

整理错题，要准备一个很好的本子，按照学科、时间进行编号，比如"小学五年级上学期语文错题集"，准备好本子以后，就要将错题抄录下来，先将题目抄下来，然后将自己当时为什么做错的真正原因用红笔写上去，最后把正确的答案和步骤清楚地写出来。要求是当日错当日整理，一个星期一次小结，一个月一次中结，一个学期一次总结。

怎样总结实际上就是怎样利用的问题，无论是小总结还是大总结，实质上都是不断超越错误的过程，也是整理错题的根本目的。

一星期一小结的具体方法是：先将每天记录下来的错题浏览一遍，在"完全弄懂保证以后不会错"的题目前打上一个"×"，在"不完全明白以后有可能再错"的题目前打上一个"？"，在"不知道为什么错一直没有弄懂"的题目前打上一个"△"。

一个月一中结的具体方法是：先把每个星期总结出来的"？"级题目想办法彻底解决弄

懂，自己不行的话，一定要请教老师把它"消灭掉"。然后，把"△"级题目再行抄录下来，如果一点新的发现都没有，就将它升级为"☆"级题目，如果已经觉得可以"消灭掉"了，就将它降级为"？"，下一个月中结时争取把它"消灭掉"并降级为"×"。

一学期一总结的具体方法是：通常是在期末考试前15天完成，首先把一个月一中结中的"☆"级题目整理出来，不惜一切代价把它"消灭掉"；然后再将星期小结和月中结中的"？"级、"△"级题目从头思考一遍，想想当时自己是如何"消灭掉"它的，从中找到15%～20%数量的题再做一遍；最后把一学期一总结的成果抄录到另外一个"错题精华本"上去，每学期一个"错题精华本"，这个"精华本"一般不需一个学科一本，只要进行分类即可。这样下来，小学总共是12本，初中是6本，高中也是6本，如果养成了这个习惯，那么复习就会变得很容易了，除了看课本，把知识串起来，就是看自己整理的"错题成果"了。这样的好习惯如果可以一直延续到高考，那么高考就变得很简单了。

5. 善问敢问的习惯

著名电视主持人杨澜讲过一个她亲身经历过的故事：

教授从兜里掏出一些钞票，高高举起，涨红了脸大声说："谁能提出一个问题，任何问题，我就对他进行奖励。"

他是美国人，在北京外国语大学任教，他讲的是历史与宗教，他讲完了，问人家有什么问题。谁也不吱声，他请求大家提问，不然他无法理解大家听懂了多少。但还是没人举手，教授有点儿不耐烦了，不，应该说，他愤怒了。他认为这是中国学生对他的不尊重。

"没有哪一种知识是提不出问题的，难道我讲的每一句话都无懈可击吗？是你们压根儿没听课还是愚不可及？"他的另一只拳头敲着桌面。

课堂的气氛紧张了，学生们吓坏了。我们从幼儿园开始就被训练着双手背后，认真听讲，长大后开始记笔记。谁记得全，背得好，考试就能拿高分。提问的通常是老师。他期待学生们还给他曾经授予学生的正确答案。是的，中国的学生在十几年严格的教育中学会了如何对付老师的提问，可我们自己不习惯提问，更不被许可反问，那样是有悖于师生之道的，所以，人们对美国教授的悬赏也会无动于衷。

不明白的，我问，以求明白；明白了，还明知故问，因为可以通过对方的准确复述，让自己掌握得更加准确，并且实现超越和突破。学问学问，勤学好问，好问别人，更要问自己，老师和父母应当鼓励孩子提出好问题，自己寻找答案。

这就涉及问题意识，问题起着定向作用，是问题将孩子的好奇心牵引到求知欲望上来。什么是问题意识？它表现为孩子在学习认识活动中，经常意识到一些难以解决的、感到疑惑的实际问题，并产生怀疑、困惑、焦虑、探究的心理状态。而这种心理状态又驱使孩子积极思维、不断提出问题和解决问题。培养问题意识有利于发挥孩子的主体作用，有利于激发孩子学习的动机，有利于培养孩子的创新能力。

提问是孩子在学习活动中的一种难能可贵的习惯。爱因斯坦曾经说过："提出一个问题比解决一个问题更重要。"那么，怎样培养孩子的提问习惯呢？据相关专家探讨，认为至少有如下三个方面。

第一，营造氛围，让孩子敢问。父母和孩子角色平等，要变学习辅导的单向为双向互动；允许孩子"出错"，父母对孩子的提问，哪怕是在你看来非常幼稚的问题，也都需要采用语言的激励、手势的肯定、眼神的默许等手段，给予充分的肯定和赞赏。

第二，拓展渠道，让孩子会问。当孩子还未养成提问的习惯或者所学知识较难时，可以和孩子进行讨论，然后由孩子提问题。另外，父母也可以设计好问题，引导孩子模仿提问。提问内容由浅入深，由易到难。经过一段时间的训练，孩子初步掌握了发现问题和解决问题的方法后，就可以在学习辅导中留有一定时间让学生独立质疑，自我展示。

第三，精心组织，让学生善问。为了提高孩子学以致用的能力，父母尤其要引导孩子把学到的知识应用于现实生活，让他们在解决新问题中再提出实际问题，为孩子的创新思维提供丰富的问题和情境。

总之，在家庭教育中，特别是学习辅导中，父母应在孩子力所能及的范围内，让孩子多动、多说、多看、多问、多表现、多思考，让他们自己"跳起来摘果子"，尽量多给孩子一点思考的时间和活动的余地，把提问的权利还给孩子。

6. 随手记笔记的习惯

凡是学习拔尖的孩子，一般都是一个有心人，无论是在学习上还是在生活上。再看看世界上有大成就的伟人，也都是有心人。

而做一个有心人，其中最为明显的一个特点，就是能随手做一些笔记，只要是能略略掀动心扉的细节，无论观察到什么，还是读到什么，或者是想到什么，哪怕是一句话、一个字，都随手记在一个精心准备的小本子上。

比如文艺复兴时期的大画家达·芬奇，就习惯于在自己随身的一个小本子上记录一些数字、图形、文字，甚至是自己不可思议的想象，这些都是他伟大梦想的一个个细节，他的成就就是由这些细节来构成的。

英国著名政治家、作家丘吉尔即使打仗的时候，也注意随手记载一些自己感兴趣的东西，正是这种伟大的文献意识，使他不仅成为一个伟大的政治家，而且成为一个著名的作家，他的巨著《第二次世界大战史》就是这样写成的。

当然我们的古人也有"推敲"和"三上"(鞍上、厕上、床上)等经典的笔记佳话。

养成随手记笔记的习惯，基本要求具体如下。

① 在适当分类的情况下，不必界定应该记什么内容，只要记了就可以。适当分类应结合孩子的成才趋势和个人爱好进行，比如文学、艺术、数学、外语等，记录的内容不必限制，只要是能让孩子若有所思的，都可以是记录的内容，如一个人的一句话、一幅画的标

题、书上的一首诗、一个小故事。

② 不必限制记录的方式，可以是文字，也可以是自己按照想象画的草图，也可以是数字，更可以是按照孩子自己的喜好随便涂鸦的图画。特别是对于年龄小一些的孩子，更是应当鼓励他创造自己喜欢的记录方式，父母不必担心他们会浪费本子。

③ 使孩子主动、热情甚至酷爱去做这件事情，并形成一个习惯。建议父母与孩子共同设计本子的样式，比如每一本都可以有一个正规的"书名"，如《若有所思——曹维心灵笔记(六年级卷)》《心灵的空间——梁邦达数学感悟文集》《爱的故事——孙笑笑语文小故事集》等，发挥孩子的想象力，编出一个好的名字来，这样可以让孩子爱一件几乎是"创作"的事情。

7. 无私帮助同学的习惯

帮助别人就是帮助自己，在孩子的学习问题上，这句话具有深刻的含义。

首先，当孩子主动地帮助别的同学的时候，他的大脑处于学习的最佳境界。因为，他一定会努力像老师那样高明地思考问题，我们通常说"要教给别人一杯，自己得先有一桶"，为了能帮助同学，孩子在心理上就会为自己提出更高的要求，这样一努力，对于知识的掌握和理解就会有一种"会当凌绝顶"的感觉，很容易就超出自己原来的水平。

其次，当孩子无私地帮助别的同学的时候，心中是自豪的、宽容的，当他全身心投入的时候，无形之中锻炼了自己的自信心。对于下一步的学习，就会更加充满热情和活力，因为他学习的价值在帮助别人的时候得到了充分的展现。

最后，当孩子乐于帮别人的同学时，形成了良好的习惯，对于竞争和合作就会有更加准确的理解。他甚至会认为，竞争实质上就是一种合作，在这样的状况下，对于在班级、学校中的学习就会有更高层次上的主动性和积极性，学习起来，就更加从容、豁达、有效。

鼓励孩子帮助同学，那么帮助什么内容呢？无私不是"无底线"，比如代替做作业就不是无私的，恰恰是自私的，不是吗？你代替别人做作业，实质上就是代替了同学应付老师，代替了同学思考，所以，于人于己都是自私的。应当鼓励孩子在以下这些方面尽力帮助同学：

① 同学因事或者因病漏课了，需要进行补课；
② 对于基本概念的掌握和理解，可以为同学讲解；
③ 考试后一起分析具体出现错误的原因；
④ 对于作业中的难题可以在同学积极参与的情况下进行讨论。

养成无私帮助同学的习惯，基本要求具体如下。

(1) 父母必须作出榜样

父母要在生活中热心帮助弱者，帮助需要帮助的人。在这个社会上，只有互相帮助，才能构成一个完美的世界，当然，帮助别人一定不是为了获取什么，而是一种无私的、坦荡的自觉。

(2) 鼓励孩子从小事做起

无论是生活上还是学习上，鼓励孩子帮助同学时，事情不分大小，而在于用心、主动去帮助，从小事做起恰恰是养成帮助别人的关键。所谓用心，就是坚定地认为，别人的事情一定比自己的事情重要。

(3) 注重可实现性

父母要强调可实现性，帮助孩子结合自己学习的实际，用自己的长处去帮助同学，并逐渐形成习惯。

怎样帮助孩子提高能力

一、能力

我们经常把能力与才华混为一谈,其实,无论从其形成还是评价上,它们都是两个不同的概念。

所谓才华,往往是天生的某种特质,它所体现的也只是一个灵感发挥过程,比如音乐才华、美术才华、书法才华等,才华是很难培养的,但可以充分发挥。

所谓能力,本质上是一种可能性,既然是可能性,那么就可以通过有效的方法进行培养,使可能性变为现实性,比如阅读能力、写作能力、考试能力等。

也就是说,对于任何一个孩子,形成或提高能力都是可能的,不过,决定孩子学习效果和成绩的恰恰也是能力,而不是才华。

前面说过,能力就是孩子努力去运用或者创造条件,不断实现目的与效果的可能性,这里想分析一下这几个关键词。

① "努力"。实际上,努力就是人的主观能动性,一种能力的形成首先在于自己是否"努力"去争取了。

② "条件"。其主要分为智力条件和非智力条件,智力条件如记忆智力、想象智力、创造智力、观察智力等;非智力条件如态度、机会、性格、情绪等,起决定作用的是非智力条件。

③ "效果"。能力与才华不一样的是,能力一定要注重效果和目的,这是评价的需要,更是能力的意义。

④ "可能性"。一切皆有可能,怎样使可能性变成必然性,这是问题的实质,从现实意义上说,只要父母用心了,孩子努力了,再注意一些方法,提高能力是大有可能的。

另外，我们还可以通过与知识概念的比较来获得更进一步的理解，我们都知道，知识与能力是教育的两个基本元素。

而相对于能力而言，知识总是有其现成的、有形的、游离的、相对稳定的、可以明确表达出来的内容，所以知识的获得应当是比较容易的。

我们会发现，即使是同样的知识，到了不同的人的手里，可以起到的作用、取得的效果却不相同，因此，在我们认识世界、改造世界的过程中，知识只是我们取得效果的条件之一，它被人掌握以后，是否能很好地发挥作用、取得效果，还与人的主观因素紧密相关，当然也和时代背景、客观环境、机遇有关。

这样来理解能力的培养，我们就可以跳出原来对能力培养纷繁复杂的被动局面，而直接认清所有能力的共性，从而使我们有可能对能力做进一步的剖析，认清能力的内在结构，抓住能力之间的内在联系，从而改善能力的培养过程。

二、帮助孩子提高学习能力的5个原则

帮助孩子提高学习能力，关键是要牢牢掌握以下5个原则。

1. 原动力原则

孩子最终能否获得能力，首先取决于他(她)是否努力去追求了。

不通过努力追求而取得效果，那不是由于得天独厚的条件就是由于偶然碰巧的机遇，而根本谈不上能力的问题。可以说，没有努力追求，就没有能力。

原动力原则，就是说，我们首先要特别注意去加强孩子的原动力，加强他们的"努力追求"的意识，包括形成强烈追求的热情、付诸行动的勇气和刻苦勤奋的习惯。不过，这一原则实际上涉及一个人的整个内心世界——个性、需要、价值观以及由认识、情感和意志所决定的态度、动机。

2. 模仿性原则

能力的形成都是从模仿开始，然后逐渐形成的。这也说明能力与才华的一个区别之处，才华一旦从模仿开始，立即就会消失，而能力的形成必须也必然要从模仿开始，不能寄希望于立即就可以创造出来。这是一个复杂的问题，这里不做仔细的讨论。只是希望父母在培养孩子的学习能力问题上，首先为孩子提供可模仿的对象，因为没有模仿就没有能力。

3. 创造性原则

能力，作为一种自觉能动性，不应该只是一般性地去利用"条件"，而应该起到支配条件、充分发挥条件的作用，一般的利用条件可以完成一定的机械性工作，比如模仿做题，但

不能作为一种能力的表现，任何一种能力中必然含有创造性这一要素。

创造性原则指的是这样几层意思：一是对"条件"有一种主人翁态度；二是从一切"条件"中都能看到对自己有利的一面、可用的一面；三是在需要使用到"条件"的时候敢于把它拿出来用；四是敢去改变"条件"，敢于把各种条件大胆地加以调动、组合、改造。例如乌鸦喝水，司马光砸缸等都是经典的例子。没有创造性就没有能力，所以创造条件是充分发挥能力的最高形式。

4. 灵活性原则

盲目蛮干和主观任性是能力形成中最大的困难，怎样才能避免主观任性和盲目蛮干呢？灵活性原则是指孩子在探索、适应和利用规律上的自觉能动原则。要引导孩子形成实事求是的态度，寻找方法和途径的智慧，掌握起止、进退、左右、取舍的火候和分寸，变化角度、迂回前进、殊途同归的灵活态度等。

5. 应用性原则

任何一种能力都需要通过实践来验证，所有的能力都需要经过实践与应用，最终得到实现，所以实践应用能力是能力的能力。这种能力贯穿在所有能力的形成过程中。"书呆子"的悲剧就在于不切实际，没有实践的意识与能力，拥有了再多的知识甚至能力，没有应用到现实中去，只能随着岁月的流逝而流逝，不留任何痕迹。实践应用能力还是现代人文素质的重要内容，可以说，没有实践应用能力的人，其素质结构是不完整的。

怎样指导孩子阅读

一、让孩子在文学艺术中得到美的熏陶

1. 文学是孩子最美的摇篮

(1) 孩子天生的伴侣

对文字的热爱，这是每一个孩子的本能。对此，每个做父母的人恐怕都深有体会。无论你重视或者不重视，你的孩子早已向你提出挑战：纠缠不休地要你讲故事，哪怕是听了一百遍的，还要你反复讲；纠缠不休地要你念儿歌或读诗歌散文，一听见那些节奏鲜明、朗朗上口的句子，就立刻安静下来，瞪着亮晶晶的眼睛专心倾听；那些大一些可以自己捧着书读的孩子，往往一读那些童话书、诗歌集，便忘记了吃饭、睡觉，甚至忘记了整个世界。

"每个孩子都是天生的诗人。"每个孩子都会自然而然地到文学艺术的海洋中寻求美的享受和精神的愉悦。所以，以文学艺术对孩子进行美的熏陶，乃是基于孩子本性的需要。

如果你的孩子坚持了文学阅读，那么文学作品美的特质会如阳光雨露一样，静静地、细细地渗入孩子的灵魂和血液，使他不知不觉间获得许多生命与创造的能量。

(2) 以形象描绘世界

现代心理学、教育学的研究成果表明，儿童思维方式的一大特征即直观形象性。

孩子在具有语言能力之前，是通过实实在在的物品认识世界，通过头脑中的画面、形象进行思考的。即使在掌握了语言这一抽象思维最重要的工具后，在相当长的一段时间内，形象思维依然在儿童思维方式中占据统治地位。孩子的形象思维能力远远高于成人。我国民间流传的"孩子眼睛亮，眼睛干净"等说法正是对儿童认识特点的一种描述。

正因为如此，孩子难以理解抽象的概念、理论，却热衷于生动可感的形象。出生一岁的

婴儿就喜欢色彩鲜艳的东西，两三岁的孩子就知道要穿漂亮的衣服，幼儿还特别喜欢造型生动、多彩多姿的电视、电影镜头，色彩鲜艳、画面生动的书籍，喜欢在环境优美的公园玩耍。而美好的形象又总能拨动孩子的心弦，使他得到欢愉和满足。

文学作品最重要且最基本的任务就是创造充满美感的、饱含作家情感的艺术形象。没有鲜活生动的艺术形象，也就没有文学。文学思维和儿童思维在形象这一维度上相遇了。只要是孩子理解力范围内的作品(儿童读物)，孩子比成人更容易被文学中的艺术形象吸引和同化。在他们心目中，白雪公主、小红帽、孙悟空们都是活生生的。文学形象的世界与孩子幻想中的世界融为一体了，而文学形象中蕴含的美，也在潜移默化中渗透到了孩子的心灵中。

(3) 情感即生命

俗话说：六月的天，孩子的脸。意思是孩子的情绪和六月梅雨天气一样，变化多端。从现代心理学角度来说，孩子的心理结构尚未纳入社会规范体系，他们的行为、情感几乎不受理性约束，他们还基本上属于"自在的人"。因此，他们的情感体验丰富而强烈，容易冲动，情绪波动大、起伏多，常常令父母难以理解、束手无策。

强烈的激情同样是文学作品最显著的特征。"没有情感，可能成为诗歌的雕刻家，或诗歌的绘画家，但不能成为诗人。"有了激情的点化，文学作品中的艺术形象才有生命和灵性，种种艺术技巧才有摄人心魄的力量。

文学家往往和儿童有相似之处，两者都对生活永远满怀新鲜感，感情的阀门异常灵敏。作家严文井自称"是个六十岁的男孩子"，满头白发的他，还兴趣盎然地逗公鸡打架、郑重而虔诚地埋葬死猫、蹲在地上看蚂蚁搬家……

情感丰富、天真热情的孩子，比起成年人更容易被文学作品中的情感感染。你可能常常看到你的孩子在读一个童话故事或一首小诗的时候，或眉飞色舞，或哈哈大笑，或忧伤流泪，这就是文学作品的形象和内在美——文学蕴藏的丰富感情感染了你的孩子，唤起他沉睡的各种情感体验和爱心。文学作品中的向真、向善、向美的情感将不断地激发、陶冶孩子，使孩子本来就很丰富的感情得到升华，培养他们优美的人性。

(4) 最重要的禀赋——想象

孩子的思维带有夸张、想象、幻想等方面的突出特征，常常从自我出发，分不清幻想与现实的界限；物我同一、万物有灵……这一切，都是成年人难以体验到的。

童话、故事中那些曲折离奇的情节、浪漫欢乐的想象、神秘美丽的氛围，仿佛是从孩子的幻想世界中生长出来的，同时又给孩子的想象增添着新的养料。诗歌中丰富的联想、大胆的夸张、美妙的比喻，同样也是孩子快乐的源泉和美的摇篮。

从现代接受美学的角度来看，每一部文学作品都是开放性的，其意义是无限的。"一千个读者就有一千个哈姆雷特。"也就是说，读者阅读文学作品的过程，同时又是读者凭借自己的想象，对文学作品进行加工、修改、丰富、再创造的过程。所以，对于孩子而言，文学阅读同时又是一次想象的探险。作为父母的你，也许曾注意到，你的孩子放下书本，似乎在发呆，别去打扰他，这时，他可能正漫游在想象的世界，与书中人物一起体验另一种人生呢！

(5) 孩子的历史，文学的历史

人们常说孩子出生时的心灵或思维是一张什么也没有的"白纸"，这是不够准确的，现代心理学和美学的研究证明：每一个孩子来到世界上，实际上自身就带着许多宝贵的精神财富——千百年来，民族文化甚至整个人类的文化的特性，在孩子的思维和行为上留有遗传信息。这种人类的天然遗传因素，往往以一种直觉的、形象的印象活跃在孩子的脑细胞里，只要表现出来，就是文学——童话的或诗的。

现代心理学、人类学的发展告诉我们：一个孩子的成长历程，其实正是整个人类发展史的缩影，也恰恰与文学艺术发生、发展的轨迹吻合。

3岁以前的婴幼儿喜欢听节奏鲜明、韵律铿锵的歌谣、儿歌，他们并不见得能弄懂这些歌谣的含义，只是深深被其节奏所感染。斯特娜夫人给自己出生刚六周的女儿朗诵诗歌，女儿便会随着诗歌节奏的变化时而安静、时而兴奋。

3～8岁的幼儿属于神话时代。神话、童话、传说最能吸引他们的思维。马克思在谈论古希腊神话时，深情地将它比喻为人类健康美好、生机勃勃的童年时代。

10～12岁的孩子热衷于阅读英雄传奇、冒险故事。而文学史的发展同样如此，在神话时期之后，古代社会的文学创作便以英雄传奇、英雄史诗为代表。

12～15岁的少年思维走向成熟。小说成为他们最普遍的读物。而儿童读物与成人读物的界限也开始不清楚了。文学的发展，则也在走完英雄传奇时期后，进入了反映现实人生的小说时期。

孩子成长的规律与文学发展的规律紧密相连。处于任何一个发展阶段的孩子，都可以找到适合他心理特点、情感特点的文学作品。同样，以文学艺术熏陶孩子、教育孩子，就是从孩子的本性出发使他自然地、健康地、合乎规律地成长。

2. 文学熏陶能带给孩子什么

(1) 善良与爱心

大多数儿童文学作品都用简明通晓的语言、生动优美的形象向孩子们阐释着人世间的基本美德：善良、同情心和爱心。

这些作品描述善有善报、恶有恶报的基本准则。无论是《白雪公主》《灰姑娘》，还是《小红帽》《神笔马良》，都是如此。孩子们由此可以学到：善良是为人们肯定的品质。

有些作品着重描写家庭间的亲情，如《小抄写员》《小妇人》等，孩子们阅读作品，便能更深刻地体会家庭生活的幸福温馨、父母对自己的挚爱，他们也会更加珍惜这种幸福。

有些作品颂扬主人公牺牲自我的精神，如安徒生的《海的女儿》。这些作品更是对孩子的灵魂进行净化和陶冶。

......

文学作品从社会生活的多方面、多角度教育孩子：为人要善良、仁爱。这种"爱的教育"形象生动、体贴入微，效果远远大于父母师长的几句教训。别林斯基就曾说，对于青少年男女来说，要培养优美的人格人性，没有比普希金的诗更合适的了。

心理学研究表明，热爱阅读的孩子的人格特征是温柔、善良、情感丰富细腻、富于同情心和爱心、人际关系良好。我国著名文学家冰心自幼深受文学熏陶，她也由此终身保有一颗纯净的童心。这也是为什么作家的同情心一般比普通人更加丰富强烈的原因。

可以肯定，当孩子为书中主人公的命运或喜或悲时，他不单单是在读故事，同时也是在接受优美高尚的"爱的教育、情操熏陶"。

(2) 丰富的生活经验

文学作品交给孩子一个世界，极大地拓展着孩子的视野。喜欢读书的孩子具有比普通孩子更丰富的常识和经验，在生活中表现得更为敏感和机警。

《小红帽》《狼和七只小羊》虽然是童话，却很形象地向幼儿灌输了安全意识。读过这类故事的孩子肯定比其他孩子更容易接受"不要跟陌生人走开""不要随便给人开门"等观念。

以现实生活为题材的文学作品更有利于增长孩子的生活知识，《海蒂》《爱的教育》《大草原上的小屋》《汤姆·索亚历险记》《小妇人》等作品，表现着多姿多彩的儿童生活。孩子能在文学欣赏中自然而然地学到许多东西。

文学作品能增长孩子的生活经验和智慧。他们能从中学会处理各种情况和关系，例如：受到老师批评怎么办？与小朋友吵了架怎么办？父母错误地责怪自己，又怎么办？故事书中的回答不仅生动而明智，而且能告诉你每种做法的后果。父母也可根据孩子成长的不同阶段和不同特点给他们选择不同的读物。

一些冒险故事则可增长孩子的生存知识，例如《鲁宾逊漂流记》《神秘岛》等。

人们常说，读一本书，就是体味一种人生，对孩子而言，同样如此。

(3) 旺盛的求知欲

好奇心和求知欲是儿童的本性，也是人极为可贵的品质，"知之者不如好之者，好之者不如乐之者"。没有主动的求知欲望，就不可能有真正的学习。以往的学校教育和家庭教育中常见的"灌输法""填鸭法"，由于不重视培养孩子的兴趣，往往事倍功半，更残酷的是，这种教育方式足以扼杀孩子的求知欲。

每个家长都有这样的体验，孩子在听完一个故事或读完一本书后，就会提出各种各样的问题。书本教给孩子许多的知识，同时向他们提出更多的问题。这些问题激发他们的好奇心，他们会去寻找答案，其中一个重要途径就是阅读更多的书。

在孩子成长到一定年龄，会主动根据自己的兴趣选书。喜欢科学的孩子会热衷于科幻小说、科普读物，喜欢文学的孩子会迷恋小说、诗歌。说不定，他们未来的人生道路就此决定,谁说得准呢?罗斯福、丘吉尔当年不也只是热爱读各种英雄传记的孩子吗?

法国著名思想家、文学家萨特回忆说:4岁起,他就在他外祖父的书房里开始了与世界的接触。对他来说,图书室是魔术的世界,具有无限的深沉与繁复。他到那儿去掏真正的小鸟、捉真正的蝴蝶。在那儿,人和动物都栩栩如生……

(4) 通情达理

人类社会存在着种种规矩、准则、习俗、道德,个人的行为必然要受到这些东西的约束和限制。孩子在未接受人类社会文明的熏染之前,行为完全受本能控制。他渐渐长大,也渐渐被社会同化。

阅读文学作品可以使孩子"社会化"的过程迅速而有效地完成。或者说,文学作品的熏染会培养孩子懂事理、懂规矩的习惯。原因很简单,文学是表现人生的,人类社会的道德准则、风俗习惯、行为规范无不包含其中。孩子阅读文学书,即等于用最简化的、潜移默化式的方法,却达到无教训之名而有育人之功的效果。孩子在接受这些规矩时并无丝毫的抵触心理,而是心甘情愿的。这种方式的效果也由此更加显著。

"锄禾日当午,汗滴禾下土。谁知盘中餐,粒粒皆辛苦。"这首古诗恐怕已经教育了无数代孩子要爱惜粮食,而且它的确有效。但它并非义正词严的教训,甚至都未提到要珍惜粮食,它只是形象地描述了农夫耕种的辛劳,感叹粮食的来之不易,使孩子对农夫的劳动在感情上产生共鸣,孩子便会自然而然地不去浪费粮食。

《狼来了》是最脍炙人口的一则用来教育孩子要讲实话的故事,它的教育方式是揭示说谎的害处:经常说谎的孩子失去了人们的信任,最终羊被狼吃了。这种"结果法"也正是文学作品教育孩子的一大特色。

孔子曾说"不学《诗》,无以言",意思正是说诗歌文艺能教给人立身处世的准则和事理。

(5) 沉着与韧性

读书是一件需要恒心和耐性的事。许多大人都缺乏这种耐性,更何况孩子?因此,能持之以恒保持阅读习惯的孩子也通常具有较强的自制能力,更加沉着,更加富有韧性。

《卓娅和舒拉的故事》中描述苏联女英雄卓娅自幼养成良好的阅读习惯,只要拿到一本书,她就手不释卷地读下去,直至读完最后一页。这种毅力和耐性同样表现在她生活的其他方面。在学校的功课遇到难题时,她一直演算到凌晨四点,舒拉把答案放在她身边,她连看也不看。

许多卓有成就的人把每日读书视为生活的一部分,书籍除了本身数不清的益处外,坚持阅读本身也是人自身的一项修炼。毛泽东在战场上也随身带着书本,无一日停止阅读,到七十岁高龄还学习外语。英国作家王尔德在每天开始写作前一定要阅读几页《圣经》。

对于孩子而言,阅读较长和较难的作品肯定不是一件轻松的事。这对他们是一种智力上的挑战,亦是耐力上的挑战。家长应将工作和娱乐有机地结合起来,既不使孩子感觉枯燥,又能锻炼他们的毅力。

(6) 美感与灵性

热爱美、追求美、创造美，这是每个人的本能，更是每个孩子的天性。现代教育的重要目标之一，便是培养孩子对美的感受、欣赏、创造能力，培养孩子的灵性和悟性，培养他们"听过贝多芬的耳朵""看过名著的眼睛"。

文学作品的长廊，同时又是美的宝库。美的思想、美的形象、美的语言、美的风格、美的情感……真可谓美的结晶、美的创造，令人深深陶醉，久久痴迷。以文学熏陶孩子，便是让孩子在美的氛围中成长。

文学对孩子灵性、悟性的培养熏陶，绝没有丝毫的强迫性、压制性，而是自始至终伴随着欢快、愉悦和精神上的极大满足。车尔尼雪夫斯基说："美感的主要特征是一种赏心悦目的快感。"这种愉悦感是一种自由的舒畅的感受。吟读杜甫的诗歌和韩愈的文章，渐渐地感到舒畅愉悦，文学熏陶功能发挥得淋漓尽致，这是真正的"寓教于乐"。

(7) 想象力

每对父母都希望有一个聪明智慧的孩子，可是，你知道孩子怎样才算聪明吗？根据脑科学的原理，人类的大脑可分为左右两半，各自司掌着不同的功能，右半脑的功能有创造力、自觉力、应用力、表现力、艺术和音乐性及个性，左半脑的功能有认知性、计算、说话、阅读、推理等。记忆力和集中力由两半球共同负责。人们以前习惯了用抽象思维发展的水平衡量个人智力的高低，这种做法并不准确。

目前，教育学、心理学、生理学、未来学的学者纷纷确认，想象力、创造力的水平很大程度上决定着人的潜能，未来社会需要的正是充满创新意识的创造型人才。美国学者诺顿指出："孕育着想象创造能力的小学毕业生，远远比扼杀了想象创造力的哈佛大学毕业生，有更多的成功机会。"

在幼儿期，负责创造力、直觉和艺术的右脑特别发达，而随着年龄的增长，一般在六七岁以后，由于负责逻辑思考的左脑β脑波过于旺盛，使负责想象创造力的右脑α脑波无法集中，意识及潜意识之间产生壁障，造成想象创造力的减退。更可悲的是，传统教育偏重于训练学生的观察力、记忆力、理解力，忽略了想象力的培养，甚至成为扼杀孩子想象力、创造力最大的刽子手。

而对孩子进行家庭文学教育，以文学熏陶孩子，则可以均衡孩子脑部发展，使右脑不断提供充分的资讯和想象力。左脑也能对右脑提供的资讯进行分析，将语言学习能力和丰富的想象创造力相联结，使大脑潜能得到无限发挥。

钟爱文学的人，一般都有着超出常人的想象力。文学家自不必提，自然科学家也同样如此，华罗庚有深厚的古文功底，苏步青古体诗写得相当好，爱因斯坦甚至将"对文学艺术的美的热爱"视为他科学活动的灵感来源和生命的幸福归宿。

二、文学艺术在构建家庭氛围中的作用

1. 家庭氛围的重要意义

(1) 家庭决定孩子一生

古代孟母三次搬家,不过是为了给孩子寻找一个有利于读书成才的环境。的确,环境对人的影响,无论怎样强调也不过分。"近朱者赤,近墨者黑",成年人尚且如此,更何况心智发育并不成熟,可塑性极强的孩子?

科学研究证实,3岁幼儿的大脑发育已达一生的85%以上,也就是说,3岁以后,人的智力发育只是相当少的一部分。从非智力因素而言,从两三岁的孩子身上已经可以看出他一生的性格特征和情感倾向,无论是童年的美好记忆,还是毁灭性的打击,都会伴随他一生。

而孩子从0至3岁,绝大部分时间都待在家里。家庭的一切都潜移默化地影响、改变、塑造着孩子的心灵。从这个意义而言,家庭的确决定着孩子的一生。

家庭环境最重要的因素便是父母的示范性,也就是父母的身体力行和以身作则。

影响孩子成长的家庭环境因素除父母外,还有家庭布置、家庭制度、家庭活动、家庭其他成员等。父母没有文化,但家庭气氛和睦温馨,或者父母具有很高的知识,家庭氛围却冷漠、呆板,两者相比,前者的孩子更有可能得到健康全面的发展。

(2) 成功人士的家庭环境

教育学家本杰明·布鲁姆曾深入地研究过一些才能出众而且非常成功的年轻专业工作者,他们的年龄在28～35岁,职业则包括数学、神经病学、古典音乐和网球等高难度和竞争激烈的领域。布鲁姆通过研究发现,这些人的成功具有一个共同点,那就是他们父母的热心参与。后来,雷舍纳德·克拉克又对此进行更细致的研究,并且提出了有效家庭原则:个人的成功受益于有效家庭。

那么,什么样的家庭才是有效家庭呢?教育学家们举出了下列一些特征。

① 家庭里充溢着爱、温馨、互相关怀和支持的气氛。即使在家庭生活很贫困的时候,孩子的父母仍然对未来抱有坚定的希望,他们让孩子了解到家庭是一个能获得支持和理解的安全港湾。

② 家庭是一个民主、平等、互相理解和尊重的团体。在互相发生争议或冲突的时候,父母通常把寻找解决办法的机会让给孩子,使问题在一种公平和充满爱心的方式中得到解决,让孩子们体验到一种被接受感,并学会对自己的行为负责。

③ 家庭具有浓厚的求知兴趣。这些父母自己往往热爱知识,他们对子女抱有高度的期望,并且让他们的孩子了解到,个人刻苦努力的学习是成功的关键。

④ 每星期进行25～30小时的以家庭为中心的学习。这些时间包括做家庭功课或闲暇阅

读。这些家庭从更广泛、有意义的角度去看待学习。他们把业余爱好、游戏竞赛、家务事、业余打工、体育运动、有组织性的青年活动、家庭郊游，甚至带有创造性的幻想，都视为具有积极意义的学习活动。

⑤ 具有一种积极乐观的生活方式。父母反对懒惰，鼓励孩子发展多方面的兴趣，指导孩子参与对身心有益的活动。家庭气氛是活泼、开朗、充满欢乐的。

⑥ 强调精神上的发展。父母激励孩子努力获得精神的充实和内心的平静。父母热爱美，并以美教育孩子。

(3) 如何建立充满魅力的家庭环境

如何建立充满魅力、有利于孩子健康成长的家庭环境？让家中充满书香，以文学艺术构建家庭氛围，这是一条捷径。

据追踪研究，在充满文学艺术氛围中成长起来的孩子长大后，有86%都是社会、政治、经济、文化界等方面的优秀人才。他们犯罪、酗酒、自杀、离婚、同性恋的比率极低。他们中的绝大多数人有较好的生活适应能力、情绪高昂、个性坚毅、开朗热情。他们比一般人更能感受生活中的美和乐趣。

2. 文学艺术在构建家庭氛围中的作用

(1) 以书为本

一个有着浓厚的文学气氛的家庭，对于培养孩子的求知欲是再合适不过了。

在这样的家庭里，随处有书，父母手不释卷，出口成章，孩子正是从父母身上看见了学习知识的乐趣。

这样的家庭将知识和智慧视为珍宝。遇见了什么问题，他们会自然地求助于书本。某个好看的电视剧吸引了家人，家里马上会出现有关它的书：剧本、原著小说及评论等。在家庭日常的谈话中经常会谈到他们正在阅读的书，又从这本书讨论到其他的书、其他的话题……在这样的家庭里，买书、藏书、读书、谈书、赠书已经成为生活不可缺少的一部分。

(2) 造就爱与欢乐的气氛

热爱文学艺术的家庭，往往充溢着温馨和爱的气氛。这些家庭往往更为和睦，家庭成员的关系也更为亲密。生长在浓厚文学氛围中的孩子，很早便会从文学故事中得到爱的教育。比如，描写家庭生活的故事有助于孩子懂得家庭幸福的意义。当孩子在书里找到爸爸妈妈的影子，分享到兄弟姐妹之间的欢乐，看到亲戚遇见过的趣事时，对家庭幸福就更加珍惜。

热爱书籍的家庭中，父母会更容易了解孩子。因为孩子喜欢读的书籍也阐释了孩子内心的秘密。与之相联系的是，父母也更容易引导孩子的性格和感情的发展。孩子太长时间地沉迷于童话书，这也许会让他们养成逃避现实的心理，这时，父母会聪明地开始朗读一本儿童小说，例如吉卜林的《丛林之书》。孩子在学校里遇到了困难，好几天闷闷不乐，这时，一本幽默小品或滑稽故事书会成为他最珍爱的礼物。

生长在浓厚文学空气中的孩子长大成年后也不会忘记同父母一起度过的读书时光。家庭朗读过的优秀作品、讲过的故事……都会成为伴随孩子一生的美好记忆。美国诗人科芬回忆着童年时家人一起朗读《汤姆·索亚历险记》时说："我清清楚楚记得父亲当年朗读的声音。父亲在何处停顿，父亲在念到某个特别喜欢的章节时如何笑得眼睛眯成一条缝，都活生生留在记忆里，这些记忆是我最珍贵的财富。"

(3) 美的享受与陶冶

文学艺术能造就一个美的家庭，一个品味高雅、有着丰富精神生活的家庭。

在这样的家庭，每个成员都钟爱着书，都能从书中得到美和享受。父亲一般喜欢传记文学和历史小说，他会把这类文学作品的上乘精品介绍给孩子，自己也忍不住常常为家里人朗读《贝多芬传》和《渴望生活》，用伟大人物超绝的灵魂、高雅的情操和坚忍不拔的精神激励孩子。母亲喜欢诗歌、小说和艺术。她朗读诗歌的声音那么动听迷人，她会为孩子找到最合适孩子阅读的文学故事书。在父母的指导下，孩子的阅读能力一天天提高，阅读兴趣也更广泛。终于，他自然而然地迷上了又厚又大的世界名著，懂得欣赏文学宝库精品的魅力。

在这样的家庭，文学不但不会成为他们与世界之间的隔膜，反而能促使他们更加敏锐地感受生活的美与快乐。全家人预备去泰山旅游一趟，动身前一两个星期，他们就会把有关泰山的诗文找出来再读一遍。孩子开始读《巴黎圣母院》了，父母忙找来这部电影的录像带或VCD盘，全家人一起兴致勃勃地观赏。文学艺术甚至能把最枯燥的家务活变得有趣，法国文学家斯达尔夫人小时候和母亲姐妹一起缝被单，她们把几块被单比喻为亚洲、欧洲、非洲和美洲。缝到哪儿，就讨论那个的国家、人民和文学艺术。

3. 如何引来书香空气

(1) 身教胜于言教

培植家庭浓郁的书香氛围，最重要的是父母的身体力行和以身作则，亲近书籍，热爱文学，为孩子作出表率，以达到润物无声、潜移默化的效果。

那么，没有读书习惯和文学爱好的父母又该怎么办呢？

戒除各种不利于培植家庭书香气氛的习惯，例如打牌、打麻将等，和孩子一样，父母观看影视节目也要有限制、有选择性。让孩子去看书，父母却沉迷于电视，这是很不聪明的做法。

父母应进行自我教育，如上夜校学习班，读一门函授课程、练习书法、写作等，父母应想办法提高个人修养。要知道，家长自我教育的第一步，就是对孩子进行教育的一大步。

父母应有意识地培养读书兴趣。从一些轻松、有趣的作品开始，哪怕从报纸杂志开始，一定要持之以恒地读下去。另外要注意的一点是，父母绝不能阅读格调低下的黄色、暴力、迷信读物。

(2) 巧法营造家庭书香

培养浓厚的文学氛围和书香空气，父母还有许多可以做的——让家里充满书。一个书香家庭中，书是处处可见的，甚至每个房间、每个角落都充满书。

厨房里不但有烹饪书，而且有一本母亲正在阅读的小说，还应有一两本诗集，母亲在等待开锅之际可以吟诵。起居室中，父亲的安乐椅旁有一张桌子，上面放着他正在阅读的报纸和书籍。其他桌上也有书，窗台上也有书，甚至椅子上也应常见随手搁下的书。

- 制订一周的家庭共读计划，例如每天陪孩子读20分钟的文学书籍；每周抽一个晚上举办家庭朗诵会、故事会、读书讨论会等。
- 多方面关心孩子的读书生活。父母应了解孩子的读书兴趣、读书需要，了解孩子从阅读中获得了怎样的知识、经验和乐趣，并且有技巧地指导孩子读更好的书，更好地读书。

培育家庭文学氛围和书香空气的方法还有很多，只要父母们有爱心、耐心和恒心，建立一个富有魅力的文学之家、知识之家是完全有可能的。

(3) 小书屋，大世界

值得父母尤其是知识分子父母注意的是，家中藏书数量多，父母文化程度高，孩子阅读能力强，这些是创造家庭艺术氛围和书香环境的有利条件，却不是唯一的条件。

一个渗透着文学艺术之美的高雅家庭应该是一个充满爱和美的家庭，热爱生活、关心世界和他人、积极向上、活泼开朗、兴趣广泛应该是家庭成员的共同气质。如果没有这一点，单纯的读书又有什么意义呢？

苏联著名教育家马卡连柯谈到过这样一个例子。初中女生卡嘉的母亲是个艺术家，从小就教女儿读诗歌、学音乐。卡嘉果然长得聪慧异常，颇具艺术素养，跟母亲关系也很好，仿佛好朋友似的。可是，马卡连柯发现，这位母亲过分纵容孩子。一次，体育老师在上课时批评了卡嘉，卡嘉骂老师"混蛋"，老师把她母亲叫到学校。母亲却认为孩子没错，还说"卡嘉是在同老师开玩笑，老师该有点幽默感"。一年以后，卡嘉的母亲哭哭啼啼来到学校找老师，说卡嘉对她的态度越来越冷酷："她不跟我说话，只在我桌上留纸条，纸条上写着'给我五卢布'或'把我的衣服洗了'，如果不给她五卢布，她就会把她的书拿去卖掉。"老师对她说："您理当受到这种对待，卡嘉不可能尊重您，因为您不教她尊重任何人。"

"风声、雨声、读书声，声声入耳；家事、国事、天下事，事事关心。"真正的读书，是从书本照见世界。

三、文学熏陶的规律与技巧

1. 如何潜移默化地培养孩子的文学欣赏习惯

(1) 在孩子的小书房下功夫

有人做过一项调查,发现高成就学生的学习环境具有下列特点:干扰较少,有独立的书房,有较多的课外书。

父母要培养孩子的阅读习惯,就应在书香环境的营造上下一番功夫。

① 为孩子准备一个通风、固定、光线充足的学习场所,最好是一间独立的书房。

② 为孩子买一张新书桌,桌子的高度要与孩子的身高相适合。书桌的式样要简洁明朗,避免烦琐的装饰和附件。椅的高度应与书桌配合,能让孩子坐得舒服。

③ 准备一盏调光良好,可以伸缩的新台灯。

④ 给孩子预备的文具应该式样简洁,不要太求奢华。多功能的文具盒、花花绿绿的笔记本,这些东西很容易分散孩子阅读的注意力。

⑤ 家中要有书柜,孩子的专用书架,以及一定数量的藏书。

(2) 让书成为孩子的玩伴

有些父母在家中预备了大量的书籍,却只把它们摆在高高的书柜里。孩子们想看书,先要向父母讨钥匙。父母往往还再三叮嘱:千万别把书弄坏了,这样一来二去,孩子再也不去找书看了,他们有了这样的印象——读书是一件麻烦而讨厌的事。

培养孩子的文学欣赏习惯,应先让书成为他童年的玩伴。

① 在孩子的床边放上一架书,让孩子一睁眼就看见它。

② 书架的高度要合适,以使孩子方便取书。在与孩子视线平行的格子里,放上他最感兴趣的书。

③ 经常在沙发上、桌椅上放几本封面漂亮、内容有趣的杂志或读物。

④ 在电视旁边放几本书,可以是每晚放映的电视剧的原著,也可以是简短的诗歌、故事。

⑤ 在卫生间也摆上书,最好是轻松幽默的小品、故事。

适合孩子读的书应该是新书,干净漂亮的外表、鲜艳的封面、大量的插图能够迅速抓住孩子的注意力。给孩子读的书不宜太厚,烫金精装的封面和书套使书显得豪华,同时也增加了阅读的困难。破旧的书是不宜给孩子阅读的,它们容易引起孩子对阅读的厌倦情绪,同时也不卫生。

不要责备孩子弄脏或损坏了书。孩子有时会把书当作玩具而非读物,也有时,孩子因为沉迷于阅读而不小心弄坏了书。这两种情况都值得高兴:孩子与书之间的亲近感在增加,这时,粗暴的训斥很可能损伤孩子刚刚建立的阅读兴趣,你可以温和地告诉他应该爱护书本、尊重作家的劳动。

(3) 为孩子朗读

人生原本无习惯，习以为常成习惯。孩子的阅读习惯是后天养成的，怎样培养这一习惯呢？

美国伊里诺斯大学的研究人员对205名学龄前就养成阅读习惯的儿童进行了调查，发现他们的共同点是：他们的父母都有为孩子朗读、讲故事的习惯。美国前总统布什的夫人巴巴拉·布什将"为孩子朗读"作为教育孩子的祖传秘方。国外心理学家早在1979年就把"父母和孩子一同朗读"作为家庭教育一项重要原则推荐给父母们。

为孩子朗读应该成为每天坚持进行的一项活动。什么时候朗读并不重要，但最好能在每天的同一时间进行，每次至少15分钟。布什夫人一般在孩子们入睡之前给他们朗读。母子们一同啃着几本心爱的书，度过了无数难忘的夜晚。

在为孩子朗读时，孩子最好坐在你的膝上，或者紧挨着你坐下，这样既可增进母子、父女之间的亲情，又能使父母和孩子都能看到书上的图片和文字。

预先告诉孩子，你们将要阅读的故事的一些情节，以激发孩子的兴趣。刚开始时，您应照顾到您的阅读速度，一边指着词，一边让孩子与您同步阅读。

如果孩子读错了，不要说"你错了""怎么又错了"等，而应重复一下正确的声音，也可重复几遍，然后继续念下去。这里一个必须遵守的准则是：不要打断阅读的流畅性。

一天读一篇完整的故事，尽可能不要重复，以保证孩子能对故事时时产生新鲜感。

有的父母认为，只要孩子学会识字读书，就没有必要为他朗读了。而布什夫人认为，为孩子朗读一直要到12岁为止，因为在此之前，孩子的听力强于阅读能力，听人读书可以学到更多的东西。同时，年幼的孩子注意力难以集中，有父母的陪伴，他们更容易养成良好的阅读习惯。

(4) 每天15分钟

当孩子有能力独立阅读书籍时，父母就应该为他制订一个读书制度，督促他每天坚持阅读文学书籍。

孩子每天阅读的时间不宜太长，20分钟就可以了，最重要的是持之以恒，一旦订下每天读书的制度，就不能因为任何事情改变。孩子有时因为过于兴奋或疲倦，会很不愿意读书。这个时候，父母应该鼓励孩子克服不良情绪，坚持阅读。有的家庭，即使在外出旅游时也带着书本，不让孩子中断每天的阅读活动。

美国教育学家霍勒斯·曼说："假如每天你能有15分钟的读书时间，一年之后，你就可以感到它的效果。"学龄前幼儿和小学低年级的孩子，可以在临睡前安排十多分钟文学书籍的阅读。因为孩子这个时候注意力难以长时间有效地集中，所以给他们阅读的作品不宜太长，而应是短小的诗歌、故事、童话等，保证孩子可以在十几分钟内读完。在阅读时应有父母的陪伴。

小学中高年级以上的孩子，应该在具有阅读兴趣和习惯的基础上灵活地进行安排。一般来说，平常可坚持让孩子安排二三十分钟的专门文学作品阅读时间。周末、节假日，则可根据孩子的兴趣适当延长。如果孩子能够安排好阅读和功课的时间，则可以支持孩子自由安排时间。

(5) 孩子的习惯就是父母的习惯

父母是孩子的第一任老师。父母的行为举止、兴趣爱好直接影响着孩子。孩子的习惯就是父母的习惯。要让孩子养成阅读的习惯，父母先要视读书为生命的一大需要。

我国现代著名女作家丁玲的母亲喜爱文学，能诗会画，常向年幼的女儿口授唐诗。丁玲在很小的时候就能背诵几十首唐诗，并读过不少古典小说。辛亥革命爆发后，丁玲的家乡常德县成立了女子师范。已33岁的守寡的母亲毅然上了师范班，并让7岁的小丁玲上幼稚班。母女俩携手同校读书，在当地传为佳话。丁玲的母亲就这样以自己的行为熏陶着小丁玲，指导她走上文学道路。

一位母亲给孩子买了大量的书籍，自己却天天打牌看电视。女儿自然也将书本束之高阁，当母亲气愤地教训孩子时，女儿发泄了心中的不满："妈妈坏，你自己天天打扑克、打麻将，在外面玩，却要我读书，妈妈好坏……"这就是中国古人所云："其身正，不令而行，其身不正，虽令不行。"苏联教育家苏霍姆林斯基也说："谁能以自己的生命倍增人类的宝贵财富，谁能进行自我教育，那他就能教育好自己的孩子。"

(6) 抓住一切机会阅读

在孩子每天坚持阅读一段文学书籍时，父母要尽量地扩大孩子阅读的范围，给孩子读各种各样的文字材料——报纸、杂志、广告、街牌，甚至商品包装盒上的说明，这样可以向孩子展示生活中文字的重要性，有助于孩子培养终生阅读的习惯。

父母要抓住一切机会培养孩子对文字的亲和力如让他们读汽车站的站牌、饭店的菜单、广告牌上的广告语、家用电器的说明书、计算机手册、药品的说明、电视节目的预告……见什么读什么。

这样做的结果是孩子将阅读当作日常生活的一部分。当孩子了解到读书可以解决许多实际问题时，他们将以更大的动力投入阅读。

有时，我们能在路边也能发现许多颇具文学之美的材料，像过年时人家贴在门口的春联，小店铺的匾额、招牌、对联，名胜古迹上的名人题诗等。我相信，一个对日常生活中的文字材料看得津津有味的孩子，也一定拥有良好的阅读习惯。

2. 如何潜移默化地培养孩子的阅读兴趣

(1) 兴趣是最好的老师

兴趣是最好的老师，对文学的浓厚兴趣是使孩子积极地接受文学熏陶的关键。

可以说，孩子对文学的兴趣是天生的、本能的，所以，我们所说的"培养"孩子读文学书的兴趣，其实是支持、鼓励、引导孩子的这种兴趣。可是，在现实生活中，许多父母却在做着相反的事，即扼杀、压制孩子的文学兴趣，具体表现以下几个方面。

首先，父母为孩子选择不合适的书，比如太过艰深苦涩的书，离孩子生活太遥远的书，过于"成人化"的书，包含恐惧、悲伤、阴郁等消极情绪的书，枯燥乏味、教条化的书……孩子在阅读这类书籍时，心理难以获得审美愉悦感，反而会产生厌倦、反感、烦躁等情绪。

其次，父母对孩子的阅读进行过多的干扰。当孩子独立意识逐渐增强时，他们会希望自主、自由地读书，如果父母总是用"你怎样还没读完那本书"之类的话干预他们，将激发孩子的逆反心理，进而厌恶书本。

最后，父母用分析语文的办法指导孩子读书。读文学书籍，贵在产生情感共鸣，获得美学享受。而有些父母按着应试教育的思路，把文学作品一篇篇"肢解"成字、词、句、段、中心思想，这种做法违背了文学欣赏的基本规律，无异于焚琴煮鹤，大倒孩子的胃口。

(2) 新的书、新的世界

即使家里已经有了相当数量的藏书，依然需要不断更新和增加。培养孩子对书的兴趣，可以有许多办法。

① 经常为孩子买书。你可以把书当作礼物或奖品送给他们。或者，你可以把书藏起来，对孩子说："今天是你的生日，爸爸妈妈买了一件礼物给你，你自己找找看！"

② 带孩子去书店、书市，使买书、藏书成为家庭生活重要的一部分。这些地方是让孩子最直观地感受"书的魅力"的地方。你可以把每个月的某一个休息日定为"购书节"，全家人一起去书店买书。

③ 鼓励孩子用零花钱买书；指导孩子利用自己的读物建一个"小小图书馆"，为孩子刻一个图章，在他所有书上盖上印章；指导孩子列一份藏书目录。

④ 带孩子去图书馆，尤其是儿童阅览室，让孩子从小养成使用图书馆的习惯。

(3) 鼓励与引导

在孩子心目中，父母是当然的权威。父母的价值评论方式，也会潜移默化地渗透给孩子。

要培养孩子对文学书籍的热爱，父母应该反复地表示自己对读书的赞赏、对文学的赞赏、对热爱书籍的人的赞赏。让孩子从小树立"读书是有用的"和"读书是有趣的"观念。

父母可以收集一些名人读书的故事讲给孩子听，在孩子书桌前挂一条有关读书的格言，送孩子几本介绍名人少年时代读书立志的传记。这些途径能以榜样的力量激发孩子阅读的积极性。

父母也可以在孩子身边寻找一些典型事例。父母少年时学习的经历是很适合讲给孩子听的。如果邻居或亲戚家有乐于读书的小孩，也可以激励自己的孩子与他们竞赛。

在孩子阅读过程中，父母一定要以不断的表扬、肯定、赞美来点燃孩子的自信心。这种赞美性的话语应该是有针对性的，例如："我发现你今天又学会了一个新词语，真聪明！"或"你对这本书的见解很有新意，连爸爸也受了你的启发。"这些远比泛泛而谈的"不错，读得好！"要强得多。孩子在阅读中时常会产生畏难情绪，这时，父母依然要用肯定性的话语激励他们，例如"这本书对你这个年纪的孩子是难了一点，不过你很聪明，妈妈相信你一定能读懂它"。

在孩子的阅读取得明显进展时，父母应该给予一定的奖赏：一本书、一套精美的书签、一个笔记本或一次全家的郊游。持续的鼓励会帮助孩子树立自信心，以更浓厚的兴趣和更恒久的耐心对待文学阅读。

(4) 家庭共读活动

那些具有浓厚文学阅读兴趣的孩子身后多有一个能经常性开展读书活动的家庭。全家人一起读书，这是培养孩子阅读兴趣的最好途径。

开展家庭性的读书活动，同样有许多方法。

① 讲故事。故事最能诱发儿童的文学兴趣。大部分作家和文学爱好者正是从听故事开始培养阅读的兴趣的。著名作家谢冰心，早在4岁就迷故事，7岁时，她每天晚上缠着舅舅讲《三国演义》，后来舅舅没空了，她没有法子，只好自己捧着《三国演义》啃起来。从此，她迷上了读书。

② 朗读。许多教育学家大力提倡家庭朗读，把它视为引导孩子接触优秀作品、激发孩子文学兴趣的良方妙策。通过听朗读，孩子更容易强烈感受到作品的美和趣味。而全家人欢聚一堂朗读文学作品的欢乐气氛也会感染孩子，使他从一开始就了解到，文学阅读是一件多么美妙的事。

③ 讨论。全家性的读书讨论活动可以很正式。比如，你可以抽出一个星期天的下午办"家庭读书讨论会"，每个家庭成员都要谈谈自己近来阅读的书，其他人则提出问题和加以评论。这种活动也可以邀请更多的人参加，如邻居、亲友、孩子的小伙伴们。更多的时候，有关读书的讨论可以更自由地进行，如饭桌上、电视机前、晚上临睡前……父母应该尽可能地启发孩子的思考，鼓励他们主动地阅读、创造地阅读。

④ 专题性的阅读。围绕一个主题进行家庭性的阅读可以让孩子和父母有更多的共同话题，也可以使家庭读书讨论进行得更加深入。电视里正在放《三国演义》，家里便可围绕三国展开一段时间的专题阅读。父亲负责史书的阅读和史料的收集，母亲阅读有关《三国演义》的评论，孩子则看少儿版的《三国演义》和三国故事。这样，晚上看电视的时间就是家人共同讨论阅读成果的时间。娱乐与学习相互融合、相互促进。

(5) 让孩子成功

每个孩子都喜欢成功，也需要成功。成功带来的愉悦是其他任何东西不能比拟的。儿童在成功中体验着自我力量得到实现的快乐，自信心得到极大增强。同时，在一项活动上获得成功也会使孩子对该项活动的兴趣更为浓厚。培养孩子的阅读兴趣，可以有意识地从"让孩子成功"着手。

鼓励孩子在家人以及亲戚朋友面前朗读诗歌、讲故事等。可以不定期地举办"朗诵会""故事会"等。父母和其他观众在听孩子朗诵时要尽量地专注和热情，并给予孩子赞美和肯定。

当孩子读完一本书后，父母可为他举办一个"读书成果报告会"，让孩子复述书中的故事、谈读书的体会等。

激发孩子的创作欲望。为他准备一个本子，把孩子自己讲的故事、精彩的句子以及各种各样的奇思妙想记录下来，然后让孩子为它们配上插图，做成一本孩子自己的书。

鼓励孩子写信，让他交几个通信朋友。

鼓励孩子记日记，让孩子每天用十几二十分钟倾吐一天的喜乐悲伤，记录一天的观察感受，展开想象的自由翅膀。久而久之，使孩子将写日记视为一种生命的需要。

这样的方式还可以找出许多许多种，如果父母能怀着爱心珍惜孩子的每一步前进，孩子就将在自己的成长中体会到无穷的乐趣。

(6) 游戏中学习

只要有人类居住的地方，就会看到孩子游戏的身影，听到孩子游戏的笑声。游戏使孩子进入一个快乐无比、吃饭睡觉都会忘记的境界，一个充满想象和幻想的世界。

游戏之所以能吸引孩子全身心地投入，其重要的心理因素，就是在游戏活动过程中充满了乐趣。只要家长善于把握和引导，弥合"玩"与"学"的界限，就能使孩子在游戏中积累的"兴趣"投注于阅读学习之上。游戏的功能，本身正是一种"玩"和"学习"的奇妙组合。

家长要创造适合于阅读、热爱阅读的家庭游戏，也可以鼓励孩子创造这种游戏。猜谜语、故事接龙、词汇游戏……这些游戏设计得越有趣味，越有想象力，对孩子的鼓舞就越大。

(7) 不爱阅读的孩子

也许你已经试了种种方法，可你的孩子还是不爱读书，他无法安静地坐下来读上5分钟，作为父母的你，一定很头疼吧？

这个时候你应该认真分析一下，是否你的孩子是属于阅读有特殊障碍的儿童，或者是他在成长过程中没有练好阅读基本功？如果是这种情况，你就应该去请求专家的帮助，为孩子制订特殊的学习计划。

假如你家那个捣蛋鬼阅读基本功很强，只是讨厌书本，那么问题可能出在你家内部。可能你家里给了他这样那样的压力，逼得他"造反"。

在这种时候，做父母的千万不能对孩子施以高压，而应该为他创造一个宽松自由的环境，逐渐培养他的读书热情。

你的孩子不爱读书，那么他喜欢什么呢？一些孩子喜欢科学知识，那么就从科普读物、游记和科幻小说开始。若孩子喜欢足球，父亲可以陪着儿子看看足球比赛，然后不动声色地给他一本世界杯足球画册作礼物，孩子津津有味地读完了这本书，他便慢慢感受到了读书的快乐。此后，再给他一些关于球星的传记、描述体育比赛的报告文学和小说，阅读兴趣就渐渐建立起来了。

找到孩子的兴趣所在，你就不难找到激发孩子读书热情的"魔方"。

3. 怎样潜移默化地让孩子从文学中得到美的享受

(1) 反复阅读打开欣赏之门

从"阅读"到"欣赏"还有一段很长的距离。一开始孩子从文学书籍中寻找的当然只是故事。但随着孩子年龄的增长和心智的成熟，他应该超越这一层次，学会从文学艺术中找到更高层次的乐趣——美的享受、情感的净化、精神的满足。孩子对文学作品的阅读只有达到这个层次，文学的"熏陶"工作才算做到了家。

让孩子单纯的"阅读"升华为"欣赏"，父母需要耐心，更需要技巧。

不要让孩子只阅读童话和故事，还要指导他们读诗歌和散文。这些文学作品缺乏扣人心弦的故事情节，而是以纯美的语言和情感见长。如果你的孩子能读诗歌读得入了迷，那么他已经迈入了文学欣赏的第一步。

让孩子反复阅读一本书。孩子在第一遍阅读时往往生吞活剥，只注意故事情节。如果他们有耐心再细细看一遍，就会发现许多从前根本没有注意到的妙处。选择几部文学精品给孩子阅读，如果他们喜欢，过一段时间再让他们看第二遍，第三遍……并且向他们提出问题，如："你喜欢这本书的主人公吗？为什么？""如果你是×××(书中人物)，你会怎么办？"。

(2) 全身心地投入阅读

告诉你的孩子，读书不能光用眼睛，而要调动一切感官，积极地、全身心地投入阅读。

① 耳。引导孩子接触优秀作品的方法很多，朗读是最好的一种。要训练孩子的语感，唤醒孩子对文学的美感，父母应该坚持为孩子朗读作品，或让孩子从小接触有声读物的熏陶。

② 口。让孩子把作品大声地、清楚地朗读出来。朗读是欣赏文学作品的一种重要方法，叶圣陶先生称之为"美读"。"美读"把文学作品无声的文字变为有声的语言，把文中静止的感情变为真情实感。孩子在朗读过程中既能与作家的心灵相沟通，又能把自己带进作品情境中去，毫无障碍地接受作品内容的感染熏陶。所以，要鼓励孩子多多朗读，对一些诗文精品还应该通过多次吟诵，达到可以背诵的程度。

③ 手。指导孩子摘抄文学作品中的优美语言、段落、篇章，鼓励孩子把读书的心得体会写下来。

④ 心。让孩子用"心"去读书，带着强烈的感情去欣赏作品。熟读精思、潜心体味、鉴赏玩索、掂量比较，获得审美感、情趣感、趣味感。

(3) 以书本贴近生活

生活是文学的唯一源泉，一切文学都是彼时彼地的生活在作家头脑中反映的产物。要使孩子真正地欣赏到文学艺术美，接受文学艺术真、美的熏陶，就要引导孩子认识、了解作家在作品中反映的生活。父母可以把文学作品中所写的生活与孩子的生活联系起来，打开孩子的生活库藏，强化他们的体验，唤起他们与作品之间的情感交流和共鸣。如阅读《卖火柴的小女孩》，父母可以结合电视、报纸等手段，告诉孩子们就在我们的周围，还有许多孩子吃不饱饭，上不成学，扩大孩子生活的经验，激发孩子的同情心。

在选择孩子的读物时，父母也可有意贴近孩子的生活。孩子刚去过北京旅游，他也许会对老舍、林语堂、邓友梅等作家描写北京生活的作品感兴趣。孩子新近参加了学校的演讲比赛，那么就给他读一些著名的演讲词，如林肯、肯尼迪、马丁·路德·金的经典作品。

当然，文学作品中的许多生活是孩子不可能经历过的。这时，父母可以指导孩子如同演戏一样扮演作品中的角色，让孩子站在作品中人物的立场上深入作品，与作品中的人物同呼吸，共命运。这不仅能使孩子迅速进入作品情境，感受到文学作品中的美，也能使孩子经历多方面的情感体验，获得生活的智慧。

(4) 读天读地读万物

大自然以它的千姿百态、气象万千吸引着孩子，引发孩子无穷的乐趣。把孩子对文学作品的阅读引入大自然，让孩子读山读水读万物，这是启发孩子美的感受，带给孩子艺术享受的最好方法。

一位聪明的母亲在和孩子出去玩的时候也带着书，不忘给她朗读。春天柳树发芽，就读"叶方点碧，丝若垂金"；夏天看到荷花，就读"小荷才露尖尖角"；秋天告诉女儿，"落红不是无情物，化作春泥更护花"；冬天则读"孤舟蓑笠翁，独钓寒江雪"。由于反复给孩子读书，女儿从小就培养了浓厚的读书兴趣。

德国文学巨匠歌德童年时代，父亲常常带他外出旅游。每到一个地方，父亲就给他讲解地理、历史、风俗习惯以及在这块土地上发生过什么故事，第二次再到这个地方时，父亲就让歌德复述上一次所讲的内容。这些教育，拓宽了孩子的视野，培养了歌德对历史、地理等知识的兴趣，成为培育这位未来伟大诗人的奠基石。

做父母的如能以美的大自然启发孩子读美的文学作品，孩子的学习过程将变得异常轻松、自由，充满乐趣，孩子对美的欣赏能力、感受能力也将在不知不觉中发生质的飞跃。

(5) 艺术之间的亲缘关系

文学和音乐、绘画、戏剧、电影、电视等都属于艺术。各种艺术之间有区别，也有共通之处——它们都是美的创造。在孩子欣赏文学作品过程中借助其他的艺术手段，可以使孩子迅速进入作品情境，获得美感。

① 绘画。"诗中有画，画中有诗"，文与画是相通的。借助图画可以再现作品意境，收到"一图穷千言"的效果。让孩子读《爱莲说》，可同时展示中国画"荷花图"，读某个地方的游记，可配合风景照片、明信片。许多故事书本身有大量插图，应指导孩子结合文学读懂图画。

② 音乐。音乐激荡人的心灵，也抚慰人的心灵，对渲染情境、创造气氛作用极大。如果能把音乐语言与语言文字沟通起来，真正调动孩子的听觉、视觉等，文学阅读和文学欣赏的过程会收到意想不到的效果。孩子读《木兰诗》，可播放古典乐曲《十面埋伏》，读《渭

城曲》，可播放《阳关三叠》，读《春江花月夜》，可播放同名乐曲等，强调声调和节奏的刺激力量，发挥音乐对人心灵的感召力。

③ 影视表演。许多文学名著都被搬上了舞台或改编成了电影电视。孩子在阅读这些作品的同时观看这些影视节目，可以更直观地认识艺术形象，理解作品内容，也有助于调动孩子的感情，引导他走入作品的情境，获得更多的美感享受。

4. 怎样潜移默化地指导孩子读书

(1) 所有的努力都只为获得方法

真正的新家教重视的并不是你的孩子在读书(包括学校的学习)过程中获得多少知识，更不是简单机械的考试分数。新家教重视的是孩子获得并形成的学习方法和创造精神。你指导孩子读文学书的所有努力，其实都是为了让孩子拥有读书方法。同时，你在指导孩子在家庭生活中阅读文学作品时，只有掌握了科学的方法，才可能产生令人满意的效果。

读书的效果与读书的收益，总是与方法有关的。当然，这里说的方法，应当包含着两个方面：一是家长的指导方法，二是孩子的读书(或接受)的方法。

(2) 把书一口气读完

你应该教给孩子的第一条阅读文学作品的原则是：投入地阅读，全身心地沉浸于每一篇文学作品之中。

阅读小说、诗歌、童话、故事等文学作品，最好的读书方法就是把它一口气读完。一知半解、生吞活剥都没关系，最重要的是在书中倾注自己浓厚的兴趣和情感。

孩子读书读得入了迷，做父母的应该感到高兴，你的孩子能从书中寻找到快乐，这是极为可贵的。而且，父母也应该创造条件，让孩子"手不释卷"地读下去。

选择孩子可以理解的作品，尤其是中短篇作品。除非是寒暑假，否则不要让孩子阅读"大部头"。

为孩子扫除一些阅读障碍，如在生词生字上加注读音和解释，如果读的是历史文学，则应该事先给孩子讲授一些历史知识。

培养孩子良好的读书习惯和意志品质，鼓励他"把书读完"，不要轻易半途而废。

(3) 主动地阅读

对于一般性的文学读物，孩子只要把它们读完，大致了解其内容就可以了。而一些经典性的文学精品，则值得孩子反复阅读、揣摩、体味。细细读完一篇精品名作，你的孩子在阅读能力和审美水平上，就会有较大的提高。

对于这样的文学经典，仅仅凭兴趣阅读是不够的。父母应启发孩子，带着头脑去读书，边读边思考、体会，力求获得最大的收益。

怎样主动地、有效地阅读呢？父母可指导孩子分4步走。

第一步，反复默读、朗读作品，了解作品的大致内容，感受作品语言之美。

第二步，遵循作者的思路，进入作品的情境，达到与作者心灵的相通，理解作品的意蕴之美。

第三步，调动全部的思想、情感、想象、生活经验等，把自己融于作品之中，体味作品形象、意境之美。

第四步，在理解作品的基础上，引起相关的联想，感悟其中深刻的内涵，进而融会贯通，学以致用。

读书，贵在有自己的见解而不人云亦云，父母应鼓励孩子独立思考，哪怕孩子的思考是幼稚的和错误的，如果你的孩子敢于在公开场合说《战争与和平》全是废话，《红楼梦》不过如此，你应该感到高兴，你的孩子是坦白的和有勇气的，他敢于不同意权威的看法，并且敢于发表自己"异端"的见解。

(4) 让孩子学会研究

对于研究，许多父母会摇着头疑惑地说，"小孩子，这可能吗？"

我们一向认为，孩子就是应该"学"前人留下的知识，这一观点当然不错，但"学"如果不与能动的、创造性的"思"结合在一起，就会如孔子所说"殆矣"。在美国，孩子从小学二三年级开始便学着写论文，写研究报告了。孩子的思维成果被证明往往是值得珍视的。更重要的是，孩子一旦养成思考的习惯，掌握了研究的方法，就无异于在茫茫书海中获得了指示方向的罗盘。

父母可以从下列几个方面培养孩子研究性阅读的能力。

① 翻阅字典、词典以解决阅读中遇到的问题。学会查字典，养成查字典的习惯，这是保证阅读成果的必要方法，也是研究性阅读必备的基本功。父母应尽早教会孩子使用字典，并鼓励他们尽量通过查字典把生字难词搞懂。

② 从图书馆寻找资料。许多孩子到了大学也不会利用图书馆，这是现代教育的一大失败。父母应尽早让孩子养成去图书馆看书、借书的习惯，接下来，就应该教孩子如何利用图书馆寻找自己需要的信息，例如：孩子在读一本历史人物传记，父母则可鼓励他去图书馆寻找那个时代的背景材料。

③ 掌握书本的结构。让孩子学会"把书变薄"，用最简单明白的语言讲清楚作品的脉络、结构。父母可以要求孩子为阅读过的书拟一份目录或大纲，借以培养孩子思维的清晰、简洁和条理性。

④ 发现书中的错误。"尽信书不如无书"，真正的阅读应是批判性的阅读。给孩子一本含有错误的书(这个错误应该是在孩子理解能力之内的)，在他的阅读过程中提示他，这本书讲的是否正确，然后指导他寻找资料，发现书的错误。

(5) 不动笔墨不读书

徐特立先生说"不动笔墨不读书"，养成做读书笔记的习惯是提高阅读质量最有效的途径。

① 在书上作批注、评点。读书笔记最简单直接的办法，就是在书上做记号、写简短的批语。这种方法不打断阅读的流畅性，又能培养孩子边思边读的习惯。给孩子买留白较多的书，鼓励他在书上写写画画，让他学会在书上标注简单的符号，如"△"表示生词难字，"○"表示写得好的地方，"？"表示不懂的地方。鼓励孩子在书眉、书尾写上自己的感受见解，可以只是几个字，如"妙""绝妙"或"不明白""奇怪"等。我国古代学者，包括金圣叹、李贽这些大学者都是这么干的。

② 摘抄佳词丽句。这是孩子做得最多的一种读书笔记。父母应指导孩子，一是不要什么都抄，而是要摘录最精华的东西；二是应该多温习摘抄下来的内容；三是养成良好的摘抄习惯，写清楚书名、作者名、页码、出版社及出版年月。

③ 写随感和心得。这种方式孩子也使用得比较多，父母在指导孩子做这类读书笔记时要注意，随感、心得等评论式笔记贵在有独特的感受见解，如果读了《儒林外史》写《科举八股的害处》，读了《故乡》写《我和闰土比童年》这类人云亦云的文字，写下来也益处不大，反而会限制孩子的思维。写随感札记，不必就全书来谈，而只要抓住自己的"动情点"来谈就可以了。写心得体会，务求不与人雷同，鼓励孩子敢于批评书本、质疑权威。

④ 资料积累。鲁迅说过："无论做什么事，如果继续搜集资料，积之十年，总可成一学者。"家长应鼓励和指导孩子，在读书时尽量多地搜集资料。资料积累有摘录、做读书卡片等多种方式。我在这里介绍一种简便有趣，容易被孩子接受的方法：资料剪辑。也就是把书籍、报刊上的有用资料剪裁下来，粘贴在一个大本子上，按照一定的规则分门别类地编排在一起。做了一段时间的资料积累后，你可以指导孩子把一些与内容相关的文章选编在一起，做一些专题，如谈友谊、谈读书、谈家庭、谈社会、谈自然风光、谈旅游、谈生活情趣、谈茶谈酒等，然后分别装订成册，它们就是孩子自己编辑的一本本的书了。孩子做这种工作会感到很有乐趣，对其也很有益处。

四、不同年龄的孩子应读不同的书

1. "择书而读"比"择邻而居"更重要

(1) 孩子阅读的误区

当前的许多年轻父母，十分积极地进行智力投资，积极为孩子购买图书，希望自己的孩子从书中得到许多知识与人生智慧和力量——通过读书开发孩子的智力。但实际上因为没能"择书而买"或"择书而读"，逐渐形成当前家庭教育中孩子阅读的误区。比如买给孩子的类似"圣斗士""魂斗罗"等内容荒诞、情节重复简单、毫无感情色彩的卡通画册太多，而适合孩子阅读的构思新颖、形象鲜明、语言流畅、充满强烈感情色彩的儿童文学作品太少；各种重复多次的中外童话名著选本、儿歌选本太多，而当代作家创作的富有时代气息和探索创造精神的童话、诗歌、散文却未能引起重视；学龄孩子配合课堂学习的报刊资料太多，而儿童文学报刊未能引起重视；在学前囫囵吞枣地硬让孩子机械背诵古诗的情况太多，而培养孩子自觉地、有兴趣地在理解的基础上阅读古诗的情况较少。还有对小学高年级和初中孩子的读物，因其可以自由选择，不是限制得太死，课本之外的文学读物什么也不让读，就是任其偷偷地读内容文字都低劣不堪的书。

作为希望自己的孩子充满智慧和创造精神的家长，这样的误区应当引起注意和重视，并努力走出误区，只有把真正适合孩子的高质量的文学读物交给孩子，才能真正从阅读中使孩子获得终生的收益，有效地提高素质。

(2) 好书如挚友，终生不相负

为你的孩子选择好那些"挚友"，肯定是会让他们受益终生的。父母应该为孩子选择怎样的文学读物才适合孩子呢？总的来说，一本优秀的儿童读物应有这样一些要求：完备充实的主题、生动的情节、令人难忘的人物形象，以及鲜明的风格。

注意把握读物的文学品位。一本或一篇高品位的文学作品给人的影响不仅是多方面的，甚至可能是终生的，会以其鲜明独特的形象、强烈的感情色彩和优美流畅的语言久久地影响你的孩子。这要从大量的现代、当代中外儿童文学作品和大量的中外文学名著的海洋里去寻找和选择。

(3) 根据孩子的年龄、心理特点选择文学读物

根据孩子年龄、心理特点选择文学读物，容易使孩子内心产生共鸣，唤起热情、向往和兴趣，效果会更好。父母不应该一味地迷信名著，文学名著的确是一座宝库，它们中的某些东西可能并不合适你的孩子。的确，冰心4岁时就读《三国演义》，卢梭三四岁就广泛涉猎世界名著，那毕竟是个别的例子。要求学龄前的孩子读四大名著，要求小学生啃《战争与和平》之类的"大部头"，很可能是揠苗助长，孩子没学到什么东西，反而失去了阅读的兴趣和欲望。

另外，即使是文学名著，也常会有一些描写色情、暴力的情节，或有恐怖、刺激、阴郁的场面，这对是非观念淡薄的孩子也是不利的。

一本书可以由儿童文学的专家们推崇为儿童必读的经典名作，但如果孩子还不能理解该书，或尚未达到欣赏该书精妙之处的水平，那么他会"冷酷无情"地将这本名作弃之一旁，再不过问，惹得大人们困惑伤心。其实大人们不必沮丧，也许两年后孩子便会满腔热情地捧起该书。

注意为孩子订阅儿童文学报刊。《小朋友》《幼儿文学报》《儿童文学》《少年文艺》《儿童文学选刊》《少年文艺》(江苏)等刊物，都是可以信赖的刊物，可根据孩子的年龄特点选择订阅。

(4) 从兴趣着眼

即使是同一年龄段的孩子，阅读兴趣也会大相径庭。因此，为孩子选择读物，应首先考虑孩子本身。每个孩子需要什么书，由他的社会背景、观点态度、能力、兴趣等决定，当然也取决于孩子的阅读水平。

小姑娘比较喜欢童话，有个孩子说过，读童话虽然"不那么如临仙境"，但至少很迷人。所以，如发现小姑娘对童话着了迷，就应该为她找到一些经典童话集，如《格林童话集》《安徒生童话集》等，还应该找到一本比较新的童话集。

而同样年纪的小男孩可能会更喜欢探险小说和动物故事，父母就应该在这类读物的上乘之作中满足他的需要，如《格列弗游记》《鲁滨逊漂流记》《丛林之书》等。

要了解你的孩子——孩子的特殊兴趣是什么、阅读能力如何、已有什么书籍、想看什么书、需要读什么书。你可以在日常生活中细致地观察你的孩子，书架上哪一本书他翻阅得最多？他跟人交谈(尤其是与同龄伙伴交谈)时喜欢提到什么话题？他爱看哪一类的影视节目？在书店里他会走向哪一个书架？然后，根据他的爱好，给他最喜欢、最重视的书。

(5) 让孩子在阅读中成长

父母要尊重孩子的兴趣，更要善于引导、启发孩子的兴趣。孩子在放任自流的情况下，很容易陷入乱读书的泥坑，比如只读童话故事，只读动物故事，只读神秘故事，只读打仗故事，或只读玩具故事等。这时，父母应该为孩子选择一本另外类型的读物，一本极有吸引力的书，孩子觉得对胃口，就会读下去，这样才算走出了扩大孩子狭隘兴趣的第一步。

聪明的家长如果觉得孩子读童话的时间太长了，他们并不直接责备孩子，而是开始在家里朗读《海蒂》等儿童小说。孩子读了一部悲剧作品可能几天闷闷不乐，父母便在书架上放上一本幽默读物。你儿子迷上了武侠，不用担心，但要善于引导，增加他阅读历史书和传记的分量。

要帮助孩子在阅读中成熟起来。这一点家长应充分认识。比如，你能把童话引入神话和史诗吗？你能引导喜欢自然科学的孩子超越图画书而博览同一领域内的各种参考书吗？你的孩子阅读能力很强，你是不是正在让他读林肯和华盛顿的传记？你是不是正在教孩子如何使用参考书和工具书？你的孩子是否已经开始翻阅成人书架上的书？如果回答是肯定的，就说明你教子有方，引导得法，没有给孩子造成不恰当的压力，而是不断利用好书来诱导孩子。

2. 如何为不同年龄的孩子选书

(1) 5岁以前的学龄前幼儿

对于5岁以前的学龄前幼儿来说，幼儿读物的主要任务首先是帮助他们认识未知的客观事物，打开他们的眼界，其次是扩大他们的词汇，发展他们的想象能力、思维能力，培养他们良好的生活习惯和操行。为此，要求幼儿读物要有较为丰富、形象的知识，以及生活、道德品质教育等内容。在形式上要求篇幅简短，情节单纯，发展迅速，故事性强，想象丰富，形象具体、鲜明，语言简洁、明快，富有韵律和节奏感。因此，一般幼儿读物都应具有以下特点：简单、明朗、一听就明白、一看就懂；以图为主，图文并茂，多取童话、儿歌的形式。

刚开始接触书的幼儿最适宜读图画故事。精美的图画或插图不但能吸引幼儿，而且是儿童读物艺术内容的组成部分，有着很重要的意义。给幼儿一本没有文字的图画故事能有效地培养他翻书页的习惯，也能进一步扩大他欣赏细节的能力。

《格林童话》中的名篇，如《白雪公主》《灰姑娘》《青蛙王子》《狼和七只小羊》《森林里的三个小仙人》，法国《贝洛童话》中的《小红帽》《穿鞋子的猫》，伊索寓言的《狼和小羊》《狐狸和乌鸦》，还有《365夜》等故事，儿歌集、短小的古诗、笑话等，是这一时期孩子的最佳读物。相反，《安徒生童话》就太早了一点，如果你的孩子没有出众的阅读能力，是难以读懂的。

(2) 5～8岁的孩子

5～8岁的孩子已经进入学校学习，他们对社会生活的接触和参与比学龄前幼儿要多得多，因而有更加浓郁的求知欲望。这一时期的儿童读物在内容上要有比幼儿读物更丰富的知识、更广阔的生活面。

在形式上，要更富有艺术感染力，形象鲜明，语言生动，情节曲折，构思新颖。所以，学龄初期的儿童读物要求具有以下特点：题材广阔，形式多样，趣味性强，富有教育针对性。

适合这些孩子阅读的文学读物有以下几种。

① 童话。关于童话，可以选择安徒生童话的一些篇目，如《大克劳斯和小克劳斯》《打火匣》《豌豆上的公主》《野天鹅》等，还可以选择豪夫的《矮子鼻儿》、日本童话《红蜡烛和美人鱼》等，尤其应该注意当代作家写的童话，如任溶溶的《一个天才的杂技演员》《"没头脑"和"不高兴"》，郑渊洁的《皮皮鲁与鲁西西》系列、《舒克与贝塔》系列。

② 神话、民间故事。神话能满足孩子对自然万物加以生命化、拟人化解释的要求，中国古代神话故事、世界神话故事等读物，孩子会看得津津有味。法国民间故事《列那狐传奇》，以轻松、幽默、智慧的情节和笔法吸引人。

③ 诗歌。5～8岁的孩子可以更多地读、背古诗，提倡给他们读现代的儿童诗，包括儿童自己写的和成人作家写的。

④ 其他形式的儿童读物，如名人少年时代故事、科学故事、历史故事等，也应让孩子涉猎。

(3) 8～12岁的孩子

8～12岁的儿童身体各种机能相应发展，精力充沛，热衷于游戏、体育活动，大脑的机能已具备接受系统知识的各种条件。其有了一定的现实经验，记忆逐渐发达，想象开始主动，有了明显的暂时强烈冲动、冒险心理，迫切需要知道什么是好，什么是坏。在社会上，他们开始表现的争强好胜，个性增强，逐渐形成自我意识。

这一时期的儿童读物应该能够满足他们多方面的需要，包括文学、科学方面的需要，对现实的了解，对过去和未来的了解等。这一切应该通过鲜明、生动的艺术形象表现出来。优秀的科幻小说、侦破小说、惊险小说、冒险小说正是投其所好。

这一时期，儿童的心理结构逐渐走向社会化，他们可以理解情感比较细腻、内涵较为深厚的文学作品，如瑞典拉格英洛的童话《尼尔斯骑鹅旅行记》、意大利作家亚米契斯的小说《爱的教育》、瑞士作家施皮里夫人的《海蒂》、马克·吐温的《汤姆·索耶历险记》等。

他们对文学作品的美有了更深刻、更细腻的感受，也对文学作品提出了更高的审美要求。在儿童读物的选择上，应该多考虑优美高雅的诗歌和散文。

(4) 12～15岁的孩子

12～15岁的少年，情绪上不稳定，精神上带有非常主观的倾向，自我意识发达，有了社会道德观念，开始注意窥视大人的秘密，渴望具备成年人的力量，有了抽象思维能力，能够分析问题、批判地思考问题。

因此，适合这一年龄阶段的少年读物，应该具备更深刻、更系统、更全面的教育内容。少年对文学会提出成人一般的要求，但是还缺乏必要的鉴别和分析的能力，常常生吞活剥，因而必须加以正确引导。少年读者不满足于篇幅短小、文字过分浅显的作品，而往往热衷于那些带有较强的文学性、情节曲折、构思新奇的中长篇作品。因此，适合这阶段年龄的少数文学读物的特点是：带有过渡性的特征，与成人文学比较接近，仍带有儿童文学的某些特点。

这一时期的少年，已经形成自己的阅读兴趣和阅读习惯。对于那些有强烈的文学爱好和高超的阅读能力的少年，父母可引导他们系统地阅读文学名著。有些孩子可能更愿意阅读科学书籍，这也没有什么不好。父母应在持续训练孩子的语感、美感基础上，充分尊重孩子的兴趣。

(5) 把握兴趣和需要的首要原则

值得父母注意的是，以孩子的年龄为主选择读物并不一定完全准确。

孩子读书，可以远远落后于他的年龄，也可以远远超过他的年龄，这一点应慎重考虑。所以选书时应该从孩子的实际情况出发，从孩子的兴趣和需要出发，不能光看孩子的年龄。

如果你的孩子有很强的阅读能力、理解能力和感受能力，他可能很早就开始阅读成人文学读物，并且很感兴趣，看书的速度较快，掌握的程度较深，那么你可以放心地为他选择经典的文学著作，同时鼓励他博览群书，涉猎自然科学和社会科学的各个门类。

如果你的孩子属于阅读困难的儿童，他可能无法读懂他这个年龄段的儿童读物。这时，父母应请教专家和教师，针对孩子的阅读障碍制订专门的学习计划，逐步提高孩子的阅读能力。

还有一种情况，孩子的阅读能力和阅读枝节相互脱节，比如一个孩子的阅读技巧尚在一二年级的程度，但他能读懂并能欣赏五六年级的书，专家们认为这样的孩子应该多读简易读物，以培养流利阅读能力，增加自信心。然而这个孩子本来阅读能力强，只是在技巧上还没有得到发展，多读简易读物只会使他觉得无聊，讨厌简易读物的幼稚性，这时候就应该给他读文字简朴但人物和内容能引起高年级孩子阅读兴趣的书。

每个年龄段上的孩子都有他想再三再四阅读的书，如有可能，应当让孩子买下来保存。你不会希望孩子永远穿着过大的衣服，所以你也不应该让书本永远跑在孩子的思想前面。衣服要合身得体，书本要与孩子的思想状况相符。

五、不同体裁文学作品的阅读方法

1. 童话

童话是最能吸引孩子的文学样式。每一篇童话都是借助幻想和想象，把平凡的人、物、现象编织成一幅不平常的图景，在小读者面前展开一个洋溢着浪漫气氛的"幻想世界"。

(1) 童话的美来自幻想

童话的特征，或者说童话独特的美，正是来源于幻想。幻想是作家根据他对生活的观察和认识，根据他的感情的、审美的、理想的需要，自由自在地虚构一个在现实生活中不可能存在的艺术世界。童话有了幻想，就能不受自然力的限制，去创造寄托着作家理想的艺术形象，创造心目中最美好的世界。童话所创造的艺术世界，也是儿童思维，儿童意识中的世界：幻想与现实、认识与情感、直观与理智互相混合；物我同一，万物有灵……这个世界不可能存在于实际生活中，但它却活生生表现着孩子生机勃勃的童心。

在童话的幻想世界中，人、神、物是浑然一体的。人可以变物，物也可以变人，物可以人化，人也可以神化。如格林的《青蛙王子》讲的就是王子被巫婆施了魔法变成了青蛙，公主救了他，使他又由青蛙变成了王子。在童话中，人、神、物生活在同一环境中，互相往来，交换思想，交流情感。贝洛的《小红帽》中，小姑娘和大灰狼有问有答，小姑娘还听信了大灰狼的话。在童话中，还常常有魔剑、魔法戒指、千里靴、聚宝盆、飞行毯之类的宝物，有种种魔法、咒语和奇迹，有善良的仙女，也有恶毒的巫婆……这一切使童话成为美不胜收的世界。

(2) 童话的几个主要特征

童话中的人物形象基本上是类型化的，或美或丑，或坏或好，两极鲜明。如：小红帽是幼稚单纯的类型，大灰狼是凶狠、狡诈的类型，白雪公主是美丽、善良的类型，继母王后是嫉妒毒辣的类型。

从主题来看，童话的主题往往单一明了，一般是表现人们一些基本的道德标准，或爱或憎的情感。

从情节来看，童话的情节线索较为单纯。故事有头有尾，紧凑生动，易于被孩子理解、接受。

从语言来看，童话的语言一般纯朴、生动，充满童趣，富于口语性。

(3) 童话欣赏的方法

童话思维与孩子的思维具有相似性，童话对孩子具有天生的吸引力，孩子很容易将自己融入童话创造的虚幻世界，与白雪公主、小矮人、仙女们为伴。成年人很容易就知道，童话中的一切不可能存在现实中，而孩子会认为那都是真的。

要让孩子更好地阅读和欣赏童话，父母要注意把握"虚"与"实"的尺度。首先，孩子如果不投注情感，不发挥想象，就难以领会童话世界的美妙和神奇，但是，如果孩子过度沉迷于童话，也许会造成孩子与现实人生的隔膜。父母一方面要充分调动孩子眼、耳、口、心等多种感官，使他们的思维、情感、想象一同发动，身临其境，融入童话的幻想世界；另一方面，父母也应该控制孩子读童话的时间，有技巧地提醒孩子幻想与现实的区别。

通过童话的阅读和欣赏，孩子可以充分感受幻想世界的魅力，他们自身的想象力、创造力也会得以增强。童话中简朴生动的道德观念、纯美纯善的情感表述对陶冶孩子的情操、净化孩子的心灵是很有好处的。另外，童话鲜明生动的艺术形象、朴素优美的语言、夸张变形等多种艺术手法，又使孩子接受着潜移默化的美学熏陶。

2. 小说

小说是一门叙事的艺术。作家从现实生活出发，通过艺术创造，以完整的故事情节和鲜明的艺术形象反映现实生活的一部分，这就是小说。与童话不同的是，小说不能随意超越自然力的限制，去满足人们感情的、审美的、理想的需要。它只能在现实生活的逻辑范围之内，对现实生活来一番选择、加工、改造，使它"近似生活""酷似生活"而又高于生活。

(1) 儿童小说与成人小说的异同之处

儿童小说与成人小说并无明显的界线。《鲁宾逊漂流记》并非写给孩子看的，但却成为经典的少儿读物。反之，斯蒂文森的《宝岛》是少年小说，但成年人也爱看。不过，一般而言，适合儿童阅读欣赏的小说应该适应儿童的感知、理解、联想、想象能力。

儿童小说应该具有紧凑生动的情节。成年人读的小说可能有大段静态的心理指导，孩子们读的书却需要活动着的人物。

有困难需要克服，有冲突需要解决，有不易实现的目标需要奋斗，正是在为目标奋斗的过程中进行的各种活动吸引孩子一页页读下去。也正是因此，孩子对情节曲折激烈的小说格外有兴趣。探险小说、科幻小说、推理小说、武侠小说都是他们的最爱。

儿童小说的人物形象和情节一样重要。大多数孩子希望故事中人物形象鲜明独特，有血有肉，栩栩如生。专门为儿童写的小说一般以少年儿童为主角，这些儿童形象应该具有孩子的性格特征和情感特征，真实可信，令人难忘。还有一些儿童小说以动物为主人公，这些动物形象也要像孩子的小伙伴一样栩栩如生。

(2) 儿童小说的主题与风格

儿童小说应该有鲜明、充实和完整的主题，主题是故事的中心思想，是统领全书的主线。主题软弱不完整，故事就松散杂乱，前后脱节，既无整体性，也出现不了高潮，孩子读起来不得其旨。另外，由活动、悬念、结局等构成的情节也要由鲜明的主题支撑，才能紧凑有力。

另一个值得重视的问题是儿童小说的风格。大量的儿童小说因为没有风格而沦为庸品。所谓风格，主要是指文字清新生动，不说废话，听来入耳，读来上口。当然风格多种多样，最好的风格是"说什么事用什么话"，思想内容和选用的语言达到天衣无缝时就是风格的极品，优秀作家笔下选词用句极为讲究，务使一词一句合乎当时所描述的环境或人物。为任何年龄的读者写故事，好的风格必能使读者觉得新颖，又给读者带来乐趣。为孩子写书也一样，好风格是给小读者无形中带来精神享受的真正源泉之一。

(3) 儿童小说欣赏方法

孩子在阅读小说作品的时候总是先被小说的情节故事吸引。好的故事，是让孩子把书读完的动力，也是启发孩子进入文学欣赏的第一步。

孩子如饥似渴地读完了一本小说，而且很喜欢它，这时，父母就该引导孩子更深入地阅读作品。从欣赏人物形象着眼应该是最好的选择。让孩子再读一遍作品，提醒他注意主人公的语言和行动，注意主人公的遭遇和故事，启发孩子沿着主人公的成长轨迹进入人物的心理世界，理解人物的思想和感情。当孩子和书中人物很熟悉以后，父母便可进一步启发孩子注意小说形式的美，如情节的合理性、悬念的设置、环境描写、人物描写、细节的安排、语言的准确、生动和优美等。孩子也许并不懂得复杂的文学理论，但他们对文学的美是十分敏锐的。父母应该用风格优美的高品位作品训练孩子的语感和美感。

3. 诗歌

诗歌作为文学体裁的一种，与小说、童话有着很大的区别。它不属于叙事性作品，一般不讲述完整的故事，没有曲折的情节，也没有性格鲜明的人物形象(长篇叙事诗、童话诗另当别论)，它往往选取的是生活海洋的一滴水、一束浪花，表现的大都是诗人本身的情感、思绪和想象。诗歌以抒发情感为其宗旨。人们说诗是激情的火花，激情的火花迸发出来，洒地成诗。无论是翻译出来的外国诗，还是相距遥远的古诗，尽管反映的内容与我们的生活、感受有一定距离，但只要诗中充满情感，就能引起读者心灵的震颤，就能获得诗中美的力量。

(1) 儿童诗具有强感染性

儿童诗与一般诗的实质是一致的，只是所谓的诗情必须是儿童之情，必须能使儿童读者受到感染，引起共鸣，如果忽略了读者对象，忽略了儿童的喜怒哀乐、儿童的渴望和追求，儿童诗就不能为儿童接受，它也就不是儿童诗了。

抒情是诗的品性，诗歌必须凭借语言材料，凭借语言塑造的感性形象表达情感，才能悦人耳目、使人心领神会，引起读者情感上的共鸣。

诗歌抒发感情的一种重要方式是借物抒情，也就是诗歌以描绘形象为主，让情感从形象中自然流露出来。请看看切普捷科娃的《蒲公英》：

太阳真淘气

大把的金币

撒满一草地

蒲公英啊遍地黄

我采了一把握手上

你瞧见了吗

我还编了个花环戴头上

等我一进咱家门

妈妈几乎不敢相信

原来我戴着一圈金灿灿的蒲公英

她抬头朝天看了看

还以为是暖和的太阳

笑眯眯地来到了

咱们家

情景交融是诗歌抒情的另一种重要方式。诗的最佳境界是情与境的融汇。所谓情与境融汇是情中有景，景中有情，情景互相渗透，融会一体难解难分。如李白的《下江陵》：

朝辞白帝彩云间，千里江陵一日还。

两岸猿声啼不住，轻舟已过万重山。

诗歌抒情的方式还有缘情体物、直抒胸臆等，郭沫若曾说："诗的本职专在抒情，有情才有诗，诗情浓郁才是好诗。"

在诗歌中，情感、思想、形象是水乳交融、难舍难分的，三者的结合便是意象。作为一首诗，离了"意"，诗的形象就会枯燥苍白，这样的诗是不能算诗的，而离了"象"的具体、生动、可感，也就失去了诗作为一门艺术的起码条件。

意象营造得好坏，往往决定着诗的高下。好的意象应该是浓郁的诗情和精美形象的完美统一。对儿童诗而言，意象塑造还应符合孩子的思维特点，单纯明朗、新奇有趣、乐观向上，这样才能充分触发小读者的情感和思想，引起小读者的兴趣。

诗歌的音乐性是其中的又一特质。凡是诗，不论古典诗还是现代诗，都要求语言富于节奏感和韵律感。即使表面上并不押韵的诗也有着内在声韵的和谐。中国的古典诗词更可谓声音的艺术：韵脚、平仄、音步……一首小小的绝句，就埋藏着许多音乐美的奇观。

(2) 诗歌欣赏方法

教孩子欣赏诗歌首先就应从诗的音乐感入手。选择一切声韵和谐、节奏整齐、朗朗上口的诗歌，让孩子多次吟诵，反复体会诗歌给人带来的听觉上的美感，激发孩子对诗的兴趣。这就是为什么人们总是用短小浅近的古诗和韵律婉转的童谣给孩子启蒙的原因，这两种形式的诗歌音乐感最强，最能给孩子带来听觉的享受和心理的愉悦。

在孩子充分领略诗歌的音乐美之后，可以进一步引导孩子欣赏体味诗歌的形象美、情感美。父母可询问孩子，这首诗写了什么？描绘了怎样的画面？诗人是怎样用语言为我们表现画面的？这样的画面美吗？为什么美？等等。父母还可把同一题材的诗歌让孩子比较阅读。如同是写月，李白写"举杯邀明月，对影成三人"，将月视为良朋好友；苏轼则写"但愿人长久，千里共婵娟"，寄托相思情怀。"春江潮水连海平，海上明月共潮生"，张若虚笔下的月是静美的；"嫦娥应悔偷灵药，碧海青天夜夜心"，李商隐笔下的月是凄清的。同样的月，因为诗人主观情感不同，也带上不同的色彩。通过这样的比较，孩子更能理解诗歌情感美的本质。

4. 漫画

有人说，漫画是儿童的点心。问题是，现在的孩子吃这"点心"往往吃得忘了"正餐"，市场上形形色色的卡通漫画层出不穷，孩子们也乐此不疲，一卷在手，吃饭睡觉都可以不要，更别说做功课了。这可是最让父母头疼的事。

的确，市场上卖的许多漫画书宣扬了一些色情、暴力的内容，容易对孩子造成不良影响，孩子一旦上瘾，后果更是不堪设想，但如果父母对孩子看漫画书一味禁止，可能更引发孩子的逆反情绪，孩子会想出种种办法，背着父母看个够。所以，父母不如主动帮孩子挑选一些较好的漫画书。

(1) 漫画的分类及特点

漫画也分为若干种类，第一种是连环画式的漫画。这种漫画有其文字蓝本，漫画好似是为一段段文字加上的插图。整体上与给孩子看的其他连环画书差不多，只不过在绘画表现手法上采用了夸张、变形、脸谱化等漫画形式，使其内容轻松、幽默、富于趣味。这一类漫画不乏内容健康、活泼生动的优秀作品，最著名的便是台湾蔡志忠以漫画形式表现的中国古籍经典：《老子说》《庄子说》《列子说》《孔子说》《世说新语》《六祖坛经》《水浒传》《禅说》《唐诗》《宋词》等。这一系列漫画书化雅为俗、深入浅出，以轻松幽默的形式改编传统经典，能使人在快乐欢笑中获得许多知识，是儿童读物的上品。另有一些用漫画形式改编的世界名著，只要内容优秀，制作精良，也是不错的选择。

第二类是单纯的漫画。在一幅或多幅图画中，这类漫画以简洁的笔触摄取生活中一个或几个特定的场景，或者表现作者对某种现象的认识、评价。漫画不求形似，只求神似，手法上大量运用夸张、变形、想象、概念化、脸谱化等方式，其目的是让人发笑。这类漫画历史最悠久，优秀作品也最多，如德国著名漫画家卜劳恩的《父与子》，我国漫画家丰子恺的作品等。这些也是很合适孩子阅读的。

第三类就是市场上最流行的普通漫画。这类漫画书是以卡通动画片为蓝本的，或者说，它们就是用书的形式表现的卡通连续剧，《七龙珠》《圣斗士星矢》《灌篮高手》等都是如此。看这类漫画对孩子究竟有没有好处？应该是有的，一些优秀的漫画想象离奇，故事曲折，不仅能给孩子带来无穷欢乐，也能培养孩子的想象力、创造力；这类漫画情节生动，画面幽默，能培养孩子的幽默感；这类漫画篇幅长，能培养孩子的注意力、观察力；这类漫画往往融入许多科学知识，能提高孩子对于科学的兴趣；某些漫画也具有一定的教育意义。

(2) 漫画的欣赏方法

重要的是，父母应该为孩子选择好的漫画书，选择有想象力、有趣味且内容健康的读物。如何读漫画，这个问题其实用不着大人操心——您会发现孩子在看漫画时，他的视线一直跟着主角移动，仿佛他就是主角，完全融入情境中，驰骋在自己的想象空间，他会模仿人物的一言一行，有样学样。所以家长只要帮孩子做选择、把关的工作，让优良的漫画发挥其教育功用，远甚于苦口婆心地说教。

根据心理及教育学者的研究，几乎每个孩子都会经历爱看漫画的时期。两三岁的婴儿，对图片上的东西就会感到好奇而想看。五六岁的孩子，对漫画则会表现出极大的兴趣。上小学以后，孩子会着迷地购买收集，和别的小朋友交换看，有的对此爱好还会一直持续到青少年，甚至成年。

不过，如果您的孩子除了漫画外不愿意阅读其他书籍，或者在上中学以后依然迷恋漫画，你的确应该注意了。长时间沉迷于漫画这类"快餐文化"中，容易使孩子养成不思考的习惯。避免这种恶果最好的办法就是多让孩子接触其他类型的书，如故事、传记、历史、自然科学方面的图书。

六、阅读方法示范

1. 故事法

(1) 故事里的文学世界

故事，潜移默化地诱发着孩子的文学兴趣。孩子思维的主要特征是形象性。在娓娓动听的故事中，活跃着一个个生动有趣的形象，它们有血有肉、生机盎然。喜爱这些形象，就是喜爱文学形象，就是喜爱以形象为主要特征的文学。许多作家、艺术家童年时代都迷恋听故事，像我国著名文学家臧克家，在70多岁高龄时还深有感慨地说："活了70多岁，读了不少中国的、外国的小说，但说实在话，最能打动我的，还是童年时听的那些故事。"

对一个人来说，故事是他最早的文学生活和文学训练。孩子，尤其是4岁左右的孩子，形象思维最为发达，在这一时期，故事对发展儿童形象思维的作用有如春风化雨，具有发达的形象思维能力的孩子，对于艺术的欣赏力也很强。

故事还有利于培养孩子的艺术气质。巴甫洛夫把高级神经活动分为三类,其中第二类是艺术型。它的特点是第一信号占优势,长于对事物的直接感受和印象,爱好形象的记忆和描绘,感情丰富真挚。形象生动的故事能使这种思想品质得以强化和发展。美国舞蹈家邓肯从小学习成绩很差,但她爱听故事、爱舞蹈。听母亲讲完一个故事,小邓肯就会如醉如痴地跑到外面,用舞蹈把故事表现出来。

对于故事的兴趣,几乎贯穿于整个少年儿童时期。一个故事就是一堂文学课,对孩子们潜移默化地进行着艺术的熏陶、美的熏陶。

(2) 怎样给孩子讲故事

现在的父母越来越重视用讲故事的方式对孩子进行教育,可怎样才能更好地给孩子讲故事呢?

要利用一切时间和场合给孩子讲故事。在乘车时、游戏时、郊游时、看电视时……故事是多姿多彩的,讲故事的时间地点也不妨灵活多变。芳芳的父母就是这样做的。芳芳在星期天跟着爸爸妈妈去奶奶家,妈妈在路上就讲"小红帽"的故事。这不仅使故事显得更生动,也同时对孩子进行了安全教育。

给孩子讲自己编的故事。冬冬听完爸爸讲的《龟兔赛跑》,就缠着问:"有没有兔子跑赢的故事?"爸爸随口编了个故事:"兔子跟乌龟商量,咱们上一次已经把大家蒙了,老这么下去也没意思,还是去钓鱼玩吧。于是,乌龟和兔子一起高高兴兴地朝池塘走去……"

父母给孩子讲故事应该"绘声绘色",要有丰富的表情和身体语言,声音要抑扬顿挫,富有情感。父亲、母亲、家中其他成员都可以参加,把一个故事变成一次小型的演出。

(3) 让孩子自己讲故事

孩子把一个故事听熟了,父母可以引导他自己讲故事,方法有以下几种。

① 故意把故事讲错,让孩子找出故事的错误,这能有效地提高孩子的注意力、记忆力和思考力。田恬的妈妈有一天太累了,给女儿讲《海的女儿》时讲错了,女儿马上叫起来:"错了,错了!"妈妈忙问:"那你来讲讲。"田恬果然流利地讲完了故事。以后,田恬的妈妈就经常用这种办法,引导孩子自己讲故事。

② 让孩子复述故事的内容。让孩子复述的故事应该是篇幅小、情节生动、结构简单、对话较多的作品。随着孩子年龄和智力的不断增长,孩子复述的故事也可以增加复杂度。孩子在复述故事时,父母不要轻易打断他,只有在孩子遗忘了主要情节时才适当地予以提示。

③ 提高孩子对讲故事的欲望。用鼓励、赞美的话语提高孩子讲故事的积极性。小伟阅读能力很强,但说话有些结巴。有一次,家里来了客人,父亲把小伟大大夸了一番,然后把孩子抱到一张凳子上让孩子讲故事给大家听。运用这种连夸带逼的办法,父亲终于让孩子开了口。以后,父亲又多次使用同样的方法,小伟的口头表达能力不断增强,口吃的毛病也改掉了。

(4) 故事会

"故事会"的方式,是提高孩子口头表达能力、培养孩子对故事的兴趣的有效途径。

星欣家每个星期日都要开一次故事会。参加的人有星欣的父母、住在附近的亲戚朋友、院子里的邻居,还有星欣的小伙伴们。故事会的主持人,开始是星欣的爸爸,后来是星欣。在故事会上有几个固定的节目。

评书连播:星欣从小爱看历史故事,像《三国演义》《水浒传》等,他从小就记得滚瓜烂熟。在每次故事会上,星欣都要说上一段,不是"虎牢关三英战吕布",就是"孙悟空大闹天宫"。别说,这孩子讲起故事来还真有点刘兰芳的味儿。为了增加故事会的趣味,星欣的父母还给他做了一件小长衫呢!

击鼓传花:在场的大人孩子围成一圈,在音乐伴奏下传递一朵"花"。音乐一停,"花"落在谁手里,就由谁讲故事。

故事接龙:先由一个人(一般是星欣父母或星欣)讲一个故事的开头,然后让其他人讲故事会怎样发展。

一次,星欣的父母讲了这样一个小故事:有一天,老虎突然把森林里的动物召集起来,宣布自己是森林之王,但狮子不服气,宣布自己是森林之王。之后会发生什么呢? 小星欣接下去讲老虎与狮子比赛,狮子赢了。星欣妈妈又接下去说:狮子宣布自己是森林之王的时候,大家又站出来反对。另一个孩子又说到大象同狮子的比赛……

(5) 改编故事

改编故事是觉得故事有部分欠缺,可让幼儿换个角度,换个方面去扩展、想象,使其更加完美;或者改变原故事情节的发展脉络,让幼儿通过自己的想象和感受,去安排一个新结局。譬如《狼和小羊》的故事,原情节中可怜的小羊被贪婪凶残的大灰狼吃掉了。当幼儿复述到大灰狼要吃小羊时,可以和幼儿一起讨论:"假如,大灰狼今天肚子不饿,暂时不想吃小羊,改天再吃,那小羊该怎么办?""假如又来了一只大灰狼,也要吃小羊,那小羊该怎么办?""假如……"

这样通过一系列"假如"改变故事情节的发展脉络,启发幼儿通过自己的想象,去编一个或几个新的故事结局。比如小羊回家后去找小狗、小牛、小马、小熊、小兔、小刺猬商量,一起想办法把大灰狼打死;小山羊也可以在自己住的房前挖个陷阱,诱使大灰狼掉到井里饿死;小山羊还可以想办法使两只大灰狼打起来而自己赶快跑掉……把原故事改编成一个"小山羊智斗大灰狼"的新故事。

(6) 扩编故事

扩编是针对故事中没有提到或一带而过没有展开的部分,启发幼儿用自己的想象予以补充,从而使故事更加生动、曲折、感人。

扩编故事前,家长或者教师要先把故事讲给幼儿听,要求幼儿记住故事的角色、出场、顺序和对话,并能复述故事全文,然后和幼儿讨论自己听了故事后的感受,看看故事中哪些地方听了以后还觉得不过瘾，应该讲得更生动、曲折，怎样讲才能更生动、曲折？比如《捞月亮》最后只写到小猴子伸手去捞月亮，手刚碰到水，月亮就不见了，老猴子一抬头，看见月亮还在天上，就告诉大家不要捞了。小朋友们听了不过瘾，似乎可以加一个智慧超众的小猕猴，它出了一个主意，让猴子们用水盆捞月亮，果然水盆里有了一个月亮。小猕猴又提醒说水里和盆里的月亮都只是天上月亮的影子，我们为何不去找科学家帮个忙，坐上他们制造的宇宙飞船去把月亮摘下来。大家都觉得小猕猴的主意好，于是他们找到科学家，坐上宇宙飞船，很快就把月亮摘回来了。

如此扩编故事以后，父母可再让幼儿加上自己已有的知识经验，有声有色地描述猴子上宇宙摘月亮的情景，不但能提高幼儿的表达能力，而且对培养幼儿的想象力很有好处。

(7) 用思考法编故事

孩子聪明智慧的大脑是一生取之不完、用之不尽的财富。要使孩子有一个聪明的大脑，培养孩子的创造性思维能力很重要。用思考法编故事就是训练孩子创造性思维的方法之一。

用思考法编故事，就是指导幼儿思考故事中人物与情节的关键问题，这些问题是幼儿扩展想象和表达个人认识的机会。例如，一艘军舰在海上航行，突然，舰长接到报告，敌舰发射鱼雷迅速逼近，军舰危在旦夕……

家长或教师可以从幼儿情况出发，让幼儿提出不同的假设条件来编故事，如可以开足马力冲向敌舰，和敌舰同归于尽；可以让全体官兵弃舰跳海；可以掉头逃跑；更可以有别的想法……

由于幼儿认识能力有限，可能说出一些天真幼稚的办法，这时一定不要嘲笑和批评，而要想办法把幼儿看似愚蠢的办法变成聪明的办法。如幼儿说要是能用嘴把鱼雷吹跑就好了，那就让幼儿说说如何"吹"掉鱼雷的办法，如：调转船头，开足马力，使鱼雷窜过来的方向正好逆着海风，让海风吹；用舰上灭火用的高压水龙头吹；发射鱼雷用轰击鱼雷的办法"吹"；在鱼雷接近军舰一瞬间作出快速反应躲过鱼雷……

最后让幼儿想一想，除了上面众多的主意外，还会有什么更好的办法？再让幼儿想一想，如果敌舰发射的不是鱼雷而是导弹，那又会怎么样呢？

2. 阅读法

(1) 怎样教孩子看图画书

一般来说，图画书是孩子最早接触的书籍，它适合孩子的思维特点，能激起孩子的阅读欲望和阅读兴趣，对阅读习惯的养成、阅读能力的提高大有好处。

图画书与一般书籍的区别在于它包含大量的图片。父母为孩子选择图画书时，一个重要的标准便是看书中图片是否形象生动、色彩鲜艳、主题明确、内容有教育意义，是否能与书中的文字部分有机地构成一个整体，是否能调动孩子的兴趣、启发孩子的思路。

孩子阅读图画书的方式有许多，一种常用的方法是结合图画读故事。父母可以坐在孩子身边，用手指逐行地指着文字，和孩子一齐阅读。读完一段故事之后，再引导孩子看与之有关的图画，解释图画的意义。这时，父母应一面和孩子观察，一面向孩子提出一个个具体而又细微的问题，启发孩子思考。比如："图片上有什么人物？哪个是主要人物？哪个是次要人物？他们是什么身份？什么关系？他们在做什么？表情是什么？画面上有什么背景？故事发生在什么时间，什么地点？这幅图讲的是什么故事？或是故事的哪一部分？"提问时一定要围绕主题，并注意提问题的顺序是从整体到局部，从主要情节到次要情节，从具体的人物动作、表情到抽象的人物心理活动，让孩子在愉快活泼的气氛中逐步提高观察能力。

在指导孩子阅读图画书的过程中，父母还要善于诱导孩子发挥他们的想象力和创造力。比如有时文字和画面中的人物都没有语言和内心活动，这时就要启发孩子想象人物在说什么、想什么，并问孩子"你怎么知道的""为什么是这样"，以启发孩子积极思维。

孩子读完一本图画书，父母可以让孩子看着图画(可把书中文字部分遮住)复述故事。要让孩子一边看图、一边指着图画中的人或景、一个画面一个画面地讲。最后，让孩子合上书本，凭记忆复述故事。

(2) 随便翻翻

鲁迅提倡"随便翻翻"的读书方法。著名哲学家冯友兰认为，翻阅书籍就像看报纸一样，随手翻翻，看看大字标题，有兴趣则大略看看，无兴趣则随手翻过。在孩子成长过程中，让孩子尽量广读博览，阅读多方面的课外书籍，是一件极有益的事。许多人在小时候，由于没人指导，阅读完全处于自发状态，内容所及漫无边际，甚至读了一些有害的书。

指导孩子博览群书，要为孩子选择多方面的读物，如小说、诗歌、童话、传奇、科普读物、名人传记等，尽量让孩子开阔视野、扩大知识面。

孩子广泛阅读的一大障碍就是阅读速度慢，这时，父母应有意识地培养孩子的阅读技巧。

① 培养孩子的注意力。在阅读时不能分心，孩子阅读时间一开始不宜太长，但要保证读书效率。

② 读书之前，应先仔细看标题、作者、出版社、目录、序言、后记、内容摘要等，基本了解书的大概内容、主要情节等。

(3) 把一本书读透

现代世界中，书籍浩如烟海，而人的时间和精力却十分有限，这就必须集中精力读好书。卢梭说："滥读有害于科学。"对孩子来说，只有在广泛浏览的基础上，精读一些第一流的最有价值的古今中外儿童读物中的精品，才能读有所成，学有所获。

孩子被书籍感动是第一步。在此基础上，父母要指导孩子反复阅读、分析书籍，弄清书籍的主题、情节，了解作品中的人物形象，揣摩作品语言风格的特色，作品在哪些地方可以给人启发，哪些地方最让人感动……当然，反复阅读绝不是简单、机械地重复，对于同一本书，可以让孩子在不同时期阅读，以求让孩子获得不同的理解、感受和收获。

在孩子精读一本书之前，父母不妨向孩子提出几个问题，让孩子在阅读过程中尝试着回答以下问题。

① 这本书大体上讲的是什么？让孩子概括书的主题和中心内容，要求孩子复述书中情节。

② 这本书的主要人物是谁？他有什么特点，作家是怎样表现人物的？你喜欢他吗？为什么？

③ 你对书中故事的结尾满意吗？如果你来写这本书，你会怎样安排故事？

④ 这本书的意义何在？你觉得这本书对你有意义吗？它给了你什么知识，又给了你哪方面的启迪？

孩子的年龄、阅读能力、兴趣爱好不同，给他们提的问题也应不同，但所有的问题都应遵循一个原则——让孩子积极地阅读。

(4) 动手阅读

俗话说："好记性不如烂笔头。""嘴过千遍，不如手过一遍。"做读书笔记能大大提高读书效率，也能培养孩子良好的阅读习惯。

一位父亲见女儿读书只图快、贪多、缺乏咀嚼，就为女儿准备了三个本子。

一本是摘记本，主要是把书中的精华摘记下来，为我所用，如：鲜明的观点、独创的手法、好的结构方式；格言、警句，栩栩如生的人物肖像描写，别具一格的场景描写；精彩的人物语言等。

一本是思录本。父亲告诉孩子，初读时把有体会的地方用红笔勾出，复读时用蓝笔勾出，再读时用黑笔勾出，目的是"渐渐向里寻到那精英处"。读书一定要敢于和善于质疑。稍有疑问，就思索，思索不通，就记在本子上，再找机会去问师长或内行人。随时记"疑点"，这是读书的一个好习惯。

一本是心得本。每读完一本书，都要让孩子写一篇心得体会。心得体会无须面面俱到，但需要有侧重点。有一定基础后，也可过渡到写书评。

孩子应不应该记读书笔记，如何记读书笔记，应视孩子的阅读兴趣、能力等决定。如果您的孩子本已视读书为苦差事，再逼他做读书笔记只能让他对书本深恶痛绝。那些阅读兴趣浓、阅读能力高但读书贪多求快、效率不高的孩子是适合记读书笔记的，中国式的点评法是孩子最容易学会也最乐意接受的读书笔记法。

3. 朗诵法

(1) 读给孩子听

儿童心理学家、教育学家早已把父母为孩子朗读作为家庭教育的最佳途径之一。请看下面一位母亲的自述：

"宝宝还没出生我就给他朗读了。"从宝宝出生的第一天到现在他7岁多，每晚临睡前我一定给他朗读诗歌、童话什么的，没有一天间断过。

我不愿给他听那些街上卖的朗诵磁带。我想，母亲的声音对他来说可能更有吸引力。

孩子三岁那年我有次要出差一个星期，孩子爸爸普通话又不标准，我就事先录好七段朗诵录音，让孩子爸爸每晚放给他听。

孩子两三岁就开始识字，现在一般的儿童读物他已经不屑一看了，专拣大人书读。但我还是每晚给他读书，他也说："妈妈念过的故事，记得特别牢！"

坚持不懈地给孩子朗读，每天15分钟，您的努力一定会得到回报的。

(2) 以声传情，声情并茂

文学是作家感情的产物，朗读时就要表达作品喜怒哀乐等不同的感情。父母应教孩子在朗读时借助书面语言，运用联想和想象，再现作品中逼真的情境，把作品中的人、事、景、物变成可以看到、听到、闻到、尝到、感触到的种种事物。情动于中，形之于声。

如何做到感情充沛，以声传情呢？

家长可以选择佳作名篇，带孩子大声朗读，能解释当然好，不能解释也无妨。每一个孩子都有一颗敏锐易感的心灵，在一个下着春雨的夜里，带孩子读："好雨知时节，当春乃发生。随风潜入夜，润物细无声。"无须细说，孩子自然能从中感受到诗人对春雨"润物"的喜悦之情。

调动孩子的各种感觉器官，在朗读中运用想象，获得真实的情感体验，朗读起来才能情真自然，不至于装腔作势，矫揉造作，如朗读朱自清散文《春》中的一段。

① "桃树、杏树、梨树，你不让我，我不让你，都开满了花赶趟儿。红的像火，粉的像霞，白的像雪。"——视觉想象：桃、杏、梨争芳吐艳，欣喜之情呼之欲出。

② "花里带着甜味儿。"——味觉想象：花味甜，甜美的感觉。

③ "闭了眼，树上仿佛已经满是桃儿、杏儿、梨儿。"——体会想象：硕果累累，丰收喜悦。

④ "花下成千成百的蜜蜂嗡嗡地闹着，大小的蝴蝶飞来飞去。"——听觉想象：蜂飞蝶舞，好不美妙。

(3) 熟读成诵

在多次朗诵的基础上，应要求孩子对一些经典篇目进行背诵。

宋朝著名诗人杨万里，是通过刻苦学习而成为大诗人的。在他成名以后，每天早上起床之后，第一件事就是读诗，在头脑最清醒的时间里，熟读、背诵、理解前人的作品。

每天早晨晨读时，他都不让人去打扰，读着读着也就常常忘记了吃早餐。晨读的习惯一直坚持到老年。小孩子理解能力有限，记忆力却很好。一些精练优美的诗歌散文，无须要求他们准确理解意义，直接去诵读即可，诵读数遍之后，作品自然而然从舌面上滑出来。一经背出，终生难忘，在以后与外物相遇而心旌摇荡、情丝缠绵的时候，蛰伏的诗文就隐然发动，恰如其分地把那满溢而又找不到出口的情感宣泄出来。

俄罗斯伟大文学家托尔斯泰说："背诵是记忆力的体操。"记诵一些有价值的诗文，有助于加深对文学作品内容的理解与感受，陶冶情操，增强记忆力，提高写作能力和文化修养。

4. 触类旁通法

(1) 以绘画展现形象

"诗中有画，画中有诗"，揭示了文学作品与绘画艺术之间的相互关系。

当人们用文字来状物、叙事、写人、绘景、表情达意时，总是有"境"的，"作者胸有境"，那"境"就是画。无论是"为文造境"，还是"为情造境"；是"有我之境"，还是"无我之境"，总是有"境"在，那"境"就是画。

因此，借助图画可以再现作品情境，可以把文学作品的内容具体化、形象化，收到"一图穷千言"的效果。在图画面前，孩子看得清楚，感受得真切，从图的颜色、明暗中不仅能迅速立体地感知作品内容，易于接受和理解，涵养美感，同时也能体会到作家把图画变成语言文字的高明以及依文绘图的创造性。

许多文学书籍都配有一些插图，儿童读物的插图就更多了。这些插图大都与文章内容密切相关，父母可启发孩子通过看图加深对文章内容的了解，培养孩子对美的敏感。诗歌，无论是中国还是外国，都以创造意境为先。而"意境"也就是感染了作家情韵的图画。中国山水画与古代诗歌水乳交融，西洋油画与西方诗歌散文颇有神似。父母可以引导孩子由诗入画，由画悟诗，可谓培养艺术鉴赏力的一条捷径。

如果孩子对自己画画感兴趣，父母则可以指导孩子一边看书，一边画画。读一篇童话或小说，则描绘主人公的形象；读一则写景的小诗或散文，则画一幅景物图；读山水游记，则绘制作家行踪图。这种方法兼顾孩子多方面艺术素养的提高，使孩子能触类旁通，事半功倍。

(2) 以音乐渲染情境

音乐仿佛是一种魔法，能拨动人们最细微的心弦。宁静优美的乐曲能安慰烦躁失意的人们，豪迈雄壮的曲子又能让懦夫血脉偾张，在对孩子进行文学熏陶时引入音乐，能充分激发孩子的情感、调动孩子的想象力，让孩子在乐声中不知不觉走入文学艺术塑造的意境中去。

由于金兵入侵对扬州城的严重破坏，南宋著名词人姜夔面对扬州城的萧条，自制《扬州慢》一曲，抒发了悲凉痛惜的情怀。词中最显著的特点是运用对比，刻意渲染眼下扬州的荒芜凄凉，对昔日的繁荣用前人的名诗警句(即用典)天衣无缝地镶嵌入词，勾起读者的联想、追忆，取得以少胜多的艺术效果。

在引导孩子欣赏这首词时，可同时播放同名编钟乐曲，渲染气氛，让孩子领悟词中悲凉痛惜的感情。

(播放编钟乐曲)编钟响起，古朴哀婉。父母问孩子"知道这是什么乐器演奏的吗"，趁机向孩子介绍编钟的历史等常识。

乐曲放完，父母问孩子"好不好听？知道这首乐曲是讲什么的吗"，让孩子尽情发挥一番想象后，父母再介绍乐曲的名称、来由，词作者姜夔的生平等小知识。

音乐再起，父母(最好是父亲)和着乐曲，低低吟诵词文。首先是父母朗读，其次可指导孩子跟读，最后让孩子自读鉴赏。待孩子读熟以后，全家人可一同诵读翻译。

编钟声缓，悠远疏淡，由远及近。

孩子："淳熙丙申至日，予过维扬，夜雪初霁，荠麦弥望。入其城，则四顾萧条，寒水自碧，暮色渐起，戍角悲吟。"

母亲：(和着音乐节拍翻译吟诵)"放眼四顾，一片萧条凄凉，碧绿的池水泛着寒光，越发孤寂清冷。暮色四合，戍角声声，在暮色里吟着。"

编钟声歇，号角"呜呜"哀婉。

孩子："渐黄昏清角吹寒，都在空城。"

父亲："残阳如血，暮色苍茫，凄清的戍角在寒气中悲吟，凄凉冷落的气氛笼罩着这劫后的空城。"

编钟乐声渐起，空灵哀婉，如泣如诉。

词句展现的优美意境，音乐唤起的强烈美感，令孩子如痴如醉，心旌摇荡。

强调声调和节奏的刺激力量，发挥音乐对人心境的感召力，诚如一位心理学家所说："音乐使愁苦人快乐，胆怯者勇敢，轻浮者庄重。"

(3) 以表演深入情节

为了使文学作品的内容真切地展现在孩子面前，父母可指导孩子如同演戏那样扮演作品中的角色，让孩子站在该角色的立场上深入作品讲述自己的所见所闻、所想所感。这样，孩子觉得，文中的"事"好像就是自己做的，文中的话好像就是自己说的，扮演得越真，就越感到亲切，越感到愉快，就越能体会文学作品中的美。

通过表演接受文学作品的熏陶，可以有以下几种做法。

① 进入角色。让孩子带着强烈的感情阅读作品，体会作品中各种人物的思想感情，站在不同人物立场上，领会文章中人物的命运，心与物游，神与人交，与文中的人物同呼吸共命运，真正做到"象喜亦喜，象忧亦忧"。

② 给角色选配音。父母可以准备几个木偶(其他的玩具、洋娃娃亦可)，以代表作品中的人物。孩子、父母分别给不同人物配音，并让父亲或母亲以解说员的身份朗读、点缀角色之间的关系。如全家一起给《皇帝的新装》配音，皇帝、老大臣、骗子、小孩都栩栩如生地活跃在眼前，使孩子阅读作品更加兴趣盎然。

③ 改编剧本。可以是父母把作品改编为剧本，然后和孩子一同演戏，也可以是父母与孩子同编同演，在改编剧本时要注意以下几点。

- 确定剧中人。剧中人必须集中，不能太散太多。剧中人要注明性别、年龄、职业特点。

- 确定故事发生的时间、地点、场景，把戏剧冲突放在有限的舞台空间和集中的时间内。
- 拟好矛盾冲突，突出地刻画人物。矛盾冲突是戏剧的生命，没有矛盾冲突也就没有戏剧。
- 着力写好人物语言。人物语言就是"台词"，这是戏剧的关键。人物语言无论是独白还是对白，都要求个性化，要让剧中人自己表现自己，自己向观众揭示自己的思想、感情、性格。人物语言要精练、通俗易懂。另外，还要写好舞台说明，这是一种叙述性的语言，交代场景布置，揭示演员的表演。

如果孩子能在家长引导下把一篇作品改编成剧本，那么，对作品的体会、理解、鉴赏也就相当深刻了。

(4) 以影视启发兴趣

电影电视以它强大的魅力吸引着人们。心智发展并未健全的小孩子更容易被影视迷惑，一旦沉溺其中，很难拔出。因此，限制孩子看电影电视的时间是很有必要的。

但是，电影电视作为综合性的艺术，包容了文学、美术、音乐、戏剧、舞蹈等多种艺术元素，好的影视节目充溢着美的精华、艺术的灵感，是对孩子进行美学熏陶的极好教材。

① 许多由文学名著改编的电影电视能引起孩子的极大兴趣，让他们自觉地去读原著。无论电影电视，其中相当大一部分精品是由文学名著改编的，如电影《红与黑》《茶花女》《简·爱》《傲慢与偏见》《祝福》《林家铺子》等，电视剧《三国演义》《红楼梦》《二马》《四世同堂》《围城》等，孩子们如果对这些片子感兴趣，也会附带着喜欢上原著，家长可以在孩子迷上一部电影或电视剧时找来原著，介绍给孩子。

② 好的影视节目能加深孩子对作品的理解。书本上的故事在电影电视中活了起来，这对孩子可真是不小的吸引力。读完作品再看电影，作品的内容更容易被孩子了解和记住，作品的深层含义也更容易被孩子理解、领悟。文学作品中语言文字蕴含的无穷美感被影视艺术用构图、色彩、表演、音乐等可知可感的元素渲染得淋漓尽致，也更有利于孩子接受美的感染陶冶。

著名童话一般会被拍成卡通片，如《美女与野兽》《阿拉丁》《白雪公主》等，孩子绝对会不加思考地爱上这些影片。在选择由文学名著改编的影片时，家长要注意的是，一是影片是否兼有艺术性和娱乐性，二是影片最好不要太古老，比如《简·爱》，最有名的版本是好莱坞早期拍的黑白片，但那个时代拍的影片与孩子的欣赏需求有着一定的差距，所以，宁可选择名声较小但后期拍摄较新的影片。

才能篇
激发个性成功

孩子的特长与成才方向

假定与确定孩子的最佳才能区

提高孩子的多种能力

激发孩子的最佳才能区

孩子的特长与成才方向

做父母，要先了解孩子。

了解孩子不仅要了解孩子的心理特征、兴趣特长，还要了解孩子的普遍成长规律以及其最佳才能区和成长可能方向，了解孩子的性格类型，并由此选择确定自己的家教方式。以下研究分析名人的童年与家教的目的亦在此。

研究名人，并不是希望我们的孩子都能像他们一样成为什么家，而是从中可以发现孩子的成长规律，让孩子在你的帮助下健康成长成才。

首先，我们要强调的是通过分析与比较名人的成长过程把握孩子的成长规律。

其次，了解名人的父母是如何帮助孩子发现其最佳才能区的。

如果让莫扎特去研究数学，他可能会成为一位卓有成就的数学家，但这个世界就少了一位伟大的音乐家，不错，数学是莫扎特的才能区，但音乐才是他的最佳才能区。我们的孩子的最佳才能区在哪里？

家教本身又是如何保护并促成其最佳才能的充分发挥的？

孩子成才与家教之间的必然关系又是如何判定的？用什么来检验你的家教是不是成功、科学？这些都值得我们思考。

一、找到才能的最佳爆破点

——鲁迅才能区分析

最佳才能区：哲学思考、文学创作

鲁迅，中国伟大的文学家、思想家，中华民族的"民族魂"。人们崇仰他、敬慕他，但少有人想过这一问题：鲁迅学过军事，学过开矿，学过医，研究过金石碑帖……数年间频繁"跳槽"，其中的原因是什么？鲁迅是怎样走上文学道路的？

鲁迅童年时家道中落，父亲病逝，他早早便饱受了世人的冷眼和歧视，于是萌生了"走异地、逃异路"的决心。1898年，鲁迅考取了南京江南水师学堂，这是一所培养军事人才的学校。鲁迅那时没有这方面的经验，他肯定也没有半点这方面的兴趣，这种选择完全是无意识的，当时只要能从家乡那个封闭的环境走出来，他就已经满足了。当第一个愿望完成后，鲁迅开始考虑更深的问题：选择怎样的前途。他放弃了当水兵的想法，第二年年初就离开这所学堂，考入江南陆师学堂设的矿务铁路学堂。这是因为他当时对西方先进的自然科学知识很感兴趣，如赫胥黎的《天演论》、达尔文的《物种起源》等，都是他极爱读的书。

路矿学堂毕业后该如何选择呢？照说该去做工程师，可鲁迅也说自己既不配做半个水兵，也不配去开矿。于是到了日本，这时他选择了医学，为什么学医呢？这是因为他对医学有更深切的体会，在他父亲病重时，他几乎每日都要往返于当铺和药店之间，把家中仅有的财物当成钱给父亲买药，但是父亲最终还是为庸医所误而离开了人世。

为什么鲁迅最终没有学医而从文了呢？这是因为鲁迅尽管对医学比对军事、矿业有较多体验，但相对于文学来说，医学并不是他擅长的，文学才是他最擅长的。鲁迅的"天赋"在文学方面，何以见得呢？有许广平的回忆为证。

许广平在回忆鲁迅时曾经这样写道："他的记忆力和他一生的做人很有关系，有时他不自觉其记忆力的特殊而感慨于别人的容易忘记。他自己承认，小时候在家里读书，先生给他限定功课，譬如叫他背四行书(旧式私塾唯一的教授法是背诵)，他立刻背了，一切的课业都办妥了，他在那里玩，先生看看不对，再加四行，十六行、三十行……半本书、一本书，他还是很快地做完了，还是在那里玩，原因是他看过一两遍就背得一字不差。后来先生弄得没有法子，听说终于辞职了。"

鲁迅的记忆力是否在其他方面也如此呢？不是，因为他在路矿学堂毕业时是第三名，平均成绩是10分制的8.6分。在日本仙台医专的成绩更差，在一年级的142人中，鲁迅为第68名，平均分数为65.5分，最需要记忆的解剖学仅59.3分，而与文学关系最密切的伦理学为83分，高出平均分近20分之多。正是因为这样，鲁迅刚读二年级不久就到东京从事文学了。

在鲁迅的自述中，他是因为看到日俄战争中中国人的麻木才弃医从文的。这的确是一个重要的心理诱因，但这是否是全部呢？不，更重要的是他找到了发挥自己长处的地方，找到了自己与这个世界的结合点！

这，还不是全部。

鲁迅到东京搞文艺，但办的刊物很快失败了。辛亥革命爆发后，他选择了从政，在教育部任职，工作虽不算出类拔萃，但也尽职尽责。后来，辛亥革命的果实落入军阀之手，悲愤郁闷的心情笼罩着鲁迅，他几乎把全部精力都放在抄写古碑，考证金石文献之上。

假如鲁迅沿着这条路发展下去呢？无疑，凭他对中国古代文化深刻的了解，他严谨的治学态度，他敏锐的洞察力，他将成为第一流的金石学家，古文献研究专家……鲁迅对这一方面的才能和兴趣保持了一生。

但，这依然不是鲁迅真正的自我，他的最佳才能，直到他应朋友之邀，在《新青年》上开始小说创作和杂文创作时才喷涌而出。鲁迅一开始投入创作，或许正如他所言，是"听将令"的，但一旦进入状态，他肯定发现：原来这才是我，这才是我应做的工作！

那么，我们是否可以说，鲁迅找到自己才能最佳爆破点，只是一种偶然？如果钱玄同不来邀他作文，文学史上便不会有这个名字？

有偶然的因素，更有必然的规律。

必然之一，是由于鲁迅自幼受到的教育。他后来虽学过军事、工程、医学，但都未给他留下深刻印象。而幼年在私塾中学习的古代典籍、野史小说却给予他心灵无限的滋养。说到底，这是他天赋所致。

必然之二，是由于他的经历。鲁迅外表严肃，内心则敏感激烈。从少年时代起，他就承受着巨大的心理折磨，此后辛亥革命的失败、旧友的死亡或离去、不幸的婚姻、手足的决裂……都给他的内心加重了砝码。他必然要找一条宣泄的途径。抄古碑只能暂时麻痹自己，而把内心的火焰变成文字，则是升华自己的最佳方式。

必然之三，是由于时代的潮流。这一点用不着多说，早生50年，鲁迅也许永远成不了"鲁迅"。

鲁迅在探索自己最佳才能区的时候，走了一些弯路。但这些"弯路"并非让人一无所获。人只要不断追求、不断探索，最终会找到一条适合自己的道路。

有心的父母会善于发现自己孩子的特长，积极加以引导；开通的父母会不断鼓励孩子去尝试新的事物，找到自己真正的天赋取向。这两种态度都是有利于孩子成长的。

二、在常规教育之外天马行空

——爱迪生才能区分析

最佳才能区：发明创造

爱迪生的故事大家都很熟悉。人们也许会惊讶，这个只读过三个月小学的人为什么能够取得那么大的成就？

其实，话应当反过来说，正因为他只受了三个月的教育，才能有那么大的成就！

我们撇开其他方面不谈，来看看爱迪生的数学吧。当毕业于普林斯顿大学数学系，之后又到德国深造过一年的阿普顿来到爱迪生公司时，曾自恃自己的数学知识而小看过爱迪生一阵。可在工作中一接触，就发现爱迪生演算起来又快又准，精通得很。阿普顿应用高等数学求得的一些答案，只要有一点不对头的地方，他略一过目，马上就能指出来。不仅如此，在计算方法的具体运用上，阿普顿更是自叹不如。

一次，爱迪生在发明电灯当中，把一只玻璃泡交给阿普顿，让他算算它的容积是多少。阿普顿拿着这个梨儿似的小灯泡，琢磨了好一阵子，找来一根皮尺，上下测量，再按照式样画好一张草图，注明各种尺寸，最后列出一道道算式……过了好长一段时间，爱迪生问他算好了没有，他擦了擦汗说："还没有，正算到一半……""正算到一半？"爱迪生有些奇怪。当他看到密密麻麻的计算纸足有一小沓时，忍不住笑了笑说："还是用这个方法算吧。"说着便拿起玻璃泡，倒满了水交给他："去把这些水倒进量杯里，看看它的体积，就是咱们需要的答案。"

谁也不能说阿普顿的数学不行，但他的思维是处于正统学术体系内的，面对一个问题，首先想到的是算式。而完全不受应试教育和学校规范约束的爱迪生则首先想到的是如何尽快获得所需的答案。要谈理论能力，爱迪生的确不如阿普顿，但论到实际操作中的数学运算，阿普顿就远远逊色了。

爱迪生这种思维模式，与其发明创造能力息息相关，甚至说，有了这种思维，才有他的诸多发明创造。我们可以想象，假如把爱迪生锁在学校里，受十几二十年"正规"教育，他还能有这种创造能力吗？看来，把爱迪生赶出学校的小学老师真是"造就"了一个天才。

有时，人的最佳才能区与学校教育方向格格不入，这种现象并不罕见。有多少成功人士在学校里都被认为"笨""天资不好"，他们的成绩往往只是中下游，受到老师和同学的嘲笑……这当然并非学校的过错。

再说到爱迪生，他的幸运是早早摆脱了学校教育，从而给自己的最佳才能区一个自由发展的空间。他更大的幸运是有一个对他充满信任的母亲。

如果一般的父母看到孩子被撵出学校，他们会怎样做呢？打骂训斥，怨天尤人，或者带孩子看心理医生？爱迪生的母亲南希则不然，她信任孩子是有才能的。这是真正伟大的母亲，即使全世界都说她的儿子是个蠢材，她也固执地相信儿子的才华。

12岁的爱迪生当时想到一个问题：鸟儿能飞，为什么人就不能飞呢？他想，用柠檬酸加苏打制成的"沸腾散"，吃到肚里可以产生大量二氧化碳。说不定用这个方法，人也像气球那样飞起来！于是，他便竭力劝说他家的帮工欧斯特喝下"沸腾散"。结果，欧斯特灌了一肚子碳酸气，疼得趴在地上打起滚来。

有一次，小爱迪生用铜丝拴住两只猫，并用力在猫的脊背上揉搓，想搞摩擦生电的实验。结果，被猫抓破了手！

现在，人们都发现，爱迪生小时候就表现出了极强的创造力，可是，当时有谁能发现这一点呢？如今你的孩子把屋里弄得一塌糊涂，甚至把自己也弄伤了，你难道能忍着不发火？而南希就能，她也为孩子担忧，但并没有禁止孩子做实验，还一再鼓励孩子。在爱迪生9岁生日那天，母亲给了他一本物理实验方面的书。爱迪生如获至宝，如饥似渴地读了起来，就是这本书激发了爱迪生对科学的兴趣。

从爱迪生的例子我们应当学到什么呢？

孩子在学校里成绩不好，可能有多种原因。问题不仅可能出在孩子身上，也可能出在学校身上，或者学校不适合孩子的发展。父母应以充分宽容的态度看待孩子，明白这个道理，孩子今天的分数与明天的成功并没有必然的联系。

孩子的最佳才能区在哪里？如果他最有天赋的地方并不是学校课程涵盖的，他就会对上学兴味索然。父母在此时就应发挥家庭教育的力量，发现孩子的天赋，不断为孩子潜在的才能增加营养，创造机会让孩子的潜能表现出来。

说起来容易，做起来难。向爱迪生的母亲学习吧，激发孩子内在天赋最好的秘方是信任。

三、被父亲"唤"出来的网坛女皇

——格拉芙才能区分析

最佳才能区：网球运动

原联邦德国网球运动员格拉芙，1987年战胜国际网坛最优秀的运动员，美国第一流选手、世界第一号女子种子选手纳芙拉蒂洛娃，结束了美国女将称霸网坛的时代。此后，她连连荣登榜首，成为20世纪80年代乃至90年代仍具有威慑力的网坛女皇，无敌天下。

说起格拉芙的成功，免不了要说到她的父母。

格拉芙的父亲是个保险商，同时是个网球迷。格拉芙的母亲也酷爱网球。由于父母志趣相投，相亲相爱，每天早晚，都有一段打网球的时间。

因为耳濡目染，格拉芙从小就对网球产生了极大的兴趣。她才1岁，父亲就开始教她打网球。可那个时候，还只能把打网球作为一种游戏。沙发背做球网，父亲对格拉芙的要求也不严，只要能握好球拍，姿势正确，能发出球和接住球，就算不错了。尽管这样，格拉芙的父亲从来没认为这仅仅是个家庭的休闲活动，他把格拉芙的兴趣转移到网球上，实际上是刻意地培养，希望她日后在网球运动方面有所作为。为了起到刺激作用，父亲经常用冰激凌和草莓来"奖励"她。格拉芙6岁那年，第一次去慕尼黑参加"娃娃网球赛"，得到行家里手的好评。这就更加坚定了父亲培养格拉芙的决心，父亲毅然放弃了收益丰厚的保险商工作，专门经营起一家网球俱乐部，专心致志地培养格拉芙。

他为格拉芙制订了严格而科学的教学计划，每天至少要进行三个小时枯燥而单调的基本功练习，有时一个动作要重复几百次，甚至几千次，累得格拉芙满头大汗，可为了提高网球技艺，她从未放弃过这种练习。

格拉芙的父亲还带她去拜见鲍里斯教练，请这位专门从事儿童网球训练的教练收下自己的女儿。

鲍里斯观看了格拉芙的基本功后，觉得确实不同一般，同意她参加更严格、更正规的训练。

虽然把格拉芙送进了训练中心，可每天女儿回家后，父亲一点也没放松对她的训练。鲍里斯教给格拉芙的，他要重新教一遍，以期更加巩固。为了做到这一点，他在格拉芙接受训练时，总是坐在一旁，悉心听鲍里斯教练讲解，并一一记在本子上，又观看鲍里斯教练怎样示范，有什么要求，格拉芙在完成这一动作时有什么偏差，他都了解得清清楚楚。由于他和鲍里斯教练密切配合，格拉芙的长进很快，8岁那年，便获得慕尼黑"娃娃网球赛"冠军，12岁便成为同级的世界和欧洲双料冠军。

格拉芙14岁时，父亲为她请了一名私人教师在家专门为她授课，从此她就成为一名职业网球运动员，整天都泡在近200平方米的网球场上。功夫不负苦心人，15岁，格拉芙名列温布尔登网球赛前茅，16岁进入世界前10名，她击败纳芙拉蒂洛娃那年，才17岁。

格拉芙的成功几乎可以说完全是站在父亲肩膀上的。没有父亲的发现、培养和严格训练，格拉芙在网球方面的才华也许不会如此淋漓尽致地发挥出来，她很可能和父母一样，充其量只是个不错的业余球手、层次较高的网球迷。

格拉芙的例子启示了父母们：发现了孩子的最佳才能怎么办？现在的父母当然会采取一些措施，如送孩子上某个专门训练班，给孩子请个专门教师等。这当然比无视孩子的天赋要好得多，但仅有这些还不够。

你能像格拉芙的父亲一样吗？大多数父母都不行，时间、精力、金钱，几道枷锁限制了家长对子女天赋的"最大化"培养，自然从此也限制了孩子才能的"最大化"发挥。父母培育孩子与植树栽花一样，要花草生长得好，就得付出加倍的心血汗水。

四、多种才能如何取舍

——海明威才能区分析

最佳才能区：文学创作

要找出海明威的最佳才能，还真不那么容易。他太出色了！文学不用说了，他是1954年诺贝尔文学奖的得主。除此以外，他是优秀的拳击手、机警的猎人、技艺精湛的斗牛士，他还是一流的记者，是他最早揭露墨索里尼是个野心家，而且，他也是最早到中国来采访报道中国抗日战争的美国记者之一；他甚至是最好的战士，有着高超的军事指挥才能和几乎无穷无尽的勇气。

钓鱼、打猎、拳击、斗牛、军事和新闻报道，都不是他的主业，他如果专攻其中一项，将会有怎样的成就！

那么，为什么写作成为海明威的终身职业呢？其中一个很重要的原因应该是家庭环境和社会风气所致。

海明威出身书香门第，父亲是医学博士，母亲有极高的艺术修养。在这样一个中产阶级之家，儿女不可能凭"体力活"吃饭，钓鱼、打猎、拳击、斗牛都只是消遣娱乐，你可以借此享受人生，却万万不能以此养家糊口。海明威本人也只将这些运动视为表现自己男子汉气质的游戏，大概从未想过要以此谋生。

一个更重要的原因可能是，文学才能是完全属于海明威本人的东西。海明威父亲就是个神枪手，擅长打猎钓鱼，海明威继承了父亲在运动上的天赋，但他更希望做到父亲不可能做到的事情，比如写作。

让人惊叹的是，海明威在最初开始写作就如此与众不同，他写的多是犯罪、暴力、两性关系、种族仇视、人性的悲剧……小小年纪，他怎么会有对于这些题材的深刻体验？

他中学时代有一篇得意之作，背景是美国北部的原始丛林，人物是一个印第安人和一个白人。故事说他们是很要好的一对朋友，但有一次，那个印第安人丢了一个钱包，他怀疑是他的"白人朋友"干的。于是在他朋友经常往来的道路上布设陷阱企图残杀他。后来他发现他的钱包是被松鼠拖走的，他立即飞奔前往设陷阱处搭救他的朋友，可是当他到达那里时，他的朋友已被狼咬死，雪地里血迹斑斑，留下了一串恶狼的爪印，两只乌鸦正在啄食他朋友残骸上的肉。他被朋友的死亡及死亡惨状所震惊，纵身跳进了自己设的陷阱里。这也许是为了解脱无法向朋友忏悔的良心苦痛，也许是用自决之死来躲避残酷之死。

这个故事含义复杂深刻，文明与野蛮，友谊与仇杀，人心与命运，诡秘与坦诚……什么都有，其核心是表现印第安人"自然神裁决"的观念。

这个故事很难令人想到竟是出自一个牛高马大，热衷在拳击场上斗狠扬威的中学生之手。而且，他在运动场上的出色表现多少有点争风头的意思，写作则是被一种内在的欲望驱使。他的卧室里有一台旧打字机，他所有的文章都是用它打出来的。

海明威最幸运的一点是，他的多种才能并非相互抵触，而是相互促进、有机统一的。他的战场经历构成了《永别了武器》《丧钟为谁而鸣》等几部主要著作的中心内容，钓鱼打猎等运动的场面和情节则更成为他创作的主要素材，新闻记者的职业素养，使他的写作风格简洁、有力，不多说一句废话。

当孩子有多方面的才能时，父母应该欣喜，也应该谨慎。要进一步观察哪种天赋是最优秀的？哪种天赋是最持久的？哪些是旁逸斜出的天赋，哪些是主干意义的天赋？

孩子的多种天赋之间往往有一种看不见的联系，如果父母能在这种"联结点"上下功夫，则很有可能让多种天赋得到协调的发展。

五、确定最佳发展方向

——杨振宁才能区分析

最佳才能区：理论物理研究

杨振宁，自1957年在斯德哥尔摩与李政道共同获得诺贝尔物理奖之后，就成了中国家喻户晓的名字，那年他刚刚35岁。更让人兴奋的是，1971年，杨教授作为美籍华人科学家，第一个回来访问新中国，从而扣开了中美之间关闭20多年的科学大门。

杨振宁教授在科学真理上执着探索，在学术思想上开放活泼。他治学态度严谨，具有坦率热情、平等待人、诲人不倦的学者风范。

他不仅是位杰出的物理学家，而且是一位政论家、思想家和社会活动家，他的言行远远超出了一位物理学家所做的一切。

1922年，杨振宁出生。次年，父亲杨武之考取官费留学美国，留下妻子罗孟华和小振宁相依度日，罗孟华是位传统、明智且坚强的女性，在丈夫远离家乡的漫长日子里，她承担起了对小振宁的教育重任。

从小振宁咿呀学语开始，母亲就教他各种知识。4岁开始，罗孟华又开始用方块字纸教他认字。母亲认真耐心，儿子聪明好学，在一年多时间里，小振宁认识了3000多字。

杨家人口众多，小振宁5岁的时候，家里请来了一位老先生教杨家子弟读书，罗孟华毫不犹豫地让儿子开始了读书生涯。

老先生教的是《龙文鞭影》，书中有不少历史典故和自然知识，以四言韵文编成，读来朗朗上口。有了3000多汉字做底的振宁很快把这本书背得滚瓜烂熟。

1928年，杨武之学成归来，被聘为厦门大学数学系教授。这时，杨武之开始教儿子许多新的知识。他用大球和小球讲解太阳、地球和月亮的公转情形；教授英文字母，也教一些类似鸡兔同笼的算术问题。广博的知识开阔了小振宁的视野，大大增加了他的求知欲。因此，杨振宁上小学后，数学、国文都很好。

唯一遗憾的是杨振宁的动手能力不行。一次在手工课上，杨振宁兴致勃勃地捏了一只小鸡。放学回家，他拿出来给爸爸妈妈看，夫妻二人着实夸奖了儿子一番："很好，很好！你做的是一节藕吧？"

八九岁的时候，小振宁的数学天赋渐渐显现出来。到11岁升初中时，在这一方面的能力更充分显现，但杨武之对此态度淡然。

一个暑假，杨振宁想让父亲教自己微积分和解析几何，而当数学系教授的父亲却只是笑了笑。那个暑假，杨振宁念了两个月《孟子》。

杨武之的书架上，有许多英文和德文的数学书籍，杨振宁常常拿来翻看。当时他的外文还不够好，所以细节看不懂。他多次捧着厚厚的书籍请父亲讲解，杨武之只是看着儿子说："不要急，慢慢来！"有时也会给儿子讲几个基本概念。

中学时代，杨振宁认真地对父亲说："爸爸，我长大了要争取得诺贝尔奖！"杨武之慈祥地看着儿子："好好学吧！"

杨振宁16岁，该考大学了，杨武之这才不慌不忙地给儿子讲解近代数学的精神，让儿子明白纯数学太虚，不够实际。杨振宁将目标转到化学方面，在准备入学考试时，他自修了高等物理，发现物理更适合自己，认为自己有学物理的气质和风格。于是，他选择了物理专业，而扎实的数学基础为他在物理上的成就铺平了道路。

对儿子的选择，杨武之夫妇丝毫不加干涉。

倒是当时西南联大的同事们把这事儿传开了："杨武之的儿子数学很好，为什么不子承父业读数学呢？哦，大概因为数学没有诺贝尔奖吧！"

杨振宁的父亲当时对儿子在数学上的兴趣和才华似乎有些漠然，可能令人不可理解。或许杨振宁一开始就专攻数学，成就也不会在物理之下。杨武之毕生从事数学，对这一学科有着很深的理解，其中也包括对其弱点的了解，他认为数学太空虚，从而不愿让儿子专攻于此，这是其毕生经验得出的结论。

但是，父亲并没有过多地干涉儿子的发展。我们看来，杨武之夫妻首先给了儿子一个幸福的童年，给了儿子全面发展、文理兼修的基本功训练，更给了儿子一片自由选择、自由发展的天空。

六、家族使命与个人才能

——英迪拉·甘地才能区分析

最佳才能区：政治领导

尼赫鲁家族是近代印度最显赫的家族。在20世纪里，这个家族先后出现了5位国大党主席，其中三位担任过印度总理。英迪拉·甘地的祖父莫帝拉尔·尼赫鲁，从1919年便开始争取民族独立的伟大事业，他的儿子，也就是英迪拉·甘地的父亲贾瓦哈拉尔·尼赫鲁，1912年从英国学成后一回国就加入政治运动中去，无论是作为一个贵族家庭中的儿子，还是作为一个把监狱当成"另一个家"的革命者，他都表现得极为出色。印度建国后，贾瓦哈拉尔·尼赫鲁作为第一任总理带领印度人民向现代化国家迈出了第一步。更让人称奇的是，从小就颠沛流离的贾瓦哈拉尔·尼赫鲁的独生女英迪拉·甘地，后来也成为世界上著名的女政治家，一家三代为了印度的前途浴血奋战并写下了光辉的篇章……

英迪拉·甘地12岁时，就把小伙伴组织起来，直接参加政治斗争了。当时，印度国大党同英国殖民主义者的斗争正经受着严峻的考验。国大党及其拥护者投入到甘地所说的"最后的斗争"之中。满脸稚气的英迪拉·甘地提出了参加国大党的要求，但因为年龄太小而未能如愿。她却不肯善罢甘休，打定主意：既然你们不让我加入这个组织，我就自己建立一个。她把小伙伴们组织起来，成立了一支"猴子队"。这支"猴子队"帮助国大党干一些日常零活，还利用警察对孩子的疏忽，帮助大人们收集情报、传递信件等。

为配合抵制英货，她还积极投身由圣雄甘地倡导的"自纺运动"中去，她组织了一个"儿童纺纱小组"，自备纺车，自己纺出纱线；她还走街串巷，深入乡村，宣传手纺车运动。一次，当国大党最高执行委员会开会时，警察突然包围了会场，参加会议的人为保住机密，迅速把会议记录和文件塞进汽车后面的行李箱里。在场的国大党人都为此捏着一把汗。她临危不惧，急中生智，迅速拿起她的书一本正经地坐在车的后座上，让司机开车出门。一个心生疑窦的警察在大门口截住了这辆车，她却沉着冷静，佯装恼怒地说："如果你们不让我去上学，我就要迟到受罚了。我只好把实情告诉老师，说你们警察任意拦截别人的汽车。"警察只好无可奈何地让这辆带着秘密文件的车子开走了。

英迪拉·甘地的父亲在她成长最重要的岁月里，有10年时间是在监狱里度过的。她的学校教育也很不正规。但这一切都不能阻碍她成为一个伟大的政治家。这是为什么呢？只要看看她父亲给她写的信，就知道她的命运是如何同印度的命运紧紧联系在一起的，从很小的时候起，她父亲就同她通信，并且把自己最深刻的体会写在信中告诉她，他写的信不是一般的问寒问暖，而是帮助女儿搭建精神成长的阶梯。

例如，尼赫鲁在女儿13岁生日时写给她一封信。

过生日你已习惯了接受礼物和祝福。你仍然会得到美好的祝福，但在耐尼监狱中我能送给你什么礼物呢？我的礼物不可能是物质的、固体的。只能是摸不到的，是精神和大脑的，比如赠给你一个美丽的童话——这是任何监狱的高墙都阻挡不了的。

……你在历史书中读到民族生活中伟大的时刻。我们读到伟大的人物以及伟大的事件，有时候在梦中、在回忆里我们想象自己回到了那些年代，像古代的英雄一样干英雄的事业。你还记得当你第一次读到贞德的故事，你是多么地神往，以及你要像她那样做人的雄心壮志吗？普通人常常是没有英雄气概的，他们只是想着面包、黄油，想着孩子，想着家庭的烦恼，等等。但如果整个民族都充满信心干一项伟大的事业之时，即使是普通的人也可以成为英雄，这样就产生了激动人心的、划时代的历史，伟大的领导人本身有某种能力，能激起整个民族，使之干出轰轰烈烈的事业。

尼赫鲁给女儿写的两百多封家书，一直是印度儿童最喜欢读的作品，并且尼赫鲁还给她写了一本《世界历史一瞥》，这些珍贵的教育是促使她成长的最好的营养，正是这些极好的教育才奠定了她后来的成就。

七、一次点化造就一个天才

——陈景润才能区分析

最佳才能区：数学

陈景润绝不是一个智力超常的孩子。无论在家里还是在学校，他都沉默寡言，文静内向，甚至有几分呆板和木讷。

对他的智力，别人评论的很少，因为对他来说，"智力"已不是足以衡量他素质的词语。如果像今天这样给孩子们测智商，他不会高得足以上少年大学，并且他并非天生流淌的就是数学的血液。

陈景润在上小学之前并没有表现出对数学的特别爱好。据他大哥陈景桐回忆："上学前的大弟(即陈景润)非常文静，不爱说话，也不淘气，但对家里的一切书籍都非常感兴趣，包括父亲读的佛经和我用过的小学课本。"他总是默默地看书，很小的时候就是这样。

看一看他的成绩单，也许更能说明问题：他初二时除了代数得了90多分以外，其他都是80多分，在班里处于中上游的水平。像他那样既不活泼又看起来不灵光的学生比比皆是。就是教师、同学眼里,他也绝非有超人的智慧,班里比他应该成为科学家的人大有人在。而且他又那么口讷,不善于表达自己。

一次,著名的数学家沈元给陈景润所在的班级讲了两节数学课。在这两节数学课上,他第一次听到了"哥德巴赫猜想"。这两节数学课是一个对数学有着精深研究的学者尽其所能传达给孩子最神奇的印象和体验:"自然科学的皇后是数学,数学的皇冠是数论,哥德巴赫猜想,则是皇冠上的明珠。"正是沈元酣畅淋漓地传达了哥德巴赫猜想的传奇和美丽,它才如此打动了陈景润,使他在此之后不断努力创造条件朝此方向奋斗!

当然,听这两节课的不止陈景润一个人,同学们都听得入了迷,几个数学最棒的孩子不服气了,他们说:"这有什么难的?不就是1+1=2吗?我们明天就能证明它!"

第二天,孩子们交上来几张纸,说他们已经成功地证明出来了。

"你们证明了!好得很,你们还可以骑着自行车到月球上去呢!"老师幽默地说,全班哄堂大笑。

陈景润没有笑,没有人注意到他,同学和老师们都不会把这个默默无闻的学生和"皇冠上的明珠"联系起来。

而正是他这样做了,一个班的聪明孩子都仅仅是有兴趣而已。只有陈景润由此而痴迷一生。的确,这两节数学课是偶然,而陈景润的个性气质、潜在才能则是必然。二者的结合诞生了一位伟大的数学家。

陈景润要是没有那份痴迷,那份迂气,那份执着,那两节数学课充其量不过是一段美好的回忆。

做父母的,一要重视孩子基本素质的培养,二要创造契机给孩子以"点化"之力。有时,一百次苦口婆心的教训,抵不上一次亲自经历。一本书、一个故事、一段有意思的谈话,也许就会令孩子沉睡的天赋苏醒,为他点亮道路的明灯。

八、苦难也是一所大学

——李嘉诚才能区分析

最佳才能区:企业管理和资本运作

李嘉诚并非出生于经商世家,而是书香门第的长子。父亲李云经,知识涵养俱佳,更是德高望重,致力于教育。他的家族中人也多知书识礼、学问渊博。

生长于这样一个家庭,李嘉诚自幼刻苦好学,成绩一直十分优秀。身为教师的父亲,即使在百忙之中,也要拿出点时间来与儿子共处。有时与儿子讨论一个有趣的话题,有时指导儿子功课。他总是一丝不苟,要求儿子用极认真的态度对待自己的功课,不能出现任何一个大的错误。

在李家,有一个面积虽小藏书却异常丰富的小书房,那里是嘉诚父亲及祖上的藏书。

一天，父亲领他来到这间书屋，语重心长地对他说："诚儿，这是咱家几代人的书库，你伯父、我和你叔叔都是从这里走出去的。我希望你能认真理解父亲带你来这里的意义，我也知道你能体会为父的深意。"

自此以后，李嘉诚便沉迷在这小小的藏书室，嗜书如命。回忆自己的父亲，李嘉诚动情地说："父亲是我一生中最崇敬的人。父亲无论从知识上，还是人格上，永远都给我一种鼓舞，一种激励。没有父亲的悉心培养，没有父亲的指导教育，我就不可能有今天的成就，父亲给予我的，是任何一种东西都无法衡量的。"

如果李嘉诚按他本来的生活轨迹发展下去，他可能会是一位渊博的学者、一名优秀的教师，但命运把他推上了另一条道路。

1940年，李家背井离乡，逃避战乱而到了香港。生活刚刚安定，李云经却染上了肺病，最终在1943年冬撒手西去。

父亲的去世不仅给李嘉诚及全家人带来了巨大的痛苦，也直接将这个家庭推入了赤贫境地。如果没有这次不幸，李嘉诚恐怕永远也没有机会知道，他是个天生的商人，他最大的天赋就是企业管理！

李嘉诚退学后，来到舅父庄静庵的钟表公司做泡茶扫地的小学徒。在这里，他学到的第一课就是察言观色、见机行事。

他做事勤谨，手脚麻利，每天总是第一个到公司，也总是最后一个离开公司，他边做边学，在很短的时间内掌握了钟表的装嵌、修理技术，熟悉了各种钟表的性能特点。他还渐渐学会了揣摩顾客心理、赢得顾客信任等一系列生意经。

他每天工作16个小时，但晚上仍坚持自修，总是到深夜才入睡。为了第二天能按时起床，他用3个闹钟同时叫醒自己。

因为命运的捉弄，李嘉诚没能如父母当初之愿，以读书来光宗耀祖。但他取得的成功，又的确与家庭教育有着千丝万缕的联系。

首先，李嘉诚是家中长子，家庭的责任、父母的期望，都在他一个人身上。自幼，父母就以他为豪，深信他一定会出人头地。这种信心孕育了李嘉诚的自信，这是他用以战胜逆境的心理武器。

父亲李云经在李嘉诚心目中，是一个完美的人，无论在学识上还是在人格上，父亲都是他的偶像，对父亲的崇敬成为李嘉诚奋斗的不息动力。在任何潜意识中，自己的努力是为了让父亲骄傲！

自幼对读书的癖好，使李嘉诚在知识储备上明显强于一般商人，他在商场中总是洞观全局，把握先机，恐怕也与此有关吧。

现在的大多数孩子不可能再受如李嘉诚那样的苦难，他们的心理承受能力远远不及当年14岁的李嘉诚。现代社会也是个日益竞争激烈的社会，我们的孩子要站住脚，首先必须培养自信心，以自信的态度去面对这个社会。

培养孩子的自立，有些事让他一个人去面对，有些问题让他一个人去考虑，这对于孩子的成长无疑有很大的意义。没有14岁李嘉诚的自立奋斗，就没有今天李嘉诚的成就。

让孩子读好书也许是我们教育内容最重要的一个方面。可以这样说，李嘉诚今日的成就大多数靠他从书本中得到，是他的父亲引导他进入书的殿堂。孩子与父母更容易交流，切不可错过与孩子交流的机会，不光要让孩子学习课本，还应该使他阅读更广泛的知识，开阔他的视野和心胸。

假定与确定孩子的最佳才能区

一、人脑生而不平等

牛津大学教授科林·布莱克摩尔在《思想机器》一书中指出:"人类的大脑是宇宙间最复杂的机器。"美国汉诺威保险公司总裁比尔·奥伯莱思说:"世界上最大的未开发疆域,是我们两耳之间的空间。"

人类的大脑,大约和一个柚子差不多大,可轻易地放在一个手掌之上。它通常不到3磅重,但它的潜能比世界上最强大的电脑还要强几千倍。在过去的25年内,人类对大脑的认识比过去有了显著的进步,但是我们对于它的了解,还不过是沧海一粟。

人生而不同,因为我们的大脑并不相同。

哈佛大学心理学教授霍华德·加德纳的研究成果表明:我们每个人至少有7种不同类型的智力,其中只有两种在传统教育中受到了高度重视。

第一种是语言智力,即我们读、写和用词语进行交流的能力。显然,这一能力在作家、诗人和演说家身上得到了高度的发展。

第二种是逻辑或数学智力,即我们推理和计算的能力。这在科学家、数学家、律师和法官身上得到了极大的发展。

传统上的智力测试都集中在这两种智力上,而传统的教育也集中在这两种能力上。但是加德纳指出,这使我们把人的学习潜力看得太过简单了,在这两种智力之外,起码还有以下5种智力模式。

① 音乐智力:在作曲家、指挥家以及其他音乐家身上有着明显的高度发展。

② 空间或视觉智力:建筑师、雕塑家、画家、航海家和飞行员所具有的能力。

③ 运动智力或身体智力:在运动员、舞蹈家身上发展得最为完善,外科医生在此方面

也具有很高的的能力。

④ 人际智力：与其他人相处的能力——是销售人员、外交家和谈判人员应有的能力。

⑤ 内在智力或内省能力：洞察力和了解自我的能力。

加德纳教授说，脑外科和脑研究已经表明，每一"智力"或能力都在人脑中有相应的位置。大脑严重受伤，人就可能失去某种特定的智力或能力。

生长在太平洋所罗门群岛的波利尼西亚土著人具有极高的空间智力或视觉智力，早在哥伦布横渡大西洋"发现"新大陆前2000多年，他们就在更广阔的太平洋中，依靠日月星辰的位置变化航行了。然而，他们在现代"智力测试"中也许会失败，因为他们从来没有文字。今天的波利尼西亚青少年仍从小就学习舞蹈、节奏和歌唱。

我们的文明、我们的历史、遗传的差异、后天成长的环境等因素，都促进着我们的大脑这一部分或者那一部分的发展，同时也可能抑制着大脑这一部分或者那一部分的发展。不要用一个恒定的标准来考察孩子的智力，更不要轻易地把自己的孩子与别人的孩子加以比较。"金无足赤，人无完人。"你的孩子在某方面的才能或许很平常，但在另外的地方却有着过人之资。

"上帝在这里关了门，但在那里打开窗。"没有真正一无可取的孩子，只有不会发现孩子长处、不会培养孩子长处的家长。

二、锁定孩子的最佳才能坐标

研究证明，人在生命最初的4年中会发展出大约50%的学习能力，在8岁前，又发展出另外的30%，另外20%在17岁以前完成。这并不是说你的孩子在4岁时就掌握了50%的知识或智慧，而是说在这最初的几年里，你的孩子已在头脑里建立了主要的学习途径，以后每一样东西的学习都将以此为途径。正因为如此，所以我们说："三岁看大，七岁看老。"

每一种智慧都有它的发展历程。根据加德纳的看法，每一种智慧都在青少年时期或初成年时达到顶峰，中年后便急剧衰退了。数学上的重大发现几乎都是数学家在30岁以前完成的，有人甚至说一个数学家到了40岁就意味着事业的死亡。牛顿的三大发现：微积分、光学定律和万有引力定律都是在他23～24岁时就有了雏形，而爱因斯坦初次想到相对论时，才16岁！由此，做家长的应该想到，我们一定要细心地发现孩子的特长，看他哪方面的能力最强，并着力加以培养，否则，错过了最初那几年的时机，便错过了一生。

如何发现孩子的特长呢？美国作家托马斯·阿姆斯特朗根据加德纳的"多种智慧"理论写成了《人生的七大智慧》一书，书中提供了一张"童年各项智慧调查表"，你不妨对着查一下，看看你的孩子有哪些方面的特长，适于向哪些方面发展。

1. 语文的智慧

语文能力强的孩子，一般具有以下特征：

① 上学时，可以毫不费力地记住许多故事、诗或一些历史事实及小道消息；

② 很早就能阅读；

③ 从小就喜欢写诗、写笔记或故事；

④ 小时候非常喜欢说话；

⑤ 小时候很喜欢翻查百科全书或字典；

⑥ 小时候有许多自己喜爱的书籍；

⑦ 很小就学会说话。

2. 数理逻辑的智慧

数理逻辑能力强的孩子，一般具有以下特征：

① 小时候喜欢玩化学实验的游戏，或用其他科学器材玩游戏；

② 觉得数学课很容易；

③ 小时候喜欢数东西的个数；

④ 时常问父母或老师一些有关各种事物运作原理的问题，或自然界的各种现象；

⑤ 小时候喜欢看一些介绍科学或自然的电视节目，或儿童节目中有关数学与科学实验的部分；

⑥ 小时候玩积木或其他玩具时，喜欢研究因果关系；

⑦ 小时候喜欢在周围的事物中，找寻其规律性(例如，注意到楼梯上每隔三个梯级就有一个V形凹痕)。

3. 感受空间的智慧

空间感强的孩子，一般具有以下特征：

① 小时候喜欢涂涂写写；

② 小时候特别喜欢某些颜色；

③ 喜欢研究如何拆拼玩具、简单的机械或拼图；

④ 喜欢用纸牌搭房子，或是用沙石堆城堡，或是玩一些拼装玩具，像各式各样的积木，小时候的幻梦，既生动又充满色彩；

⑤ 能闭上眼想象出一些非常真实的事物；

⑥ 天生就有认路的本事，小时候就对住家附近的环境很熟悉。

4. 动作灵敏的智慧

动作灵敏的孩子，一般具有以下特征：

① 很小就会爬、会走；

② 喜欢玩脏兮兮的、要亲自动手的活动，例如用手指沾颜料画图、用纸板做动物头形

的帽子等；

③ 是个好动的小孩；

④ 小时候参加短剧或木偶戏演出时，喜欢做一些夸张、过火的动作；

⑤ 小时候就很擅长一种或数种运动；

⑥ 小时候很喜欢看舞蹈、芭蕾舞剧、体操、技能表演或其他身体动作方面的表演；

⑦ 喜欢在户外运动。

5. 音乐方面的智慧

在音乐方面有天赋的孩子，一般具有以下特征：

① 在牙牙学语时，说的话就很有音乐性；

② 很小的时候，就喜欢用各种玩具、家具、厨房用具或其他东西做有节奏的敲击；

③ 很爱听唱片或录音带；

④ 喜欢自己编一些歌曲；

⑤ 小时候很喜欢玩乐器；

⑥ 无论何时，只要家中有音乐(例如，收音机或唱机播出的或现场的)，就感到兴致勃勃，精神振奋；

⑦ 似乎很能分辨各种非语言的声音(如狗叫声、小贩的叫卖声、风声等)。

6. 人际交往的智慧

人际交往能力强的孩子，一般具有以下特征：

① 小时候能很自然地与陌生人打交道；

② 在学校很容易结交朋友；

③ 与同学或邻居玩伴游戏时常为他们排难解忧；

④ 小时候在团体中是领袖；

⑤ 通常知道邻居玩伴的人际关系(一些宿怨、一些恋情和其他闲话传闻)；

⑥ 当一个朋友或亲戚刚一进门，通常就知道他的感觉；

⑦ 小时候，时常非常同情某个人或某些人，而想要做些事去帮助他们。

7. 认识自我的智慧

在认识自我方面强的孩子，一般具有以下特征：

① 从小是一个非常独立的小孩；

② 有许多一人独乐的消遣或休闲活动；

③ 有一处秘密所在地——想要一人清静时，便会去那里；

④ 经常想，长大以后要做什么；

⑤ 花许多时间独自思考、体验生活中所发生的事；

⑥ 小时候曾在宗教方面、心灵方面和美感方面，体验过一些无法与别人分享的特殊经历，很小就体会到自己与别人的不同之处。

如果你的孩子很小就表现出某一方面的特殊才能，做父母的可千万要注意，既不要疏忽冷漠，把孩子天才的萌芽扼杀在摇篮里，也不要揠苗助长，给孩子太多的负担和压力，结果往往适得其反。除了给予孩子发展的自由和空间外，父母最好向一些有关机构咨询，获得培养孩子才能的更好办法。

三、了解孩子能力的4种方法

鲁迅先生说，即使是天才，他的第一声啼哭也不会是一首好诗。这是客观事实，但从没法"客观"看待儿女的父母角度来看，孩子的第一声啼哭的的确确就是一首诗歌！

孩子刚唱了一首童谣，父母便把他看作未来的莫扎特、贝多芬；孩子几笔涂鸦，父母则断定孩子有毕加索的天赋……望子成龙的心情可以理解，但做法却有点偏颇。对孩子的期望过高或过低，都有碍孩子健康成长。如果我们说一个孩子在音乐方面具有天赋，那绝不仅仅指他会唱几首歌，这一点父母本来也知道，只是对孩子热切的心理预期减弱了他们理性的判断能力。

譬如你的孩子能唱较复杂的歌，动听且悦耳，还能准确地合上节拍，是不是就能断定孩子具有音乐能力？我们有必要知道，从事音乐活动除了要具有节奏感外，还要具有曲调感(区分声音的旋律和它表达情绪色彩的能力)和听觉表象能力，需要这三种能力的完美结合。

同样，绘画才能、文学才能、运动才能……各种特殊能力都有其复杂的构成，包括特定的心理特征、个性特征、智力特征等。下面介绍几种简略的方法，可以帮助你研究和判断孩子的心理、个性特征及能力。

1. 观察法

观察法是研究孩子心理的最基本方法。

父母应该有目的、有计划地观察孩子在一般生活条件下的行为和表现，以此来判断孩子的心理特征。例如：通过观察孩子的各种游戏活动，来研究孩子想象力的特点，并且还可做些简单的记录。除了直接观察孩子的行为表现外，还可以通过他的作业(如日记、作文、图画等)进行观察研究。

世界象棋冠军谢军的才能就是她父亲通过观察发现的。

谢军的父亲是一位复员军人，他对象棋有特殊的爱好。小时候的谢军，没什么玩具可玩，父亲在马路边和棋友下棋，她就在旁边陪着看。很快，她就无师自通地"看会"了象棋。父亲为了满足她，就和她在路边对起阵来。

父亲在和小谢军对弈的过程中，感觉女儿思路敏捷、悟性极高，便有意识地培养女儿向这方面发展。他不但自己常与女儿"练兵"，还鼓励谢军找那些高手挑战，谢军思路清晰，赢了很多盘棋。一时之间，"酒仙桥地区有个小女孩下棋相当不错"的消息不胫而走，最终引起了北京棋院的注意。

2. 实验法

实验也是一种观察，只不过是一种有控制的观察，即父母有计划地控制各种观察条件。

例如：运用实物或图表可以研究孩子的观察力；听孩子复述以前听过的故事，可以研究他们记忆上的某些特点；让孩子解答较复杂的算术题，可以研究他的思维特点；要求孩子命题作画，可以研究他的想象和形象思维特点等。

物理学家冯·卡门小时候也是一个智力超常的神童，他6岁时就能进行多位数乘法的心算。有一次他大哥无意中给他出了一道算术题：15×15是多少？他边玩边说是"225"。二哥又随口问924×826是多少？"763224。"他连头也没抬就答了出来。孩子们把这个消息告诉了他的父亲——一位著名的教育家，但父亲不相信，他亲自出了一道题让小卡门心算。这道题是18876×18876是多少，小卡门稍微思索了一下，随即说出了答案。这时候连他的父亲也惊叹不已："真是太不可思议了！"

3. 谈话法

谈话法是通过谈话了解孩子心理活动的一种方法。随时提出足以了解有关孩子心理状态的具有灵活性而又恰当的问题，记录并加以整理，便会得出相应的结论。谈话法需要注意的几点是：首先要拟定谈话的内容和话题，最好是孩子能够回答和乐意回答的；其次是谈话时必须有很大的机智；最后是谈话时间不能长。另外，谈话最好像拉家常一样，令孩子产生亲切感，效果更佳。

汉米尔顿——一个开一代先河的冰上之星，被人称为"冰场上的精灵"。有谁知道，他一出生就体弱多病，医生曾断言他活不到一岁。在家人的精心照料下，他奇迹般地活了下来，但谁也没想过他能在运动上有什么发展。

汉米尔顿8岁那年，看姐姐滑冰，他立刻被晶莹的冰上世界和优美的冰上舞蹈所感动，回家以后，他悄悄对父亲说了一句"我想和姐姐一样滑冰"。

汉米尔顿的父亲是个优秀的父亲。他不仅对汉米尔顿的生命力满怀希望，而且细心捕捉汉米尔顿生命中每一次天赋的闪现。当他第一次听见汉米尔顿附在耳边庄重地说出想滑冰后，他立刻认识到，汉米尔顿不仅能活下去，而且能活得精彩。滑冰绝对是上天对汉米尔顿的赐予。他能成功！绝对能成功！而且不是一般的成功！父亲把8岁的汉米尔顿抱了起来，在屋里转了一圈又一圈，他马上为儿子买了小滑冰鞋，把他带进了滑冰场，让他领略了滑冰的魅力。

4. 作品分析法

作品分析法是通过对孩子作品的分析来了解他们心理活动的一种方法。

孩子们作品往往很多，如日记、作文、绘画、各种作业、工艺制作或者沙滩垒起的沙堡等。通过这些作品，可以分析孩子某一方面的心理活动。如：通过作文、日记、绘画、小工艺制作等，可以分析孩子思维和语言的发展、想象力是否丰富，也可以分析他的兴趣和理想发展的趋势等。

相信父母通过这些方法及对孩子的综合考察，就能够作出正确的判断，为培养自己的孩子提供理论依据。

四、当孩子对什么都没有特殊的兴趣

当孩子没有特殊的兴趣，也找不到最佳才能区时，应该怎么办呢？

实际上，孩子是一个发展的个体，在孩子身上，存在着各种兴趣和才能的火种。兴趣是可以培养的，父母的任务不仅仅是尊重已有的兴趣，更重要的是培养孩子的各种兴趣。让孩子体验成功，让孩子感受被赏识，让孩子发现乐趣，是培养兴趣的要旨。

父母遇到这种情况，首先要反省的是自己。

你的观察细致吗？到位吗？你或许只期望看见孩子合你心意的表现，却因此忽略了孩子真正的自我。你的孩子对钢琴没有兴趣，却能津津有味地看蚂蚁搬家看上一个下午；他或许不愿意拿起画笔，却乐于用沙石构筑一座辉煌的宫殿。孩子的言与行、乐与忧、游戏与安宁都包含着非常多的信息，只看你会不会捕捉。

如果他整天都郁郁寡欢，缺乏这个年纪孩子应有的活力，那你应当考虑，他是否在人格心理的发展上遇到了某些障碍，如孤独症、自闭症等。你最好咨询一下有关专家，如果需要，应该带孩子看看心理医生。

如果他发展很正常，也许只是有意地与父母作对。你给他的压力是否太大了？孩子只是孩子，不管他们的智力是超常还是平常，都理当拥有一个快乐自由的童年。如果把兴趣也当成某种功课，才能变成了枷锁，你想想孩子会有什么感受？

保证一颗平常心。当孩子显示出智慧的火花，父母没必要欣喜若狂，要考虑的是如何使火花明亮而炽烈地燃烧。孩子表现平平，父母也不需丧气，心理学家早已指出，孩子各种基本能力的发展具有极大的潜力，无论是运动、言语，还是绘画、音乐，孩子的长处和短处往往是环境与教育的结果。

不要怀疑孩子的能力，应当质疑的是你所给他的环境和教育。

在巴拉圭，一个现代人难以走进的地区，生活着一个爪亚基尔人部落，这个部落同4万年前生活在地球上的克罗马奴人时期一样，生活方式极其原始，经常迁居去寻觅他们的主要食物——野生蜜蜂的蜂蜜。部落躲避其他的人，语言也极不发达。

1938年，法国人种学家维而拉尔前去考察，希望更详细地了解爪亚基尔人，结果没有成功。部落刚一察觉到考察团就立刻离开了，但是在爪亚基尔人仓促留下的驻营地里，考察团找到了一个两岁的小姑娘。维而拉尔把她领回法国，并由他的母亲抚养，20年后，姑娘在自身发展方面已同欧洲妇女没有什么区别了，最后她也成为一个人种学家，并能讲数国语言：法语、西班牙语、葡萄牙语……

我们不否认天赋的差异，但教育才是造就人与人区别的最大问题。

五、假定"最佳才能区"

近年来，心理学家、教育学家和研究人员大力推崇"假定最佳才能区"的家庭教育模式。

假定最佳才能区，顾名思义，就是在孩子并未表现出对某方面的特殊兴趣和才能时，父母有意识地将某个领域"假定"为孩子的特长和发展方向，并根据此对孩子进行一系列培养、训练等家庭教育活动，最终目的是使这个"假定"的最佳才能区"真正"成为孩子的兴趣和特长所在。

这种方法对于孩子的成长来说是极其有益的，我们需要知道，即使是天赋极普通的孩子身上也蕴藏着极大的潜力，因为人脑的潜力实在太大了。即使是人类历史上最伟大的科学家爱因斯坦，他大脑的开发也不到百分之一。英国作家、心理学家、教育家托尼·布赞简明地指出："你的大脑就像一个沉睡的巨人。"

实行"假定孩子最佳才能区"的方法，目的也正是要唤醒这个沉睡的巨人，或至少让这个巨人的一部分活跃起来。

在教育学上，"皮格马利翁"效应已得到大量实践的证实。教育家罗森塔尔曾做过一个专门的试验：他在小学某班级进行了一次测验，然后对老师说，"这种测验可以准确地预测出儿童未来学习的发展方向。但是，现在我们还处在研究过程中，不能公开发现测验结果，只能把有发展前途的儿童暗中告诉你们。"一年以后，罗森塔尔又进行了测验，那些被认为有发展前途的儿童同未被提名的儿童相比，智力商数提高很多(据说有的提高了70分)，同时，学习动力和热情也随之有很大进步。但是，实际上，罗森塔尔指定的儿童并不特殊，他是按5:1的比例随机挑选出来的。那么，为什么会出现这种情况呢？教育学上将其解释为皮格马利翁效应，它指的是像皮格马利翁那样，只要你从内心相信并期待某种事情按照自己想象那样发生，那么，对方就会让你满足。

美国教育心理学家布卢姆在《工作与激发》一书中阐释了期望理论，用公式表示为：激发力量＝效价×期望。"激发力量"指人们努力工作所激发出的最大创造力，"效价"指满足个人需要所产生的价值，"期望"指根据价值取向所表达出的期望和暗示。

一位有经验的小学特级教师，曾经讲过他在教学活动中的一个故事，可以用来说明"皮格马利翁"效应的威力。在他担任小学一年级的班主任和语文老师的时候，面对刚入学的学生，这种期望效应竟然能够得到突出的表现。有一个男生父母离婚，和外公外婆住在一起，而他们既无文化，又在经商，更没时间管教，因此孩子上课不专心听讲，学习也差，写拼音连声母、韵母的位置都要颠倒。这位老师常表扬他聪明、会学习，是个好学生，利用选派升旗手和鼓励他加入少先队为期望目标，告诉他一定可以做好，他本身既聪明又守纪律，是好学生。后来这位孩子果然有了进步，由期中的考试不及格到期末被评为"三好学生"。

"假定最佳才能区"的做法其实是"皮格马利翁效应"的一种应用。当孩子没有显示出某方面特定的才华时，先以假设的方法确定某个领域为孩子的最佳才能区，并将这种假设转化为孩子头脑中的深沉意识，让他们认定自己在该领域有特长。久而久之，孩子便会自觉不自觉地沿着这条道路发展。

"假定最佳才能区"的功效也许可以解释人才的家族现象。

早在1550年，巴赫家族就出现了音乐天才，经过五代之后在巴赫身上表现得最为突出，直到1800年的列吉娜、苏珊娜之后才衰竭，在这前后两百多年的时间里，巴赫家族中出了约60名音乐家，其中有20名为著名音乐家。

我们可以想象，这个家族的每个孩子出世时，父母、族人乃至周围所有的人都会下意识地认为：又一个音乐家诞生了。这种潜意识里的期望值不知不觉转化为孩子的自信和动力。身为一个巴赫家族的成员，不通音乐，那是说不过去的。

环境的确给了他们条件。从出生开始，音乐就伴随他们左右，成为他们生活最重要的一部分。家里人时时刻刻都在读音乐、写音乐、练音乐……久而久之，音乐已经化入他们血液之中，自然而然地成为他们的最佳才能。

当父辈致力于某项事业而未获成功，他们往往会将此项事业交给儿孙。父辈的期望同样起着给子孙"假定最佳才能区"的作用。

现在很少有父母知道司马迁的祖辈为他铺平了道路，而仅以为他在受宫刑后的逆境里忍辱负重。除了史学家还能知道司马谈以外，我们极少将这个不同凡响的名字同司马迁联系在一起，其实司马迁的成功正是司马谈为其奠定的基础！

早在司马迁之前，他的祖先就已经是周王室的太史令了。在虞、夏两朝就已功名显著，到了司马谈时可以说是如日中天，他曾论述阴阳、儒、墨、名、法、道等要旨，指出其所长所短，他已经具备了一个伟大史学家的条件，只是由于早逝，他无法实现自己的目标，因此临死之前才如此叹道："是命也夫，命也夫！"壮志未酬，死不瞑目！

值得庆幸的是，司马谈不仅是一个伟大的史学家，更是一个伟大的父亲，一个伟大的导师，一个伟大的教育家。为了培养司马迁，10岁时就开始让他诵读古文，20岁时又让他游天下，考察遗闻轶事，搜集史料，学公羊于董仲舒，受古文于孔安国，习家学于自己。正是打好了这样的基础，司马谈在临死的时候，才殷殷告诫儿子司马迁："一定不要忘了我想撰写史书的事……"

就这样，父亲的愿望成为儿子的理想，父亲的才华激发了儿子的才华。司马谈从司马迁小时起，便有意识地培养他成为史学家，将史学定位为儿子的最佳才能，结果造就了一代史圣。

六、把力用在刀刃上

"假定最佳才能区"如何实施呢？一些父母可能会大感不解："我们一直这样做呀，我们从小就希望培养他做个音乐家，买了琴，送他上课……"

父母们的确用心良苦，但在操作上又犯了生、硬、粗的错误。所谓"假定最佳才能区"绝不是单指教给孩子某方面的知识和技能，而是通过不断的心理暗示，让孩子相信那一方面就是他的最佳才能。二者之间，判若云泥。

教孩子练琴，那是自外而内的，目的在于把音乐技能"灌输"到孩子身上。这个过程如果得不到孩子的配合，效果肯定不会太好，甚至会令孩子厌烦，产生逆反心理。而如果我们假定音乐是孩子的最佳才能，则应让孩子由内而外地对自己学音乐生出信心和兴趣。具体该怎样做呢？下面有几种简单的办法供父母来参考。

1. 无论有多忙、多累，每天都要抽出时间和孩子交谈

交谈的范围要尽量宽泛，有意识地引导孩子去扩大知识面。说话时还要轻松、自如，不要给孩子造成紧张感。在孩子面前说了不切实际的话，要及时纠正；孩子说了不实际的话，不要紧张，要让孩子慢慢认识并自觉纠正过来。

美国的心理学家詹·姆斯曾设计了这样一组家庭对话：

"对不起，孩子，请陪爸爸说一会儿话，好吗？"

"哦，告诉我，今天你都做了些什么？"

"你没叫妈妈帮你做事吗？"

"你忘记了要把自己的房间收拾漂亮一些了吗？"

"好吧，让爸爸看看你做没做好。"

"你一定会做自己的事。"

"嗯，不错不错，你这样下去，将来还可以替自己做更大的事。"

"你一定会做一件了不起的事。"

和孩子交谈时，父母便可以进行"假定最佳才能区"的引导，比如，你希望孩子成为一个世界冠军，便可通过一些对话，引导孩子身体力行。

面对学前的孩子不喜欢吃饭或吃饭很慢时，说：

"嗨，孩子，我们来比一比，看谁先吃完这碗饭。"

当他不想走路，希望谁抱一下或坐车时，说：

"对了，咱们比赛，看谁走得最快。"

"看谁最先爬上楼梯。"

年龄稍大些，进入学龄的孩子不喜欢劳作时，你可以说：

"来，孩子，咱们比一比，看谁的衣服穿得快。"

"看谁把自己用过的碗洗得干净。"

"看谁会帮妈妈择菜。"

"看谁干的家务活儿多。"

总之，多和孩子交谈，一方面可以和孩子达到心灵的沟通，增加亲情感；另一方面，可以利用日常生活中的小事随时引导，激发孩子的运动活力和竞争意识。

2. 无论多忙、多累，每天都要称赞孩子

赞扬对孩子的作用，在许多教育书籍中都有详尽的阐述，这里就不多说。父母在假定了孩子的最佳才能区后，就应当有意识地围绕这一区域对孩子进行鼓励、表扬。

比如父母假定文学是孩子的最佳才能区，其赞扬的话语可以是：

"宝宝的故事讲得真好！以后宝宝是不是能自己写这么好的故事？"

"你把这首诗背出来了，了不起！"

"你这个词用得好，真聪明！"

"这是你写的作文？真想不到，写得太生动了！"

赞扬应该是有针对性的，不要笼统地说"真不错"，而要具体到孩子行动的某一点。赞扬不要过于简单，在称赞了孩子一句之外，父母应该就此深入，与孩子展开谈论或激发孩子的兴趣，或询问孩子的感想，或纠正孩子的不足。

赞扬应来自多方面，让亲戚朋友也来赞扬孩子，还有老师，孩子最为看重的是老师的赞扬。

3. 无论多忙、多累，每天都要抽出一点时间陪孩子看电视节目

堪萨斯大学的心理学家阿莱沙·休斯顿曾对"孩子们从电视上能学到什么"进行专题研究，发现看过电视的小孩，知识面宽阔，心智健康。休斯顿同时提出，当然，对小孩看电视的时间要有控制，内容要根据孩子的特长和兴趣有所选择。

父母希望孩子在音乐上有所发展，便可选择看一些音乐歌舞晚会，以及专题的音乐节目，尤其是少儿音乐节目。父母陪孩子看电视时，一要正确加以诱导，在孩子不理解时加以解释；二要善于用自己的情绪感染孩子，带动孩子。

4. 无论有多忙、多累，每天都要抽出一点时间和孩子一起做游戏

和孩子一起玩的游戏可以分为两种类型：一种是有意识的；一种是无意识的，而常常以无意识的居多。

把绘画假定为孩子最佳才能的父母，不妨在日常生活中设计一些游戏。

①找差异：两幅几乎一模一样的图，存在某些细节的不同，和孩子比赛，看谁找得多，找得快。

②记颜色：把一幅画所用的颜色记下来。

③调色板游戏：准备大大的调色板和各种色彩，让孩子随心所欲地调出各种色彩来。

④补画：父母在纸上画一个物体，如一条鱼的身体，让孩子补画出其他部分，鱼鳍、鱼尾等。

总之，要让孩子在不知不觉的生活和游戏中，从被动过渡到主动，从游戏过渡到兴趣，从父母的"假定"到孩子的"坚信"，形成自觉的愿望和追求，把"假定"的才能转化为"实际"的才能。

提高孩子的多种能力

一、怎样发现和提高孩子的想象力

1. 想象比知识更重要

想象是人类飞翔的翅膀,是我们获得自由的条件。任何一个孩子都是极具想象力的天才。还未经文明熏染和污染的孩子,其思维模式还没有被纳入社会公认的体系中,他们天马行空、稀奇古怪的想法其实正是可贵的想象力的火花。无数充满奇思妙想的孩子长成了思想贫乏单调的成年人,这里要责怪的,自然不是孩子,而是父母、老师等长辈。

老师提问:"雪化了变成什么?"

"变成水!"大家异口同声。

一个小女孩回答:"变成了春天!"这个回答是多么富有想象力,又是多么富有艺术性,可居然被判为零分。因为老师认为,这个问题的标准答案不是这样。

父母问孩子:"树上有五只鸟,被人用枪打死一只之后,树上还剩下几只鸟?"提出这个问题的目的当然是想让孩子回答:"一只也不剩下,都被枪声吓跑了。"据说这是一道"脑筋急转弯"的试题,可以测试你的聪明程度。

孩子回答:"还有三只。"父母愕然:"怎么可能?"孩子解释:"爸爸被打死了,妈妈吓跑了,剩下三个孩子不会飞。"这是一个充满情感的回答,又是一个极现实的回答。可是,父母则大声呵斥:"什么乱七八糟的!你脑袋里从来就没想过正经事儿!"

孩子记住了"标准答案",可谁来计算他们失去的东西?

近日,我国教育机构开展了"中国城市儿童想象和幻想研究"的课题。该课题采用随机整群抽样的方式对北京、上海、重庆、沈阳、南昌、郑州6个城市的1888名中小学生开展问卷调查。研究结果表明，我国中小学生想象力水平相当低。这种情况引起了许多教育学者的忧虑。

2. 容忍孩子异想天开

宽容是什么？就是尽量减少孩子身边的条条框框，尽量减少用成人的固定观念和思维模式去影响孩子，让他们保留一个可以自由幻想、自由创造的天地。

一篇故事应该如何解释，画应该怎么画，以及对形形色色问题的回答，孩子很可能都与大人意见不同。当父母的应该理解这种不同，尊重这种不同，即使心里有千般委屈、万种牢骚，也不要轻易用"错"来否定孩子，把孩子的思想统一到自己心目中的"对"的一方。

有位作者写到这样一件事：一位美国美术教师来到昆明进行教学交流，她看到中国孩子们的画技非常高，有一次就出了一个"快乐的节日"的命题让中国孩子去画。结果，她发现很多孩子都在画一个同样的事物——圣诞树！

她觉得很奇怪：怎么大家都在画圣诞树？经过仔细的观察，她发现教室后面的黑板上画着一棵圣诞树。孩子们正在一笔一画地照着描。于是，教师把墙上的圣诞树覆盖起来，要求孩子们自己创作一幅画来表现这个主题。

没想到，这可令那些画技超群的孩子为了难。他们抓耳挠腮、冥思苦想、痛苦万状，就是无从下笔。最后，她只好又把墙上的圣诞树露了出来。

为什么会这样呢？中国的孩子画画喜欢问"像不像"，美国的孩子画画则喜欢问"好不好"。两者的区别在于："像"是有样板、有模型的，而"好"则没有一定的章法。中国的孩子之所以喜欢用"像"来评价自己的画，自然是父母、老师给他们灌输了这样的价值标准。

想想您是否也给孩子施展过类似的压力？根据"像不像"评价孩子的绘画，根据"合不合一般逻辑"评价孩子的回答……这些，正是想象力最大的敌人。

人类的感官功能是非常有限的，能看到的，能听到的，能闻到的，能感受到的东西，同极其丰富的自然物质相比，实在是太小太小了。但想象力弥补了人类的这一缺陷，从而使人类拥有了一个同大自然一样丰富无比的主观世界。这个主观世界尽管充满着梦想、假象、虚幻，但也时时给人带来同客观世界相吻合的惊喜。科学史上种种假说被证实，就是其突出表现。

要保护和提高孩子的想象力，最重要的一点就是给孩子一个自由的空间，让孩子畅所欲言。要鼓励孩子敢于发表自己的看法，哪怕是错误的，也应让他说完，适时而又恰当地给予指导，在民主平等的家庭关系下成长的孩子，思维比较活跃，分析问题也比较透彻，对某些问题也敢于提出自己的看法，不容易受暗示。相反，在父母专制气氛下成长的孩子，往往显得思维呆板，不敢畅所欲言，也提不出新的观点，而是看父母的脸色行事，容易受父母的暗示而改变主意，或者动摇于各种见解之间，或是盲从附和随大流，这就影响了思维独立性的发展。

我们能发现，在许多杰出成就的科学家、发明家身后，都站着他们宽容的父母。他们对孩子的异想天开、特立独行，甚至一些被常人以为是疯狂荒唐的举动，都能以平静、温和的态度对待，也许他们并不懂太多的教育，也许他们也只是一种无意识的感觉，但他们这种态度对孩子，乃至对人类科学史，作用都不可低估。

牛顿尚未出生父亲便已病逝，母亲生下他又改嫁了，因此牛顿无人管教，整天在野外跑着玩。在大自然中无拘无束的生活使他能够与花草树木、鱼虫飞鸟及大自然的风雨阴晴亲近，他渐渐养成了热爱自然、面对自然中的一切爱问为什么、爱动脑筋的习惯。面对自然，他总是充满好奇。一次，牛顿发现太阳光下的人影随着时间的流逝在移动，好奇心促使他不断地观察这一现象，终于做了一个日晷，让外婆用太阳的影子来计时。还有一次风暴骤起，人们都躲进了屋子，牛顿却在大雨中跑来跑去，用苹果摆上记号，测量距离，原来这只"落汤鸡"在计算风的速度。

爱迪生童年时，对周围发生的一切事情，也总是充满着好奇心，具有探索、冒险精神。他5岁时有一天忽然失踪了，爸爸四处找他，最后发现他在鸡窝里蹲着。原来爱迪生看见母鸡在鸡窝里孵出了小鸡，就好奇地想自己也来试一试，看看能不能也孵出小鸡。于是，人们把爱迪生称为异想天开的"呆子"。您的孩子也许有类似的许多表现：喜欢爬树、探险，捉小鱼小虾养着玩，想象月亮是顶草帽……那么，您是如何对待他们这些表现的呢？

3. 富有想象力的孩子是这样的

(1) 天资聪明，风趣幽默

俄国伟大的科学家罗蒙诺索夫诞生在一个渔民家庭。从小他头脑聪明、风趣幽默、好学善问，是个卓尔不群的孩子。海滨渔村只有铺晒渔网的场所，没有上学的地方。他就创造条件学习，有时把邻居的书借来看，有时趁着跟爸爸去镇上卖鱼的机会，带着疑难问题到姑姑家里，找表哥或表弟帮助解答。一次，姑姑逗他说："这次上学迟到了，下次得注意呀！"罗蒙诺索夫也风趣地回答说："是！下次上学保证不迟到。"

天资聪明而又刻苦学习，终于使罗蒙诺索夫成为一位著名的科学家、学者、诗人，还是一位教育家。他创办了莫斯科大学，著有《论化学的效用》《真实物理化学概论》等。

(2) 有旺盛的求知欲和强烈的好奇心

孩了有一个特点，他们总是坚信自己所学的知识是对的，却很少想这些知识有什么不对之处。因此，孩子总是用前人用过的传统方式去看待事物。这样，他们只能见到前人已见过的东西，只能想到与前人已经发现了的东西有什么联系，却容易忽略有什么新的联系。而有旺盛求知欲和强烈好奇心的孩子却不这样，比如小爱迪生发现母鸡在孵化小鸡，就去尝试着自己孵小鸡。有好奇心的孩子，对新鲜事物特别感兴趣，并且发现有意义的问题以后，能够请教老师和父母，因此，他们进步很快。

(3) 触类旁通、思维流畅，能把他人和自己的经验结合在一起

父母要做孩子的先导者，在教育孩子的最佳时期引导孩子进行创造性的思维。科学史上，具有创造性思维、善于洞察事物之间联系的人，其作用相当大！正如爱因斯坦所说："为什么有些重要的科学理论往往是没有受过系统教育的人提出来的呢？正是他们具有创造性思维能力，能用新的方法去看待已有现象之间的关系，从而发现许多连专家也尚未发现的联系。"比如，17世纪天文大师弟谷是丹麦天文台台长，他经过30年的观察，积累了大量的天文资料。但是，他总是按前人的观点，尤其是按照哥白尼提出的行星绕太阳运行的轨道是个正圆的错误观点去思考问题。所以，他的这些宝贵资料仅为单个独立的资料。而当时没有太多天文知识的开普勒，他运用了创造性的思维方法，通过对弟谷的大量资料的研究，终于找到了它们之间的联系，发现原来所有的行星绕太阳的轨道都是椭圆形的。

(4) 喜欢幻想，爱做"白日梦"

因为学校的教育大多因循守旧，强调抽象语言和有序的学习方法，所以一些思维活跃的杰出人才常常不能被发现。历史上，许多后来被证明是最杰出天才的人都未被及早发现，有的甚至受到误解和埋没。

被誉为"发明大王"的爱迪生，小学考试时总是倒数第一。老师向父母告状："你那孩子就会捣蛋！有回上算术课，别的学生听得挺专心，可他偏没话找话，'老师，二加二为啥等于四呀？'你说这不是捣蛋是什么？"其实，爱迪生的创造性思维方式与传统的日常功课格格不入，他将时间花在做"白日梦"上，思考自己感兴趣的问题，因而对学校的功课很少用心。

(5) 爱学善问，兴趣广泛

火柴的发明者是一位名叫查理·索理亚的中学生，他从小就是一个爱学善问、兴趣广泛的孩子。他在小学读书时，不仅门门功课成绩名列全班之首，对自然常识还特别感兴趣。别的孩子做完作业就算完事，他却不然。

虽然老师在课堂上已经给他们做过了试验，他回到家里总要亲手再试上一试。火柴的发明就是他在一次化学实验中的意外收获。老师讲过，硫黄、氯酸钾、磷都是易燃品，可做炸药……他就想，既然它们是易燃品，能不能用来做成理想的火柴呢？于是，他在家里搞起了试验，经过多次努力，终于成功了。

(6) 敢于对现状质疑，具有独立思考和工作的能力

意大利伟大的科学家伽利略的幼年，大部分时间是在修道院里度过的。孩子们进入修道院后，首先受到的教育是上帝创造世界一共用了6天时间。

牧师讲完后，大多数小孩子都伸直小手争先恐后喊："明白了！"可是伽利略想：我怎么就和其他同学想得不一样呢？我怎么总有疑问呢？比如，上帝从哪里取的材料呢？有谁看见了呢？我可不能不懂装懂！

从此，伽利略对天地间的事情产生了强烈的兴趣。他找来有关的书籍进行阅读，有关故事他也都想听听，尤其是有关天地间的奇怪现象，他更是想一睹为快。为了弄清楚天上的日月星辰、银河云雾等自然现象，他花了十几年的时间，制成一架能放大32倍的望远镜，终于亲眼看到了天体部分真实的现象，为人类的天文学做出了卓越的贡献。

(7) 爱别出心裁，搞点花样

美国的莱特兄弟是一对爱别出心裁、搞点花样的人。兄弟俩本来是靠修理自行车过活的，本可以守摊混饭吃，但他俩并不满足现状。

一天，兄弟俩在门前马路上试骑刚修好的自行车，由于车闸失灵、路陡坡大，自行车一下冲了出去，吓得路上的鸡、鸭到处乱飞！

"哎！咱们的自行车要是能往天上飞，那该多好！""把汽车、火车都安上翅膀，就都能上天了！"兄弟俩真想搞点花样。

"连小孩子都明白，铁跟空气比谁重谁轻，想让很重的发动机飞上天，那不成神话了吗？"莱特兄弟的"花样"受到很多人的反对。

但是，莱特兄弟没被困难吓倒，他们一边学习理论知识，一边经常观察雄鹰盘旋、燕子高飞，花了大量的时间在家钻研。经过十多年的努力，终于制成了第一架双翼飞机。兄弟俩高兴地把这架用内燃机做动力、用木料做骨架、用帆布做机篷的飞机叫作"飞行者号"。从此，莱特兄弟开辟了航空科学的新纪元。

4. 激发孩子的想象兴趣

幼儿初期，想象没有预先的目的，只是在某种刺激物的影响下，自然而然地想象出某种事物的形象。如果影响他的事物发生变化，想象的主题也就随之改变。一个3岁多的小女孩无意地在纸上涂抹，结果画出的线条与苹果相似，引起她头脑中出现苹果的形象，于是孩子雀跃欢呼："红苹果！"一会儿，她再无意涂画几笔，画纸上的线条又变成另一种形式，她又会说："我在画小鸭子。"而五六岁以后的孩子则逐渐能依据故事的已有情节，续编出故事结尾。这表明，孩子的有意想象开始发展了。

幼儿的想象主要是再造想象，一个在"娃娃家"游戏中扮演爸爸的小男孩，尽管装得那么一本正经，然而他的言行举止、态度、表情却几乎是对自己父亲言行的模仿。可见，孩子的想象在很大程度上具有复制性和模仿性，想象的内容基本上都是重现一些生活中的经验，这一特点在幼儿初期表现得最为突出。

要使幼儿丰富而单纯的想象转化、定型为富有创造性的想象力，父母必须有意地激发孩子的想象兴趣，促使他们的无意想象向有意想象发展。大诗人歌德的想象力，就是在他母亲激发想象兴趣的情况下发展起来的。歌德的母亲讲故事到最有兴趣的地方就停下来，留下一点精彩的情节，造成悬念，让小歌德自己猜想，从而激发歌德想象的兴趣，促进有目的、自觉的想象。等到下一次继续讲故事的时候，他母亲就先让歌德把自己的猜想说出来，想得好就表扬，想得差就启发再想，最后才由他母亲补充。歌德丰富的想象力就是这样发展起来的。要激发孩子的想象兴趣，父母不妨从以下几点着手。

(1) 不要有问必答

从心理学的角度讲，好奇心是人对自己不了解的事物感到新奇而有兴趣进行探究的一种心理倾向，它是推动人们主动求异，进行创造性思维的内部动因。好奇心在孩子身上尤甚，其基本表现就是不断地提出"是什么"和"为什么"的问题。对待孩子提出的问题，不要"有问必答"。有些问题可以鼓励和引导孩子自己思考寻求答案。

(2) 赞美孩子的想象力

任何孩子在日常生活中都会表现出想象力、创造力。比如，孩子一会儿把扫帚当马骑，一会儿把它当冲锋枪，一会儿又用它来堆雪人，其中有丰富的想象，有"发散思维"，父母不要把这种小事轻轻放过，夸奖孩子几句，效果可能大不一样。

(3) 教孩子有趣地解决问题

在日常生活中，孩子经常碰到一些小困难、小问题，每当这时，不要急于帮孩子解决，而要让他自己想想办法。

① 小猫把球掉到了河里，很着急，你帮它想想办法，怎样才能把球取上来，办法想的越多越好。

② 水可以做什么用？(有洗头、洗衣服、洗水果等属洗涤类的用途，还有饮用、灭火、饲养、发电、做掺和剂、冷却等变通性用途。)

③ 父母把一块小积木放进一个不能伸进手去的瓶子里，让孩子在不翻倒瓶子的条件下，想办法把积木从瓶中取出来。孩子想的办法越多，而且比较合理越好。

④ 给孩子两个三角形，要求他拼出5种以上的图形。

(4) 趣味讲故事

讲故事、猜谜语是发展孩子想象力的重要途径。孩子酷爱听故事，尤其是最能促使孩子想象的童话和神话故事。

歌德母亲要孩子续编故事的做法，对培养歌德的记忆力和想象力十分有益。您不妨也试试。另外，"按主题编故事"，您不妨也试试。譬如主题"一个星期天"，让孩子根据这一主题想象，编出故事，还可以根据故事的开头编结尾。

故事：在一棵大树下，有一只狡猾的狐狸，它几天没有吃东西了，肚子饿得咕咕叫。忽然，它抬头一看，树上有一只蹦蹦跳跳的小松鼠。狐狸眼珠子骨碌碌一转，说："小松鼠，你爸爸会闭着眼睛跳下来，你会吗？"小松鼠说："我当然会啦。"说着，它闭上眼睛往下一跳。狐狸连忙跑过去，一把抓住小松鼠，刚要往嘴里送，这时……后来，聪明的小松鼠没有让狐狸吃掉，你知道它想了什么办法吗？

(5) 让孩子进行"情景描述"

父母可以启发和诱导孩子，使孩子尽可能想象得丰富些。比如，可以经常向孩子提类似的问题："这是一个春光明媚的早晨，想想看公园里会怎样？""昨晚，刮了一场大风，想想看街上会是什么样子？"要求孩子根据他的想象描述给您听。

(6) 指导孩子多接触、多观察事物，加深对事物的理解，丰富知识，增加表象储备，为想象力的发展做好准备

想象的内容尽管可以千奇百怪，却受已有知识的影响，以已有表象为基础。有人曾做过这样的实验，让幼儿园的孩子想象人类祖先的形象。结果孩子们都把现代老爷爷的样子当成了人类祖先的形象。这就说明缺乏表象储备难以有正确的想象力。

(7) 在音乐、绘画中表现

让孩子在充分感受音乐时，可以要求他为歌曲配上动作，鼓励孩子表达内心的情感。

为歌曲写新词时，可以注意让孩子掌握基本曲调，启发他为其添新词。

让孩子画意愿画，可以使孩子自由发挥自己的想象。也可给孩子规定一个主题，让孩子围绕这个主题，通过对知识经验的回忆来加工与绘画。比如，要求孩子画小猫，孩子可能画小猫钓鱼、小猫捉老鼠、小猫的一家、小孩抱着小猫、加菲猫，还可能画《宠物小精灵》里的喵喵和猫老大等。

5. 将孩子引入游戏王国

孩子的整个游戏王国是靠想象支撑的，在游戏中，孩子的想象异常活跃，一个孩子抱着"娃娃"做游戏的时候，她不仅把自己想象成"妈妈"，还要想象"妈妈"怎样爱护自己的"孩子"；当她把一顶白帽子扣在小脑袋上，煞有介事地做医生的时候，头脑中就会不断地进行着有关方面的想象活动。您只需要假装摸摸布娃娃的额头，故作惊讶地说："哟，孩子是不是发烧了？"那么，小女孩就会沿着自己"孩子"发烧的问题展开无穷的想象。

专家们认为，玩具和游戏材料是引起孩子想象的物质基础。父母为孩子提供各种不同的游戏材料和玩具，可以促使孩子去做相应的游戏，产生相应的想象。一副几何图形的结构玩具，可以促使孩子自由想象，组成自己喜爱的各种形体；一个布娃娃可使孩子想象妈妈照顾孩子的情景。

为孩子选择游戏材料和玩具时，衡量的标准不在于价钱昂贵与否，而在于看它能否给孩子自由发挥想象力的余地。一只废可乐瓶，经过孩子的改造，可以把它想象成医院里给病人悬挂的"盐水瓶"；经过创造想象，半块核桃壳，用橡皮泥粘上头颈则成了"动物园"里的乌龟；一个可以随意改变形状的玩具比那些制作精巧但不能动手的观赏玩具更能发挥孩子的想象力。

任何孩子都酷爱游戏，但并不是任何孩子的想象力都能在游戏活动中获得最大限度的发展，如何更有效地通过游戏培养和发展孩子的想象力，关键就在于父母如何"导演"了！

下面，介绍几种指导孩子游戏的"方案"，通过这些游戏，孩子的想象力会得到发挥和锻炼。

(1) 想象游戏法

想象力丰富的孩子思维敏捷，智商较高，精力集中，动作灵活而准确。为了证实这几点，宜给孩子设计想象丰富的游戏并诱导去做。具体形式多种多样，例如积木建筑游戏法、模仿司机驾车法。儿童玩积木时，首先在头脑中设想着盖一座高楼，或一座小别墅，也可以是亭台楼阁，坐在小椅子上"开汽车"时，他们把椅背当方向盘，模仿着司机开车的动作以及全神贯注地正视着车行的方向，这些游戏都是凭想象完成的，离开了想象，这些游戏也就失去了意义。

(2) 手影游戏法

借助灯光用手做各种姿势，通过投影让儿童观察墙上所反映的形象，随着手指的灵活变换，墙壁上就会出现非常逼真，且能活动的小动物形象，有的像大马，有的像鹰，有的像小狗，有的像小兔，有的像小山羊，有的像小松鼠……然后让孩子模仿。

(3) 假想伙伴游戏法

在日常生活中，不少幼儿都有一个无形的朋友(假想伙伴)，也许是以前和他玩过的、但目前不在身边的小朋友，也许是画报中的人物形象，也许是一个动物。当幼儿独处时，为了解除孤独感，宽慰自己，头脑中就会产生这些伙伴的形象，且这些形象在幼儿身边有时被现实化了，被当作真的，于是，我们就会见到他与假想伙伴做游戏的情景。

目前，科学研究已揭示了幼儿假想伙伴的现象。一般说来，幼儿与假想伙伴的游戏发生在2岁半至6岁之间。心理学家皮亚杰认为，这时幼儿的思维处于前运算阶段，其特点是幼儿开始具有信号功能，产生了表象，可以摆脱动作的束缚，利用表象进行思维。幼儿与假想伙伴的游戏正是利用头脑中伙伴的表象来进行的。这与玩具游戏是同一性质的。用智力量表和创造能力量表测验，发现有假想伙伴的幼儿智力较高，并且有创造性。

幼儿与假想伙伴做游戏是一种正常的现象，不了解此现象的父母则怀疑孩子生了病，这是错误的认识。父母不仅要赞赏幼儿做假想伙伴游戏，而且还要主动设计假想伙伴游戏，目的在于了解孩子的想象力、记忆力。

(4) 情节游戏法

情节游戏，就是开动脑筋，想出孩子易懂的情节，利用孩子日常见到的情节，以孩子的兴趣和积极的情感为基础。情节游戏，对不到两岁孩子的大脑发育尤为重要。

父母给自己的孩子买来了一个洋娃娃或一条玩具狗。把玩具交给孩子时，父母可以说，这个玩具多美。接着，父母可以同孩子一起端详玩具，然后指给孩子看玩具的眼睛、耳朵、鼻子、手或脚、尾巴等，孩子也会跟着你这样做。然后，父母可以教孩子哄洋娃娃睡觉，用被子把洋娃娃裹起来，这样就教会了孩子做第一个有情节的动作——哄洋娃娃睡觉。

下一次，孩子喂洋娃娃或玩具狗时，父母可以摆上洋娃娃餐具，也可以用其他材料做假设的餐具，如用小棍子当匙，用一片叶子或树皮做碟子或碗。给洋娃娃或玩具狗喂食之后，父母可以提示孩子带它去散步或同它一起跳舞，还可以教孩子给洋娃娃戴上帽子或给狗系上头巾，因为户外天气冷、狗还小，会冻坏耳朵的……那么洋娃娃或狗是否感到冷了，是否该领它去散步，它是否会跳舞，洋娃娃是否累了该睡觉了，孩子这时自己会想出新的情节，再不需要做提示了，这是情节游戏中最主要的。

孩子可做的情节游戏是多种多样的，还会把几个情节游戏联合成一个整体的情节。

(5) 绘画游戏法

孩子早期绘画的形成和发展，是早期教育的一个极其重要的方面，由于孩子爱动爱玩，采用绘画游戏进行绘画训练可以启发孩子的智慧，丰富孩子的想象力。

绘画游戏的方法很多，如故事法、猜谜法、吹画法、滚画法、捉迷藏法……孩子喜欢听的故事更多，像"小蝌蚪找妈妈""小猫钓鱼""龟兔赛跑""小鸭学游戏""米老鼠"……故事中的动物形象都是孩子入画的内容。如教孩子画小兔，父母可给孩子讲"小兔的故事"："从前兔妈妈有三个孩子，一个叫长耳朵，一个叫红眼睛，另一个叫短尾巴……"小兔的基本特征通过这三个小兔的名字概括出来，父母边讲故事边教孩子学画，如果画得相当不错，则表明孩子具有一定的绘画才能。

 附录：测试表格与解释

你的孩子具有想象力吗？

以下问题可通过选择如下a、b、c选项作答：

a. 经常　　b. 有时　　c. 从不

① 你的孩子经常编故事吗？

② 你的孩子在复述别人讲过的故事时，经常会重新加工吗？

③ 你的孩子看过漫画后，会很有逻辑地把漫画内容完整地讲出来吗？

④ 你的孩子可以按照成人的语言或图画描述出他从未见过的东西吗？

⑤ 你的孩子会问一些很奇特的东西吗？

⑥ 你的孩子喜欢画一些从未见过的东西吗？

⑦ 你的孩子能够根据别人的描述画出这种东西吗？

⑧ 你的孩子喜欢听一些童话或科幻故事吗？

⑨ 你的孩子会根据简单的知识设想一种有实用价值的"发明"吗？

⑩ 你的孩子在听完童话故事后能画出故事中人物的卡通形象吗？

计分

a=3分，b=2分，c=1分。

说明

得分15分以下，你的孩子想象力很低。

得分16～22分之间，你的孩子具有较丰富的想象力。

得分23分以上，你的孩子具有超常的想象力。

二、怎样发现和提高孩子的创造力

具备前所未有的思想或创造出从未有过的东西的能力，叫作创造发明能力。创造发明能力是一种生产性思维活动，它是人类经常进行的最高级的精神活动之一。

创造发明能力的大小，被社会公认为衡量一个人能力大小的标准。但是，一般情况下，人们总是把创造发明能力估计得高深莫测，其实，每个人都具有创造发明能力，只是大小有所不同或者社会价值有大有小罢了。

三四岁孩子的创造发明能力，比起已经失去灵活思维的成年人，能产生更为惊人的结果，这种情况是屡见不鲜的。

应该说，所有的人都具有创造发明能力。但是，很多人原有的创造发明能力却早早地被破坏掉了。有的早在进校之前，顶多不过保留到进学校不久！所以，我们应该尽力避免孩子创造发明能力被抹杀，应该尽早发现、及时训练这一方面的才能。

当然，尽管所有的人都具有创造发明能力，但并不是所有的人都具有贝多芬、毕加索、爱因斯坦和爱迪生那样的创造发明才能。人们在这方面的才能通常可分四大类：创造发明能力完全丧失；普通创造发明能力；优秀创造发明能力；创造发明天才。

我们要强调的是，创造发明能力与智力、学习能力并不是一回事，而创造发明能力也不是人们对问题获得唯一正确解答的一种能力。所谓创造发明能力，是思考出过去谁都不曾有过的、崭新的、解答的能力，这是一种特殊的能力。如果孩子能提出不同寻常、出人意料的询问，回答出新奇的观点，也正是孩子运用了与成人不同思维形式的成果，这正是他难能可贵之处！

杨振宁教授1995年初曾来国内讲学，一位记者问他："您在国外教书多年，您看中国学生和外国学生有哪些不同？"杨教授回答："在国外，中国留学生无论在普通大学还是一流大学，学习成绩都是非常出色的。但中国留学生胆子小，老师没讲过的不敢想，老师没做过的不敢做。"一位留德学者曾说："如果教师提出一个问题，十个中国学生答案往往差不多，而在外国学生中，十个人也许能讲出二十种答案。尽管有些想法非常离奇。"诺贝尔奖得主美籍华人朱棣文教授说，美国学生学习成绩不如中国学生，但他们有创新及冒险精神，所以往往创造出一些惊人的成就。他还说，创新精神强而天资差的学生往往比天资强而创新精神不足的学生能取得更大的成绩。以上三位学者道出了中国学生创造力缺乏的现状。另有调查资料表明，当前我国大学毕业生中，95%以上的人长期不能或不会进行各种创造发明活动。当今的世界正迅速走向知识经济，创造性的活动正在逐渐取代重复性的非创造活动。创造性的知识活动成为人们活动的主要形式和社会发展的强大杠杆。可以说，当今世界的时代精神就是创新精神。科技的发展，知识的创新，越来越决定着一个国家、一个民族的发展前途。在竞争激烈的信息社会里，不创新就落后，就死亡。因此，创新意识的培养能保证孩子在竞争中立于不败之地。

1. 发现孩子的创造潜能

你试过吗？你孩子的思维有没有创造性？如果你花一点时间观察和试验，也许有令人惊喜的发现。

创造性思维表现有三种：一是流畅性，譬如给您一个空罐子，看您能想出多少用途来，越多越流畅；二是变通性，譬如一个空罐子您可以把它归属于多少个类别中去，越多越变通；三是独创性，譬如您读完一篇文章，便有自己的结论，见解很独特，和人家的观念不同，这表示您的独创性很高。

那么，怎样测定孩子的创造性或创造力呢？目前不少国家都在研究用于测定创造力的试题，但这些试题的合理性仍然是一个值得探讨的问题。人们使用较多的一个方法是多兰斯提出的方案。他认为以下这些项目是孩子富有创造力的特征。

① 常常专心致志地倾听别人的讲话。
② 说话或作文时常常使用类比和推断。
③ 能较好地掌握阅读、书写和描绘事物的技能。
④ 喜欢对权威性的观点提出疑问。
⑤ 爱寻根究底，弄清事物的来龙去脉。
⑥ 爱好细致地观看东西。
⑦ 非常希望把自己发现的东西告诉别人。
⑧ 即便在干扰严重的嘈杂环境中，仍埋头于自己的研究，不大注意时间。
⑨ 常常能从乍看起来互不相干的事物中找出相互间的联系。
⑩ 即使走在街上或回到家里，仍然喜欢反复思索课堂上学的东西。
⑪ 有较强的好奇心。
⑫ 常常自觉不自觉地运用实验手段进行研究。
⑬ 喜欢对事情的结果进行预测，并努力去证明自己预测的准确性。
⑭ 很少有心不在焉的时候。
⑮ 常常将已知的事物和学到的理论重新进行概括总结。
⑯ 喜欢自己决定学习或研究的课题。
⑰ 喜欢寻找所有的可能性，常常提出："还有别的办法吗？"

上述17个项目是供父母发现自己孩子是否具有创造力的潜能及其未来成才发展趋势的。

2. 你会训练孩子的创造力吗

创造力的高低，既有天赋的因素，也有后天条件或环境陶冶的影响。家庭的培育是创造力发展的重要因素。训练和开发孩子的潜能，是培养孩子创造力最有效的途径。

要培养和提高孩子的创造力，父母应持有以下4种态度。

(1) 正确对待孩子的特点和表现

创造力高的孩子往往会有"奇思怪想",与众不同,父母切忌随意讥笑或斥之为怪物。在考察孩子的创造力时,最忌讳的便是告诉孩子:"你怎么不像你大哥?"人比人气死人,孩子的创造力越高,越不一样。

(2) 要创造良好的条件和环境

要马肥,你得有草让它吃,可以不用人去喂它,却要有"草"的环境。同理,要孩子具有创造力,非得创设环境不可。家里可以买些孩子看得懂的创造发明的故事书籍;玩具坏了,不必动不动就买新的,可以提供一些简单工具,让孩子动手改造、修理。

(3) 让孩子有机会模仿创造的"楷模"

创造在于求变求新,怎能模仿呢?其实,模仿的是创造的态度、创造的情操。父母只一味地买新衣服,而不将旧衣服改制成新衣,她的女儿就很少有机会模仿这样的创造态度。透过"模仿",可以感受到创造天赋。

(4) 鼓励孩子的创造

日常生活中,孩子的创造往往很难得到鼓励。固然,父母很难判断孩子的这些作品或想法的是非,这没有关系,您应该记住一点,孩子的"有心创造"这种精神就值得您给予特别鼓励。

做父母的急于知道自己的孩子有没有创造力,那么,你是否想过这个问题,自己是否为孩子创造了良好的环境,以利于孩子创造潜能的开发呢?

 附录:测试表格与解释

父母在训练孩子创造力方向的表现

以下问题可通过选择如下a、b选项作答:

　　a. 完全或基本做到　　　　b. 没有做到

① 坚持与孩子每天欣赏20分钟古典音乐。

② 每两周与孩子欣赏一次画展。

③ 每周让孩子做一次"左手写字"练习,大约15分钟。

④ 强迫孩子改掉左撇子的习惯。

⑤ 过分激励孩子,对孩子寄予高期望值。

⑥ 对孩子的指导采取专制性的和命令性的。

⑦ 根据自己的条件而制定孩子的训练目标。

⑧ 与孩子进行推心置腹的交谈,让他惊喜地发现你——不再只会斥责他(她)。

⑨ 每三周发现或培养孩子的一种兴趣。

⑩ 在辅导孩子功课时,半小时内不能完成的才给予讲解。

⑪ 为孩子的发展,提早学习学校的课程。

⑫ 限制孩子的游戏，防止孩子变坏。
⑬ 与孩子共同制作一件他喜欢的"土玩具"。
⑭ 为孩子买一件新礼物，但要求他(她)能发现游戏的另一种玩法。
⑮ 带领孩子到自然中去，启发他观察周围的植物和昆虫。
⑯ 一同与孩子把家中早已不用的"老闹钟"打开，观察其内部构造。
⑰ 除了学校外，每周要求孩子参加一次集体游戏。
⑱ 因为孩子年龄小，一些事情不愿意去做，可以原谅。
⑲ 教导孩子认识现实——不要根据自己的要求和喜好歪曲事实。
⑳ 带着孩子介入许多领域，丰富孩子的人生经验。
㉑ 鼓励孩子与他人建立友好关系。
㉒ 鼓励孩子频繁参加各种竞赛。
㉓ 每周给孩子讲一个名人小时候克服困难的故事。

计分

a=2分，b=0分

说明

总分在26～34分，表明父母在训练孩子创造力上十分出色，既科学，又系统，有的放矢。

总分在16～25分，说明父母基本具备了训练孩子创造力的能力，但缺乏系统性。

总分在15～14分，则说明父母根本不懂如何训练孩子的创造力。

父母有时会认为子女"不是那块料"，其实最根本的原因，是自己没有识才的眼光和育才的水平。"先有伯乐，后有千里马。"因为父母教育的种种疏忽和失误，多少孩子的天资被埋没和压抑了！

对子女的期望必须建立在对父母自身的教育和对孩子成长环境的构建之上。

3. 鼓励＋创造＝未来

艾夫琳·彼得森是美国的专业幼儿早期教育顾问，最近在她主持的专栏中，有父母问了这样一个问题："我们是个热爱艺术的家庭。我们希望3岁多的宝宝能继承这项爱好。那么我们应该怎样做才能鼓励宝宝的创造力呢？"

的确，创造力在现代的竞争社会里越来越被重视了。相信大家和我一样有兴趣看看专家的回答：

"作为父母，你在家里挂的画、参加的活动、你看的书籍、你弹奏的音乐等，都向孩子显示了你对于艺术的重视。然而，要真的培养起孩子的创造力，主要取决于你的态度和你同孩子一起做的事。"

虽然它所导致的结果，往往是我们可以听到、看到和摸到的东西，但创造力并不是一件产品。创造是一个思考和动手的过程，是一种接近生活的特殊方法。

具有创造性的思想家是有发散性思维的思想家。他们知道要解决一个问题可以用很多种不同的方法，而不是只有一种方法。他们知道一个问题可以有许多个正确答案，而不是只有一个答案。当他们遇到阻碍时，善于创造性思考的人们能够逐步地解决。他们喜欢尝试新的想法和材料。

幼儿的思维没有定型，天生具有自由和易塑的个性。它可能很快被纳入社会化的思维体系，学会循规蹈矩，亦步亦趋，也可能从无意识的奇思妙想升华为有意的创造性思维，这就看父母给予什么样的鼓励。

当孩子经常被灌输"出错是坏事""别做蠢事""那不是我的领域""实际一点"和"遵循常规"的观念时，他们的创造力便被压抑和降低了。自然，这些观念对日常生活的许多方面都是有用的，但在激发创造力时，却抑制了想象力的发挥。而如果他的创造性思维一开始就得到鼓励和支持，这种潜能便会得到加速发展。

(1) 做孩子的榜样，行动比口头教导更有作用

你自己并不需要是画家或是演员，只要让孩子看到你喜欢尝试新东西，并以此为乐。比如带孩子玩玩黏土，学学手指画，试着做新的菜肴，开开玩笑，和孩子在房间里自然地起舞，给故事想一个新的结尾，用木块或是可利用的"废物"做做小发明。

(2) 不要轻易否定孩子的提问，保护他的好奇心

"这是怎么回事？""它是什么变的？""这是为什么？"通常孩子都会对周围的各种事物提出类似的疑问。值得注意的是，在我们对全国青少年的一项调查中发现，面对孩子的提问，48%的被调查者的父母会以"不耐烦""不屑于回答"或是"敷衍"的方式对待。

正确的做法是引导孩子对各种事物产生兴趣，并让其准备一个记录本，随时将萌生的各类问题记录下来，自己动脑、动手去寻找答案。

(3) 建立"成果登记簿"

鼓励幼儿独立从事操作性的活动，如帮助做家务、利用废旧物品制作各种小玩具等。为了及时抓住幼儿创造性思维的火花，父母最好为孩子建立一本"成果登记簿"，把孩子在一定时间内完成的事情，或者各种新奇的想法全部记录下来。记录的内容包括日期、完成事情所用的时间、孩子的心情和成果。即使是做得不好，甚至做糟的事情也应该记下来。这可以成为幼儿从事创造性尝试的完整记录。

4. 提问的艺术

巧妙的提问能启发孩子的思维，使他们在思考问题、解决问题时，善于变换思维的角度，进行全方位、多层次的思考，灵活、变通地寻求多种解决问题的方法。这对于发展幼儿思维的灵活性、流畅性、变通性，培养幼儿的创造能力是十分有效的。

父母或老师可以就某一问题引发幼儿回答，如"什么是红的？什么是圆形的？什么会滚动？什么会飞？什么会在水里游？"等问题，让幼儿在一定时间内充分说出答案，越多越好。例如教师出示波形线条图，引导幼儿想象"它像什么？"幼儿回答出若干答案，如：海流、驼峰、大雁、海鸥、牙齿、鱼头、麦当劳标志等。教师再将线条图变成倒放的8字时，继续请幼儿回答，让幼儿说出像葫芦、眼镜、手铐、眼睛、雪人、蝴蝶结等，如此促进幼儿思维流畅性的发展。

思维的变通性体现于思维方式类别与观念类别的多少，标志着思维的灵活性。也就是说，说出的答案要同类不同种。例如教师提问："什么可以吃？"幼儿若回答冬瓜、茄子、芹菜、圆白菜等，这些虽然都可以吃，却都属于蔬菜，只是一种类别。若回答西瓜、橘子、土豆、芹菜、饼干、蛋糕、鸡蛋、松花蛋、香肠等，这些都可以吃，但却可以分为蔬菜类、水果类、糕点类、蛋类和肠类共5类，这就是幼儿思维变通性的发展。

思维的独创性体现于能够产生不平凡、新颖、独特观念的能力，幼儿在创造过程中，产生出的不同凡响、独特的想法、作品，均具有独创性。在培养独创性方面，可有以下做法。

成人可经常给幼儿提出一些假设性的问题，激发幼儿独特的想法。如："如果地球上没有水了，会发生什么事？""如果马路上没有红绿灯了，会发生什么事？""如果你有一对翅膀，你会做什么？""如果地球上没有了树木，会发生什么事？"以上这些假想的问题会激发出幼儿的奇思妙想，引发幼儿说出不同答案，充分发展了幼儿的独创性。

还可以利用游戏《设计迷宫》，通过启发幼儿在哪儿见过迷宫？迷宫是什么样子的？可以用什么做迷宫等这些问题来激发幼儿设计迷宫的兴趣。幼儿在活动中充分发挥了自主性，自己选择、自己制作。有的幼儿在设计过程中还设计出了暗道、雷区、电门、士兵等机关，加大迷宫难度，并自己设计玩法，使兴趣大大增强，也促进了幼儿独创性的发展。

下面是一些用以训练孩子创造性思维的提问，以供父母参考。这些问题没有标准答案，孩子在回答他们时"答案越多、越新奇怪异，就越好！"

(1) 列举具有某一特征的事物

① 请你说出会飞的东西，说得越多越好。

② 请你说出冷的东西，说得越多越好。

③ 请你说出可怕的东西，说得越多越好。

④ 请你说出红色的东西，说得越多越好。

⑤ 请你说出亮的东西，说得越多越好。

⑥ 请你说出能发出声音的东西，说得越多越好。

⑦ 请你说出会滚动的东西，说得越多越好。

⑧ 请你说出滑的东西，说得越多越好。

(2) 列举某些事物的缺点

① 手帕有些什么缺点，说得越多越好。

② 自行车有些什么缺点，说得越多越好。
③ 铅笔有些什么缺点，说得越多越好。
④ 太阳有些什么缺点，说得越多越好。
⑤ 风有些什么缺点，说得越多越好。
⑥ 水有些什么缺点，说得越多越好。
⑦ 船有些什么缺点，说得越多越好。
⑧ 纸有些什么缺点，说得越多越好。

(3) 说出下列事物的用途
① 你能说出椅子的各种用途吗？
② 你能说出茶杯的各种用途吗？
③ 你能说出筷子的各种用途吗？
④ 你能说出纸的各种用途吗？
⑤ 你能说出绳子的各种用途吗？
⑥ 你能说出铅笔的各种用途吗？
⑦ 你能说出小铃铛的各种用途吗？
⑧ 你能说出积木的各种用途吗？
⑨ 你能说出钉子的各种用途吗？

(4) 说出下列事物的相似之处
① 汽车和自行车有哪些相似的地方？说得越多越好。
② 桌子和椅子有哪些相似的地方？说得越多越好。
③ 橘子和苹果有哪些相似的地方？说得越多越好。
④ 碗和杯子有哪些相似的地方？说得越多越好。
⑤ 马和牛有哪些相似的地方？说得越多越好。
⑥ 收音机和电视机有哪些相似的地方？说得越多越好。

(5) 想出解决问题的办法
① 请告诉我能使别人笑的办法，说得越多越好。
② 请告诉我能使地上变干净的办法，说得越多越好。
③ 请告诉我能使小猫不动的办法，说得越多越好。
④ 请告诉我能使人不感到冷的办法，说得越多越好。
⑤ 请告诉我能使热水变冷的办法，说得越多越好。
⑥ 请告诉我能使大家都安静下来的办法，说得越多越好。

5. 别忘了"情商"的作用

创造性不仅包括智能层面，而且包括人格层面，心理学家推孟研究发现，同是高智商的两组人之间，最明显的差别在于他们的非智力因素的不同。成就最大的一组的非智力因素诸如谨慎、有进取心、不屈不挠、完成任务的坚持性等明显高于成就最小的一组。其中有5～13种个性特点呈显著和非常显著的差异，如独立性、责任心、自我期望、自制力、自信、勤奋、有恒心、适应性、情绪稳定、求知欲、好奇心、好胜心、机敏、独创性和精力旺盛等。因此，心理学的研究有如下结论：与智力相比，创造力受兴趣、爱好、情绪、意志、动机等意向的制约更大。因此，为培养学生的创造性素质，父母应注重孩子以下人格品质的培养。

(1) 自信与乐观

自信心是所有伟大发明、发现、创造及所有事业成功的巨大动力。没有自信就没有独创，就没有勇气将创新意识付诸行动。有了自信，才会勇敢坚强，敢于冒险，在创造思想产生前的"阵痛"面前保持乐观。研究表明，对高创造性的孩子来说，焦虑水平是中等的、适度的。焦虑水平太高或太低，似乎就会抑制创造性。创造性活动是一种非常复杂的活动，只有保持乐观，轻松自如，个体思维才能活跃，暂时神经联系才容易接通。一些创造性的灵感通常诞生于轻松愉快的心境中就是典型的例证。因此，适度焦虑、保持乐观理应成为创造性人才的重要人格特征。

(2) 独立与合作

盲目从众、人云亦云的人是不可能有创造性品质的。只有敢于标新立异、善于独辟蹊径、爱好独树一帜的孩子才会有独立的思想、独到的见解。独立性是创造者的必备品质。在具有独立性品质的同时，创造者还应有合作精神，一种获得同行支持的能力。学者西蒙顿认为，帮助者和角色榜样在发展创造天赋中起了重要的作用。许多诺贝尔奖获得者是在以前诺贝尔奖获得者研究的基础上进行研究的，或者他们周围有许多人可以激发他们的灵感。当一个具有创造性的人周围有许多其他具有创造性的人时，他最有可能获得成功。因为他会与其他人甚至是竞争对手相得益彰。邓巴通过研究发现，社会交往的作用十分重要，在科学研究中，往往是一个人提供了前提条件，另一个人提供了另一个前提条件，第三个人从这两个前提中得出结论。由此可见，善于与同行切磋讨论、真诚合作是创造者的一种必备素质。

(3) 忍耐与有恒

学者斯坦伯格认为"忍受模糊的能力"是创造者的必备关键人格之一。在科学研究中，研究者可能需要等待其理论建立内在联系，或等待将理论和资料充实起来。研究者在他的创造性的思想刚提出还没有明确地受到人们的欢迎时特别需要这种能力。美国学者推孟在《天才的发生学研究》一书中对150名最成功者和最不成功者进行了分析后发现，最成功者和最不成功者之间差别最大的4种品质是：①取得最后成果的坚持力；②为实现目标不断积累成果的能力；③自信心和克服自卑感的能力；④社会的适应能力和实现目标的内驱力。前两点就是指创造者所必须具备的持之以恒的精神，大凡有创见者，都具有这种面对困难不轻易放弃、不虎头蛇尾、百折不挠、锲而不舍的精神。

(4) 好奇与兴趣

强烈的好奇心与兴趣是一种强有力的内部动机，对人的创造性活动具有巨大的推动作用。著名的科学家、发明家都具有这种品质。当爱因斯坦誉满全球时，他却说："我并没有什么特殊的才能，我只不过喜欢寻根问底地追究问题罢了。"T. M. 曼贝尔在她的《创造力的社会心理学》一书中提出，内在动机原则是创造力的社会心理学基础。她的这一原则是指当人们被工作本身的满意和挑战所激发，而不是被外在的压力所激发时，才表现得最有创造力。也就是说，当人们从事创造性工作时，他们的动机是任务中心而不是目标中心，是内在的而不是外在的。这些都启示我们要致力于孩子真正的内在好奇心、求知欲及兴趣的培养，尽量减少外部的限制、监督、评价。

(5) 想象与幽默

科学史的大量事实证明，缺乏想象力的人是很难在科学事业上做出出色贡献的。爱因斯坦曾经说过："想象力比知识更重要，因为知识是有限的，而想象力概括着世界上的一切，推动着进步，并且是知识进化的源泉。"日本学者川上正光认为："知识，百科全书可以代替，可是考虑出的新思想、新方案，却是任何东西代表不了的。"

"想象力能够成为我们生命中的关键因素，只有想象力才能创造奇迹。"A. F. 奥斯本在他的《创造性想象》中断言，富有想象力的人往往能够把两类相距很远的事物联系在一起，如"看电视是在咀嚼思维的口香糖"，非常幽默。

附录：测试表格与解释

这是一份帮助您了解孩子创造力的测试题。请让孩子做答，在下列句子中，如果儿童发现某些句子所描述的情形很适合他，则让他在答案纸上"完全符合"的圆圈内打"√"；若有些句子仅是在部分时候适合，则在"部分符合"的圆圈内打"√"；如果有些句子对你的小孩来说，根本是不可能的，则在"完全不合"的圆圈内打"√"。

1. 每一道题都要做，不要花太多时间去想。
2. 所有题目都没有"正确答案"，请凭读完句子后的第一印象填答案。
3. 虽然没有时间限制，但应尽可能地争取以较快的速度完成，越快越好。
4. 凭你自己真实的感觉回答，在最符合自己情形的圆圈内打"√"。
5. 每一题只能打一个"√"。

(1) 在学校里，喜欢试着对事情或问题作猜测，即使不一定都猜对也无所谓。
　　○完全符合　　　　○部分符合　　　　○完全不合
(2) 喜欢仔细观察我没有看过的东西，以了解详细的情形。
　　○完全符合　　　　○部分符合　　　　○完全不合

(3) 喜欢听变化多端和富有想象力的故事。
○完全符合　　　　○部分符合　　　　○完全不合

(4) 画图时喜欢临摹别人的作品。
○完全符合　　　　○部分符合　　　　○完全不合

(5) 喜欢利用旧报纸、旧日历及旧罐头等废物来做各种好玩的东西。
○完全符合　　　　○部分符合　　　　○完全不合

(6) 喜欢幻想一些我想知道或想做的事。
○完全符合　　　　○部分符合　　　　○完全不合

(7) 如果事情不能一次完成，会继续尝试，直到成功为止。
○完全符合　　　　○部分符合　　　　○完全不合

(8) 做功课时喜欢参考各种不同的资料，以便得到多方面的了解。
○完全符合　　　　○部分符合　　　　○完全不合

(9) 喜欢用相同的方法做事情，不喜欢去找其他新的方法。
○完全符合　　　　○部分符合　　　　○完全不合

(10) 喜欢探究事情的真假。
○完全符合　　　　○部分符合　　　　○完全不合

(11) 喜欢做许多新鲜的事。
○完全符合　　　　○部分符合　　　　○完全不合

(12) 不喜欢交新朋友。
○完全符合　　　　○部分符合　　　　○完全不合

(13) 喜欢想一些不会在我身上发生的事情。
○完全符合　　　　○部分符合　　　　○完全不合

(14) 喜欢想象有一天能成为艺术家、音乐家或诗人。
○完全符合　　　　○部分符合　　　　○完全不合

(15) 会因为一些令人兴奋的念头而忘记了其他的事。
○完全符合　　　　○部分符合　　　　○完全不合

(16) 宁愿生活在太空站，也不喜欢住在地球上。
○完全符合　　　　○部分符合　　　　○完全不合

(17) 认为所有的问题都有固定的答案。
○完全符合　　　　○部分符合　　　　○完全不合

(18) 喜欢与众不同的事情。
○完全符合　　　　○部分符合　　　　○完全不合

(19) 常想知道别人正在想什么。
○完全符合　　　　○部分符合　　　　○完全不合

(20) 喜欢故事或电视节目所描写的事。
○完全符合　　　　○部分符合　　　　○完全不合

(21) 喜欢和朋友一起，和他们分享自己的想法。
○完全符合　　　　○部分符合　　　　○完全不合

(22) 如果一本故事书的最后一页被撕掉，就自己编造一个故事，把结局补上去。
○完全符合　　　　○部分符合　　　　○完全不合

(23) 长大后，想做一些别人从没想过的事情。
○完全符合　　　　○部分符合　　　　○完全不合

(24) 尝试新的游戏和活动，是一件有趣的事。
○完全符合　　　　○部分符合　　　　○完全不合

(25) 不喜欢太多的规则限制。
○完全符合　　　　○部分符合　　　　○完全不合

(26) 喜欢解决问题，即使没有正确的答案也没关系。
○完全符合　　　　○部分符合　　　　○完全不合

(27) 有许多事情都很想亲自去尝试。
○完全符合　　　　○部分符合　　　　○完全不合

(28) 喜欢唱没有人知道的新歌。
○完全符合　　　　○部分符合　　　　○完全不合

(29) 不喜欢在班上同学面前发表意见。
○完全符合　　　　○部分符合　　　　○完全不合

(30) 当读小说或是看电影时，喜欢把自己想成故事中的人物。
○完全符合　　　　○部分符合　　　　○完全不合

(31) 喜欢想象200年前人类生活的情形。
○完全符合　　　　○部分符合　　　　○完全不合

(32) 常想自己编首新歌。
○完全符合　　　　○部分符合　　　　○完全不合

(33) 喜欢翻箱倒柜，看看有什么东西在里面。
○完全符合　　　　○部分符合　　　　○完全不合

(34) 画图时，喜欢改变各种东西的颜色和形状。
○完全符合　　　　○部分符合　　　　○完全不合

(35) 不敢确定对事情的看法都是对的。
○完全符合　　　　○部分符合　　　　○完全不合

(36) 对于一件事情先猜猜看，然后再看是不是猜对了，这种方法很有趣。
○完全符合　　　　○部分符合　　　　○完全不合

(37) 玩猜谜之类的游戏很有趣，因为想知道结果如何。
○完全符合　　　　　○部分符合　　　　　○完全不合

(38) 对机器有兴趣，也很想知道它里面是什么样子，以及它是怎样转动的。
○完全符合　　　　　○部分符合　　　　　○完全不合

(39) 喜欢可以拆开的玩具。
○完全符合　　　　　○部分符合　　　　　○完全不合

(40) 喜欢想一些新点子，即使用不着也没关系。
○完全符合　　　　　○部分符合　　　　　○完全不合

(41) 一篇好的文章应该包含许多不同的意见或观点。
○完全符合　　　　　○部分符合　　　　　○完全不合

(42) 为将来可能发生的问题找答案，是一件令人兴奋的事情。
○完全符合　　　　　○部分符合　　　　　○完全不合

(43) 喜欢尝试新的事情，目的只是想知道会有什么结果。
○完全符合　　　　　○部分符合　　　　　○完全不合

(44) 玩游戏时，通常是有兴趣参加，而不在乎输赢。
○完全符合　　　　　○部分符合　　　　　○完全不合

(45) 喜欢想一些别人常常谈过的事情。
○完全符合　　　　　○部分符合　　　　　○完全不合

(46) 当看到一张陌生人的照片时，喜欢去猜测他是怎么样一个人。
○完全符合　　　　　○部分符合　　　　　○完全不合

(47) 喜欢翻阅书籍和杂志，但只想知道它的内容是什么。
○完全符合　　　　　○部分符合　　　　　○完全不合

(48) 不喜欢探究事情发生的各种原因。
○完全符合　　　　　○部分符合　　　　　○完全不合

(49) 喜欢问一些别人没有想到的问题。
○完全符合　　　　　○部分符合　　　　　○完全不合

(50) 无论在家里或在学校，总是喜欢做许多有趣的事。
○完全符合　　　　　○部分符合　　　　　○完全不合

本量表共50题，包括冒险性、好奇性、想象力、挑战性4项，测验后可得4种分类，加上总分，可得5项分数。

冒险性：包括(1)(5)(21)(21)(25)(28)(29)(35)(36)(43)(44)11道题。其中，(29)(35)为反面题目，得分顺序分别为：正面题目，完全符合3分，部分符合2分，完全不合1分；反面题目，完全符合1分，部分符合2分，完全不合3分。

好奇性：包含(2)(8)(11)(12)(19)(27)(32)(34)(37)(38)(39)(47)(48)(49)14道题。其中，(12)

(48)为反面题目,其余为正面题目。计分方法同冒险性部分。

想象力:包含(6)(13)(14)(16)(20)(22)(23)(30)(31)(32)(40)(45)(46)13道题。其中,(4)(9)(17)道题为反面题目,其余为正面题目。计分方法同冒险性部分。

挑战性:包含(3)(4)(7)(9)(10)(15)(17)(18)(26)(41)(42)(50)12道题。其中,(45)道题为反面题目,其余为正面题目。计分方法同前述。

说明

(1) 冒险性包括:①勇于面对失败或批评;②敢于猜测;③在杂乱情境下完成任务;④为自己的观点辩护。

得分超过30分为优秀,25~30分为良好,25分以下为一般。

(2) 好奇性包括:①富有追根究底的精神;②主意点子多;③乐于接触暧昧迷离的情境;④肯深入思索事物的奥妙;⑤能把握特殊的现象,观察结果。

得分超过36分者为优秀,30~36分为良好,30分以下为一般。

(3) 想象力包括:①视觉化和建立心像;②幻想尚未发生过的事情;③直觉地推测;④能够超越感官及现实的界限。

得分在35分以上者为优秀,29~35分为良好,29分以下为一般。

(4) 挑战性包括:①寻找各种可能性;②了解事情的可能与现实间的差距;③能够从杂乱中理出秩序;④愿意探究复杂的问题或主意。

得分在32分以上者为优秀,27~32分为良好,27分以下为一般。

总体得分即4项之和,超过133分者的儿童具有创造性的潜能,得分在111~133分的儿童具有较好的创造性潜能,得分若在111分以下则较为一般。

若您的小孩创造力潜能得分为优秀,要先向您表示祝贺,希望您好好珍惜您小孩的天赋,吸收和借鉴一些有关开发创造力的成功案例,千万别扼杀了"天才"。

若您的小孩测验的得分为良好,同样向您表示祝贺,说明您的孩子已具备了创造力的良好基础。接下来的事就看您怎么去引导和开发了。

若您家的小孩得分只是一般,您千万不要有任何失望的情绪。正像专家们所说的,任何测验都有错误的时候。再者,您一定要认真借鉴别人的成功经验,让您的孩子也成为一条龙!

三、怎样发现和提高孩子的观察力

1. 观察:发现的源头

人们常说,谁知道的越多,谁看到的就会越多,但在许多时候,情况或许恰恰相反,谁看到的越多,谁知道的越多。观察能力的强弱决定了一个人的成就。

伟大的生物学家达尔文其实并没有受过生物学方面的专门训练，他在求学时期学的是神学和医学，而且医学还是他的薄弱环节。

所幸的是，在从小培养起来的采集标本的兴趣中，他锻炼了过人的观察能力。达尔文对打猎、养狗、捉老鼠、抓小鸟、捕昆虫、采花草都一直保持着浓厚的兴趣。他曾在《自传》中叙述了在剑桥大学期间一次搜集甲虫的经历：

有一天，我剥去一些老树皮，看到两只罕见的甲虫，就一手一只捉住了。正在这个时候，我又瞧见一只新种类的甲虫，我舍不得把它放走，于是我把右手的那只放进嘴里。哎呀！它排出一些极辛辣的液汁，烧痛了我的舌头，我不得不把这只甲虫吐出来，它就跑掉了，而第三只甲虫也没有捉到。

后来，这几种罕见的昆虫标本被收入昆虫学家斯蒂芬斯所编的《不列颠昆虫图解》。

观察到底是什么呢？"观察"与"看"完全不同，就像著名侦探福尔摩斯对他的老伙伴华生所说的："你每天都在贝克街的楼梯上上下下，但依然不知道它到底有几个台阶，因为你仅仅是看；我知道它有七个台阶，因为我在'观察'"。

人脑对客观事物和现象的反映，靠的是知觉，而人的知觉有的很模糊，有的甚至根本没有意识，只有那些有目的、有计划、主动的知觉，才清晰明白、准确无误。人们靠自己的感觉器官(主要靠眼睛)得到这种有目的、有计划、主动的知觉的过程，叫作观察。一个人观察事物，主要观察这个事物本身的特征。我们把观察事物特征的能力，叫作观察力。

对于孩子来说，观察是他们认识世界的重要途径。对于科学家来说，观察是科学发现的开始。这说明人的主要知识都来自于观察。一个婴儿降生之初，睁眼所见，不过是一大片模糊的、明暗相间的世界。随着生命的增长，他的观察能力也随之增加。观察能力的强弱，直接影响着孩子智力水平的高低。

苏联著名教育家赞可夫对学校中的"差生"进行了研究，发现"差生"的普遍特点就是观察能力较差。这些孩子虽然也瞪大眼睛去看事物，但所见到的东西却不一定很多，甚至还会出现很多错误。正如人们所说："善观察者，可见常人所未见；不善观察者，入宝山而空回。"于是，学校中的"差生"掌握知识的能力逐渐降低，求知欲望也慢慢下降，以致最后对学习产生了厌倦感。

苏联著名生物学家巴甫洛夫的座右铭是"观察，观察，再观察"，这不仅是科学家应毕生遵循的信条，也是父母教导孩子的一条原则。

2. 发现孩子观察力潜能

许多孩子具有较高的观察才能，那么，怎样才能发现孩子的这种能力，以便有意识地开发、培养，从而及时、合理地引导和训练呢？

为此，我们有必要把观察能力较强孩子的行为活动，特别是观察事物或现象的行为特征介绍一下，以便父母或老师在现实生活中有效地把握和及时准确地发现。

(1) 观察的仔细程度

在识字过程中，有时两个字的形状只有一些细微的差别。比如"天"和"夭"、"抢"和"抡"、"准"和"淮"等，有些孩子往往容易把它们认错或写错。而大人却常常责怪孩子思想不集中。其实，这正是孩子观察能力差的一个具体表现。

观察能力较强的孩子能够仔细地观察每一个事物。因此，哪怕有一点细微的变化，也逃不过他的眼睛。

我国明代名医李时珍幼年时，家中院子里栽满了各种各样的花草：牡丹、山茱萸、款冬等，这是父亲为了研究药草而栽培的。孩提时代的李时珍常常跟在母亲后面，为这些花草浇水，一天几次地跑到花盆旁耐心地、细微地察看它们怎样抽条，怎样长叶，怎样开花。这些花草的每一处细微的变化都逃不过他的眼睛，当他看到一种新奇的花儿开放的时候，他会情不自禁地大叫："开喽！爸爸的花开喽！"

正是李时珍这种观察细微的严谨作风，使他纠正了古代药草书中很多记载的错误，写出了流芳百世的医学名著《本草纲目》。

细致，是观察能力的基本要求，也是观察能力高低的基本条件。

(2) 观察的准确性

巴甫洛夫说过，在你研究、实验、观察的时候，不要做一个事实的保管人。你应当力图深入事物根源的奥秘，应当百折不挠地探求支配事实的规律。这就是说，巴甫洛夫主张观察不但要准确，而且应达到透过现象看本质，力图深入事物奥秘的程度。

观察能力达到准确无误并透过现象看到本质的功夫，并非一日养成。比如：艺术家有一种艺术家特有的眼睛，人们认为是白色的墙壁，画家的眼里却认为是红色的、黄色的、蓝色的……生物学家能一眼认出动物、植物的种类，检测员则能从建筑物的外形上识别其不同的结构。当你沾沾自喜地买到一件"十分满意"的商品时，商品质检员一眼就能看出它是一件拙劣的仿制品……

牛顿的孩提时代，对各种事物都喜欢仔细地观察，而且都力图透过现象看本质，把不懂的地方彻底弄明白，夜晚，牛顿仰望天空神往那眨着眼睛的大大小小的星星。心里想，这星星月亮为什么能挂在天空上呢？开普勒说：星星、月亮都在天空转动着，那它们为什么不相撞呢？刮大风了，狂风旋卷着沙石，人们都躲进了屋子里。牛顿却冲出屋子，独自在街上行走。一会儿，随风前进；一会儿，逆风行走。他要实地观察顺风与逆风的速度差，到底有着何种本质的差别。

像牛顿那样，观察能力较强的孩子，观察问题也能透过现象看本质。有的孩子观察大自然的景色，不仅注意到花草树木、气温云彩以及鸟类的活动、土壤的变化，还能从这些变化中找出哪些景色是春天到来的象征，哪些景色是寒冬来临的预兆……

准确，是观察能力的根本，也是观察能力表现效果的根源。

(3) 观察的全面性

观察全面是指观察时既见森林，又见树木，而不是偏重某一方面而忽略了另一方面。

比如，前面提到的李时珍。他在古医书上看到巴豆是泻药，于是治病时总把巴豆作为泻药使用。可是，有一次他在治疗腹泻症的过程中，试着给腹泻患者以少量巴豆，结果奇迹出现了，反而止住了腹泻。李时珍对巴豆的药性进行了全面观察，发现从总体上讲，巴豆是一种泻药，但针对某些特殊的病症，它又是一种止泻药。

观察能力较强的孩子，观察问题时与李时珍一样，比较全面。比如，有的孩子观察一个人时，不但看到了他高高的个子、潇洒的神情举止、黑亮的皮鞋、笔挺的西服，尤其注意到了他有一双炯炯有神的大眼睛。

观察能力较差的孩子竟然对他们天天碰到的那些最一般的东西没有明确的概念。比如，这些孩子观察室内的花草时，虽然能叫出花和叶，但不能指出茎和根。细看鸟的图画时，他们能指出鸟有头、喙、翅膀、尾巴、腿和爪，但绝不是所有的孩子都能说出颈和躯干是鸟的身体的两个部分，甚至在描述平时极为熟悉的锅时，一般孩子只能发现它有锅盖和把手，只有观察全面的孩子才能说出锅底……

全面，是观察的基本原则。

(4) 观察时善于抓住主要特点

有个孩子在一篇题为《母鸡》的短文中写道："我家老母鸡可好看了，头上戴着一个高高的、红红的鸡冠，身上穿着五颜六色的、美丽的衣服……"

你能说这个孩子不注意观察吗？他们家养着鸡，对鸡的外形也观察得很仔细。但是，他没有留心公鸡和母鸡各自的特点，将公鸡的外表给母鸡安上了。

有些孩子，当他被介绍给别人时，他想，反正记不住这些人的名字，因而在介绍过程中，不去一个一个地观察新相识朋友的相貌特征。那一张张从他眼前掠过的面孔，都被他千篇一律地看成是"一般人的脸"。因此，他什么也记不住。

观察能力较强的孩子，能抓住每张脸的主要特征，从而区分出那是一张张不同的脸：瓜子脸、圆形脸、国字脸……

一般孩子只注意那些显而易见的特征，比如颜色、形状、大小等，但他们对物体的性质特征却不是经常能区分开的。比如，让孩子观察玻璃杯和瓷杯，很少有孩子说出它们都是圆的、玻璃杯是透明的等特性。

要点，是观察的目的。

3. 一切从感知开始——提高孩子观察力的途径之一

知识进入大脑的途径只有5条，即通过5个感受通道：视觉、听觉、触觉、味觉和嗅觉。很明显，幼儿通过这些感受通道进行学习，他们每天都在学习。他们四处爬动、攀行、犯自己的错，然后从错误与尝试中进行学习。他们喜欢试验、喜欢创造、喜欢探究事物，而且乐于接受挑战，并且能够模仿成人或比他们大一点的儿童。

要从孩提时代起培养敏锐的观察能力，父母应当尽可能早地给孩子提供一个充满新鲜刺激的世界。婴儿刚刚来到这个世界时，他几乎没有视觉，听力不太好，他的感觉系统远非完美。如果这种情况持续得太长，他的大脑和神经系统便会习惯这种单调乏味的环境，孩子最可宝贵的观察潜能便大量流失。

做父母的要注意以下几个方面。

(1) 视觉方面

刚当父母的人常把孩子放在一个色调柔和的环境里，这对孩子来说简直是个灾难。婴儿需要看对比明显的东西，需要看轮廓鲜明的图像，需要看黑白对比的事物。

"如果把他放在一个淡粉色或淡蓝色的房间里，就像放在一个空无一物的世界里一样——因为他看不见。"

(2) 听觉方面

母亲们本能地用一种稍响、较清晰的声音对婴儿讲话——这是很好的。专家的建议，要不断地告诉婴儿"我正在给你穿衣""我在给你穿袜子""现在我在给你换尿布"等。

播放柔和的背景音乐也是一个好建议。在波利尼西亚、美拉尼西亚、密克罗尼西亚太平洋群岛上，这一点非常显著。每一个波利尼西亚人就像天生的舞蹈家，每一个新西兰毛利人似乎都能唱出很准的音符。专家会再告诉你这是由于在入学前就做得很好的缘故，在他们生活的文化氛围中，唱歌与跳舞是很重要的一部分，在出生后关键的前几年里，他们获得了所有这些信息。

(3) 味觉方面

这一感官是最容易被忽视的。婴儿在生命头几个月里，除了奶水、汤汁之外很难吃到其他口味的东西，这对于孩子发展全面的感知系统是不利的。做母亲的可以尝试加一些新味道：如一点点柠檬或橘子的味道。

要多带孩子出外活动。外面的世界是孩子最广阔的课堂，它为孩子的成长提供了多种多样、异彩纷呈的感官刺激。父母应把每次散步、去公园游乐场、上超市购物、远足旅游等都视为学习的大好时机，抓紧一切机会、通过一切途径，让孩子多听、多看、多嗅、多尝、多接触。这些丰富的感官经验正是奠定孩子高度观察力的基础。

4. 观察兴趣的培养——提高孩子观察力途径之二

某些父母带孩子出去玩，问孩子：今天的天空是什么样子的？孩子看了一眼，回答说：天上有几朵云，天是蓝色的。云像什么呀？他回答说，像棉花、像雪、像山峰等。这样算不算培养了孩子的观察力呢？也算，但这种培养可能产生不了太大的效果。为什么？因为父母没有对孩子的观察立刻作出欣赏、夸奖、鼓励。父母应当立即说：宝宝你今天对天空的观察真仔细、真形象、真生动，比爸爸妈妈观察得好，这样，他观察的行为才能变成观察的兴趣。

单纯培养孩子的观察能力，久而久之，或许他的观察力真的提高了一些，但内心却会对这种行为产生厌倦，甚至有可能产生逆反心理。如果我们同时培养孩子的兴趣和才能，那么，不用多长时间，就能够在一个幼小的心灵激发起浓厚的观察兴趣——兴趣可能先是基于孩子想赢得父母的称赞；接着，当连续的观察行为得到成果——孩子发现了大千世界的奇妙和美丽之后，观察的兴趣便会建立在自觉自愿的基础上，以对观察对象的好奇心理为动力，这是观察力提高的更强烈推动力。兴趣一旦建立，就会源源不断地自我发展。

洋洋是个聪明、活泼的大班小朋友，他对什么东西都十分好奇，什么都要摸一摸、碰一碰，看一看，问一问。每当这时，爸爸总是不厌其烦地解答洋洋提出的各种问题，所以洋洋懂得了许多知识。

最近，洋洋家新购了一套商品房，装修队的叔叔正忙着为新房装修。这天电工叔叔来装灯，电工叔叔一摁开关，灯亮了，洋洋高兴地叫起来：

"让我试试，让我试试。"

试了几下后，洋洋似乎又发现了什么，他走到爸爸妈妈的身边，拉着爸爸的手，神秘地指着灯管对爸爸说："爸爸，开灯时我发现灯管是两头先亮的，中间后亮的，你看。"洋洋又试了一下给爸爸看。"不错，真是这样的，好孩子你观察得真仔细，又发现了问题，那你知道这是为什么吗？"

"不知道"。洋洋疑惑地回答。

于是，爸爸又把其中的道理告诉了洋洋，他听了恍然大悟，还煞有介事地直点小脑袋，他又长见识了。

对于幼儿通过观察所获得的每一个"发现"，老师和父母重视和认真对待的神情、鼓励和夸奖的语言、引导和传授知识的态度，对充满好奇心的幼儿来说，都是十分重要的，这能激发幼儿的求知欲望，使幼儿对新鲜事物保持浓厚的兴趣，有利于幼儿去"发现"问题，去积极地思考，去寻求问题的答案；有利于促进幼儿的思维发展；有利于从小培养幼儿的观察能力。在这方面，洋洋父亲的教育方法是值得称赞的，他对儿子的"发现"是十分珍视的，并给予了高度的赞赏，且抓住了引导、培养的良好契机，他的做法，不仅使洋洋掌握了一个又一个知识点，更重要的是，他注意培养洋洋的观察力，这对洋洋的智力发展有促进作用。

有的老师和父母，对幼儿满心欢喜的"发现"，则一笑了之；有的则嫌孩子"啰唆""烦"，这种做法是不足取的。这会挫伤幼儿的求知欲望和好奇心，长此以往，幼儿对事物的观察就会失去兴趣，其观察能力就不可能得到提高，如果幼儿对事物都是视而不见，或看了也是浮光掠影，不加思考，不加探究，那他们就不可能很好地认识事物，认识世界，就不可能有所"发现"，更谈不上什么发明、创造了，他们对知识的探求，也就少了一个途径。

5. 训练孩子的注意力

良好的观察效果必须以集中的注意力为基础，有人形象地把"观察"喻为"认识之窗"，把"注意"比作"心灵之窗"。不打开心灵的窗子，认识自然无法进行，而记忆、思维、想象、创造等一系列智力活动更无从谈起。大家都听过这样一个故事：我国古代一位有名的棋手收下了两个徒弟，其中一个专心听讲，技艺增长很快，而另一个却一心认为"鸿鹄将至，思援弓缴而射之"，三心二意，结果无所长进。它生动地告诉了人们"注意"在人的智力活动中的重要作用。

著名昆虫学家法布尔为了观察昆虫的生活习性，常常整天伏在草丛或树下，几个小时一动不动，观察得完全痴迷了。没有这样长时间极度集中的注意力，法布尔绝不可能从极端复杂微妙的昆虫世界发现那么多奥妙。

成功人士大多在儿童时代就表现出注意力稳定时间长、集中程度高的特点。

观察力敏锐、注意力集中的孩子不仅是天赋的才能，更是家庭精心培养、训练的结果。

(1) 创设吸引孩子注意的环境

心理实验告诉人们，强烈的、新奇的与变化的物体最能吸引孩子的注意。比如：能自动跳绳的小娃娃、会打鼓的大熊猫、自动下蛋的花母鸡、转动的音乐鸟笼、色彩鲜艳、形态逼真的吹气阿童木……类似的玩具您可以多为孩子准备一些。这对训练孩子，尤其是0～3岁孩子的注意集中能力是大有益处的。

(2) 培养广博而持久的兴趣

幼儿的注意在一定程度上受直接的兴趣和情绪状态所制约。或许您的孩子在计算"2＋1＝？"时，那副心不在焉的神态让您伤透了脑筋。然而，他在玩"小猫钓鱼"的游戏时，却是那样专心致志、如此痴迷。

苏联心理学家毕都霍娃做了这样一个实验：要求幼儿把多种彩色纸条分别放在颜色相同的盒子里，比较在游戏中与单纯完成任务的情况下幼儿的注意。结果发现，在游戏中，4岁幼儿可以持续22分钟，6岁幼儿可坚持71分钟，而且分放纸条的数量比单纯完成任务多50%。这是因为游戏是幼儿最喜爱的活动，能引起幼儿的兴趣，激发幼儿快乐的情绪。兴趣是产生和保持注意力的主要条件，孩子对某种事物感兴趣，他对这种事物就愈容易发生和保持注意力。传统游戏中，"什么东西不见了？"是一种简单易行、效果良好的培养孩子注意力的游戏。您可以当着孩子的面，在桌上摆出几样物品(要求孩子注意看、认真记，并说出物品的名称)，然后，让孩子转过身去，在孩子不察觉的情况下拿走其中的某样或几样物品。当孩子转过身来时问他："什么东西不见了？"如果孩子回答对了，应及时给予表扬和鼓励；如果孩子答错了，应提醒他注意用心观察和记牢。

有助于培养和提高孩子注意力的游戏还有许多，需要父母耐心地发掘和创造。

(3) 帮助孩子明确和理解活动的目的

一个平时在绘画活动中总是心不在焉的孩子，如果换一种情形，他的表现就不同了：父母说，今天是某某的生日，你给他画幅画，作为生日礼物送给他好吗？结果，您一定发现孩子不仅画得特别专心、认真，而且也画得很好。这是因为他有了明确的活动目的，非常希望把画画好，故能自觉地、专心地完成这一作业。

孩子对活动目的和意义理解得越深刻，完成任务的愿望就越强烈，有意注意的保持时间也就越长。在日常生活中，父母可以经常向孩子提出明确具体的活动目的，有目的地引导幼儿注意周围的变化。长期训练，孩子将学会有意注意，并逐步养成有意注意的习惯。

(4) 培养孩子的自制力

有意注意往往需要一定的意志努力。良好的注意能力需要坚强的意志力作为后盾。孩子天性爱玩爱闹，可有些"神童"，有的虽年仅3岁，却能在周围有食品和玩具的引诱下"无动于衷"，在长达30分钟时间内一气读完一张毫无内在联系的汉字表；还有的在5岁时入学学习，听课专心致志，即使旁边有吸引人的电视节目，也难以使他分心。如果没有坚强的自制能力，这些是很难做到的。

可以这样说，没有良好的意志品质，也就难以养成超常的注意力，不会自制，也就不会有意注意。

父母应该有计划地在日常生活中，不断向孩子提出各种要求，鼓励他们把每一件事做完，不半途而废，以培养他们善于控制自己行为的能力。

6. 投其所好——孩子喜欢观察什么

你是不是细心的父母？你有没有总结出孩子观察事物的一些特点？把你的心得和我们的介绍对照一下吧！

幼儿喜欢观察活的、动的物体，不喜欢观察静的物体。如孩子喜欢看小鸡吃米、小猫玩球、小狗打架、小金鱼游泳……而对于静态的图画不喜欢去观察。

孩子喜欢观察颜色鲜艳的东西，如孔雀开屏、花园里的鲜花等，不喜欢看颜色单调的水墨画。

孩子喜欢看大而清晰的物体图像，不喜欢看小而模糊的东西。

位置明显的物体容易被观察，如墙上挂的、桌上摆的、床上放的、身上穿的……位置不明显的，容易被忽略。

差别大的物体容易被观察出来，差别小的物体，常常观察不到。

敏锐的观察力，是想象力、创造力的源泉，这对孩子今后的智力发展十分重要，父母们应加以重视！

我们推荐的培养观察能力的最佳方法是：孩子看见什么，听见什么，触摸什么，就应告诉他什么，用简短、清晰的语言说出事物的名称。例如认识各种玩具、餐具、家具、小动物等，从孩子感觉事物开始，使他认识东西越多越好。只要能引起孩子的注意，衣食住行、鸟兽虫鱼、花草树木、日月星辰、砖瓦沙石、甚至生老病死都应当教，使他们认识的事物越来越多，表象越来越丰富，好奇心和求知欲越来越强。

7. 必予利器——教给孩子一些观察方法

良好的观察力应该是观察敏锐、目的性强，观察的精确度高，全面细致并善于作出系统的口头说明。

父母有目的、有意识地教给孩子一些观察的方法，这对于培养孩子良好的观察能力尤为关键。

要善于给孩子提出观察的目的要求，告诉孩子应该观察什么，否则孩子往往是"走马观花"，收效甚微。

这里特别值得一提的是，观察要求的提出要适合孩子已有的知识水平和能力，并尽可能具体、明确。在此基础上，可作出进一步的要求，让孩子独立地提出观察的目的和任务。

一般来说，孩子的观察常常是东瞧瞧，西看看，缺乏顺序。父母应注意教会孩子从上到下、由外到内、从中间向四周、从局部到整体，有顺序、有系统地去观察，并要求孩子用自己的语言描述所见所闻。比如，你可以捉一只小猫，让孩子按照从头到脚的顺序进行观察并作出系统的口头描述。

让尽量多的感官参加观察活动，有利于训练和提高孩子全面而细致地观察事物的能力。比如观察橘子，应当让孩子看看它的外部形状、颜色，摸摸它的表面，剥开看看里面是什么样子，再闻闻是什么气味，尝尝是何味道。

要促使孩子去观察各种事物的性质和变化。例如，要认识胡萝卜，先详细看看胡萝卜的形状、颜色、头与尾巴的不同之处等。再切下胡萝卜的头，看看红皮里面怎么样，还可以把胡萝卜的头用水养在小盆里，每天教孩子洒洒水，搬到阳光下，看它怎样长大，也可让孩子讲他每天看到的变化，大家讨论水要加多少，太阳晒得够不够，这样让孩子懂得植物也有生命，懂得植物生长过程需要些什么条件。通过这样的家庭活动，孩子不但学习了观察事物的能力，也初步懂得了植物生长的科学道理。教孩子用对比的方法进行观察，有利于训练孩子观察的精确性和敏锐性。让孩子观察小鸡时不妨同时将小鸭与之对比，看看它们哪里一样，哪里不一样。

教孩子写观察记录，是培养孩子良好观察习惯、激发孩子观察兴趣、提高孩子观察能力的上佳方法。幼儿不会写字，但不会写字的孩子同样可以记"日记"。因为孩子会用口语描述，会画画，你可以帮助他把所观察到的东西记录下来。记录一般有笔录、录音、绘画等多种方式。笔录就是由孩子口述自己观察的结果，家长用笔作记录；录音是用录音磁带录下孩子的讲述；绘画是让孩子画图记下观察到的现象，也可以将绘画和笔录配合起来。一般5岁以上的孩子，就可指导他用绘画记录所观察到的自然现象。

观察记录的内容是多种多样的，可以是"小蝌蚪变青蛙""蚕的一生""种子发芽"等动植物生长记录，也可以是"树叶""岩石"等静态物体观察记录，鼓励孩子把看到的一一画下来，到一定时候，把这些记录按顺序装订起来，再让孩子根据自己的兴趣画一个封面，一本像模像样的观察日记就诞生了，看着这样的成果，孩子观察的兴趣一定会大大提高。

 附录：测试表格及解释

给孩子一个盛水的容器、一支滴管、一张蜡光纸、一张餐巾纸、一块放大镜，让孩子用这些材料至少玩5分钟，然后问孩子发生了一些什么，看见了一些什么？

测试项目

(1) 在活动中，孩子的注意力是否至少集中了3分钟？

是( )　　否( )

(2) 孩子是否很喜爱活动？例如，与其他人谈及这个活动或在活动中表现出兴趣等。

是( )　　否( )

(3) 孩子是否去探究滴管的构造或它的操作方法？

是( )　　否( )

(4) 孩子是否会探究在蜡光纸上的水的运动？例如，通过移动水滴，比较一滴水和许多滴水之间的差别等。

是( )　　否( )

(5) 孩子是否提出问题？

是( )　　否( )

(6) 孩子能描述或演示所做的事吗？

是( )　　否( )

(7) 孩子是否能叙述当水滴到蜡光纸上时发生了什么？

是( )　　否( )

(8) 孩子能比较蜡光纸和餐巾纸的不同性质吗？例如，水滴在蜡光纸上出现了水珠，而滴在餐巾纸上则被吸收了。

是( )　　否( )

(9) 孩子是否能描述通过放大镜看见了什么？

是( )　　否( )

计分

每项测试，"是"得1分，"否"得0分。

说明

总分越高，提示孩子在科学方面具有才能的可能性就越大。孩子至少得4分，才能被认为有超群的可能。

四、怎样发现和提高孩子的记忆能力

1. 记忆智慧的仓库

俄国著名的生物学家谢切诺夫曾说过,一切智慧的根据都在于记忆,记忆是"整个心理生活的基本条件"。的确如此,记忆是积累知识和经验的基本手段,离开了记忆,人类的智力活动也就无从谈起了。

记忆,是人对过去感知过的事物或语言的再认和再现。从人类的发展史来看,在文字产生之前,人类的文化发展就是靠记忆,靠一些最简单、最原始的记忆辅助方法来世代相传的,如打结,在石头或其他器皿上刻痕等。据悉在古代社会曾出现过一种"记忆人",这些人记忆力超群,于是他们就专司记忆,而他们的记忆也就成了人们衡量事物的标准。对于单独的个体来说,记忆则是人们学习、掌握知识的基础,古今中外记忆力超常的大有人在。

英国哲学家米尔,10岁以前就已掌握了几国语言。发掘出特洛伊遗址的修理曼,幼儿时就能背诵父母教授的霍梅罗斯的诗篇。长大成人以后,他只需几个月就能掌握一门外语。盲人学者高保己一,据说能把相当于几十册大词典上的知识完全记忆在脑子里,并且能背诵出许多围棋、象棋的棋谱。而拿破仑,据说能记住自己部下所有军人的面容和姓名。孩子时期记忆能力的发展是非常惊人的。幼儿在一年时间内所记住的内容,如果让成人来记,大约需要50年的时间,大多数人成年后都不如幼儿时期记忆力好。

2. 任何人都能提高记忆力

我们常听见父母抱怨:"这孩子脑子笨,记性不好。"当然,我们不否认,记忆力,正如观察力、思考力、注意力、创造力等其他诸种智力类型一样,存在个人天赋的不同。但更重要的事实是:几乎所有的人,都具有相当了不起的记忆力,而且,只要运用得当,这种记忆力可以维持到年迈。

世界历史上有一个"神童"卡尔·威特,他6岁左右毫不费力地记住了3万多词汇,能讲5种外语;8岁就熟练地掌握了德、法、意、拉丁、英语和希腊语6种语言,并懂得动物学、植物学、物理学、化学,尤其擅长解数学题;9岁考入莱比锡大学学习;不满14岁就发表了数学论文,获得了博士学位;16岁获得法学博士学位;23岁被任命为大学法学教授。但卡尔·威特并不是一个天资很好的孩子,其成为"神童"完全是他父亲教育的结果。他的父亲把教育孩子的过程写成一本书《威特的教育》。书中谈到为了训练孩子的记忆力,每到一处新地方参观,回来后就让孩子写信,把看到的一切用"信"告诉家里人……历史上后来出现过不少"神童",他们的父母有的就是参考了《威特的教育》后培养出来的。

有的父母认为,孩子头脑的存储容量有限,如果记了太多东西,就会像水从玻璃杯溢出来一样,不能再被存入脑中。他们有的认为孩子记忆力差是天生如此,不可改变,有的则害怕让孩子记太多东西会让孩子大脑"满"出来。

其实，这种担心大可不必，据劳森贝克教授的计算，让人脑每秒钟都接收10个新信息，即使这样继续一生，也还有存储其他事物的余地。人脑是不会出现像"由于饮食过了量，再也吃不进任何东西"的那种情形。所以我们可以放心地去记忆任何想要记住的事物。

有一个以"保持完整的记忆"著称的俄国人，关于他记忆力的优越程度有过如下描述。据说，他在讲完了15年前某日发生的一件事后，还问道："需要说出当时的详细时刻吗？"

俄国心理学家亚历山大·鲁利亚教授对他进行了数年的研究，结果发现他的大脑结构和功能与普通人并没有差异，他之所以具有超人的记忆力，原来是因为他在幼年时就自然地掌握了记忆身边发生事情的方法。

总之，大脑的容量几乎是无限的，人人都有巨大的开发潜力。

3. 发现记忆"神童"

据中国科学院心理研究所对超常儿童的调查，得出这样的结论：超常儿童记忆优异，表现为记忆快，保持持久。

一般地，神童在记忆方面要超过同年龄的儿童水平。他们记忆力特别强：2岁左右对生字教2～3遍就能记住。有的幼儿瞬时记忆能达到9位数字。有个9岁半的儿童半天能记住160个生字。相反，有些孩子，记忆力相对较差，记生字、记算术，什么都极慢，而且遗忘的也快。那么，怎样判断孩子记忆力的强弱呢？做父母的，首先要尽可能早地发现，自己的孩子是否具有记忆方面的天赋。

①记忆的敏捷性，即记忆的速度。神童往往有过目不忘的本领。

②记忆的持久性，即把记忆的东西保持长久而牢固。我国著名的科学家茅以升在80岁高龄时还能准确无误地背诵出学生时代记住的圆周率小数点后面的100位数字，令人惊羡不已。

③记忆的精确性。国外曾举行过有趣的背诵圆周率的比赛。据说日本的友寄英哲花了10个月的时间背诵圆周率，精确程度达到小数点后的20000位，令人赞叹不绝。

④记忆范畴比较广阔，应用能力强。一般孩子往往只对他感兴趣的人、事或材料记忆犹新。或者，你对孩子加强了这方面的训练，便能产生单方面的记忆才能。而记忆力较强的孩子则对各种材料均能记忆，且都记得较好。

⑤记忆方法比较新颖、奇特。一般孩子主要靠死记硬背，比如让他背诵一段文字，他马上一遍又一遍地重复要记的材料。这种方法的效果肯定较差。

记忆力较强的孩子，能自觉或不自觉地用一些新颖、奇特的方法去记忆。比如，幼儿识字，有的孩子把"1"形象地记为一根筷子；把"2"形象地记为一只鸭子；把"3"形象地记为耳朵……有的孩子在识记文字时，能把某字当偏旁的一串字联在一起记忆，如与"木"

联系在一起的松、柏、杨、柳、桃、树、橘、李……

⑥ 能发现材料的内部联系。记忆力较强的孩子不同于一般孩子的记忆，他能自己去寻找材料的内部联系，而不靠死记硬背。

上述6项孩子行为特征，是我们发现富有较强先天禀赋和记忆力较强孩子的具体标志，有很强的实用性。在本节后，还附有一个测验，有兴趣的父母不妨一试。

4. 良好的记忆心态——提高记忆力的基础

记忆心态是指人对自己记忆能力的自我意识程度以及在记忆过程中所表现出的情感、兴趣等心理状态。

具有优秀记忆心态的人，记忆能力会得到充分发挥，从而获得良好的记忆效果，反之就会使记忆能力受到阻碍。

人的绝大多数记忆心态是在幼儿期形成的，因此，培养幼儿的记忆心态也非常重要。记忆心态的培养可以从以下几个方面入手。

① 培养幼儿对记忆的自信心。自信心严重影响着人的能力的发挥，人的最大心理障碍就是缺乏自信。有一位老师曾做过这样一个教学试验：在新入学的同学中，用随机取样的方法选择了40位同学，组成一个班级。而他对同学们却是这么说的："你们是我经过全面的考查分析，选出来的最有发展前途的学生，你们将来一定会很有出息的。"于是学生对自己的自信心大增，虽然是同样的教学条件，一年后经测试，这个班学生无论是学习成绩，还是其他方面都在全年级名列前茅。

幼儿时自信心开始形成，4~5岁的幼儿都对自己的一些能力感到自信，而对另外一些能力感到自卑。父母要培养幼儿对记忆的自信心，要利用一切机会夸奖幼儿的记忆力好，要给幼儿造成深刻的印象，使他们对自己的记忆力感到喜悦，久而久之幼儿就对自己的记忆充满自信心了。要绝对避免经常训斥幼儿，如"真笨，这个都记不住""记忆力太差"等，会使幼儿丧失对记忆的自信，记忆力受到抑制。

② 培养幼儿记忆的意图。有目的、有意识的记忆与无目的、无意识的记忆，其效果是大不一样的。在整个幼儿期，幼儿的记忆是无意识记占优势，有意识记正在逐步发展。因此，应充分利用幼儿的无意识记，来培养幼儿有意识、有目的的识记。这一点，家庭教育占有很大的优势，因为父母是孩子的第一任老师。赫赫有名的哲学家、经济学家、历史学家和心理学家詹姆斯·穆勒对他的儿子的教育方法很值得一提：每天早晨后，他经常带着儿子一起外出散步，在路上让儿子讲昨天读过的书。父亲听后，提出疑问，不对的地方加以纠正，不足的地方给予补充。这种学习方法不仅向小穆勒提出了学习目的，而且锻炼了他的记忆能力，还使他自幼养成了读书时做卡片的习惯，这对他以后的学习影响颇大。小穆勒3岁开始学习希腊语，8岁学拉丁语，12岁开始学习代数、几何及微积分等高等数学，而他的英语则在15岁就开始学习了。

③ 培养幼儿对记忆的兴趣。对于幼儿来说，与其说记忆是一种脑力劳动，不如说是一种"记忆游戏"，如将记忆识字口诀当成一个游戏，幼儿就会非常感兴趣来投入这个游戏，只要采取适当方法引起幼儿的兴趣，幼儿就会在不知不觉的游戏中完成识字任务。正所谓"思之不如好之，好之不如乐之"。

④ 创造出竞争的心境。争强好胜，不愿服输，这是少年儿童的一个比较突出的心理特点，幼儿尤其如此，这是一个诱导幼儿进行学习的有效动机。善于营造和利用竞争气氛，可以激发孩子的记忆热情，成功地完成记忆任务。

⑤ 平心静气再开始记忆。当人处于心平气和、心情安静的状态时，大脑的接受能力就强，这时外界的信息就容易进入大脑，并被记忆。幼儿的情绪波动变化大，会对幼儿的记忆产生不利的影响。因此，当要进行识字活动时，父母首先要让幼儿的心情平静下来，要考虑到幼儿的心情，适时开始识字活动。

5. 方法第一——提高记忆力的关键

说到那些记忆超强的人，大家总是羡慕他们天赋超群，却很少注意到，他们的才能的关键在于掌握了一套有效的记忆方法。

(1) 重复记忆法

让孩子反复重复来巩固记忆。这种方法更适用于年幼的孩子。父母完全不必担心孩子会对此产生厌恶情绪，因为孩子本来就喜欢重复，同一个故事他可以百听不厌。当然你在重复的时候，可以采取一些变化的手段，比如边讲故事边做些手势，或者在叙述故事时向孩子提几个问题，甚至可以让孩子接着讲，以提高孩子的兴趣，提高记忆的效果。反复感知事物的结果，就会在孩子的大脑皮层中留下深刻的印象。

(2) 联想记忆法

利用联想是促进记忆的有效方法之一，因此要重视培养孩子的联想能力。具体谈到记忆方法上，怎么样的联想才是最有效的呢？

从日常生活经验中我们可以得知，平淡无奇、过于普通的事物往往给人印象淡薄，而教孩子用联想把"汽车"和"木材"结合起来记忆印象比较深刻，按正常感觉的做法，首先，很容易被描绘成一辆满载木材奔驰着的卡车。可是，这样平凡的形象是难以留存在头脑里的。

那么，如果想象成木材驾驶超速车风驰电掣般奔驰，不是更好吗？或者想象成装了轮子的木材在奔跑就更好了。这样的联想因荒诞、离奇而印象深刻。

(3) 直观形象记忆法

记忆方法的基本原理，是用形象记住事物。

记忆物品的时候，比如要记住"电视机"时，不要生硬地单纯记住"电视机"这几个字，而是要使电视机这个物品的形象在脑海中浮现出来。或在记忆英语单词"coin"时，也不要单纯记住"硬币"这两个字，而是要描绘出硬币的形象。

所谓在脑海中浮现出形象，就是说，在头脑里好像有个电影屏幕，当看到文字或听到话语的时候，要立刻在这个银幕上描绘出形象来。只要经常练习，养成这种习惯，那么看到或听到的事物的形象，就能在很短的时间里映现在头脑中，因而容易留下记忆。

实验证明：直观形象记忆法是帮助孩子提高记忆力的有效方法之一。在日常生活中常常可以听到孩子模仿电视广告或卡通片中人物的语言，而且惟妙惟肖。另外直观形象记忆法常常可以跟游戏结合起来，让孩子在玩的过程中接受新知识。

(4) 归类记忆法

如果把记忆喻为知识的仓库，那么只有把知识归类，仓库才能最大限度地发挥它的储存能力。有人曾用归类法来教孩子识字，效果不错。这是利用了汉字的特点，用基本词来带形声词，如：井、阱、青、请、清、情、睛、精。这样认字不是零敲碎打，而是一串一串的，便于孩子记忆。

(5) 多种感官参与记忆法

利用多种感觉器官(耳、眼、口、手)来参与记忆活动，能提高记忆的效果。

有人曾做过这样一个试验：用三种方法让三组被试者记忆10张画。

第一组：只告诉画了些什么。

第二组：给被试者看这10张画。

第三组：给被试者看这10张画的同时告诉被试者画中画了些什么。

过一定时间后，测试被试者的记忆结果，结果如下：第一组记住了60%，第二组记住了70%，第三组则记住了86%。可见利用多种感觉器官参与记忆活动，能大大地提高记忆的效果。

提高记忆的方法绝不止上述几种，但也并不是任何方法都适合你的孩子。重要的是父母在实践中不断揣摩、发掘，为孩子量身打造最合适的"记忆妙方"。

6. 加强训练

俗话说，大脑越用越活，记忆力也同样如此。大量有意识的训练能显著地开发大脑潜能，提高记忆速度与效率。下面重点介绍几种适合孩子的记忆力训练方法。

(1) 学记儿歌法

因为人的大脑对节奏感强的识记材料记忆效果非常好，有节奏的刺激信息能使大脑多个区域工作，尤其是利用了右半脑的功能，同时能使人身体放松，产生愉快感，对大脑产生较强的刺激，因而能提高记忆效果。

父母在要求孩子记忆儿歌时，应有意采用多种多样的方法，尽可能地调动孩子记忆的兴趣和积极性，尽可能地调动孩子多种感官参与记忆。这样，记忆的效果将大大提高，孩子也将发现其中的无穷乐趣。

例如，父母可以把儿歌教学同游戏结合在一起，使孩子在实际劳作中体会和理解儿歌的意思，同时能培养语言、动作的节奏感。当然，父母也可以把教儿歌和看图画结合起来，先指导看图，并用较美的语言描述图意，除此之外，还可要求孩子试着描述，培养孩子的想象力。

父母还可以将儿歌教学与自然界的景、物联系起来，这样不仅能使孩子有兴趣学习，易于理解儿歌内容，还有利于培养孩子的语感，激活右脑，使眼前的情景很快转化为言词，从而培养表达能力。此外，将儿歌教学与音乐熔为一炉不失为一种方法，可以让孩子通过歌舞的形式记熟儿歌。

(2) 记诵诗词法

目前有的教育学家认为，让幼儿在不理解其意义的基础上死记硬背古诗并非良策。客观地讲，儿童记忆古诗可以在一定程度上提高孩子的记忆力，但父母大多只让孩子背诵，不求孩子理解，这种记忆属于无意识记忆，不会很持久、很深刻。同时，其枯燥的形式还可能损伤孩子记忆的兴趣。

我们提倡，让孩子在理解的基础上记诵诗歌。首先，选择的诗歌应是孩子能理解的。有些父母希望让孩子多背一些古诗，这当然也未尝不可，不过开始让孩子背的诗，最好是简短、押韵、与孩子生活结合较紧密的儿童诗，这样容易引起孩子的兴趣。等他稍大一点，对背诗有一定的兴趣和习惯以后，再教孩子背古诗，成功的可能性就更大一些。如果一开始就教孩子背一些他完全不懂的诗，一旦记不住，就容易产生畏难和厌倦情绪，不想背。如果父母不会引导，就可能损害孩子学习的兴趣。

给孩子解释诗歌时，要注意生动形象。如果能加上动作，最好边读边做，则可帮助孩子理解，并使他产生强烈的印象。当孩子有印象后，就让他也边读边做。这样不但能加深理解，而且能加强记忆。这也是记忆的规律之一。

(3) 复述故事法

让孩子听完故事后复述出来，是训练记忆力的好方法。它有助于提高孩子记忆的目的性、整体性，提高记忆的效率，同时也对孩子语言能力的发展大有裨益。

复述故事是在听故事的基础上进行的。那么，要想孩子很好地复述故事，父母在讲故事时，应有意识地强化故事的重点部分，还可以做一些动作以加深孩子的印象。总之，父母讲故事要有声有色，有吸引力、感染力，使孩子完全被故事所吸引，这样，孩子对故事内容才容易记住，记得才深刻。

父母讲完故事后，如果孩子还不能复述，那么，可以再讲一些段落或故事梗概，也可以通过提问引起孩子的联想，然后再让孩子复述。

在孩子复述时，父母要在一旁提示、帮助。由于孩子年龄小，知识少，要想一下子就把故事复述得准确、完整，是比较困难的，可以让他一步一步地来，先部分复述，重点复述，然后才整体复述。在复述中，如果孩子把想象中的东西编入故事，虽不符合原故事，但合乎情理的，父母一定要给予肯定并鼓励。孩子复述结束时，父母应该给予评价，使孩子感到高兴。

(4) 游戏法

用游戏法锻炼孩子的记忆能力，既有效，又有趣。下面，我们介绍几种不错的游戏法。

① 依次说出名称。把6样东西按先后次序排列在桌上，让孩子看上几十秒钟，然后遮起要求，孩子凭记忆依次说出这6样东西的名称。

② 辨颜色。让孩子闭上眼睛，说出你穿戴的衣帽鞋袜是什么颜色的。如果你也闭上眼睛说出他穿戴的衣帽鞋袜的颜色，将会引起孩子对这种游戏的更大兴趣。

③ 找物品。当着孩子的面把8种不同的小物品分别藏好后，再让孩子将这些物品一一找出来。

④ 看图说话。把15张不同内容的图片放在桌上，叫孩子看一会儿，然后盖上。要求孩子把所看到的图片内容尽可能准确地叙述一遍。

⑤ "飞机降落"。将一张大纸作为地图贴在墙上，纸上画出一大块地方作为"飞机场"。再用纸做一架"飞机"，写上孩子的名字，上面按上一枚图钉。让孩子站在离地图几步或十几步远的地方，先叫他观察一下地形，然后，蒙上眼睛，让他走近地图，并将"飞机"恰好降落在"飞机场"上。

⑥ 看橱窗。这个游戏适合在带孩子外出时进行。路过商店橱窗时，先让孩子仔细观察一下橱窗里陈列的东西，离开以后，要求孩子说出刚才所看到的东西。

7. 注意孩子的用脑卫生

记忆是大脑的功能，维护孩子的大脑，对于完成记忆任务相当关键。维护大脑，并不是要吃多少营养品，多少补脑药。事实上，那些东西对于大脑的发育并没有多大效果。重要的是注意孩子的用脑卫生，使他们的大脑"先天强健"，保持清洁、高效的状态。

① 节制饮食，为大脑提供充足的血液。大脑是人体最复杂、最劳累的器官，用血量也最大，特别在大脑工作时对血液的需求量就更大。与大脑争夺血液最大的竞争者是胃，胃在消化过程中也需要大量血液。因此，良好的饮食习惯会帮助幼儿提高记忆能力，国内外的调查都发现，那些能吃的儿童，一般智力的发展都很不正常，更鲜见智力超常的现象。

② 为大脑提供充足的氧气。人的大脑在紧张工作时，氧气的需求量超出平时的几倍，如果氧气供应不足，会造成儿童注意力不集中，记忆能力也会明显下降。因此，父母一定要让儿童在空气流通状况好、空气清新的环境里学习。

③ 丰富的营养。幼儿大脑的发育需要丰富的营养，虽然不需要成人那么多，但在种类上还是越多越好，千万不要偏食。偏食的幼儿75%有急躁、好动的倾向，注意力很分散，经常不能专心识记，以致影响记忆能力和其他能力的发展。

④ 充足的睡眠。睡眠是影响记忆能力的一个重要因素，它是人恢复体力和脑力的必需过程。对于幼儿，睡眠又有特殊的意义。在幼儿期，人的大脑尚未完全发育成熟，而睡眠有利于大脑的发育，同时，人的生长素也是在睡眠中分泌的，如果缺乏睡眠，幼儿的大脑和身

⑤ 适量的体育锻炼。锻炼身体，不但能使幼儿有一个健康的体魄，而且对幼儿的大脑发展也有极大的促进作用。幼儿锻炼身体不要求强度大，但要求有规律性和经常性。对那些不好动的幼儿，父母应多引导他们参加一些适量的体育活动。

⑥ 选择最佳的记忆时间。在不同时间里，人的记忆能力是不一样的，这是由人体的生物钟所决定的。最佳的时间安排是：在幼儿睡前一小时左右，进行新口诀的识记活动，然后到床上后再复习一遍。复习后马上让幼儿进入睡眠。起床之后，父母让儿童把昨晚的内容再复习一遍，幼儿记忆不完整的，父母马上进行提示。早上以10分钟左右为宜。养成习惯后，会收到意想不到的效果。

 附录：测验表格与解释

为了进行记忆力的诊断，我们设计了三套记忆力测验。

测验1：单词记忆测验

在日常生活中，我们常常要记住许多无直接逻辑联系的单词，例如，各种术语、任务、指示，各种家用物品的名称，各种事件等。测验的目的就是检查小学生对这类信息的记忆能力。

请记忆下列20个词(连同其顺序号一起)，规定记忆时间为40秒，40秒过后即行默写。默写时连同顺序号一起正确默写出来，才算答案正确。例如默写"乌克兰人"这个词，如顺序号"1"没写，也不算答案正确。

1. 乌克兰人　　　　11. 油
2. 经济学　　　　　12. 纸
3. 粥　　　　　　　13. 小蛋糕
4. 纹身　　　　　　14. 逻辑
5. 神经元　　　　　15. 社会主义
6. 爱情　　　　　　16. 动词
7. 剪刀　　　　　　17. 缺口
8. 良心　　　　　　18. 逃兵
9. 黏土　　　　　　19. 蜡烛
10. 字典　　　　　 20. 樱桃

现在来计算记忆效率。为此，请将默写正确的词数填入下式：

默写正确的词数÷20×100%＝…%

例如，假如默写正确的是10个词，那么记忆效率就是：10÷20×100%＝50%。

测验2：数字记忆测验

请记忆下列20个数字(连同其顺序号)，记忆时间也规定为40秒，然后进行默写。

1.43	6.72	11.37	16.6
2.57	7.15	12.18	17.78
3.12	8.44	13.86	18.61
4.33	9.96	14.56	19.83
5.81	10.7	15.57	20.73

按下式计算本项记忆效率：

默写正确的数字数 $\div 20 \times 100\% = \cdots \%$

测验3：对有逻辑联系的文学材料的记忆测验

现在来检查一下您孩子对文章的记忆能力。下列短文有10个要点，已按①②③④……编了号。看过之后请依次默写要点。记忆时间规定为60秒。

蝴蝶岛。我国的宝岛台湾因为物产丰富，被誉为"米仓""糖库"及"水果之乡"。你是否知道，台湾还有一个"蝴蝶岛"的美称呢？

台湾被称为"蝴蝶岛"，是因为岛上的蝴蝶多①。全岛的蝴蝶有多少只，这是难以统计的。举一个例子吧，台湾西南部的高雄县有个美浓镇，这个镇有个叫蝴蝶谷的地方，以盛产黄色蝴蝶闻名。这种黄蝴蝶世世代代生长繁殖在这个山谷里，从不离开自己的故乡。据说，光是这个蝴蝶谷，每年就能繁殖200万只蝴蝶②。

台湾岛的蝴蝶不仅数量多，而且品种全。据粗略统计，大约有400个不同品种③，主要有大红纹凤蝶、蛇头蝶、红边小灰蝶、皇蛾阴阳蝶、黄裙凤蝶等。蛇头蝶的翅膀上端长着像蛇头一样的图案，它双翅展开，足有洗脸盆那么大，是世界上最大的一种蝴蝶④。皇蛾阴阳蝶的样子不同于一般蝴蝶。它的翅膀既不左右对称，而且大小也不相同。更奇特的是：它的左翅膀为雌性，右翅膀是雄性。据说，这种蝴蝶在1万只当中才能找到1只，是极为少见的珍品⑤。黄裙凤蝶是凤蝶中最美丽的一种，它的后翅有金黄色大花纹，在阳光下呈现出珍珠般灿烂夺目的光辉。这样的色彩是蝶类里独一无二的，被誉为"蝶中皇后"⑥。

由于台湾岛蝴蝶数量众多，品种新奇，在全世界享有盛誉⑦，这些蝴蝶有的被制成标本，供学生或科学家学习研究使用⑧；有的被制成精美艺术品供人欣赏⑨。这些标本和艺术品还远销欧洲、美洲和亚洲的许多国家⑩。

60秒过后便依次默写文中要点，记忆效率按下式计算：

默写正确的要点数 $\div 10 \times 100\% = \cdots \%$

说明

首先，从这套测验中各项分测验的成绩的比较，我们可以看出孩子更擅长记忆哪方面的内容。测验1是对那些没有逻辑联系的单词的记忆，测验2是对数字的记忆，测验3是对有逻辑联系的文字的记忆。例如，一个孩子测验1的记忆效率为40%，测验2的记忆效率为60%，测验3的记忆效率为70%，我们就可以认为他最擅长记忆有逻辑联系的文字，最不擅长记忆没有逻辑性的单词。这样我们对孩子进行训练时就会更有针对性。

五、怎样发现和提高孩子的表达力

在幼儿的成长过程中，语言的掌握是一大分水岭。它标志着孩子大脑的显著发育，思维能力的基本成形。

有了语言，也就有了语言掌握程度的高低优劣。能否流畅、生动地使用语言这一工具表情达意，我们把此称为表达能力(又具体分为口头表达能力和书面表达能力)。在日常生活中，我们经常遇见"伶牙俐齿""口若悬河"的人，也常遇到"口拙舌笨""不善言辞"之人。相比较而言，人们会很自然地把语言表达能力的高低与智力的高低联系起来。

当我们在跟陌生人打交道时，常常会自觉地给对方下结论：这人挺聪明的。那么我们是凭什么下的结论呢？恐怕就是对方的言谈举止吧。

表达力并非一种单向的智力，而是多种智力综合发展的一种表现。首先，表达力的优劣直接决定于思维能力的强弱。人类的思维分形象思维和抽象思维两种。除简单的形象思维外，较高级的形象思维和抽象思维都必须用语言作为工具。因而，一个口齿清晰、表达流畅有条理的人，通常思维也是清晰的、有逻辑有条理的。反之，一个思维迟钝的人往往表现为说话啰唆、前言不搭后语、吞吞吐吐，当然我们也并不否认历史上有些科学家是沉默寡言的，这跟他们性格内向有关，同时我们也不得不承认他们所用的科学语言或者书面语言却是那么严谨，富有逻辑性。语言的准确性，来源于思维的清晰性；语言的条理性，体现了思维的周密性；语言的连贯性，体现了思维的逻辑性；语言的流畅性，体现了思维的敏捷性；语言的多样性，则体现了思维的丰富性；而语言的训练本身就能促进思维的发展，当然思维的不断发展，反过来又促进了语言的不断发展。

退一步讲，假定你有善于思维的头脑，但却不能正确地用语言表达出来，那么再好的思想也只能储存在你的头脑之中，得不到公众的认可。所以在幼儿学习语言的阶段，一定要鼓励孩子多听、多看、多说，只有这样才能促进思维，促进早期智力的开发。

语言不仅是人们进行交往和思维的工具，也是帮助幼儿认识世界的工具。人们正是靠语言，才能认识眼前的事物，并唤起眼前并不存在的事物的表象。人们也正是靠着"远、近、左、右、高、低、上、下"之类的词汇，促进对空间的认识。语言更重要的是帮助我们超越时间去认识事物。人类几千年的科学文化知识只能依靠语言文字的记载才能世代相传，不断发展。

科学家在动物实验和分析一部分类似狼孩的资料后，得出结论：两岁前后为儿童学习语言的关键期，要想唤醒那些错过了语言学习的关键期、由野兽哺育长大的孩子的意识，恢复他们的言语和记忆能力是相当困难的，于是有人把两岁称为儿童智力的起跑线，一旦错过了关键期，就会造成心理上的某种缺陷，带来无法挽回的后果。

1. 发现表达能力强的孩子

一般来说，表达能力强的孩子总不会被父母疏忽，因为他们总是像小麻雀一样叽叽喳喳。但可惜的是，他们的表达欲望和表达才华时常受到父母的抑制。您是否也干过类似的事？当孩子兴高采烈，想向您诉说什么时，您却因为忙碌和烦躁把他推到一边？在您和别的成年人谈话时，您的孩子可能会不合时宜地插上几句嘴，这时，您的反应是不是一声呵斥："去！大人说话，小孩别插嘴！"

有一天，您想起来，孩子说话说得不错！您想鼓励鼓励他，可是，这时，您那个原来停不住口的小宝贝现在却一言不发。

这是谁的过失？

发现，并非一劳永逸的事情，更不是说知道孩子有某方面的才能就可以高枕无忧。发现，意味着随时随地关注、爱护、培养、扶植。

表达能力强的孩子一般有这样一些表现。

(1) 语言好奇心强

表达能力强的人有一个突出的特征：对语言的好奇心。他们喜欢语言，表现出极好的语感和语言鉴赏力。事实上，出生几个月的婴儿就对语言刺激十分敏感，当亲人向他说话时，他会以微笑、手脚活动等作出积极反应。表达力强的孩子具有更强的语言好奇心和表达欲望。他们喜欢倾听大人交谈，听故事，听收音机和电视节目，对语音、节奏、语调反应灵敏。他们是爱说爱闹的一群，动不动就会滔滔不绝地说话，在小朋友面前尤其如此。他还喜欢做语言游戏，尝试各种新鲜的表达方式，并从中得到乐趣。

(2) 语言的条理性

表达能力强的孩子，可以将一件事情表述得十分清晰和富有条理。听这样的孩子讲话，事情的几个要素，如时间、地点、原因、结果一般是突出的，事情的经过是清晰的，有逻辑性的，还能加上一些孩子个人的观点和价值判断。相反，表达能力差的孩子，说一件事情往往顺序颠倒、因果混乱、逻辑错误，甚至与别的事情缠夹不清。父母可以通过让孩子复述故事来测验孩子语言的逻辑条理性。表达力强的孩子，会把故事的梗概和主要脉络讲得很清楚，一些细节他可能记忆得不准确，却能够凭借自己的推理和想象给出合乎情理的解释。而表达能力差的孩子，复述故事则往往只能说出几个没有关联、支离破碎的片断。

(3) 词汇的丰富性

词汇量的大小直接决定着表达能力的高低。表达能力强的孩子，掌握的词汇量比普通孩子要大得多，同时他们驾驭词语的能力一般也十分强。骆宾王7岁时便作了《咏鹅》诗："鹅鹅鹅，曲项向天歌，白毛浮绿水，红掌拨清波。"全诗清朗如话，对于色彩、形态词汇的使用几近炉火纯青！

(4) 敏捷的语言学习能力

儿童都喜欢模仿大人说话,而表达能力强的孩子的模仿能力往往更强。他们会自觉地学习大人说话时的句式和词汇,甚至学习声调和语气。他们特别喜欢模仿收音机和电视节目中听到的言语。他们还能举一反三,把模仿的成果上升为规律,应用到其他语汇中去。当他们表达出现错误被大人纠正时,他们便不会重犯此类错误,甚至当父母和其他人犯了类似的语言错误时,他还能迅速地指出。

2. 语言表达智力越早开发越好

一个出生时只会啼哭的新生儿,为什么在短短的两三年内学会了母语,掌握了结构如此复杂而严密的语言?可见语言作为一种智力与潜能,越早开发越好。胎教工作者甚至主张在怀孕5个月胎儿的听觉出现时就与胎儿说话,呼唤他的名字。而早期教育工作者建议从婴儿出生第一天起,就将语言交流融合于生活照料中。

一般而言,婴幼儿的语言发展可以分为两大时期,即语言准备期和语言发展期,以孩子说出第一批真正能被人理解的词这一刻为界。语言准备期通常又称为前语言期。这一时期的早期,孩子的语言活动方式主要是哭和一些不具备任何符号意义的反射性发声活动,而在这些活动中,可以具有某种符号意义,也可以什么也不表示。这就得靠父母根据具体的情景加以判断了。在这段时间,父母应不断同孩子"谈话",如喂奶时讲"宝宝饿了,要吃奶了",洗澡时讲"这是宝宝的手、腿",虽然这似乎是"对牛弹琴",却有重要的潜在作用。

随着孩子早期的语言活动能力的提高,到了第5个月,孩子开始进入牙牙学语阶段。此时孩子的发音从严格意义上来讲并不具有任何符号意义,但他们却乐此不疲,主要是因为他们把发音当作一种游戏并从中得到快慰,当然也离不开成人的鼓励。这个时候,父母与孩子交谈时,应鼓励孩子作出口部模仿及出声反应。

当孩子牙牙学语的发展达到高峰时(大概9个月),孩子开始表现为能听懂成人的一些话,并能作出相应的反应。这时,成人要对孩子的发声作出积极回应。

如当他指着玩具发声时,父母就可说"宝宝要花皮球玩",用语言说出他的需要。1岁时,要不断鼓励他说出单词、电报式语词,并逐渐要求说出简单句、复杂句直到完整语言。

婴儿期是口语发展的关键期,从单词句(15~20个月)到双词句(18~24个月)再到简单句及语法掌握(2~3岁)的语言发展过程,一刻也离不开成人的引导,因为在没有语声的环境里绝不可能发展语言智力。

3. 创设发展语言智力的环境

威特父亲教育小威特的方法之一是:把手指伸到小威特的面前,同时发出清晰的声音"手指、手指"。在这里,视觉、听觉、触觉(让小威特握住手指)的训练融为一体,构成一个发展孩子语言能力的良好环境。

孩子语言能力、表达能力的发展，离不开视觉、听觉乃至触觉、味觉等的训练。

我们反复地把某一物体呈现在婴儿面前，同时嘴中清晰地发出这一物体的名称，根据巴甫洛夫的条件反射形成原理，久而久之，婴儿就把这种声音跟眼前的物体联系起来了，自然而然就明白了世界上的任何事物都有它特定的名称，这对一个婴儿来说，无异于是一种新纪元的来临。他会迫不及待地认识新的东西，学习新的名词，这时那种被动的教育也就转化为婴儿主动的学习了。

从某种角度而言，看、听、摸、尝等都是为孩子将来的说话创造一种有利的环境，要让孩子说话说得好，就得把环境调配得最有利于孩子成长。

根据孩子思维具体形象和认知直观的特点，应该在孩子看到某种物体或某个人时，教他相应的词。例如，妈妈第一次买回来黄瓜，便可以教他"黄瓜"这个词。如果是第二次看见妈妈买黄瓜回来，就可以问问他，这是什么？当他正确说出名称后，再让他摸一摸黄瓜上的刺，问他扎不扎手，再教他"刺"这个词。教孩子词时，一定让他看到物体或听到声音、闻到味道、摸到物体，使孩子对词和词所代表的物体或现象建立联系，不要空洞地、机械地教孩子记词。

在教孩子同时，父母还要注意给孩子讲解词义，告诉孩子这个词是什么意思。例如，妈妈洗菜时说"这水冰凉"，就可以让孩子也试一试，并且让他摸摸冰，再告诉他"像冰一样凉就叫冰凉"。

教孩子一些词汇后，要鼓励孩子运用。父母在和孩子交谈时，要经常启发孩子把学过的词运用到口语中。例如，孩子喝汽水时说"哎呀！凉极了"，父母就可以启发他，像什么一样凉，可以怎么说，使他说出"这汽水冰凉冰凉的"。

父母平时多引导孩子观察周围的环境和事物，在扩大孩子眼界的基础上，丰富孩子的词汇。父母要有意识地引导孩子去看、听、试，并在此基础上教孩子相应的词。这对孩子语言的发展极为有益。

4. 与孩子交谈

许多父母在孩子牙牙学语时，出于逗孩子玩，或者出于自己的兴趣，教孩子说话。而一旦当孩子长到2~3岁时，父母反而不管了，他们有一个错误的想法：孩子大了，自然也就会说话了。于是，孩子语言发展的关键期被白白错过了，耽误了早期开发孩子智力的大好机会。

实际上，随着孩子思维和语言能力的发展，父母应该更多地与孩子交谈，给孩子提供讲话的机会，使孩子在反复的练习中得到提高。父母只忙于工作、家务、社交，无暇理睬孩子，那是无论如何不能使孩子的口语表达能力得到发展的。父母可以边做家务，边跟孩子谈话，可以在孩子到幼儿园、接孩子回家的路上谈话，还可以边教孩子穿衣服，边和他谈话。谈话的内容包罗万象，如孩子的吃、穿、睡、玩，家庭的成员，幼儿园的活动……

父母与孩子交谈时，要掌握一定的规律和技巧，可参考如下建议。

① 要注意听孩子讲什么，而后再关心孩子是怎么讲的。要让孩子感到你对他的见闻感兴趣，在合情合理中帮助孩子做到语句完整、规范，尽量让孩子独立讲述，只在他们碰到困难时提个醒，要珍惜孩子对语言的好奇和表达的欲望。

② 父母在跟孩子交谈时，要有意识地向孩子提一些必须用几个句子，或更多一些的句子才能回答清楚的问题。例如，"你今天在幼儿园和谁一起玩了？你们是怎么玩的？"要避免提那些一句话就能回答明白的问题，这样才能促使孩子语言连贯。如果孩子在回答时只注意了第一问，忘记了第二问，父母可以再重复问题，而且对孩子提出要求："你把我提的问题连起来回答。"随着孩子对问题理解能力的提高，问题可以提得概括些。例如"你在奶奶家做什么了？"问题虽然不多，可是它要求孩子用较多的句子才能回答完全。

③ 父母在跟孩子交谈中，可以不时地给孩子讲讲，这个问题应该怎样回答，并作出示范，在父母讲完后让孩子重复。3岁多的孩子是喜欢模仿的，这种方法比较直接、简便，孩子能够比较容易地学会并连贯地讲话。但是，父母不要总是教孩子模仿着说，因为，那样将会形成孩子的依赖性，还会影响孩子很好地发展语言能力。

④ 当孩子初步学会说话时，父母就可以跟孩子(当然有几个孩子参加更佳)一起玩类似于"过家家"的游戏。这时父母可以让孩子扮演医生、售货员、老师，甚至警察的角色，这时的台词可以是预先准备好的，最好让孩子自己发挥，父母此时的任务是启发、督促、纠正错误。这种具体生动形象的游戏，孩子会很感兴趣，对于培养孩子的口头表达能力、丰富词汇、发挥想象力、培养记忆能力都十分有利。

⑤ 父母在与孩子交谈时，应尽量使用标准普通话，要吐字清晰，语言规范，措词准确生动，尽量避免用方言和土语。

一般地，幼儿在学说话初期，由于把握不准发音的部位，容易出现错误，如孩子容易混淆舌根音和舌尖音，很容易把"哥哥"发成"的的"。

孩子发音有错误并不奇怪，也并不可怕，要紧的是发现错误要及时加以纠正，否则一旦定型，纠正起来就比较麻烦了。

还有一点值得强调，那就是成人不要有意地去强化孩子的儿语。威特的父亲就不主张教孩子儿语，他以为让孩子掌握"汪汪"和"狗"是一样难易的，而教给孩子"汪汪"一词纯属多余，是在给孩子增添负担。

5. 多姿多彩的语言游戏

(1) 绕口令

绕口令在古时又叫作吃语诗。它通常是由语音相近而容易混淆的字、词和句子组成的一种游戏儿歌。它要说得准确、流利，不读错字，不走调，而且还有一定的速度要求，由于它内容一般比较简单易懂，朗朗上口，所以很受孩子们的欢迎。父母可根据实际情况，有选择地教孩子绕口令。开始应该由父母清楚地把绕口令读一遍，一些重点词可以单独让孩子跟读几遍。然后就可以让孩子跟读，直到能正确流利地背诵下来为止。在实际过程中，要把绕口令读得流利准确，并且有板有眼，确实不易，如果有些父母本身的语言不过关，那么可以让孩子跟着广播学，像电台的少儿节目常常有这一栏节目。这不仅有利于孩子口头语言能力的培养，也有利于锻炼孩子思维的敏捷性和清晰度，当然对记忆力的锻炼也大有益处。

(2) 以字找词

以字找词游戏是以一个中心字寻找相关的词的文字游戏。例如给出一个"电"字，就可以找出许多与"电"相关的词，如"电灯""电扇""电视机""电冰箱"等。这对丰富孩子的词汇，培养孩子发散性思维能力极其有利。同时，父母也可以用这种游戏来检查孩子的思维能力以及所掌握的词汇量。

这种游戏很重要的是要找好中心，这个字必须是孩子比较熟悉的，而且有较大的搭配性。不要找那些比较冷僻、孩子不熟悉、不易理解的字。

(3) 接字游戏

接字游戏就是要所有的词前后相连，形成一串词。例如"电灯"下面就可以接"灯泡""泡泡糖""糖果""果实"等。

要注意的是，父母在和孩子一起做这游戏时，尽量想一些最后一字容易接的词，把这一游戏顺利地进行下去。

这种接字游戏不仅能开发孩子的智力，而且能培养孩子的口头语言能力，游戏本身就需要掌握一定量的词汇，另外父母在游戏中还可以有意识地教孩子一些新词、新字，帮助孩子巩固原有的词汇。

(4) 讲故事和看图说话

日本的木村久一曾经说过这样一段话："对于幼儿，没有比故事更为重要的了，因为孩子是这个世界的'生客'，这个世界对他来说是个一无所知的世界。"实践证明，故事对孩子的感知、注意、记忆、思维、想象等心理活动和孩子个性品质的形式，都有很重要的作用。同时，故事也是孩子语言发展的"激素"。它有着曲折生动的情节，丰富而优美的语言，非常易于被孩子理解和接受。

在讲故事的过程中，孩子往往是听众，我们不妨让孩子主动参与。一个故事讲完了，让孩子再讲一遍给父母听，或者父母开一个头，让孩子接着往下编，即便不合情理，也没有多大关系，因为孩子的思想很少受束缚，常常异想天开，这是一种很可贵的精神，应得到父母的肯定和鼓励。当然父母也应该引导孩子尽量把故事编得合情合理些，特别要注意孩子的思路是否清晰，表达是否准确流利。

看图说话也是如此，一幅色彩丰富、形象生动的图画能唤起孩子无穷无尽的想象，一幅画或一组画能编成一个故事，这对孩子有多大的吸引力呢？最开始父母给孩子讲解图画的内容，等孩子语言能力有了一定发展，就可以让孩子自己对画图进行描述、讲解和想象了。

激发孩子的最佳才能区

一、怎样培养孩子的音乐才能

1. "钢琴热"带来的思考

从若干年前开始,神州大地掀起了一股"钢琴热",父母倾家荡产,为孩子置钢琴、请老师,费尽心力,想把孩子培养成专业音乐人才。父母的苦心值得钦佩,但效果如何呢?无数事实告诉我们,棍棒并不能把孩子造就成贝多芬。一个人是否能成为音乐家,关键在于他自己是否有音乐才能。

研究表明,音乐是最需要天资的艺术。对于钢琴、小提琴这样高度复杂的乐器,要达到一般的演奏水平,所要求的能力就并非一般人所具有的。那么,音乐才能到底包括哪些方面呢?

(1) 视觉运动反应能力

以看谱演奏为例,演奏员要非常迅速地识别出乐谱上的音符,并且要迅速地弹奏出来,因此他需要具有高速的"视觉运动反应能力"。

(2) 肌肉运动控制能力

由于器乐演奏是一种非常精细的操作活动,因此它在对所有肌肉运动的控制方面都有非常高的要求,具体包括:反应时(即从命令出发,到肌肉作出反应的时间)肌肉控制的精度(比如触键时非常细微的力度与速度的控制),运动定位的准确性(比如小提琴的音准控制、钢琴的远距离快速大跳),肌肉记忆能力(由于在很多情况下人的注意力需要控制其他方面,因此肌肉经常是靠训练形成的记忆自动操作的),肌肉运动模式形成的速度(比如,手指按1—3—5—2—4—5—3的顺序快速弹下,那么这个运动的顺序模式需要多长时间才能形成,就直接关系着将一音乐曲弹熟练的时间)。

(3) 心理操作技能

这是一种非常复杂的能力，比如，演奏同时需要控制很多事情：高度复杂的弹奏动作、音乐表现、听觉的监控等，这些就对大脑的信息处理能力提出了很高的要求。其具体包括：工作记忆容量、信息读取速度、组块策略、注意分配的能力、控制转换的速度、平行操作的能力及心理动作的有序性等。

(4) 听觉分辨的能力

大家都知道，弦乐演奏一个重要的要求就是音准，声乐演唱也有"跑调"的问题，这实际上就是听觉对音高的辨别能力决定的，一个良好的音乐的耳朵还包括对音强、音色、音长的判断。需要指出的是，不同的人对声音的各个属性进行辨别的细微程度是不同的。比如一个好的音乐家可以辨别3音分(一种测量音高的单位)的差别，而一个普通人只能分辨大于14音分的音高差别。

(5) 音乐的记忆能力

这是考察音乐才能的一项非常重要的能力，一个听一遍就能复唱出来的人，要比练很多遍也记不住的人在取得相同音乐成就上所需要付出的努力要少得多。

(6) 音乐想象力与创造性

用我们一般的经验就能够知道，人在想象力与创造性方面的能力差异是非常大的，而音乐的想象力就是对音乐声音与形式方面变化及表现力的想象能力。

(7) 音乐审美反应的强度

一个人在听音乐时，是无动于衷，还是容易被音乐所感动，是更高级、更综合的音乐感受能力的表现。

以上是音乐才能构成内容的一个简单勾勒，我们一般人大都或多或少具有以上能力，但对一个搞音乐专业的人而言，他必须同时具备以上所有能力，而且在每一项能力上都要十分突出。

父母如果希望自己的孩子从事音乐专业，必须十分慎重，如果孩子没有突出的音乐才能，即使再勤奋努力，也难以达到很高的水准。这对于孩子的全面发展来说，恐怕是弊大于利。

2. 您的孩子有音乐天赋吗

您的孩子有音乐方面的才华与天赋吗？您不妨从以下几方面进行观察(此观察适用两岁以上的孩子)。

① 音乐感受力的早期表现，如在音乐声中会手舞足蹈，面露微笑或入神倾听，哭闹时只要一听到音乐就会安静下来。

② 听觉的敏锐与对音乐要素的特殊辨别力，对不同的音高、音色、节奏有不同的反应，并能准确地加以模仿。

③ 音乐记忆力特别好，对于喜爱的歌曲或乐曲主旋律，听几遍即能记住并模仿学唱。

④ 对各种形式的音乐表演有积极的要求，表现出较强的音乐表演欲望，即使在陌生人面前表演也不感到拘束。

⑤ 表演中反映出自发的乐感，对歌曲(乐曲)表情的处理，努力追求优美的音响以及对音乐形象的想象力等。

⑥ 学习音乐的主动性与坚持能力，无须父母的强迫，自觉表现出渴望音乐学习的心理，并能较长时间放弃玩耍而坚持学习。

⑦ 音乐的创造才能。除了模仿学唱以外，孩子还喜欢哼自己随口编的曲调，或在琴上弹奏自编的曲子，父母如果发现自己的孩子具有上述音乐才能，要尽力培养。

3. 家庭环境与音乐人才

良好的音乐环境并不意味着要求每一位父母都成为音乐家，但父母对音乐的喜好，他们哼唱的歌曲，他们聊天时谈到音乐作品，家庭聚会时的音乐节目等，会滋养着孩子的音乐品味，培养着孩子的音乐习惯。创设良好的音乐环境，父母要适应孩子的年龄特点和接受能力，来安排他的音乐活动。1～2岁的孩子可以多听听音乐，为他们选听情趣健康、优美动听的古今中外的名家名作，以"高质量""高营养"的精神食粮"喂养"孩子。在听音乐的时候，多鼓励、带动孩子对音乐有积极的情绪反应，你可以选些节奏性较强的音乐，边听边握着孩子的双臂帮助他合着音乐的节拍、节奏挥舞小手，培养节奏感。也可以用适当的音乐伴随他的生活，譬如：吃饭的时候，听些优美活泼的音乐，使他心情舒畅，吃得愉快；睡觉前，给他听听摇篮曲，使他情绪平稳，睡得香甜；玩的时候，给他听欢快活泼的音乐，使他玩得高兴。还可以有意识地在一个时期(2周～1个月)接连听同一首曲子，反复听，帮助他记忆，积累美好的音乐印象。孩子对他所熟悉的曲子，会像老朋友重逢似的有愉快的反应。音乐是听觉艺术，给孩子播放音乐时，音质要清晰、动听，音量要适中，周围环境要安静，因为嘈杂的声音、过大的音量，会影响甚至损伤孩子的听力，请你一定要注意保护和发展孩子的听力。

随着孩子的成长，父母应逐步丰富他的音乐生活。除继续听音乐外，父母还可以教他唱唱歌、跳跳舞，或者学习一种乐器。3～4岁的孩子有了说话的能力和一定的独立活动能力，自我意识也增强了，有想了解周围事物和想试试自己能力的愿望，对他所听到的音乐、唱的歌，想知道它里面"说"了些什么，这时就要孩子了解音乐的含义，感受其情感，以满足他的求知欲望。5～6岁的孩子除听音乐、唱歌、跳舞外，如果有条件可以学一种乐器。教孩子学乐器要注意激发他的学习兴趣，使他喜欢学，千万不能因求成而引起反感。婴幼儿时期的音乐教育，重点不在于多学几首歌、几支曲，而在于培养和发展孩子的音乐素质及能力，培养孩子对音乐艺术的敏感和兴趣。

4. 生命因音乐而动听

对音乐终生不渝的热爱和兴趣是所有音乐人才的共性。傅聪热爱弹钢琴到了入迷的地步，他认为最大的惩罚就是父亲把钢琴锁起来不让他弹。欧洲音乐大师巴赫出生于音乐世家，自幼失去双亲，靠兄长抚养成人。尽管家里存放着大量音乐资料，可专横的兄长就是不许他翻阅学习，小巴赫在对音乐痴迷的狂热驱使下，总趁着哥哥深夜睡熟后，在月光下偷偷把心爱的乐谱抄下来……

培养孩子对音乐的兴趣，有多种多样的方式：

① 利用电视和电台播放的音乐节目，让他们欣赏；
② 选择一些适合孩子年龄的儿童歌曲，教他们唱歌和表演；
③ 将他们已会唱的歌改编成乐曲，教他们在乐器上练习，直至练会为止；
④ 选购音色美的儿童乐器，如电子琴、口风琴等作为入门乐器练习；
⑤ 对已初步学会演奏乐器的孩子，尽力去创造条件让他们登台演出，学校、幼儿园或在家庭内均可；
⑥ 可以录制一些名歌、名曲，放给孩子听；
⑦ 观看歌舞晚会和音乐会的演出。

为孩子选择歌曲和乐曲时，父母应注意，这些歌曲和乐曲在内容和体裁上一定要适合少年儿童演唱和演奏，防止成人化和高难度。如果孩子无法理解所选的歌曲或乐曲的内容，或者学习起来太困难，就会影响他的学习兴趣。

音乐家冼星海曾经说过这样一句话："音乐，是人生最大的快乐。"如果你能使孩子在学习音乐时，情绪始终是欢愉的，并设法使他感受到音乐艺术的美和魅力，那么，他对音乐的兴趣便会越来越浓。

5. 加强音乐记忆

音乐记忆，是我们发现和提高孩子音乐表现力、音乐鉴赏力和音乐创作能力的基础。特别要强调的是，培养小孩良好的音乐记忆力，对他一生音乐能力的发展起着十分重要的作用。莫扎特的音乐记忆能力是惊人的，他可以把只听了一遍的曲子完整无误地弹奏出来，而他创作时，几乎只是把头脑里储存的东西抄到乐谱上。

怎样培养孩子的音乐记忆力呢？

① **形象记忆法**：广泛利用音乐挂图、乐理卡片、录音磁带以及幻灯、电视录像等视听设备，提高孩子的兴趣，在发展形象思维能力的同时，培养他们的音乐记忆力。

② **多感记忆法**：运用多种多样的变化形式来培养孩子的记忆力，如进行发声练习、视唱、唱歌等，要求孩子用眼看谱，口唱曲，耳听琴，手击拍，或伴之以律动，使孩子的各感官都活跃起来，从而获得较深刻的印象。

③ **理解记忆法**：通过对所学知识的理解，找出知识间的内在联系和规律，然后牢记它，而不是"死记硬背"。这种方法主要用于乐理及和声知识的学习。

④ **反复背记法**：要求孩子对所学的优秀歌曲、名曲片段等反复背唱，力争多记一些旋律片段，这有助于提高孩子的音乐创作能力和艺术修养。

⑤ **比较记忆法**：通过对两种音乐事物的比较对照，找出其异同点，从而加深孩子的记忆，如单纯音符和附点音符的比较，倚音和波音的比较，等等。

⑥ **图解记忆法**：对于应记住的内容熟记后，还应尽可能利用表象形式，按图解式回忆原内容，检查记忆效果，如发现遗漏或错误，应及时纠正补救。

⑦ **归纳记忆法**：这是培养孩子音乐记忆力最常用的方法，即把小孩所掌握的音乐知识归纳起来，通过归纳从中找出这些知识的内在规律性，而后加深印象，使孩子的记忆深刻持久，如音符的归类、力度记号以及表情术语的归类等。

当然，培养和增强小孩音乐记忆力的方法远不止这些，我们可以在同孩子的长期生活中去发现和总结。

6. 让孩子有双"音乐的耳朵"

中国古代有个著名的典故叫"高山流水"。伯牙鼓琴，子期倾听，当伯牙有意用音乐表现高山时，子期便感慨："这好像巍峨的高山啊！"伯牙又有意用音乐表现流水，子期又发议论："这好像浩浩荡荡的江水啊！"两人于是结为"知音"。

知音难求，从另一侧面来看，有着"音乐的耳朵"的人真是太少了。父母希望孩子有善奏之"手"，善歌之"口"，其实，最起码的是要让孩子有善听的"耳朵"。

怎样培养孩子敏锐的听觉呢？

(1) 听辨不同音色

音色是指声音的色彩特征，音色又是不同人声、不同乐器以及它们的不同组合在音响上的特色。在音乐欣赏中，对音色的辨识能力有重要的意义和作用。欣赏时，听者首先是对音响的感知，其中就包括对音色的辨识能力，因此音色也是音乐中直接触动孩子感官的一种手段。那么，怎样引导孩子在生活中去寻找不同的音色呢？

父母可以让孩子去敲击周围的物体(当然要注意安全)，如板、橱、碗、铁片、罐等，引导孩子去倾听、辨别这些声音。这样，孩子通过自己动手敲击，初步探索到声音除了高低外，还有色彩的感觉。

接着，父母可进一步引导孩子寻找音色的亮和闷的比较。例如，乐器中大鼓的音较低而闷，碰铃的声音又清脆又明亮。这两种音色迥然不同。小铃的声音与三角铁的声音虽然相似，但仔细听却有一定的差别……孩子在探索听辨各种乐器音色的过程中，听辨能力会不断提高。

另外，父母还可引导孩子运用不同音色的乐器为歌曲、诗歌、舞蹈等伴奏，在此过程中,孩子更能认识不同乐器的不同音色与效果。此外,父母还可引导孩子选择使用不同的乐器为不同的动物、自然现象、人物、情绪等配音伴奏。如在夏天的雷雨天,父母可先带孩子观察雷雨前后天气的变化,然后启发孩子选用能反映雷雨前后变化的音色的乐器来演奏。轰隆隆的雷声可选用大鼓,下雨声可选用沙球。孩子在这样的游戏活动中能自由自在地想象,并逐渐探索生活中各种不同的音色。

(2) 识别高音与低音

首先,父母要让孩子知道声音是有高低的。父母可以通过让孩子听敲击的各种物体发出的声音,使他们在听的过程中自己找到这一概念。父母可以给孩子做一个实验:敲打灌了不同水量的水瓶,让孩子听辨声音的高低,然后让他们到周围去寻找高低不同的声音。比如,父母可引导孩子敲椅子、敲地板、敲大橱、敲桌子、敲门……从而让孩子自己去发现声音是高低有别的。

其次,父母可以让孩子听琴上的音。例如,可以先听so、mi、la三个音,以后逐渐增加Do、re和fa、cl。每次听时,要引导孩子听辨出哪个音高,哪个音低。当然,这种训练要经常反复地进行,使孩子在弹弹唱唱中提高听辨高低音的能力。

最后,父母可以引导孩子听辨乐曲中的高音,如听了长笛的高音旋律和大提琴的低沉旋律,可以启发孩子辨别哪个声音高,哪个声音低,高音像什么,低音像什么。这样做,不但使孩子积极思考,探究音的高低,还能进一步识别和想象高低音代表着小鸟飞和大象走。经常的诱导性启发会促使孩子提高听辨力,丰富想象力。

(3) 感受音乐的节奏

节奏是音乐的脉搏,任何音乐都有节奏,要培养孩子的音乐感受力,要特别注意节奏感的训练,这对孩子今后的成长有着不可低估的作用。孩子学唱歌、舞蹈、乐器,都离不开节奏感,那么如何指导孩子感受音乐的节奏呢?

首先,父母要教会孩子听的方法和探索节奏的能力,孩子有了这种能力,就能主动积极地学习了。我们生活在声音的世界里,到处充满不同的音乐与节奏。比如,让孩子去听家里闹钟的"嘀嗒……",让孩子用听诊器听心脏的跳动声。父母可进一步引导孩子去寻找各种不同的节奏。如有的孩子找到"笛笛……笛笛……"的喇叭声,有的找到"嗵……嗵……"的打桩声,有的找到"哒哒哒哒"的机枪声……重要的是培养孩子用耳朵探寻各种不同节奏的能力。

其次,父母可让孩子听音乐,打节奏。一般来说,较小的孩子都先会摇动物体发出响声,以后才会逐渐敲打物体。在摇动物体的过程中,孩子最初的节奏感已经产生。父母可引导他用转手、拍手的形式来随着音乐节奏摇动。孩子练习了手的动作,进而发展了节奏感和听觉的敏锐性。

稍大些的孩子,可让他们跟着音乐拍打节奏,也可训练他们跺跺脚、拍拍手,进而发展到脚跺拍律,手打节奏。让孩子在听听、动动的活动中发展听觉,培养思维能力与手脚动作协调的能力。

最后，父母可考虑用多种形式让孩子感受节奏。孩子在运用乐器打节奏中会获得心理上的满足和愉快，也能运用打击乐器来表达某种情绪，从而发展其创造能力。父母可提供孩子一些小乐器，或自制小乐器，并与孩子一起配合打节奏，这对孩子学习节奏，是一种很好的鼓励和促进。

7. 让孩子走向社会

1762年，6岁的小莫扎特已成了家乡萨尔斯堡小有名气的演奏家和作曲家。父亲里奥波德并没有陶醉在儿子所获得的荣誉中。他深知萨尔斯堡只是一个小城，要让儿子的音乐才能得到飞跃式的发展，要让孩子获得社会的承认，就必须走出家门，走向世界。

这一年，他带着小莫扎特和11岁的安娜开始了艰辛的旅行演出。慕尼黑、维也纳、巴黎、伦敦……小莫扎特每到一地，便引起一场轰动。三年的旅行演出结束后，莫扎特的声名已传遍了整个欧洲。

而比获得名誉和金钱更重要的是使莫扎特开阔了眼界，丰富了生活阅历，从交往的人、从所处的环境中学到了自己小镇上学不到的东西。

在巴黎，莫扎特受到法国启蒙思想运动的教育，向往自由、平等，这种潜移默化的影响给他后来的创作带来积极的作用。在伦敦，他与德国著名音乐家巴赫的儿子约翰·克里斯蒂安·巴赫结下了深厚的友谊。这位30岁的杰出作曲家，非常喜欢这个8岁的音乐天才，莫扎特向他学习音乐理论和作曲。也就在这一年，他创作了自己最早的交响曲，出版了第一批作品。

里奥波德是聪明的，他没有把儿子禁锢在一个狭小的空间，而是带他走出去，去实践、去探索。他不仅充分利用本地浓厚的艺术氛围去培养莫扎特的音乐细胞，而且不断为莫扎特寻找新的发展空间，利用各地的资源来培育他，从而一步一步地把莫扎特引上艺术的高峰。音乐并不神秘，艺术也不应是圣物。对于有志于把自己的孩子培养成音乐型、艺术型人才的父母来说，为孩子提供一个艺术的氛围，寻找一个开放学习的艺术空间，充分利用一切资源培养孩子的艺术素养，是重要而必要的。

8. 功夫在诗外

在阅读著名音乐家传记时，我们往往可以发现，他们在音乐方面的造诣与他们对于其他人类文化的高度修养是不可分割的。莫扎特在父亲的精心培育和严格训练下，每天学习的课程除音乐外，还有拉丁文、英文、法文、意大利文、历史和文学等。他对喜剧及民间传说有独特兴趣，其著名作品《费加罗的婚礼》《唐璜》《魔笛》等均取材于此，而贝多芬则钟情于史诗和悲剧，他创作的《埃德蒙多》《欢乐颂》何其深刻地表现了原作的内涵！

同样，在其他领域获得成功的人也常凭借音乐之力。

诺贝尔物理学奖获得者爱因斯坦不仅精通科学，还是一位造诣很高的小提琴、钢琴演奏家。他曾说过："我的科学成就，很多是受音乐的启发而得来的。"天体立法者开普勒喜欢听巴赫的音乐，他认为水星、金星、地球、火星、土星和木星的运动是有节奏的，遵从和声规律的，它们本身就是一首歌。是什么观念促使开普勒去寻求天体运动和音乐之间的关系呢？很简单，这个观念就是宇宙的和谐，他相信，大自然的美，必定像音乐那样令人神往。

"尔果欲学诗，功夫在诗外。"希望子女成为音乐人才的父母，不要仅仅把目光盯在孩子技巧的提高、练习的娴熟之上，而要尽可能地开拓孩子的视野，提升孩子的艺术修养，让人类精神文化的宝库成为孩子取之不尽的食粮。这种"内功"的修炼看似无用，其实正是挖掘孩子音乐潜能、激发音乐创造力的捷径。

二、怎样培养孩子的绘画才能

1. 保护与开发孩子的天赋

蔡志忠，台湾彰化人，15岁开始成为职业漫画家。1977年成立远东卡通公司。1979年因创作卡通片《七彩卡通老夫子》获金马奖。1981年另创卡通公司，1983年开始创作四格漫画《大醉侠》《肥龙过江》《光头神探》等，在港台地区、新加坡、马来西亚、日本各地重要报纸及杂志上同时刊载。1985年获选为"台湾十大杰出青年"。1986年出版《自然的箫声——庄子说》，开创中国古籍漫画先河，风行至今，作品有《老子说》《孔子说》《禅说》《史记》等30余种。

蔡志忠创作的漫画幽默风趣，不拘一格，观赏性极强，深受中小学生及其他漫画爱好者的喜欢。

我们很难想象，这样有作为的漫画家竟然连中学都没有读完！蔡志忠成功的秘诀是什么呢？他有过人的天赋，有坚强的自信，有顽强的毅力。同时，他还有一个自由宽松的家庭环境。正是这样的家庭环境，保护了他的天赋，激励了他的自信，培育了他的毅力。

蔡志忠的父亲称得上是民间书法家，他的书法在彰化县赫赫有名。可是，蔡家子女包括蔡志忠在内没有人对书法感兴趣，父亲也没有逼着孩子们练字。事实上，父亲很少与蔡志忠谈到有关志向的问题，在他看来，孩子立什么志是孩子自己的事。

一次，蔡志忠与侄子永宽、永台一起玩耍，一旁的父亲心血来潮，把孩子叫过来，亲切地问："你们长大了要做什么？一个一个告诉我。"

永宽志向最为远大："我要做大总统！"

"我要做警察，警察最神气！"永和不甘示弱。

"我最想画招牌！"志忠则这样回答。

父亲听后，并没有因为志忠志向渺小而不悦，更没有责备他胸无大志。当时，蔡志忠偶尔看见路边有人绘制电影看板，觉得他们的工作又好玩又神气，所以蔡志忠才有了"画招牌"的朦胧愿望。如果蔡父因此责备他，呵斥他，志忠胸中这颗幼苗恐怕也就得不到见阳光的机会了。

四五岁时，蔡志忠一次溜进父亲的书房，用毛笔蘸着红墨汁，在墙壁上留下了自己第一幅漫画作品。

父亲看见以后自然火冒三丈，但与我们许多父母不同的是，蔡父并未从此禁止孩子画画，而是送给了他一块小黑板。

有了这块小黑板，小志忠脑海中无穷无尽的幻想终于有了发泄渠道。同时，父亲无言的鼓励和支持，也更激发了他对自己的信心。

蔡志忠上中学以后，绝大部分时间和精力都用于画漫画，第一学年结束，他数门功课不及格，被迫留级。父亲自然十分失望，但他也没有像某些父母一样，收缴孩子的全部漫画书，勒令他再不许画画。父亲也许意识到，孩子的兴趣已经不可逆转了。

就在知道要留级的那个暑假，台北一家漫画出版社邀请蔡志忠去工作。那天晚上，蔡志忠的父亲像平常一样，坐在藤椅上看报。蔡志忠忐忑不安地走到父亲身后，说："爸，我明天要到台北去画漫画。"父亲没有抬头，边看报边问："有工作了吗？""有了。""那就去嘛！"父亲没有改变姿势，连头也没有抬。他极其平静地接受了儿子放弃学业的事实。给孩子自由，给孩子信任，蔡志忠父亲对儿子的教育，在平淡中蕴含了多么深刻的意义！

自由的发展空间，这也许是孩子最希望从父母那里得到的，也许是父母最难交付给孩子的。做父母的总企图安排孩子的未来，理想化地为儿女铺设一条黄金之路，而不管那是不是孩子的意愿。

多给孩子一些信任、一些鼓励、一些自由的空间、一些安排自己命运的机会吧，您会发现，孩子做的比您想象的还要好！

2. 先发现，然后培养

孩子能不能在美术上有所发展？这可不能脑子一热，给孩子聘请一位美术教师就以为万事大吉了，要事先考察一下孩子有没有足够的美术潜能。

对孩子美术才能的鉴别和评价，可以从以下4个方面进行：①视觉的敏锐性；②技能和兴趣；③美术的创作和鉴赏；④独创性。每一个方面都可以分为三种等级：一级水平(较好)；二级水平(好)；三级水平(最好)。

(1) 视觉的敏锐性

[1] 一级水平

(a) 孩子在室内或野外能注意观察物体的视觉特征。例如，能说一个玩具与他(她)所穿的衣服的颜色相同等。

(b) 能比同龄儿童更长时间地注视室内的视觉刺激物，如图书、标牌等。

(c) 能将玩具和书按原先的顺序排列放回橱柜里，通过这样的活动，显示出视觉的记忆能力。

(d) 更喜爱需要编排或构造的玩具，或者更愿意花时间对玩具进行编排或重新编排，例如喜爱在桌子上安放玩具、餐具等。

[2] 二级水平

(a) 能提及或描述已经发生在环境中的变化，如在书架上发现了新书等。

(b) 对于在阅读和其他活动中，运用的视觉材料能做简单的描述性的或区别性的评议，如能说："这本书中的各种颜色是不同的。"

(c) 能对自己和别人的美术作品做描述性的或区别性的评议。

(d) 能对某些好的图书、插图或它们的风格表现出某种偏爱和选择。

[3] 三级水平

(a) 能提及环境中细微的视觉变化，例如月历的图片变了，绘画笔比常用的笔小等。

(b) 视觉记忆能力在孩子美术作品的细节中能反映出来。

(c) 对自己和别人的作品能做准确的描述性或区别性的评议。

(2) 技能和兴趣

[1] 一级水平

(a) 喜欢使用各种美术材料和工具。

(b) 适当地使用材料和工具时几乎无须指导或重复。

(c) 常选择美术活动，并比别人花更多的时间在美术活动上。

(d) 能正确地标记材料，或者能帮助教师放置好为特殊活动所用的材料。

(e) 要求重复以前的活动。

[2] 二级水平

(a) 在使用需要精细动作的工具和材料时，能够很快地掌握，并有一定的水平，如：使用剪刀、穿线等。

(b) 在使用需要较难掌握的工具和材料时，能够很快地掌握，并有一定的水平，如：在画架上用笔刷画画、捏面团等。

(c) 下列的一种或数种美术的组成元素很明显地反映在孩子的作品中。

形式：不管是具体的还是抽象的，图形是统一的、平衡的和有趣的。

颜色：富于表达力，色彩很大胆或非同一般，或者很特别地糅合了各种色彩。

组织结构：在一个作品中有几种组织结构，或者在几个作品中有不同的组织结构。

线条：大胆而活泼的或优美而灵活的。

[3] 三级水平

(a) 在美术活动之前有周密的计划，在活动中能从不同的角度考虑问题。

(b) 在美术作品中表现出现实的和自然的东西，例如，所画人物的动作和运动很明显等。

(c) 在一个作品中熟练地使用多种艺术形式。

(d) 能力求完成一项简洁而完整的作品。

(3) 美术的创作和鉴赏

[1] 一级水平

(a) 在美术活动中充满了激情。

(b) 能花时间思考自己或别人的作品。

(c) 对评论自己的作品饶有兴趣。

(d) 能为自己的作品加上标题或讨论作品的主题。

[2] 二级水平

(a) 能熟练地使用一种或多种美术的组成元素(形式、颜色、组织结构、线条等)。

(b) 能帮助布置活动室、展览室和告示栏等。

(c) 能对自己和别人的美术作品做倾向性的评议，例如"我最喜欢这一个，我不喜欢那一个"。

(d) 与别人的作品一起陈列时，作品特别有吸引力，很醒目，使人有兴趣去欣赏。

[3] 三级水平

(a) 美术作品很清楚地表达了孩子的想法、情绪或经历。

(b) 对自己和别人的作品能评估，例如"我喜爱它，因为……""因为人们很喜爱这张画，所以这张画比较好"。

(c) 能正确地理解或运用美术方面的术语，例如线、形式、组织结构、油画、雕塑、书法等。

(d) 对于美术和美术家在社会中的功能有一定程度的理解。

(e) 能独立或在很少帮助的情况下重新布置活动室、壁报等。

(4) 独创性

[1] 一级水平

(a) 在教师计划安排的美术活动中，孩子故意改变或省略步骤或材料。

(b) 用颜色时大胆或不一般的调色而且不落俗套。

(c) 在选择材料或步骤时，能毫不犹豫地作出选择。

(d) 能根据教师原先计划的活动而提出新的活动。

[2] 二级水平

(a) 能用独创的方法自发地运用常用的美术材料。

(b) 喜爱在作品中充分表现想象的或与众不同的美术活动。

(c) 能为自己或班级设计新的美术活动。

(d) 能努力创作与同龄儿童不一样的作品。

[3] 三级水平

(a) 在一个作品中能运用多于一种的美术形式。

(b) 不看名字就能很容易地辨认出其作品，其风格很明显。

(c) 能根据与其他课程领域相一致的原始计划进行设计和工作。

(d) 能用作品表达自己的情感、想象或经验。

上述内容是美术才能鉴别的方法和操作程序，也是美术才能潜力评价的标准与划分的原则，不同的考察项目，反映着不同性质特征的美术才能发展潜力；不同的判别标准，体现着不同级别档次的美术才能发展水平。视觉的敏锐性，是美术才能发挥的素质基础。技能和兴趣是绘画才能得以发挥的功力和灵性。美术的创作与鉴赏是美术才能发挥过程中的艺术感受与体验。独创性是美术才能发展中的开拓才能和发展创新才能。达到一级水平(较好)的，表明有一定的美术才能，初步具备成为美术工作者的条件。达到二级水平(好)的，表明具有较高的美术才能，很有发展前途。达到三级水平(最好)的，则表明绘画才能的素质基础出类拔萃，经过努力可能在美术艺术领域大有作为。

3. 给孩子一个美的世界

绘画是艺术，是美的创造。从美的环境中成长起来的人，对于美自然有更深的理解和感悟，这样的人具备了创造美的先天条件。

荷兰杰出的画家梵高，年近30才开始习画，除了他的弟弟，全家人都对他的选择抱以怀疑和嘲讽的态度。这样的家庭环境对他是否有害无益呢？

不是这样，梵高家族的确以前没出过什么画家，但在欧洲的艺术品市场，梵高家族则鼎鼎大名。他的一个舅舅在阿姆斯特丹当画商，一位叔父是布鲁塞尔一家极大的艺术品公司的合作人。梵高自幼就在名画和艺术品的包围之中长大，对艺术有着浓厚的兴趣。虽然他那时并未开始学画，环境的熏染却在他心中种下了艺术的种子。在合适的环境里，种子便萌芽长叶，直至硕果累累。

如何让孩子在美的世界、美的氛围中成长呢？

首先，父母可以利用一切条件让孩子欣赏他人的作品，引起孩子对造型艺术的兴趣，可以给孩子欣赏中外名画、名作，以及当代名家的作品。最好让孩子看原作，起码应该让孩子欣赏印刷精美的画册。如果有条件，要常带孩子参观画展、画廊，让孩子从小接触那些造型艺术的珍品佳作，在孩子幼小的心灵里播下热爱艺术的种子。一位母亲在介绍如何培养出获得国际儿童画大奖的儿子时，曾提到这样一番经历：一次，母亲出差到北京看全国美展。她竟不畏艰辛，带上才两周岁的儿子一起旅行数千里。在中国美术馆，观者如潮，这位了不起的母亲就让孩子骑在自己的脖子上，载着他一幅一幅地看完了整个展览。

其次，父母要注意给孩子创造一个良好的家庭环境，使他能在艺术方面受到高雅的家庭熏陶。家里可以挂些格调高雅的字画，放置一些富有艺术性的居室装饰物，给孩子提供一个充满艺术情趣的居住环境。父母不要让那些粗制滥造的黑绒纸画、大美人头像等趣味低级、艺术水平低劣的东西充斥于孩子周围的环境。因为这些低劣的作品会给孩子带来不良影响。此外，给孩子提供精美的画册、高水平的图画以及造型优美大方的玩具也是一种良好的艺术熏陶。目前市场上出售的幼儿图画和玩具很多，但其绘画、造型的艺术水平的高低，印刷质量的优劣却有很大的差异，给孩子的影响也大不一样。一般地，那些形象概括、造型生动、色彩明快的画册和玩具是有较高艺术水平的，而那些艺术水平不高的画册和玩具则往往是形象烦琐、色彩灰暗、造型死板，不能给人以美感。后一种图画和玩具接触多了，会败坏孩子的欣赏趣味，并使孩子对造型活动失去兴趣。

最后，也是最重要的是，父母要利用周围生活中的一切事物来开阔孩子的眼界，丰富孩子的知识经验。让孩子观察、了解身边的万事万物，积累关于这些事物的印象和体验，让他从内心深处产生要表现它的强烈欲望，积极地进行绘画、雕塑等活动。

例如，父母可以在带孩子上街购物时让孩子仔细观察街景；在带孩子郊游时，让他观察山野风光；在家里，让孩子认识各种生活用品、家具、食物，等等。

丰富、美丽的大自然是父母对孩子进行审美教育的最好课堂，罗丹说："美是到处都有的。对于我们的眼睛，不是缺少美，而是缺少发现。"大自然是无私的，它呈现在每个人面前。然而，有些人能够发现它的美，有些人却视而不见，听而不闻。父母的任务是带孩子到大自然中去，让孩子身临其境，去体现和感受它的美。父母要以自己的感情去感染孩子，引导孩子领略大自然的美，使他从兴奋、愉快这些单纯的快感发展到高级情感——美感，并产生用自己的创造表现这种自然之美的欲望。

遗憾的是，有些父母自己对大自然缺乏应有的兴趣，这对孩子是一种不良的影响。父母首先要培养自己对大自然的热爱之情，掌握一些自然常识，以便更好地利用大自然对孩子进行美育。

4. 从色彩开始

绘画的基本材料之一是色彩，对色彩的敏感程度是判断一个人是否具有绘画才能的标准之一。19世纪后半叶，起源于欧洲的"印象派"绘画实现了绘画史上的革命，他们突破了欧洲传统绘画用色拘谨、暗淡的格式，用亮丽、浓烈、变幻多端的色彩还原自然界给人的视觉印象。莫奈的一幅《日出印象》引起了人们的热烈争论。这幅描绘伦敦晨景的油画把伦敦的晨雾描绘成淡紫色。自从有了这幅画，人们才惊异地发现，伦敦晨雾果然是紫色的！撇开其他不谈，画家对色彩的敏感的确高人一筹。

教孩子辨识颜色，是启发孩子美术才能的第一步。

尽可能为孩子提供多种颜色(最好是红、黄、蓝、绿或黑白相间)的环境，让孩子有机会对多种颜色进行感受。只有在对多种颜色感受的基础上，才可能进行分辨。

用配对的方式让孩子分辨。因为孩子用视觉感受和分辨颜色的能力常常早于听懂和说出颜色名称的能力。所以让孩子在玩具中，选一个和红皮球一样颜色的球具比较容易，而口述让孩子选一个红色玩具，孩子则常常容易出错。用配对的方式让孩子辨认颜色可以在室内进行，如让孩子找像红领巾一样颜色的东西有哪些？像苹果一样颜色的东西有哪些？外出游玩时，可以让孩子观察各种事物，如天的颜色像什么？云的颜色像什么？树的颜色像什么？由于配对的方式不脱离具体事物，所以容易为孩子所接受，孩子辨别颜色的能力容易被发现。

在孩子辨认颜色的基础上，教孩子说出颜色的名称。如像哥哥红领巾的那种颜色，叫红色；红皮球、红山楂；绿树叶、绿草；黄花；蓝天……此外，父母还要教孩子辨认颜色的次序。例如，最容易叫出的颜色是红色，其次是白色和黑色，再次是黄色、绿色、蓝色。最不容易学会的颜色名称是橙色和紫色。

孩子学会说出颜色的名称以后，再让孩子认识间色。这时，可以让孩子自己动手，用各种颜色掺成浅红、浅绿、浅蓝。也可用各种颜色调配后成另一种颜色，并帮助孩子对新调配出来的颜色命名。如红黄调成橙色，并让孩子找找哪些东西是这种颜色，或启发孩子说说柑橘的颜色像什么色。

5. 养成观察事物的习惯

相信每个人都知道达芬奇画蛋的故事，据说大画家达芬奇在小时候初学美术，老师让他画鸡蛋。达芬奇没几分钟画了一个，老师却不满意，要他重画。他又画了一张，老师又让他再画……如此反复，达芬奇不耐烦了，老师看出他的情绪，说："你画了那么多鸡蛋还没有发现吗？世界上没有两个相同的鸡蛋。"

这一句话点醒了小达芬奇，他毕竟有着非凡的天分，带着这句话再去观察事物，总能发现事物细致的不同之处。

这个故事也许是杜撰的，但故事包含的道理却是千真万确的。音乐家首先要有一双灵敏的耳朵，画家首先要有一对锐利的眼睛。

我国著名画家徐悲鸿的父亲是当地知名的一位画师，还擅长书法、篆刻、诗文，徐悲鸿受父亲的影响，自幼喜爱绘画。有一次，父亲给他讲了"卞庄子刺虎"的故事，听完故事，年幼的悲鸿沉浸在幻想中：虎是什么形状呢？在穷乡僻壤的村镇，既无动物园，又无动物画片，但他多么想知道"百兽之王"的老虎的样子啊！有一天，他找到一个人，让他画了一只老虎，他便悄悄依样描绘下来，心中暗自欢喜。

不久，父亲发现了，问："这是什么？"

悲鸿快乐地答道："老虎。"

父亲却很冷淡地说："这哪里是老虎，像条狗呀！"

悲鸿睁着失望而疑惧的眼睛望着父亲，泪水都快流出来了。父亲爱抚地说："画画是要用眼睛观察实物的,你没有看见真的老虎,怎能画出老虎来呢?"

从9岁开始,父亲开始教悲鸿每天临摹一幅清末著名插图画家吴友如的作品,但父亲更着意让悲鸿写生,画父母、兄弟、邻人、乞丐……

自幼开始的对观察能力的训练,为徐悲鸿今后的艺术生涯打下了良好的基础,他的父亲的确功不可没。

孩子的绘画内容不是凭空想出来的,必须有亲身经历和对生活中所见所闻的体会。现实生活中,许多美的事物、美的形象以其声、光、形、色等特征,能激起孩子的兴趣,促使孩子的感知积极活动,激发孩子去观察、去接触、去探索。父母应为孩子从物质上、精神上提供良好的条件,如:有意识地让孩子欣赏大自然的景色,领略千姿百态的山川溪流、种类繁多的花草树木、花坛、盆景、鸟兽虫鱼等,让孩子观察不同形体的楼群、建筑物;带孩子欣赏美术作品,阅读文艺作品,这些都可达到使孩子活跃思维,引起联想,产生想象和创造意愿的目的。尤其对于那些具有特殊绘画才能的孩子,父母更应该注意引导和培养。

在观察事物时,要引导孩子学习色彩、形态、构图的基本知识,分辨物体的上下、前后、大小比例及近大远小的知识及表现手法。如孩子喜欢画"城市的大街"这类主题,父母平时就要引导他注意观察马路两边的行人和树,各种车辆及建筑物,简单地讲解一点近大远小、近清晰、远模糊等空间关系的知识。孩子将自己感知的事物记忆下来,按照自己的兴趣和意愿,经过分析、判断、想象,利用彩色笔,有选择地在纸上反映出来。

写生和素描是绘画专业的基础课,也是提高美术观察力的必修课,但指导孩子进行这方面的训练,最好由有经验的职业美术教师进行。缺乏职业经验的父母不宜从事此工作。

许多画家推荐默写这一训练形式,默写就是在留心观察事物之后,不临摹实物,只凭记忆把事物画下来。只有观察事物到了"胸有成竹"的地步,才能"落笔如有神"。

儿童画是在观察事物的基础上进行的,幼儿喜欢看活动的东西,当他们看到汽车或小动物时,伴随着注意、记忆、思维、想象等心理活动之后,再凭着自己的记忆和想象将某一物体的基本特征画在纸上。由于他们的观察力不稳定,不能掌握事物的主次,想象也比较贫乏、片面,因此,往往造成形象不全、用色不当和画面凌乱的现象,父母应针对以上现象给予耐心指导。如:怎样才能把物体画得全面真实,怎样才能给植物、动物涂色更真实些,画面怎样才能合理美观,等等,以逐渐提高孩子对画画的兴趣,发展孩子的智力,使他们对周围事物有正确的认识,培养他们的审美能力。

6. 根据不同年龄指导孩子学画

(1) 3岁左右的孩子

3岁左右的孩子,大肌肉往往比小肌肉发育得更好。他们的手指、手、手腕的小肌肉不如腿、手臂上的大肌肉发育得充分。因此,他们一般不能轻松、灵活地进行那些需要小肌肉的活动,如扣纽扣、用剪刀等活动。大多数3岁孩子的兴趣和注意维持时间相当短。许多时候只能保持10～15分钟的兴趣，即使是那些孩子很感兴趣的造型活动也不例外。当然，因为个别差异的存在，每个孩子兴趣持续时间也不尽相同，因此，每个父母要注意了解自己孩子兴趣与注意时间的长短。

3岁左右的孩子适合从事的美术活动有：作画，包括在大纸上画，在支起来的画架上画，在嵌有瓷砖的墙壁上画，用手指在沙箱或沙坑里画；剪贴，用钝头剪、胶水等将各色彩纸、布头剪贴成一些东西；此外还有泥工、印画。这些活动能使孩子得到快乐和发展。

适合他们使用的材料和用具有：钝头剪刀、大张的白纸、粗大的蜡笔、黏土或橡皮泥、面团、颜料、印画模子等。

父母要注意，开始时最好让他只用少数几种材料和用具。等他能较熟练地使用这些材料后，再增加新的。如果一开始就让孩子面对一大堆新玩意儿，会使他不知所措，而且容易使孩子养成做事心猿意马、虎头蛇尾、不爱惜东西等不良习惯。

值得注意的是：3岁左右的孩子，在从事美术活动的初期，往往只是反复玩弄那些材料或用具，并不在意是否完成一件作品。父母不必为此过分着急，只要和孩子一起做几次活动，在活动中有意识地引导孩子注意活动的目的，就会逐渐增强孩子的目的性。比如，在画画时问孩子："你画的是什么？"在做泥工前问："你要捏什么东西？"

(2) 4～5岁的孩子

4～5岁孩子的手指、手、手腕的小肌肉都已得到较好的发育，他们对扣纽扣、使用剪刀之类的事不再感到困难。他们不仅能使用粗大的蜡笔和印画模子，还会使用铅笔和彩色水笔。注意力保持时间也大大增加，一般能达到15～30分钟，他们的活动目的性也逐渐明确。虽然他们的"作品"可能有些粗糙，但他们对造型一般都有十足的兴趣。有时，他们还会用造型活动来反映他所知道的故事、童话、影视形象等。比如，听了《小红帽》的故事后，孩子会用画、泥工、剪纸或其他造型材料表现小姑娘、狼等形象。能力强的孩子能画出有关内容的连环画，或是系列塑像等。

适合4～5岁孩子的美术活动有：画画、剪贴、泥工、印画、折纸、镶嵌拼画、纸盒造型等。

适合他们使用的材料和用具有：除了3岁孩子用的那些材料仍可使用外，还有彩色水笔、铅笔、各种彩色纸、碎布头、旧牙刷、各种硬纸盒，以及树叶、菜叶、萝卜等。

7. 评价和欣赏孩子的作品

在引导孩子学习美术时，父母有非常重要的一项工作，那就是对孩子完成的每一件作品进行评价、欣赏，激发孩子对绘画的兴趣和自信心。

孩子画完一幅画，或做完一件手工制作之后，父母一定要和孩子一起欣赏他的作品并提问，引导孩子对作品进行讲解。让孩子讲解作品有以下几点好处：①可以补充画面不完善、不连贯的内容，使作品充分反映他的主题思想；②可以引申画面内容；③可以发展孩子的口语表达能力；④能够使父母了解孩子对事物的认识程度和理解水平，了解孩子的兴趣爱好和愿望，为制订下一步学习计划做好准备。

父母对孩子的作品的评价，应以欣赏、赞美为主，绝不要因孩子画面上比例失调，或横不平、竖不直就责备孩子，甚至用"天生就不是画画的料"这类语言刺伤孩子的自尊，父母要多发现孩子身上的闪光点，增强孩子绘画时的自信心。

孩子在对外界事物有所认识以后，就会把自己稚拙的认识和强烈的情感创造性地画下来。

遗憾的是，孩子的创造性往往不被成人理解。比如，一个孩子可能画出这样一个爸爸来：一个硕大的黑脑袋，两条长着许多丫叉的长臂，两条长腿，但没有脖子，没有身体。在这孩子看来，这确实是爸爸。因为，当爸爸抱他时，他看到及感觉到两条长手臂，上面还长着许多丫叉(因为不会计数，不知一只手上有5个指头)；他被抱起来后，还能看到爸爸的大脑袋。可是他爸爸看到他的画时，可能会责备他："你画的是什么呀？""我难道是这样的吗？"甚至会把他的画撕了。结果会使孩子对画画丧失兴趣和自信心。以后，如果大人不教，他就说不会画；教他一样，他才勉强跟着模仿一样。这就极大地限制了孩子的创造想象，严重妨碍他创造能力的发展。

有的父母以急功近利的态度教孩子学画。他们教给孩子一些公式化的方法和技巧，让他照本临摹，非要画得一模一样不可。不少父母对这种做法很欣赏，以为这样做容易见效，能很快地培养出令人羡慕的小画家。其实，这对孩子没有多大益处。"以刻板的绘画观念强加于孩子，导致其产生茫然若失的感觉。儿童常常被引导注意画的情节和画家的技巧，使他相信：一个人在能画出一幅画之前，必须勤勉地练习所有法则与理论上的原则。这对于儿童的创造想象来说，是一把软刀子。它使得艺术看上去像另一种组织严谨的科目，并使儿童对此失去兴趣。当他们离开学校以后，那些继续根据规则去绘画的，充其量只能成为画匠，但绝不是艺术家。"

8. 充分发挥孩子的创造性

奥地利著名画家珂珂希卡说："所有人生来就是天才，所有孩子都是富有灵感的艺术家。"珍惜孩子的艺术创造力，训练孩子艺术思维的丰富，敏锐独特，这不仅是培养艺术人才的最佳办法，对孩子全面发展也十分有益。

下面介绍几种培养孩子创造性思维的训练方法。

(1) 多角度观察事物的练习

让孩子画同一物体的各个不同的角度，习惯多角度地去观察物体。比如孩子画动物，一般的观察和绘画都是以侧面为主，作为父母，应引导孩子从各个方位去观察。比如：正面、俯视、后面等，通过学习不同方位去观察事物，孩子对动物的了解就多了，画出来的动物就更有特点，表现的形式就更灵活。观察是培养记忆力、创造力的基础。儿童养成对事物的全方位观察和表现习惯，对引发其创造力无疑是重要的。

(2) 改"错"画练习

不为固有条件所限，发挥人的主观能动作用，是现代人的素质体现之一。在绘画中儿童常为"画错"而苦恼，并影响其情绪。这时，只要父母在原画上稍加引导，就会使孩子灵机一动，思维随着画面的改变而变更，画面更富于创造性，思维更富于灵活性。

(3) 通过实物联想练习

一件简单的实物或现象，可引发人们的多种联想。伟大的科学家牛顿的很多发明都是从他的联想开始的，因此可以在美术教育中培养学生丰富的联想，发挥美术教育的特点。在联想课中，可引导孩子通过对自然物体的联想(比如一朵花的联想)创造出一幅与实物不同意境的画。从某种意义上说，联想是敢想敢创造的开始。在美术教学上，可让孩子观察一些实物，如喷壶、油灯、花瓶等日常生活物品，并由此展开联想，一幅幅从实物造型联想出来的作品应运而生，从中培养孩子丰富的想象力。

(4) 名画临摹练习

名画是人类共同的优秀文化遗产。让儿童在欣赏大师们的作品之余，也可以做有儿童特点的创作性临摹练习，例如：让他们展开想象空间，既学习名画中的最优秀之处(色彩、构图、形态等)，又可把人物背景或人物的动作加以联想改变，把一幅古典的画变成一幅现代的创作，把古人请到儿童设计的当代环境……随着年龄的增长，孩子的想象力没有以前那么大胆，针对这一现象，在名画临摹时，父母可以选择超现实主义的画作让孩子欣赏，这样，孩子的思维一下子放开了，呀，原来这样画也可以呀，真好玩呀！这可以促使孩子从欣赏中得到启发，把一些现实生活中不同类型的东西重新组合，创造出一些构思更新的超现实的想法。

(5) 随意性练习

让孩子在纸上随意画一些线或色块，然后根据这些随意画出的线条或色块做多方面、多角度(如人、动物、植物、物品等)的形象随想，并把它表现出来。这也是有利于联想的练习之一，对于培养孩子具有独创性的、灵活的思维习惯很有帮助。

9. 几种适合幼儿的美术活动

(1) 人物画

人物画，就是让孩子描绘熟悉的人物。在儿童日常生活中，最常接触的是父母、老师、小伙伴等，孩子对他们十分熟悉和亲近，也喜欢为他们作画，父母可依照以下步骤指导孩子画人物画。

孩子学会画基本的线条、圆线后，可以告诉他人的头是圆形的，身子像个小方块，四肢像细长的长方条，手脚像小半圆形。如果孩子能画出几何结构的人形，就可以逐渐让孩子观察人体的基本结构,特别是他熟悉的父母和小朋友的样子、主要特征。通过比较认识胳膊、腿、身体的长短不同,粗细有别。

引导孩子由粗画到细画。孩子能画出人的轮廓图形,就应让他注意人的眼睛长得不同,哭笑的眼形、嘴形也不一样;孩子不注意画人的脖子,可告诉他没脖子人怎么呼吸呀,让他注意细节,培养他细致观察的能力。

让孩子能照着他喜爱的娃娃玩具画,如给他找来阿童木、小一休、孙悟空等玩具让他画,这也是一种画静物的初步训练。

学会用颜色涂染人物。主要让孩子使用基本色染,如参照布娃娃,黑色染头发、红色染脸蛋,绿色染裤子,黄色染上衣。让他学会挑选自己喜爱的颜色给人物上色,一方面锻炼他的色彩感,另一方面让他学会识别颜色的种类。

允许孩子用基本色大胆地调配成各种颜色画,父母不能指定他们用某种固定的颜色。

(2) 给儿歌或故事配画

美丽的故事、优美的儿歌能激发孩子创造的欲望,培养孩子的想象力、创造力。可以从以下几方面入手。

首先,让孩子听短小的儿歌,理解其内容,学念儿歌,然后引导其设想画面,将儿歌中的内容安排在画面中,最后着手画出来,如听了儿歌:"小白兔,白白的毛,长长的耳朵短尾巴,走起路来蹦蹦跳,爱吃青菜和萝卜。"孩子很快会饶有兴趣地根据儿歌内容,画只小白兔吃青菜萝卜。

其次,可让孩子听短小诗句,开动脑筋,进行想象,然后根据自己的生活经验和已有的知识来配画。如父母可让孩子听两句诗:"妈妈,妈妈,快看快看,街上出现了好多好多会走路的蘑菇。"这里重点让孩子听听、学学,再让他理解、思考:街上长的蘑菇是什么?为什么这些蘑菇会走路?一连串的问题会引起孩子的兴趣及强烈的求知欲,当他们发现原来蘑菇都是雨中的伞时,再配画。父母还可引导孩子从各个角度去观察配画,如妈妈和孩子在高楼上往下看,看到雨中的伞是圆形的;再到底层门口观察,雨中的伞又是半圆形的……这样为诗句配的画面,不就更生动了吗?总之,根据孩子的发展情况,逐步提出新的要求。

最后,可引导孩子给故事配画。孩子听故事,并企图将听过的故事讲出来,这时,故事像"激素"一样促进孩子的语言发展,而语言的发展又会促进思维的发展、想象的发展。父母可通过配画进一步培养孩子各方面的能力。如听了《三只蝴蝶》的故事,就让他们将红蝴蝶、黄蝴蝶、白蝴蝶画下来,再画三朵花:红花、白花、黄花……将故事配上主题画。

其他美术活动形式还有意愿画,是孩子自己把观察到的、感受到的、最喜欢的人和物记忆下来,通过想象,运用笔和纸,用画的形式表示事物或情节的画。这就是孩子表达情感的一种极好方式。

补画,是由成人为孩子画出所画对象的主要部分,让孩子补出其余部分。如由妈妈先画出鱼头和鱼身,让孩子补画上鱼尾和鱼鳍。

(3) 幻想画

幻想画可以分为两种，一种是无中生有，现实中不可能有的，甚至是奇异荒谬的幻想，例如，鱼儿上天、飞鸟入地、未来世界等；另一种是对现实世界提出一种新的愿望，是有可能实现的，如机器人、新式玩具等。幻想画最能培养孩子的创造力，它不仅能满足孩子想象的欲望，还能疏导孩子对一些事物的恐惧与不解心理，激发他们对不满意的事物谋求改善的愿望和理想，等等。

(4) 拼贴画

让孩子把一些零碎的东西，如细绳、纱线、小塑料片、彩纸片、碎布头、烟盒、包装纸、羽毛、树叶、树皮、贝壳等粘在纸上，不能用胶水黏的可用透明胶纸贴，用针线缝上。

做拼贴画时，要让孩子按自己的想象去创造，怎么摆放、粘贴都行，最后构成一幅图画。

(5) 折纸

折纸也是一种很富创造性的造型活动。折纸需要的材料极简单：纸张和剪刀。要教会孩子对边折、对角折、四角向中心折、连续几次向中心折、双正方形折、双三角形折等方法，在此基础上折成各种玩意儿。

(6) 泥工

泥土，即让孩子用橡皮泥、黏土、面团等，通过搓、揉、压、捏等动作，做出各种各样的东西，如动物、食品、家具、交通工具、建筑物等。

在了解掌握上述一些美术绘画知识之后，便可对孩子进行绘画潜能试验。绘画潜能试验是父母或老师突然出题，让孩子临场发挥的一种试验方法。出题类型有8种：①说明创意，随意绘画；②说明画法，随意绘画；③说明题材，随意绘画；④说明创意和画法，随意绘画；⑤临摹绘画；⑥想象绘画；⑦实物绘画；⑧短小故事(儿歌)配制连环绘画。

出题注意事项：①不要太容易，太容易便难以体现潜在能力；②不要过难，过难则难以真正发挥潜能；③相对年龄而言，难易应适度，这样才能展示孩子绘画潜力。

评判标准有三点：①绘画潜力差及较差——表现为文图不对题，远离出题要求，亦即限制条件；②绘画潜力一般——表现为思路正确，创意较为准确，基本符合要求，但整体布局及技巧还存在明显的欠缺；③绘画潜力好及很好——表现为不但思路正确而且创意准确，符合要求，用笔精当，整体布局适宜。

三、怎样培养孩子的运动才能

1. 早一天发现，多一点机会

如果说，音乐、美术等专业特点具有相当程度的先天性，那么，体育特长则更决定于一个人的先天禀赋。身体素质、力量、敏捷、灵巧、柔韧性和忍耐力,这些大都在孩子出生时,已经被决定了。

你希望让孩子成为体育明星吗?如果是,在孩子小时候就应该看一看是否在运动方面有足够的潜能以供开发。

父母们如能早期发现,可将运动才能突出的孩子培养训练成为未来的"体育明星",这种对体能的发现和培养,显然也是开发孩子智力的一个重要组成部分。

医学专家认为,体育运动和游戏活动对语言影响很大,从事体操和喜好运动的孩子,其语言能力发展较好。在许多活动中,都要孩子的手来参与,而来自手指神经的冲动会进入大脑的语言中枢,从而促使孩子语言的发展,有助于对孩子进行更深入的智力开发。

孩子体育运动方面的才能,通常表现不那么明显。但是,细心的父母可以从孩子细小的动作中发现孩子这方面的才能。

曾经蝉联三届全国女子柔道冠军的李忠云,出生在辽宁省朝阳市的农民家庭,她的运动才能就是在她还很小的时候被细心的父亲发现的。在李忠云刚刚五六岁的时候,父亲发现她随便用手点一下比她大几岁的姐姐,姐姐便倒退好几步,甚至摔倒了!于是,便从这方面有意地培养她,终于使这个表面文静、不高不胖的姑娘在17岁时就夺得了全国女子柔道冠军。不少男子摔跤健将,包括全国男子摔跤冠军的获得者,也曾败在她脚下。父亲对幼儿时期李忠云具有特殊运动才能的发现,是她日后成才的关键所在,没有这种伯乐的慧眼,她的运动才能很可能就被永远地埋没。

第36届世界乒乓球女子单打冠军获得者童玲,她幼小时,对认字、算术、学习远不如对体育的爱好。她爱动、爱跳,尤其对乒乓球特别感兴趣。也是细心的父亲发现了她的这方面才能,便决心把她培养成乒乓球健将。为了达到这一目的,父亲对她的每次比赛的成绩、对手的姓名、每场的比分和胜利、失败的原因,都详细地记在日记本上。日记本上记着长达十万多字父亲的心血。

有很多孩子,从生下来就可看出身体很结实,两三岁时就能看出身体素质相当好。而且,有的还特别热爱体育中的某一个项目。这些孩子常常不把学习文化放在心上,好动、贪玩,屁股坐不住。尤其是见到他所喜爱的体育项目,简直到了废寝忘食的地步。对于这些在体育运动方面显露出才能的孩子,要注意对他们进行有针对性的培养,若有条件,六七岁后就可送往体育学校进行专门训练。

2. 推测孩子的运动技能

如何发现孩子在运动方面的潜能呢?专家列出了8项有运动天赋的孩子的行为特征:

① 各项健康指标均优秀;

② 身体强壮、力气大;

③ 身体灵活、反应灵敏;

④ 平衡性好、节奏性强；

⑤ 协调性好、模仿性强；

⑥ 身材比同龄孩子高；

⑦ 精力充沛、运动时轻松自如；

⑧ 喜好体育运动，尤其是愿意亲自参加而不愿袖手旁观。

 附录：测验表格和解释

下面还有一个小测验，它能帮助你推测孩子是否具有这方面的发展优势，并对孩子这一优势的培养有着重要的参考意义。

这个测验共有14项判定内容，每项均有4种不同程度的答案，请你选择出与孩子最相符的一种答案，并用笔做好标记。

1. 孩子从小就喜欢运动吗？

A. 很喜欢　　　B. 较喜欢　　　C. 不太喜欢　　　D. 不喜欢

2. 孩子手指等小肌肉的动作是否灵活？

A. 很灵活　　　B. 较灵活　　　C. 不太灵活　　　D. 灵活度差

3. 孩子走、跑、跳、攀等动作协调吗？

A. 很协调　　　B. 较协调　　　C. 不太协调　　　D. 协调性差

4. 孩子运动记忆力怎样？

A. 很强　　　B. 较强　　　C. 很一般　　　D. 较差

5. 孩子模仿各种动作的能力怎样？

A. 很强　　　B. 较强　　　C. 不太强　　　D. 很差

6. 孩子对体育活动是否感兴趣？

A. 很感兴趣　　　B. 较感兴趣　　　C. 不太感兴趣　　　D. 不感兴趣

7. 孩子的空间知觉(定向能力、距离判断能力等)发展怎样？

A. 很好　　　B. 较好　　　C. 不太好　　　D. 很差

8. 孩子动作的敏捷性怎样？

A. 敏捷　　　B. 较敏捷　　　C. 不太敏捷　　　D. 较迟缓

9. 孩子动作的准确性怎样？

A. 很高　　　B. 较高　　　C. 不太高　　　D. 很差

10. 孩子的体态是否健美？

A. 很健美　　　B. 较健美　　　C. 一般　　　D. 较差

11. 孩子学习体操、舞蹈时能否很快掌握要领？

A. 能　　　B. 基本能　　　C. 不太能　　　D. 不能

12. 孩子的韵律感、节奏感怎样?
A.很强　　　B.较强　　　C.不太强　　　D.很差

13. 孩子的竞争意识怎样?
A.很强　　　B.较强　　　C.不太强　　　D.很差

14. 孩子的意志是否坚强?
A.坚强　　　B.较坚强　　C.不太坚强　　D.很软弱

以上各项均选择出答案后，请从下表中查出相应得分，并统计出总分，满分为64分。

得 分 表

	1	2	3	4	5	6	7	8	9	10	11	12	13	14
A	3	5	4	5	4	3	6	5	5	4	5	6	5	4
B	2	3	2	3	2	2	4	3	3	2	3	4	3	2
C	1	1	1	1	1	1	2	1	1	1	1	2	1	1
D	0	0	0	0	0	0	0	0	0	0	0	0	0	0

说明

得分在58~64分，表明你的孩子具有绝对的运动技能发展优势。建议年轻的父母充分肯定孩子这方面的优点，切不可因为孩子功课差而将其叱为四肢发达、头脑简单，更不能因此限制孩子往运动方面发展，而应该多为孩子提供运动技能训练的机会与条件，发挥孩子的优势，有条件的还可以让孩子到体校进一步学习训练，以期长大后成为享誉体坛的运动人才。

得分在51~57分，表明你的孩子具有很大的运动技能发展优势。建议年轻的父母考虑让孩子往这方面发展，通过运动技能的培养训练，进一步发挥孩子运动的潜能。

得分在44~50分，表明你的孩子具有较高的运动技能发展优势。孩子在运动能力方面有一定的发展潜能，父母若有意成全，孩子自身也有兴趣，可以有意识地让孩子参加各种体育竞赛活动，以观后效。

得分在37~43分，表明你的孩子具有一定的运动技能发展优势，父母不能对孩子这方面的发展抱过高的希望，但仍应注意培养孩子的运动技能，以促进孩子的身心得到全方面发展。

得分在36分以下，表明你的孩子不具备此方面的优势。建议年轻的父母不要按自己的意愿强制孩子往这方面发展。

这里需要特别向父母强调的有两点。第一，本测验只是在孩子发展的现阶段对其运动技能做大体判定，并不代表孩子的一生倾向。孩子运动技能的最终发展优势如何还取决于培养训练的情况。第二，幼儿期进行体育运动训练的目的，主要是促进孩子健康，开发孩子智慧，培养良好的运动素质，增强竞争和合作精神，以利于幼儿个性的协调发展。所以，不论孩子是否具有运动技能的发展优势，父母都应该积极培养和训练孩子的运动能力，多为孩子提供"动手动脚"的机会，这对于促进幼儿身体和心智的发展具有十分重要的作用。

3. 意志与信心

如何培养孩子的意志力呢？下面介绍5种方法。

(1) 目标导向法

父母应该指导和帮助孩子制定短暂和长远的目标，使孩子有努力的方向。幼儿心中有了目标，有了"盼头"，就会为实现目标而努力，表现出坚毅、顽强和勇气。但目标一定要恰当，应该使孩子明白这个目标不经过努力是达不到的，但稍加努力便能达到。太难或太易达到的目标都不能使孩子的意志得到锻炼。另外，目标如果是合理的，那就应当要求孩子坚决执行，直到实现为止，不可迁就，更不能半途而废。

(2) 独立活动法

父母应尽可能让幼儿独立活动，如让孩子自己穿衣、自己收拾玩具、自己完成作业等。幼儿在进行这些活动时，要克服外部困难和内部障碍，他正是在克服这些困难的过程中，使意志得到锻炼。倘若孩子不能完成这些活动，也不必急忙去帮助，而应该"先等一会儿"，让他自己克服困难去解决。当他战胜了困难，达到了目的，会显示出一种经过努力终于胜利的满足感。在这个过程中，孩子克服困难的勇气和信心也就随之增强。

(3) 克服障碍法

坚强的意志是磨炼出来的，越是在困难的环境中越能锻炼人的意志力。父母应该有意识地给孩子设置点障碍，为他们提供克服困难的机会，使他们在生活的道路上有点小小的坡度。倘若把孩子前进道路上的障碍全部清扫干净，他现在可能平平安安，日后就会逐步失去走坎坷道路的能力。

(4) 自我控制法

幼儿的意志品质是在成人严格要求下养成的，也是他们在日常生活中经常自我控制的结果。父母应经常启发孩子加强自我控制。自我鼓励、自我禁止、自我命令以及自我暗示等都是意志锻炼的好形式。比如，当孩子感到很难开始行动时，可让他自己数"三"，或自己给自己下命令："大胆些！""不要怕！""再坚持一下！"等。

(5) 表扬法

赞扬、鼓励可以鼓舞勇气，提高信心，有利于意志的锻炼。对幼儿在活动中表现出来的意志努力和取得的点滴进步，父母要适时、适度地给予肯定和赞许。在孩子完不成计划时，父母要进行具体分析，切不可说："我就知道你完不成任务""我早就说你没长性"等挫伤孩子自尊的话。这只能使孩子一次次增加挫折感，最终失去自信心。

坚强的意志和信心不仅对于运动员，对于任何人都是极可贵的品质，父母可不能在这方面掉以轻心。

4. 与孩子分享胜利

所有的运动者都是为胜利而生，过去我们有一句口号叫"友谊第一，比赛第二。"但事实上，体育运动正是以竞争、以求胜为目的的，没有竞争意识也就没有运动。

如果您希望孩子在运动方面有所成就，就应当尽可能激励孩子的竞争意识，鼓励他求胜的信心和决心。

在美国，棒球运动十分普及，每个小学都有棒球队，绝大部分男孩都喜爱棒球。而对于那些小棒球手的父母来说，学校的棒球联赛是一件大事，这一天，不管父母工作多忙，也要请假，穿戴齐整去观看儿子比赛。每看到孩子在赛场上有了出色表现，父母会大声欢呼，为孩子加油。

在这种气氛中，孩子充分享受到成功的快乐与甜美，父母的支持是最好的奖赏，他由此懂得要怎样获得胜利。

那么，在我们国家呢？许多父母为孩子学会一个生字、解出一道难题而大加赞赏，却有几个父母为孩子学会一个新动作而欢呼？多少父母谆谆教导孩子在考试中要名列前茅，却有几个父母鼓励孩子在街头巷角的足球赛中进球？

没有竞争就没有体育，没有竞争意识就没有运动员。

所以，父母要教会孩子热爱胜利，大胆地追求成功。

① 欣赏自己的孩子，告诉孩子，他是最棒的！"只要你愿意，你做的会比任何人都好！"你要这样告诉孩子，用发自内心的语气。

当孩子获得胜利，哪怕是再小的胜利，也要鼓励他、赞扬他。而当孩子失败时，不要责备他，而要耐心地分析原因，鼓舞他的斗志。

② 让孩子融入集体。不要让孩子一个人进行单调的身体训练，在一个群体中，孩子取胜的信心要大得多。

③ 对孩子的运动保持关注。如果孩子已经开始从事某种运动训练，父母应尽一切努力保持对孩子运动状况的关注。多询问孩子从训练内容到自己的表现，要对孩子诉说的一切表示极大的兴趣。如果孩子要参加某项比赛，父母最好前去助战。

④ 培养孩子良好的心理素质。再优秀的运动员，在其运动生涯中也尝过失败的滋味。失败不可怕，甚至还能带给人极有益的启示，但如果因失败而一蹶不振，自然更不可能成功。

父母要鼓励孩子追求胜利的信心，更要培养孩子战胜失败的意志。要告诉您的孩子，最大的敌人不是别人，正是自己。

5. 促进孩子的全面发展

在现实生活中，流传着这样一句话："四肢发达，头脑简单。"这不仅仅是对那些从事体育工作的教练、运动员的污辱，而且与事实不符。因为一个笨头笨脑、只有蛮劲的人是不可能在现代竞技场上取胜的。在国外，许多优秀运动员都具有相当高的学历并学有所长。

体育运动是体能的对抗，更是智力的较量。即使是跑步、投掷一类看起来较简单的运动，也包含极复杂的技术含量，那就更不用说各种球类运动对人体智能的考验了。

我们评论一个优秀的运动员，常用"他用脑子打球""他打得真聪明"等话。的确，现代竞技场上，单纯的力量对抗退居次位，而技术的娴熟、战术的合理、思维的敏捷、反应的机警等需要智力参与的方面更成为区分胜者与败者的界限。

乔丹并不是最强悍魁梧的，贝利并不是力量最强、速度最快的。我们要知道，体育场上的成就，要靠身体，更要靠头脑。

在美国有一位10岁的体育教练，名叫索尔。索尔4岁开始接受空手道训练。4年后，成了美国西部少年组的冠军。最后在旧金山举行的一项锦标赛中，他和27位成人较量，居然取得了第3名。

索尔虽然还是个小学生，但同时又兼空手道教练之职。尽管他自己也还要参加训练，但是学习成绩却总是名列前茅。

心理学家曾说过这样的话：游戏不仅对儿童的智力发展有着重要的作用，它本身还能反映出儿童的智力发展水平。

这句话在一定范围内也适用于体育活动。因为任何一项体育活动都是体力和智力的结合。而在幼儿时期，体育锻炼本身就是一种游戏，常常被人称为体育游戏。如果您想知道您孩子智力的发展情况，不妨到运动场上去看看他的活动情况。通过长期的观察，发现那些智力发展水平较高的孩子在运动场上特别引人注目，他们灵巧，反应迅速，玩得特别聪明，不时还有所发挥创造。而在一些自发的体育游戏中，他们往往是组织者，分配角色，制定规则，同时又充当了裁判或者教练的角色。这种角色的扮演反过来又锻炼了他的各种能力。

现代的体育竞技场，不仅是体力和技能的竞赛场，更重要的是智力竞赛场。有人说过这么一句耐人寻味的话：踢球(足球)不能光靠脚，更重要的是要用脑子。现代运动心理学已经能用心理测试的方法来预测一个运动员的发展前途。

我们可以得出这样一个结论：体育并不是单纯的肢体运动，而是一种智力参与下的躯体运动？那么，体育对智力的发展到底起了怎样的作用？

首先，体育锻炼能促进智力的核心——思维能力的提高。

体育游戏，尤其是球类活动，对人的分析、综合、判断、推理能力的提高十分有益。一般人从看到一个信号到作出反应这中间往往需要0.3秒或更多的时间。而一个优秀运动员的反应速度可在0.07～0.09秒。这么快的反应速度本身就包含了十分强的分析、判断能力。就拿大家都很熟悉的排球来说，本身的技术战术就非常复杂，还要求有良好的战术整体配合，在球场上，不仅要判断球的飞行方向，还要判断它的力量，以及是否旋转和落点等。而这一切又都要求在一刹那间完成。这对训练孩子的判断、分析能力显然极为有效。

其次，体育锻炼能提高孩子的注意力和记忆力。

体育锻炼尤其是体育竞赛，场面都很激烈，这就需要人们注意力十分集中。怪不得有的运动员说："我一上场什么都忘了。"

在竞赛场上人们的确能达到一种忘我的程度。一般来说，幼儿注意力集中的时间大约在10~30分钟。但由于体育游戏对孩子具有强烈的吸引力，孩子在游戏中注意力便十分集中，而且集中的时间也比较长。

最后，体育游戏本身有许多的规则及要领，需要孩子记忆，游戏中有的动作往往多次重复，这些都有利于提高幼儿的记忆能力。利用体育游戏锻炼孩子的记忆及注意力，最大的优势在于孩子乐于接受，不会感到丝毫的负担，一切都在不知不觉中进行着。

不论您想怎样培养您的孩子，都不要忘记让孩子的努力和体能协调发展，从事体育运动的孩子不该放弃学习，成为单纯的"四肢发达"者，如果您不想让孩子专门学体育，也不能把他锁在书房，牺牲孩子的健康、快乐和自由发展的权利。毛泽东同志青年时代曾提出"文明其精神，野蛮其体魄"的号召，这也是我们的孩子应该具有的素质。

四、怎样培养孩子的舞蹈才能

1. 天生的舞者

伊莎朵拉·邓肯，世界现代舞的创始人。人们公认她是个天生的舞者，而最早发现邓肯舞蹈天赋的正是她的母亲。

邓肯童年时，家境十分贫穷，妈妈没钱雇用保姆，但这对邓肯来说是一种幸运——她可以在海边自由自在地跑动，随着波浪一起舞蹈，海激发了她舞蹈的冲动。白天，妈妈教音乐课，不能照看孩子们。每到放学以后，邓肯便自由地享受生活，这对她后来自由奔放的表现力不无影响。

在艺术方面，妈妈是邓肯最初的领路人。

邓肯的母亲对艺术有着宗教般的虔诚。在她年少的时候，适值美国清净主义盛行，人们都故作清高、耻于优伶，无不主张："宁愿我的女儿死了，也不让她登台演戏。"所以，纵使她再有天赋、歌声再动听、乐感再好，都被埋没了。

当她自己有了孩子以后，风气已经好转。于是，她把一生痴迷的艺术传播到孩子心田。每到晚上，她常常坐在钢琴旁，给邓肯兄妹4个弹奏贝多芬的音乐，朗诵莎士比亚、雪莱的诗歌。这时候，小邓肯完全沉醉在音乐与诗歌的世界里，忘了四周的一切。

6岁的时候，有一天邓肯坐在地上教邻居的几个小孩挥舞手臂，接着跳起了舞。妈妈看见了很高兴，问她在干什么，她说："这是我的舞蹈学校！"妈妈便坐在旁边为他们的舞蹈伴奏。以后，这种形式越办越大，学生越来越多。邓肯在成人之后真的在莫斯科办起了一所舞蹈学校，当然她的舞步也踏遍欧美各地。

妈妈从小就教育邓肯做人要同舞蹈一样，把自身完整地、真实地表现出来。在生活中，妈妈反对虚妄，是个无神论者。

一次圣诞节，学校老师分发圣诞老人的糖果。邓肯站起来庄重地说："我不相信你说的，我不相信什么圣诞老人！"老师很生气，让邓肯坐在地板上，邓肯反抗道："我妈妈告诉我，她太穷了，不能扮圣诞老人，只有那些有钱的妈妈才能装扮圣诞老人，送东西给小孩。"接着又不住地喊："没有圣诞老人！"老师没有发给她糖，小邓肯觉得不公平，自己说了真话，不但没有糖果还要挨罚。

回家后，她把这件事告诉妈妈，妈妈赞扬了她，还肯定地说："没有圣诞老人，更没有上帝，帮助你的只有你自己！"

10岁时，邓肯便脱离了公立学校虚伪的教育，和母亲在旧金山办起了一个简陋的舞蹈学校，开始了她的舞蹈生涯。那时她长得比较高大，像16岁。

邓肯曾经被推荐给旧金山的一位著名舞蹈老师。这个老师教她用脚尖站立的古典芭蕾，说这样子最能体现女子的优雅、娴静。邓肯反感这种刻板式的艺术，学了三天就再也学不下去了。

在这以后，她萌发了一个理想：人可以自由自在地、随意地舞蹈，用形体展现抽象的情感和真实的自我。于是，她把这种理想融入舞蹈里，并大胆地走到人前、走上舞台，不受任何传统限制地表现自由、奔放的女性内心世界。

最后，邓肯成为创造性舞蹈艺术的先驱者，世界现代舞之母。

邓肯的成功固然是多方因素的结果，但主要归功于她在艺术上的天赋，以及她母亲后天对其天赋的保护、拓展。

父母要想发现孩子的天赋，就应该做个关注着的旁观者。父母对孩子的未来有种种设想，其中自然也包括让孩子成为一名舞蹈家，那么，您的孩子是否是个天生的舞者？他是否有以下一些特征？

① 他的动作很优美。
② 他很早就会系鞋带，出人意料地学会骑车。
③ 他善于模仿各种身体动作以及面部表情。
④ 他能够熟练地掌握各种工具器械。

如果具备这几点，那么他在身体感觉能力方面较有天赋，而这正是舞蹈家必需的一种天赋。

2. 艺术从指尖开始

人们把那些娇生惯养的独生子女称为"小皇帝"，父母对其唯命是从，孩子则衣来伸手，饭来张口，长到十几岁，最基本的生活自理能力都没有。其实，这样百般溺爱又有什么好处呢？

孩子早慧之路，在于尽早让其学会料理自己的生活，尽早学会使用一双小手，让手指和手指尖做各种精细的动作。中国特有的筷子，对训练孩子的双手、启发孩子的智力所起的巨大作用，有关专家早有定论。可是，我们有的年轻父母，一看见孩子笨拙地学用筷子吃饭，就担心孩子学不会吃不饱，慌忙拿调羹来。这样过早地剥夺孩子使用双手的权利，其实是害了孩子，是过分的溺爱。苏联教育家苏霍姆林斯基说过："儿童的智力发展在手指尖上。"所以，有意识地训练孩子早早使用手指持筷子吃饭、穿衣、穿鞋、洗手帕、扫地、擦桌子、大小便、上床睡觉，以及自己玩泥塑、堆沙堡、画图、垒积木等技能和一些活动手的游戏，能卓有成效地促进孩子大脑的思维活动和细胞发育，增进眼与手的协调，有助于开发幼儿智力，使孩子越发成长得聪明、乖巧、活泼。所谓的"手巧心灵"，把手练巧了，心也自然灵了，人也自然聪明了。

尤其是在艺术方面，手指的作用更不可低估。所有的舞蹈家都有灵敏而富于表现力的双手。在一切场合训练孩子灵巧的双手也是提高孩子艺术感受力和身体协调性的好办法，它可以为孩子学习舞蹈减轻不少难度。

(1) 利用手工活动练巧手

千变万化的折纸、剪纸，造型各异的泥塑历来是我国民间的传统游戏，对孩子们有着强大的吸引力。例如用纸折一件小衣服，再翻一下可以变成小裤子、照相机，还能变成什么呢？让孩子自己动脑去琢磨。这样，不仅增强了孩子的好奇心，还激发了孩子创作的兴趣和欲望。给孩子准备一把剪刀、几叠彩纸、一些陶土、几筒颜料；教孩子一些必要的常识和方法，让孩子大胆去尝试。当孩子举着"这是我自己做的"不像样的作品时，父母应多一些鼓励，少一些讥笑。另外，在家中开辟一个让孩子保留、存放自己作品的角落，让孩子从中学会比较和欣赏。而孩子也会在不断的总结、积累、前进的过程中，双手越练越灵巧。

(2) 用日常生活练巧手

对孩子来说，生活就像一个大课堂，很多生活自理的能力与劳动技能的获得都需要亲身去实践，反复去练习，穿脱衣帽、系鞋带、持勺拿筷、铺床叠被是学习，扫地、洗碗、择菜、浇花也是学习。孩子从学习、操作到掌握这些技能，需要父母耐心地、手把手地教。也许孩子的动作很笨拙，有时还出些差错，但从不熟练到熟练是孩子必须经历的过程，父母应多一些赞扬，少一些训斥，尽可能地为孩子提供练习的机会，满怀信心地等待孩子的进步与成长。

(3) 利用亲子游戏练巧手

孩子是需要玩伴的，而这些玩伴不光指同龄的孩子，也指不同年龄的孩子与成人。父母如果能经常与孩子一起玩，不仅建立了亲子关系，还能使孩子的游戏玩出乐趣，玩出智慧。从忙碌的生活中，抽出时间与孩子一起玩吧！搭一座城堡，捏一辆赛车，拼一幅图画。

走向户外,与孩子一起拍球、跳绳。在纸牌、棋盘的游戏中,在模型拼插中,在投篮、放风筝的玩乐中,你会发现,孩子双手的灵活性和协调性在不知不觉中增强了很多。

3. 保持优美的身姿

专业学过跳舞的人和普通人的区别是很大的,除了身材有物理形态的区别,最大的分别就在于姿态。学过跳舞的人,无论站立、行走还是做日常工作,他的姿态都十分端正、优美。如果您有时间,可以带着孩子到舞蹈学院的校园里走一走。那些少男少女,每一个的腰肢都那么挺直,步态都那么优雅!

如果您希望孩子培养舞蹈方面的特长,就要提醒他在一切时候(无论在学舞时,还是在日常生活中),都要保持优美的身姿。

有了优美的身体语言,才会有优美的舞姿。同时,优美的身体语言更能培养孩子优雅脱俗的气质仪态。这,恐怕也是父母最希望看到的吧!

(1) 身体要正、直

一个孩子往那一站,有经验的人就知道他会不会跳舞。如果连站都没个样子,怎么能使舞蹈有个"样子"呢?

跳舞时最容易犯的毛病就是"塌腰撅屁股",这说明他们还不善于控制自己的身体,或者说,他们的身体还处于生活的自然状态。

跳舞时首先应该把腰立起来,在立腰的同时,把小肚子、屁股都收起来。这样身体就能保持正直了。

当然,身体正直的要求还不仅这些,它还包括,把双肩打开,后背平直,感觉到往那一站,身体好像长高了似的。

能做到这些,身体就能克服自然状态,保持跳舞所需要的那种正和直。

所谓正、直,并不是要使身体紧张,以致从面部肌肉到脖颈部都僵硬起来。用僵直的身体跳舞,不会带来美感。

在跳舞的过程中,不论是站立、下蹲还是跳跃,身体都需要一种正直而自然的美。

(2) 怎样伸直手臂

当一个不善于跳舞的孩子把两只手臂向上举过头顶时,别的孩子往往讥笑他"像投降"。细看一下他的手臂,有两个毛病:一是手臂弯度太大,二是手臂位置过于往后。

这个例子说明,在一般情况下,手臂要伸得长些才好看。另外,不管是在头上边,还是在身体旁边,手臂都在身体前边一点才好看。

但手臂只有长,长得没有一点弯曲,像个棍儿,也不好看。手臂不能只有长,还要有圆。

怎样才能做到手臂长而圆呢?举例来说,两只手臂如果在身体前面或旁边手心相对端平,从肩膀开始至手指尖,应该一点点低下去,在肩头上滴水,可以使它沿着大臂、小臂一直顺着手指尖渐渐流下去。能够大体上达到这种要求，手臂也就显得长而圆了。如果不是这样，手臂弯曲得过大，滴水就流不到手指了，那样，将会破坏手臂的美。

除此之外，手指也要松弛、自然，不要因为故作姿态，而使手指僵直。

舞姿的美主要表现在上身。而上身又主要表现在手臂上。如果孩子们的手臂理顺了，也就为他们带来了美感上的享受。

(3) 伸腿的艺术

常见有人跳舞时，把腿翘得很高，但膝盖是弯着的，脚是勾着的，这就显得很不美。

腿的线条美与不美，不在于抬得高与不高，而在于有没有伸直。一条腿抬得很低的舞姿不见得就不好看。

当然，也有使腿弯曲的舞姿。比如常见的一条腿直立、另一条腿向前或向后，小腿向上弯曲的舞姿，也是很美的。但这种弯曲是有控制的，有意识使它这样弯。敦煌舞蹈中的许多舞姿，不仅膝盖是弯的，脚也是勾的，但那是一种特殊韵味的弯，一种特殊需要的勾。

会跳舞的人，有时也有那种弯腿或是勾脚的动作，不是因为跳舞的人不会伸直腿、不会绷起脚，而是彼时彼地需要他那样做。

但孩子们跳舞时表现出来的，常常是不会伸直腿、不会绷脚。比如孩子们常做的"跳跑步"，一只脚踏地、一只脚抬起时的脚是勾着的，无论如何也不美。

自由体操或是艺术体操，虽不具备更多艺术内容，但运动员那拱起的脚背，那腿部外开的、清晰的线条，能给人以美的享受。

所以，一定要会伸直腿，这样学会绷脚，跳舞时不仅别人看着美，自己也会觉得舒服。

(4) 全身整体配合

舞蹈与体操不同的地方，就是舞蹈最讲究动作感觉的美。如一只手伸出去了，是高的，还是低的，手心是向上，还是向下，动作是柔和的，还是有力的；视线随着看到了什么地方，是柔情地看，还是坚毅地看……这些因素加在一起，就能使人感觉到孩子们是在看花，还是在采花；是在指什么，还是在向远处眺望什么。

舞蹈中的任何一个局部动作，对于身体来讲都是一个整体。具体地讲，就是体现在手眼的配合上，上下身的随和上。

不会跳舞的孩子，往往不会手眼配合。一只手向旁打开了，可他的眼睛还在看着前边。或是手向上举起了，可他的目光还在平视。看上去好像手不是长在他身上似的，所有的动作都像机器在机械地运转，哪还有动作的美感呢？

在儿童登台表演的舞蹈中，不难见到这种简单完成动作的情况。如一边不停地跑跳步，一边不停地在头上摆动着手臂，眼睛却直视前方，就像是充了电的机器人。孩子们除了使劲记住不要跳错动作以外，大概不会有什么别的享受了。

为什么一个平时很可爱的孩子，到了舞台上就不可爱了呢？原因是在生活当中孩子们的表情很自然，一跳舞眼睛就发呆了。孩子们表演舞蹈的时候，最容易犯的毛病是眼睛往下看，或是往上看，唯独不敢往前看(因为前面有观众)。

要注意对孩子们眼神的要求与训练，要引导他们从手眼配合上做起，去感受动作的美。动作感受的美还表现在上下身的随和之中。如果手向左摆动，身体却向右倾斜，或是直立不动，上下身就显得不和谐了。如果一个右手在头上，左手在胸前的舞姿，不仅手是向左倾的，整个身体的感觉都是向左倾的，就会产生动作和谐的美。

4. 唱着歌儿跳舞

舞蹈没有音乐是无法独立生存的，人们都说"载歌载舞"，音乐正是舞蹈的灵魂。同样，舞蹈的最高境界就是使动作与音乐水乳交融。有人对芭蕾舞大师乌兰诺娃的最高评价是："身上充满了音乐。"

在儿童舞蹈中，要求孩子们会听音乐，会合着音乐的节拍动作，并使身体合着音乐表达感情。要求孩子把音乐的快慢、强弱、大小、长短表现出来，要求孩子理解音乐的内容，并通过动作，把对音乐的理解表达出来。比如，听一句音乐，这是表现小鸟飞，还是青蛙跳；是做游戏，还是采集标本；是高兴，还是在思索；是说话，还是在冥想；等等。只有当孩子的思考能进入音乐的天地，能展开有趣的联想，舞蹈才能在他们脚底下变得活泼起来。

一般说来，音乐刺激和孩子的动作有紧密的联系，但音乐刺激与孩子动作协调关系在发展上有一个演变过程。许多研究材料证明：孩子对音乐最先感知的是力度、拍率和速度，也最先形成有关它们的概念，随后再去感知旋律的高低及节奏，最后是曲式。在生活实践中，我们看到孩子很早就能感知节拍，会合着音乐拍手、走步，并能随着音乐的快慢而改变动作的速度。孩子听乐曲的能力要比唱准音高、旋律、打出节奏的能力发展得早。

在音乐伴奏下让孩子用动作来表现音乐内容，是发展孩子音乐能力的重要途径。最初要教孩子听着音乐合拍地动作，父母要鼓励孩子主动地用动作反映音乐。一般周岁的孩子就会随广播中的音乐节拍晃动身体或手臂。特别是听到节奏非常鲜明的音乐时，孩子更会如此表现。在两周岁时，他们会对节奏鲜明的音乐作出主动的动作反应，可他们是用适合自己身体晃动的速度，而不是照音乐的速度来做动作的。由于他们年龄小，他们动作的节奏和速度，常比年龄大的儿童或成年人来得快。所以，父母要想让两岁孩子动作和音乐合拍，就得让音乐的速度适应他们的动作，如拍手、踏脚、拍鼓、转手等，能帮助孩子更快地感觉音乐的拍子和动作的关系。

3岁孩子已基本上能合拍地做动作，父母可指导孩子根据音乐的特点，以身体来反应、表现，如学小兔跳，学小鸟飞，学解放军等。这一阶段的孩子不仅能听着音乐做律动，还能学习一些简单的音乐游戏及舞蹈。

4岁孩子的动作能力有所发展，比2～3岁的孩子更能有效地控制肌肉活动，动作较灵活、轻松。他们不仅对动作本身感兴趣，而且对用动作反映音乐的兴趣更大。此时，要使孩子知道动作应该和音乐合拍。

5～6岁孩子的动作基本上完全能与音乐一致。大多数孩子能感觉到音乐的基本拍率、节奏、力度。因此，做动作时能很快抓住音乐的基本拍率、节奏、力度。随着拍子的快慢或渐慢、渐快，变动自己的动作速度。

父母在引导孩子随音乐做动作时应注意以下问题。

① 启发孩子听出音乐旋律中的高低、强弱、快慢等不同的变化，使孩子能够感受音乐的不同表现风格。富有表现力的乐曲，能够促使孩子产生联想，表现出动作活泼、协调、形象而有表情。同时，孩子本身的富有表情的动作，又能加深对乐曲的感受和理解。启发，是孩子感受音乐风格的诱因。

② 在音乐伴随下做动作，主要是让孩子学习符合音乐的节拍、力度、速度和情绪做动作，学会随音乐变化而变换动作。在身体各部位动作时，能通过运动神经去感知音乐的艺术美，同时又通过协调优美的动作，去表达音乐的内容和情绪。这种活动可以发展孩子的动作和节奏感，及对音乐的感受力，从小培养"欣赏音乐的耳朵"，使之具有较好的音乐听觉。随乐而动，是孩子体验音乐美感的有效途径。

③ 在培养孩子按音乐节拍协调做动作时，要联系实际生活中有关的形象，引导孩子想象，使孩子理解这些动作，表达时才会逼真。联想，是孩子理解音乐变化的一般方法。

所选曲目要适应孩子体力及动作发展水平。动作的幅度不宜过大，活动时间不宜过长，难度要适当，变化要少。

2～3岁的孩子，可先教一些听音乐拍手、走步、打鼓、吹喇叭、鸟飞、象走等简单的模仿动作。可选节奏稍慢、力度、速度不变的曲目。动作要变化少，重复多，使孩子较快感受音乐的节拍与动作的关系，学会合拍地做动作。

3～4岁孩子，要在合拍做动作的基础上，注意乐曲中速度的变化和音乐的性质，并用相应的动作表达自己的感受，随音乐的变换而变化动作。如音乐速度加快，则动作加快；音乐连贯平稳，则动作连贯平稳；音乐活泼、跳动，动作则活泼跳动。可以选择一些风格不同的乐曲，训练孩子的听力和感受能力。如欣赏《骑木马》乐曲，可提醒孩子，注意马跑向远处时马蹄声发出的强弱变化，感觉出全曲在力度和音区变化上的表情，使自己所做动作与之相适应。

5. 多听、多看、多学

舞蹈和其他任何艺术门类一样，兴趣是孩子最好的老师。如何培养孩子的舞蹈兴趣呢？关键在于多看、多听、多学。

(1) 多看

通过欣赏舞蹈，可以熏陶、培养和激发孩子对舞蹈的爱好和兴趣。现在家庭中最普及、最直接的欣赏舞蹈的途径是看电视。电视里播放的各类舞蹈，特别是孩子类歌舞节目一定要引导孩子多看。另外，要多带孩子去看演出、专业文艺团体的歌舞晚会、芭蕾舞剧、幼儿园文艺汇演等。还可用录放机和VCD看一些各种类型和较高档次的舞蹈作品和歌舞片。可以让孩子看能够接受的《卖火柴的小女孩》《白毛女》，也可让孩子欣赏一些超过孩子理解水平的《天鹅湖》《睡美人》等经典作品。但一定要一边看一边配以讲解，这样来扩大孩子的眼界，丰富舞蹈知识，提高孩子的舞蹈审美能力。

(2) 多听

通过听歌曲、听音乐，可以有意识地启发培养孩子的形象思维。音乐是舞蹈的灵魂，一般说来，乐感好的孩子，舞蹈也相应地比较好。父母可先选择一些孩子熟悉喜爱的歌曲或旋律优美有歌词的儿童歌舞曲，如《春天在哪里》《金色的太阳》《小机灵的歌》等，让孩子边听边展开想象的翅膀。孩子听完音乐让他和你讲述他自己所想到和感受到的。也可让孩子边听音乐，边按音乐的节拍拍手，以培养节奏感和音乐的感受力。而后可进一步选择有音乐形象、有情绪变化的音乐作品给孩子听，如《彼得和狼》《龟兔赛跑》等。然后再慢慢提高扩展到欣赏各种民族舞曲、交响乐的舞剧音乐片断。边听边讲解，这样才能提高发展孩子的理解力和想象力。

(3) 多学

孩子给父母表演舞蹈时，父母要用极大的热情和耐心来观看，不论好坏，都要以表扬鼓励为主，予以肯定。父母要积极支持孩子参加各种演出活动，比如：参加幼儿园的演出活动，亲朋好友聚会时让孩子表演舞蹈等。应尽量给孩子多创造些独立表演的机会和条件，以便增强孩子的自信心。父母还要参与孩子的活动，鼓励指导孩子自编舞蹈。开始时父母可以选择一些音乐风格各不相同、音乐节奏快慢不一的乐曲给孩子，让孩子听音乐，并按自己的理解即兴舞蹈，自由地表达自己的思想感情，尽情尽兴；然后可以让孩子做一些单一形象的模仿动作练习，如小兔跳、青蛙蹦、狗熊爬、雪花飘等，选择的形象应是孩子生活中熟悉的形象，特点要突出，选择的音乐也要同这些形象的特点相吻合；继而父母就可根据音乐出题目，规定舞蹈内容，启发孩子自编舞蹈，如《勇敢的小蜜蜂》《掉队的小鸭子》《采蘑菇的小姑娘》等，先让孩子编成故事讲述出来，然后再用动作把故事内容和情节表现出来，培养孩子的舞蹈创造力和表现力。

6. 以适合孩子的方法辅导孩子学舞

(1) 示范法

示范法是指父母能准确、形象、富有表情地表演舞蹈作品，使孩子对所要学习的内容有一个完整清晰的印象。可以从头至尾完整示范，也可以分句分段或将基本动作、难点动作提取出来分节示范。示范时要伴随着语言讲解，面向孩子做镜面示范，即做相对动作。如孩子应伸左手，父母就要伸右手。此种方法可以激发孩子的学习愿望和热情。

(2) 助力法

助力法是在舞蹈学习中，借助外力的帮助，使孩子通过触觉和肌肉的本体感觉直接领会动作要领，辨别空间与时间关系及对身体的影响，从而形成完整正确的概念。

少年儿童的骨骼硬度小，肌肉柔韧松弛，力量小，自身的触觉、肌肉感觉不能正确把握，往往动作不到位。这样，孩子就需要借助父母或教师帮助的，把动作做到位，体会正确动作的肌肉感觉，从而形成正确的本体感觉。

(3) 分解组合法

分解组合法是把舞蹈中重点和难点动作进行先分解再组合的一种辅导方法，如先教手的动作，再教脚的动作，然后手脚合起来做，也可把舞蹈分解成一段段或一个个动作，逐段、逐个动作地教，然后再组合起来完整串联。此方法可以帮助孩子掌握重点和难点动作，克服学习障碍，建立学习信心。

(4) 观察模仿法

对于舞蹈中一些难于分解的动作，可以采用观察模仿法，即让孩子一边看，一边仿效着做。父母示范时速度要放慢，动作要放大，便于孩子观察模仿。此方法可以保持舞蹈动作的完整性，集中孩子的注意力，锻炼观察力和记忆力。

(5) 语言讲解和喊口令的方法

语言讲解要生动形象，通俗易懂，如转腕这一动作，如果父母死板地按动作要求讲，第一拍手腕由外向里转，第二拍手腕由里向外反转。孩子学做起来既无兴趣又很费力。如果父母这样告诉孩子：现在你手里抓住了树上的一个大苹果，你想把苹果摘下来，必须手腕转动拧一下；或者提示孩子想一想，拧灯泡是怎样动作的，转腕这一动作就像拧灯泡一样。在这样具体形象的语言讲解下，孩子必然很快学会了转腕这一动作。在单一学动作时，可先数数，喊口令，动作学会了再合音乐做。此种方法可以加快孩子对舞蹈动作的理解和掌握，提高学舞速度。

(6) 意境法

意境法就是以日常生活中美的自然景物或生物的姿态，动态启发自己，从感性知识和已有经验联想到动作的要求，并创造一个想象中美丽的境界来进行学习的方法，如跳跃要像小鹿那样轻松活泼。

少儿的思维特点是以形象思维为主的，凡是具体形象的东西，他们比较容易理解和记忆。父母应让孩子利用不同的条件进行意境联想，使自己的动作形神兼备。

(7) 练习法

练习法是指孩子亲自参加到舞蹈活动的实践中来这是辅导孩子学舞的根本途径。父母可以督促帮助孩子采用多种形式进行练习，如单一动作练习、分句分段分角色地练习、自己照着镜子练、父母和孩子一起练等。在练习中父母要及时纠正孩子的错误，不断提出新的要求，以表扬为主，鼓励孩子的学习勇气和信心。

(8) 游戏法

游戏法是运用游戏的形式和口头讲述相结合进行辅导的一种方法。舞蹈学习应让孩子感到是一种游戏活动，是一种娱乐。如学习鸭走的系列动作，父母就可扮演鸭妈妈，让孩子当鸭孩子，请小鸭子跟鸭妈妈学本领，还可以戴上头饰或穿上服装。此种方法可以引起孩子的学习兴趣，保持学习热情，提高学习效率。

7. 试验孩子的舞蹈潜能

巴黎歌剧院。

今晚要在这里举行第五届巴黎国际芭蕾舞比赛的决赛。

下一个就要轮到中国的谭元元上场了。

决定性的时刻到来了！

在脚灯的照耀下，她的独舞火焰似的在燃烧。当她最后一个动作在瞬间优美地静止时，音乐正好奏完最后一个音符。剧场里顿时响起热烈的掌声，记分板上接连亮出7个满分！

她简直不敢相信自己的眼睛，她成功了。

谭元元终于以总分19.2分(满分为20分)超出第二名3.4分的优势，荣获古典芭蕾舞少年组女子第一大奖。这届比赛所设的5项第一大奖中，有4项空缺，谭元元是唯一获得大奖的选手。6年前，上海舞蹈学校的老师到同心路小学挑选学员，他们一眼相中了她，说她的身材、潜在气质特别适合学芭蕾。

谭元元参加严格的考试后，被舞校芭蕾系录取了。

妈妈特别高兴，当她自己还是个小姑娘时，也曾迷恋过舞蹈，做过演员梦，现在元元来圆她早年的梦了。可是当工程师的爸爸并不这么看，通向成功的路不止一条，干吗非得去跳芭蕾？芭蕾太苦了，芭蕾舞演员的艺术生命期又太短，一过30岁，就得把舞台让给更年轻的人。再说，艺术是一种冒险，谁也不能保证自己一定出类拔萃。所以，元元迟迟未去舞校报到。

很快，一个月又一个月过去了。学校一次次派人来动员，这可是舞校建校以来第一次迁就一位学生啊！也许校方求才若渴的诚意感动了爸爸，他说我们来扔硬币吧，正面朝上，就送元元去，反面朝上就退掉元元的通知书。

于是，硬币被抛向空中，掉下来在地板上蹦了几下，全家人都盯着紧张地看——

正面朝上！元元长嘘一口气，妈妈笑了。

元元不过是个孩子，体质又弱，舞校严格的训练很快把她累垮了。因为扁桃腺经常发炎，她不得不去医院做摘除手术，术后低烧不退，只好在家休养。等到重返学校，谭元元发现，所有的人都跑到前面去了，许多动作她都不会做。

对于谭元元，那是一段十分艰苦却值得永远纪念的日子。为了追回失去的宝贵时间，她常常独自一人关在练功院内，玩命地练那些高难动作，咬着牙旋转，就像一个陀螺，而她的决心就是那条抽打的鞭子！转啊转啊，眼前金星直冒，她重重地摔倒在地板上。她流着泪对自己喊：站起来！站起来！脚腕扭伤了，她用纱布扎紧了练。脚趾甲嵌入肉中，鲜血渗出染红了舞鞋，她贴上护创膏继续练。

练功！练功！只有练功，她才能取得进入艺术殿堂的通行证！

就这样，靠着天赋的身体条件和舞蹈感觉，靠着顽强的毅力和非凡的勇气，谭元元不仅赶了上来，而且超过了其他人。在经历了艰苦的5年学习之后，她终于有可能成为一名独舞演员了。

1991年6月，谭元元和她的同学赵磊一起，首次代表中国参加在赫尔辛基举行的第二届芬兰国际芭蕾舞赛。在公认为四大国际比赛之一的这届大赛上，她先后表演了古典芭蕾舞《睡美人》和《巴基塔》变奏，《爱丝米拉达》和《葛佩莉娅》片断，还有创作节目《惊梦》和《晨曲》。她精湛的技巧、高雅的气质，以及她对角色的深刻体验和细腻处理，赢得了评委们的一致好评，在赫尔辛基刮起了一股中国旋风。芬兰的新闻媒介赞扬说："东方人能跳出如此美丽如此纯正的芭蕾真是奇迹啊！"

所有人为谭元元取得的成就欣喜，但也感慨于一个芭蕾才女的诞生，居然要借助一枚小小的硬币。如果那枚硬币反面朝上，将会出现多么令人痛心的遗憾啊！用这种不负责任的举动决定孩子的前途命运实在是愚蠢！但愿所有的父母，在面对孩子前途的选择时，千万不要如此轻率！用一个简单的试验了解一个孩子的舞蹈潜力吧，它要科学和谨慎得多。

在了解掌握上述有关孩子与舞蹈方面的关系之后，父母便可进行舞蹈潜力试验了。舞蹈潜力试验是这样进行的：首先买(借)来一首舞蹈曲子，给孩子听1～3遍，而后要求孩子随音乐任意做动作或跳动(舞)，最后父母或老师根据是否进入角色及其进入角色的快慢程度，动作是否连贯动人(优美)，是否合拍即是否与节奏协调等较为客观现实地对孩子的舞蹈潜力作出判定。判定标准可分为三种类型：①舞蹈潜力较差(次)，表现为难以进入角色，即使能进入角色，动作也是单一而不连贯，有时表现为明显的不合拍，没有节奏性，且动作生硬；②舞蹈潜力一般，表现为能进入角色，动作有时不十分连贯，偶尔出现失去节奏，动作既不动人也不生硬，表情也一般；③舞蹈潜力好及很好，表现为很快进入角色，动作动人甚至是优美而连贯，富有较强的节奏感，表情和谐统一。

一般说来，只有舞蹈潜力好及很好的孩子，才有选择舞蹈及其与之相关职业的优势，宜向舞蹈家、健美运动员、花样游泳及滑冰运动员、体操运动员、时装模特等方面努力和发展。

五、怎样培养孩子的电脑才能

1. 电脑金童的成功之路

电脑，作为一种基本工具，人人都得掌握。父母若出于此种心理，让孩子掌握电脑基本技能，是很值得赞赏的。但如果您希望孩子成为专门的电脑人才，甚至成为像比尔·盖茨那样的电脑天才，就得仔细考虑，您的孩子是否有这方面的天赋，您又是否给了他一个保护和发展天赋的环境。

电脑神童们通常有这样一些特征：
① 智商高，学东西比一般孩子快；
② 喜欢思考，喜欢独立解决问题；
③ 经常有新鲜点子，不喜欢循规蹈矩；
④ 能长时间专注于一项工作；
⑤ 性格开朗快活，喜欢游戏；
⑥ 喜欢摆弄各种结构复杂的器械。

您的孩子是这样的吗？

2. 让孩子快乐地思考

对比尔·盖茨的成长起过相当重要作用的一个人是他的外祖母。她用独特而丰富的教育方式引导比尔天赋的发展，这促使比尔的思维能力向纵深发展，锻炼了他非凡的记忆能力。

比尔·盖茨的外祖母在中学时代曾是篮球队的主力前锋和班上的毕业生代表，她博学多才，思维敏捷，酷好益智游戏。对她而言，游戏不是无意义的消遣，而是技能和智力的测验。

外祖母特别喜欢和聪明的小比尔一起做游戏，尤其是涉及一些智力的游戏，她教少年比尔下跳棋、玩筹码、打桥牌等。玩的时候，外祖母总爱对小比尔说："使劲想，使劲想！"她也经常为比尔下一步好棋、打一张好牌而拍手叫好，这些极大地激发了比尔爱思考的潜能。比尔似乎总在不停地思考、思考。家人外出时，别人都准备好了所需要的东西，而比尔从未做好准备，家人问他在干什么时，他总是说："我正在思考。"他甚至还责问家人："难道你们不思考吗？"

外祖母还时常给比尔·盖茨读书、讲故事，使比尔受益匪浅。在外祖母的帮助和指导下，读书成了他发泄精力的好方式。数学、科学书籍及名人传记最令比尔着迷，他的思考又多了用武之地。

比尔·盖茨十分喜欢参加他家附近一个图书馆举行的夏季阅读比赛，他总得男孩中的第一，有时还获得总冠军。正是这样的游戏和阅读，锻炼了比尔·盖茨非凡的记忆能力，培养了他敏捷而有深度的思维能力，早在9岁的时候，比尔·盖茨已经读完了《百科全书》全卷。他11岁的时候，就因背诵《马太福音》中冗长而艰涩的"登山宝训"全文而获奖，令牧师惊讶不已，而这对比尔来说，只是很普通的一件小事。

外祖母早就意识到比尔·盖茨在思维和记忆上的潜力，她总是不失时机地激活比尔这方面的潜能。即使是祖孙俩一块儿散步，外祖母也会与比尔交谈下棋的技术，或是讨论某篇佳作，鼓励比尔用不懈的思考解决问题。这种磨炼对比尔·盖茨真是极为有益，后来，他不正凭着超人的思考能力改变了世界吗？

父母可以从盖茨外祖母的经验中吸取许多东西，一个电脑天才必备的资质之一就是过人的思维能力。

① 刺激孩子的大脑，让他们的思维活跃起来，这对于孩子的电脑学习是事半功倍的，俗话说：磨刀不误砍柴工。

② 检讨你自己对思考的态度。不要误认为聪明的孩子就一定善于思考。事实上，聪明人可能拙于思考或懒于思考，因为他们不假思索就能说出答案。而反应迟缓的孩子却往往能说出一些有深度的意见。

③ 及早开始。一位母亲，或是一位老师，经常朗读一些简单的诗歌给孩子听，可以启发他们的思考。

④ 给孩子一些思考的题材。父母可与孩子一起看书，看电视，然后一起讨论其中的感受。

⑤ 全家动员。只要不是跟一大堆人在一起，孩子听和讲的机会就较多，因此几个人闲聊最能诱导孩子养成良好的思考习惯。即使是年龄最小的孩子，也有自己的一些想法，应该让他说出来，大人也应该听取。这并不需要正式的课程。一家人吃晚饭时，谈谈白天发生的事，就是一个指导孩子如何思考的绝佳机会。

⑥ 说笑话。有幽默感的孩子，就会灵活地从不同的角度看事物。比方说，文字游戏和双关语能令人发笑，因为那是从另一个角度去看某个字词。中国唐代诗人刘禹锡的"东边日出西边雨，道是无晴却有晴"就是一个例子。

⑦ 全面思考。专家发展了一项技巧，叫作"利弊得失参考法"，这是很流行的思考试验法，这项技巧教人无论对任何问题，都要考虑各方面的优点、缺点、有趣而值得参考的地方。研究者有一次问30名10岁的儿童："你们想不想每周上学可得到5块钱。"30个孩子一致热烈赞同这个构想。后来他要孩子列出这个提议的"利弊得失"，经过3分钟的利弊评估之后，30名儿童中有29人改变了主意。孩子列出的缺点包括"这样父母就不再给零用钱了""学校会提高餐费"。想深一层之后，这些孩子就发觉最显而易见的答案未必是最好的答案。

⑧ 归纳、类推。教育的基础就是将一点一滴的知识聚沙成塔。把知识归类之后，我们

就无须一而再、再而三地学同样的东西。我们一旦明白了选购自行车的方式，买牛仔裤或球拍时，也就知道应用什么准则去选择了。

⑨ 即使没坏，修修也无妨。人类进步的历史就是一部推翻定型成规的历史。在爱迪生之前，人们在家中点盏油灯就很满足；在计算工具以及电子计算机出现之前，会计员一直在用纸笔算盘。年轻人尚未定型，常会质疑"一向的做法"，父母应鼓励子女把质疑定型成规变成终生的习惯。

⑩ 说话精确。精确用词不但可以避免误解，而且有助于使思想更清晰。试试在家里玩这个游戏：将一个孩子双眼蒙上，叫另一个孩子描述两幅类似的画面。然后拿下孩子的蒙眼布，问他刚才描述的是哪一幅画。设计这个游戏的人认为，描述图画的孩子所用的词句往往极为含糊，不能给蒙眼的孩子任何有用的提示，这种试验不但能训练孩子说话更精确，也能使他们观察得更细心。

⑪ 多听别人的意见。孩子往往是这样的：把自己的想法急急说出来，等他们说完了又再把自己刚才说过的话重复一遍。对别的意见充耳不闻，就会变成故步自封，吸收不到能扩展视野的东西。在做思考试验时，要防止这种情况的出现。

⑫ 注意训练孩子多用脑思考。父母应重视孩子勤动手的训练。双手的活动是由大脑神经支配的，勤动手就可以使更多的信息不断地、反复地刺激大脑细胞，促使儿童的智力发展。儿童教育专家认为，手和脑有很密切的关系，孩子的双手掌握技巧越高明，就表示越聪明。要让孩子从实践中探索科技的奇妙和原理。

3. 电脑与孩子生活

电脑能影响到儿童生活的许多方面。当然电脑也会成为学习功课的关键，因为最终文字处理、参考资料和联机服务将会代替学校日常中的钢笔、铅笔和书本。

然而，不仅仅是这些，电脑不仅能帮助孩子做家庭作业，还有其他更多令人兴奋的用途。电脑能使孩子富有创造性，帮助他们创造艺术作品、讲故事，还能帮助他们制作出幻想的音乐；电脑还能使孩子通过一般信件、简讯甚至电子邮件与其他人联系；能帮他们作出学校竞选的广告或庭院出售的横幅；还能帮助他们卖掉旧自行车、跟踪津贴情况以及想起自己的计划表；还能帮助他们阅读、学习外语以及让他们阅读神秘小说或玩城市建设的游戏等。电脑的最大特征就是它的多用途性。

研究结果的确是令人信服的。孩子们发现，用电脑进行工作不但能激发他们的兴趣，而且能激励他们上进，并且对他们自己的努力感到满意。

对学龄前儿童和小学低年级儿童来说，游戏是计算机的主要功能。1岁多的儿童对计算机感兴趣，是因为当他触摸一个键时，屏幕上会有相应的变化。他喜欢自己操纵的这种变化。当然这种变化是他们可以理解和欣赏的。游戏功能主要包括以下几方面。

① 玩电脑游戏。与电视、电影等娱乐形式不同，电脑游戏具有直接参与性，即儿童可

以参与游戏之中，并操纵故事的变化、发展和结局，或者说，一个故事的结局取决于儿童的兴趣或某些方面的能力。因此，它特别吸引儿童。

② 绘图。利用绘图软件，儿童可创造出各种图画。

③ 阅读电子出版物，如翻阅各种儿童故事书或漫画书。

④ 看电影或动画片、听音乐、歌谣等。

但是，大部分父母喜欢强调计算机的学习功能，他们让孩子做以下工作。

① 练习打字。目前，有些小学低年级同学开始用计算机练习打字，并参加一些打字的竞赛。中、高年级学生开始学习文件处理。

② 学习学校中学习的文化知识。儿童可以依靠计算机学习学校中学习的文化知识。当然，这要有大量的教育软件来支撑。

③ 学习计算机知识，即学习编制计算机软件。

的确，计算机能为儿童做很多事情，包括游戏和学习。但是，对学龄前儿童或小学低年级儿童来说，游戏功能比学习功能更重要！

因此，我在此提出以下几条建议。

① 树立适合儿童的计算机教育观念。买计算机，不是为了让孩子具备一门知识，而是让孩子喜欢探索"未知"的世界，增长探索的经验。对孩子来说，培养孩子尊重科学、热爱科学的精神，培养求知欲比学一门专门知识更重要。

② 利用计算机满足孩子的特别需要。从某个孩子的情况来看，如果他对宇宙等方面的科学知识特别感兴趣，问题特别多，这是一个非常好的起点。家长可先不忙于教他计算机，而用计算机向他播放儿童百科全书之类的电子出版物，教他检索关于宇宙的知识和图片，以满足他的求知欲。

③ 鼓励孩子玩电子游戏。通过玩电子游戏，孩子可以熟悉计算机，熟悉如何操纵开关和键盘，进而习惯操作新技术。娱乐或游戏是孩子接触计算机最正当的理由，尽管大多数父母还不能认同这个观点。同时，要鼓励孩子尝试播放动画片、电影、电子出版物及儿童绘图软件等。

④ 如果父母能经常用计算机处理自己的工作是最理想的。要让孩子看到你用计算机，并享受了使用计算机的乐趣。父母的行为比说教更能影响孩子。

4. 学电脑要有好的环境

任何天才都需要环境，电脑天才当然同样如此，或者更甚。

那么，培养电脑特长的孩子究竟需要营造什么样的环境呢？

(1) 有利于孩子独立思考的家庭环境

电脑人才最需要的是推陈出新，最忌讳的是墨守成规。要培养孩子的电脑特长，首先要做到培养孩子的创造力。大量证据表明，那些电脑天才的家庭都有这样的特点：较少权威主义和限制，鼓励独立，父母与孩子之间交往强调理性，尊重孩子；相信孩子有能力做好事情；对孩子的言行较少表示强烈的肯定或强烈的否定，这些特点给幼儿创造了宽松的精神环境，减少了思维框框与内在压力，增加了体现个人特色的自由度，有利于增强孩子的创造力。因此，我们不必事事告诉孩子什么对，什么错；什么好，什么坏；什么能做，什么不能做等，而应该鼓励孩子自己多作判断，否则就会养成孩子思维的依赖性和惰性，阻碍创造力的发展。

(2) 学习电脑知识的环境

一台电脑自然是最基本的，但有了它就够了吗？

不断启发孩子，电脑的功能是多么强大。你用电脑吗？对电脑知识有兴趣吗？你时常尝试用电脑解决新问题，或者开发电脑新的功能吗？如果是，你本身就为孩子构建了最好的环境。

对于初学者而言，一份简易的电脑报刊也许会有很大帮助。在上机过程中会遇到许多教材里没有讲到的问题，这些问题往往在专业书籍中也找不到答案，却能在这些报纸杂志中得到解答。

入门性的教材，以及电子读物也是必要的。这些教材等必须浅显通俗，适合孩子阅读。

(3) 交流电脑知识的环境

电脑方面的高手很难完全靠自学成才。我们看看那些电脑界英雄人物的传记就会发现，他们的身边总有可以和他们进行智力较量或技术切磋的朋友。比尔·盖茨固然伟大，但如果没有保罗·艾伦(微软的另一创始人)，他的成就恐怕也要大打折扣，给孩子找到可供学习的良师益友，这一点对于学习电脑是十分重要的。许多人都有这样的机会，一个电脑难题，自己无论怎样琢磨也摸不着头脑，而一个内行的人，三下五除二就能解释得清清楚楚。一个方案或一个技术问题，个人的想法往往失于片面，而多个人的交流则很容易让人开窍。

幼儿园或小学里的兴趣小组、某个计算机培训班、你的一群喜爱玩电脑的朋友……他们都可以成为促进孩子发展的环境。鼓励孩子多和小朋友交流玩电脑的心得，哪怕是游戏心得，鼓励孩子把学到的电脑知识再教给别人……给孩子更广阔的空间，他就会有更出色的发挥。

5. 电脑入门的第一关——打字

在电脑上工作，离不开中英文输入。用电脑打文件、写文稿，键盘输入娴熟快速，才能挥"笔"而就。在国际互联网及各类信息网络上，无论发电子邮件，还是在网上论坛发表意见或是网友自由交谈，都是用手"说"话。只有击键速度快，才能节省费用，也才能和别人倾心相谈。

那么，初学者如何进行指法训练才能成为输入"快手"呢？

(1) 把目标定在"盲打"上

"盲打"是在正确掌握键位手指分工和键盘指法的基础上，不看键盘进行击键输入的一种特殊技术。文字输入高手都不用看键盘和屏幕，他们十指敏捷地敲击字键，手起键落，动作像弹琴一样优美流畅，输入速度极快。相反，若在录入时，一会儿看键盘，一会儿看屏幕，一会儿又看稿件，不仅会大大影响输入速度，而且很快会感到疲劳。所以，初学电脑录入一定要给自己确定一个目标：学会盲打。

(2) 按照指法原则训练

盲打的前提是指法必须规范正确。有人初学电脑时，不注意指法，随意用手指按键，有时因为食指好用，就用食指到处乱"弹"，这样不仅会严重影响输入速度和正确率，时间长了错误的击键方式就会形成"顽症"，以后想改正将是一件很难的事，因此，从开始练习时就要严格执行键盘指法的手指分工，10个手指各到其位、各司其职，不可混乱和"越位"。在初学阶段，这样可能很不方便，但一定要这样要求孩子，目的在于为其实现盲打做好准备。

(3) 科学的训练方法

指法训练是一个艰苦的过程，对孩子来说，尤其如此。父母要善于把娱乐与训练统一起来，在不影响孩子兴趣的前提下，提高输入速度和输入质量。

开始训练要把"准确"放在第一位，手指到位，击键要准，不要急于求成，盲目追求速度。要一个手指、一个手指反复练，使手指灵活、快速、准确地控制键位。例如，左手食指负责G、F、T、R、B、V6个键，可以为孩子设计一组练习，反复打这6个键，然后再中指、无名指、小指逐一练习。左手练完再练右手各手指，进而练习单手各指混合击键，再进行双手对称手指的混合击键练习。

父母可以用一些小游戏、小竞赛来加强训练的娱乐性。目前，市面上有许多进行输入练习的游戏，不妨给孩子试试。

6. 正确认识电脑游戏

现在社会上对于玩电脑游戏的评价并不很高，尤其是许多父母，更是对孩子们玩电脑游戏深恶痛绝。这主要有以下两个原因。

第一，社会上一些不法分子对黄色淫秽游戏的销售、复制、流传，给本来生机勃勃的游戏世界，蒙上了一层阴云。正是这一污点，使电脑游戏的声名蒙受了极大的损失，也使一些人误以为游戏本来就是这样，而忽略了电脑游戏的本来面目。

第二，一些电脑游戏爱好者对游戏太过痴迷。专注是好事情，但专注到了痴迷的程度就不太好了。由于游戏的作用仅在于帮助我们从紧张的学习、工作中解脱出来，得到更好的放松，放松的目的在于使你有更多的精力去更好地工作、学习，希望每一个玩家不要本末倒置，反而将全部的精力都投放到游戏中去，夜以继日地玩游戏，长此以往，不但学习、工作会落下来，身体也会受到很大的损害。

孩子应该从什么时候开始用电脑，又该在电脑前待多长时间？这一直是令父母不安的问题。专家认为，当孩子对图画书感兴趣时，他们就可以开始使用一些早期电脑学习软件了。一开始他们还需要父母的帮助，但大约一年以后他们独立性就会很强了。到了幼儿园时期，大多数孩子都能够玩一些简单的游戏和使用像儿童绘画程序之类的趣味软件了。小学三年级的孩子们应该会使用简单的字处理软件。到了六年级时，他们会使用全功能的字处理软件了。到了六年级以后，父母会发现，孩子懂的电脑知识似乎比自己还要多。

孩子每天上机多长时间？这应随着孩子的年龄及孩子的学习情况而变化。一般认为，学龄前儿童每天上机不宜超过半个小时，小学生可以在完成学业的情况下，适当延长上机时间。但父母必须注意，保证孩子的户外活动时间，不能让孩子在电脑前连续待得太久，以免影响视力。

六、怎样培养孩子的外语才能

1. 越小越有优势

语言并不神秘，对许多父母而言，学习第二种语言十分艰难，即使花费了极大气力，也不可能像掌握母语一样流利地掌握它。而对孩子则不同，孩子在3～6岁时学习语言的能力最强。处于这个年龄，他学习外语几乎和学习母语一样容易！

2. 关键在于周围的环境

只要你的孩子不是天生有语言方面的缺陷，他的学习外语的天赋，就大大高于所有成人！

如何把天赋发挥出来，如何将潜能转化为现实，关键在于你给了怎样的环境。

作家张承志曾写到中国新疆腹地一个普通的小女孩，她父亲是蒙古族人，母亲是俄罗斯族人，蒙语和俄语成了这个孩子家庭语言；而她与周围小朋友们玩耍，使用的是维吾尔语和哈萨克语；在学校里，她学的则是汉语！她并非语言天才，之所以流利地掌握了多门外语，是由于两个原因：第一，环境给予她学习的动力，不学习这几门语言，她的生活、她的交际就会遇到困难；第二，环境给了她最好的学习方法，她不是使用母语发音或语言结构来毫无趣味地学习另外的语言，是像学习自己的母语一样自然，多种语言的不断使用使她不断发育的大脑自然而然地建立起另外几种语言的概念。

在国内学了十几年英语也无法开口的人，移居国外后在半年之内便可无困难地听说读写。希望孩子学好外语的父母，需要给孩子创造一个环境，至少把环境具体化为一个人，父母、幼儿园的老师、邻居都可以，只要他能像说本国语言一样准确、自然地说第二种语言，就能成为孩子最好的老师。绝不要把希望寄托在教材、录音带或电子读物身上，孩子面对的，必须是活生生的人。

重要的是，无论谁教你的孩子学第二种语言，都必须要能够正确地说这种语言。在小学里，使用不精通外语以及不采取"直接的"或"母语般的方式"教学的教师，来教孩子们学一种外语，这实际上是在浪费时间。如果你自己的第二种语言不流畅，又不认识任何能用"母语般的方式"进行教学的人，那么你就不能给孩子提供这一学习机会。

目前，国内有许多"双语幼儿园"或"双语学校"，父母在送孩子去这种幼儿园或小学时，应事先了解其教学环境、教学方法、教学质量及师资力量，尽量为孩子选择一个最好的环境。

3. 确定孩子的用脑优势

根据科学研究的结果，大脑两半球具有不同的功能。左半球擅长逻辑性、分析性的思维，由部分到整体地对信息的感知进行处理。右半球擅长感知和记忆视觉、触觉和听觉形象，对于整体性信息和情感信息的处理更为有效。

虽然大脑左半球与右半球的功能不同，但它们是作为一个整体在运作的。我们所从事的大部分学习活动一般都同时涉及两个半球的功能。两个半球协调工作，就能取得最佳效果。但是，我们通常都表现为偏重某一半球，有人用左半球多，有人用右半球多。

在外语学习中，如果大脑左半球占主导地位，学习者就会注重分析语言现象，过多注意文章的细节，不大运用自己的直觉和综合能力，因此在选用学习方法时，他们可能偏爱那些研究语法规则和借助语法规则来分析句子意思的学习方法，而忽视那些抓文章大意，注重整体内容的方法。那些以大脑右半球为主导的人比较喜欢选用那些运用形象思维和直觉思维的学习方法，如：记单词时，脑子里会出现单词的形象；读文章时，喜欢先看大意，等等。

 附录：测试表格和解释

下面有一套测验，请父母根据孩子的实际情况选择答案：
1＝这个句子完全或几乎完全不适合我的情况；
2＝这个句子通常不适合我的情况；
3＝这个句子有时适合我的情况；
4＝这个句子通常适合我的情况；
5＝这个句子完全或几乎完全适合我的情况。
(1) 我容易记住别人的名字。
　　1　2　3　4　5
(2) 我容易记住别人的面孔。
　　1　2　3　4　5

(3) 我喜欢把所要解决的问题分成若干部分，然后运用逻辑关系逐一解决。
    1   2   3   4   5

(4) 我喜欢从总体上研究问题，然后从模式出发，运用猜测来解决问题。
    1   2   3   4   5

(5) 我喜欢对人的外在特点作出客观判断。
    1   2   3   4   5

(6) 我喜欢对人的内在特点作出主观的判断。
    1   2   3   4   5

(7) 我是综合型的读者。
    1   2   3   4   5

(8) 我是分析型的读者。
    1   2   3   4   5

(9) 我基本上通过语言进行思维和记忆。
    1   2   3   4   5

(10) 我基本上通过图像进行思维和记忆。
    1   2   3   4   5

(11) 我喜欢说话和写文章。
    1   2   3   4   5

(12) 我喜欢画画和摆弄具体的物体。
    1   2   3   4   5

(13) 我能控制自己的情感。
    1   2   3   4   5

(14) 我不能控制自己的情感。
    1   2   3   4   5

(15) 我对听和视觉性的刺激反应最好。
    1   2   3   4   5

(16) 我对动作性的刺激反应最好。
    1   2   3   4   5

(17) 我喜欢解决逻辑性的问题。
    1   2   3   4   5

(18) 我喜欢解决直觉性的问题。
    1   2   3   4   5

(19) 我喜欢做有固定答案的试题。
    1   2   3   4   5

(20) 我喜欢没有固定答案的试题。

      1   2   3   4   5

计分

将单双数句子的得分分别相加，对得分的结果可做如下的解释：

单数句子的总分在35分以上 双数句子的总分在25分以下	运用左半脑为主
单数句子的总分在32～35分 双数句子的总分在25～28分	运用左半脑略多于右半脑
单双数句子的总分 分别都在28.4～32.5分	左右半脑用得差不多
双数句子的总分在32～35分 单数句子的总分在25～28分	运用右半脑略多于左半脑
双数句子的总分在35分以上 单数句子的总分在25分以下	运用右半脑为主

说明

如果得分结果表明你的孩子是以运用左半脑为主，他的长处是善于发现规则，并能通过分析对规则进行运用。父母可教导孩子继续利用这一长处进行英语学习，但应注意不能过分地满足于所学到的语言知识。孩子需要多参与没有进行过准备的交谈。即使他感到没有把握的东西，也会试着去用。只有在用的过程中，孩子才能使自己的语言技能得到发展。如果孩子的得分表明他是以用右半脑为主，他的强项是：就算不能完全听懂对方谈话的每一个字，也能抓住谈话的主要内容。应该继续让孩子发挥这一优势，同时你需要有意识地多花一点时间让孩子学习语法和词汇，这样可以帮助他提高语言的准确性。

如果单双数的句子得分都在28.5～32.5分，首先要祝贺你的孩子左右脑发展平衡，应该继续让他保持这一优势。你还应该有意识地帮助孩子分析和总结过去的学习情况，探索如何更好地发挥两个半脑的协调作用以促进自己的外语学习。

4. 狠抓基本功训练

范存忠先生自1949年开始任南京大学外文系的教授，截至1987年12月去世，他一直是海内外知名的英语学者。从他撰写的回忆录中可以看出，范先生学习成功的关键在于狠抓基本功训练，一步一个脚印，踏踏实实。他说过："假使有人问我怎样学好英语？我的答案是两句话——练好基本功，扩大知识面。"

范先生从12岁开始学习英语。他自认为开始阶段学得不多，也不扎实，这是以后基本功需要返工的原因。进上海交通大学附中读书时，除中文和"修身"课以外，当时学校的其余课程全部采用英文课本，教师用英文授课，学生听的是英语，读的也全是英语，英语学习环境还是相当不错的。但当他进入东南大学读英语时，仍然发现自己在基本功上有不足之处，因此花了相当一部分精力补基本功。首先，他发现自己英语发音不标准。一是个别音发得不正确；二是语调中带有上海腔。于是他就下苦功正音。经过反复操练，怪音怪调改掉了不少。后来他深有感触地说："假使我能从头学起，我一定不怕麻烦，首先把英语的基本语音语调学好。"

除英语语音语调上的问题外，他还发现自己在写作上存在严重的不足。教他英语作文的老师是个医学博士，他虽能讲一口流利的英语，但对学生的要求不严。范先生交上去的作文，批语不是"还好"，就是"很好"。当时他还以为自己的作文不错。后来在东大的暑期学校里，碰到了一位好老师，才知道自己的作文思想不广，行文不顺。老师给他提了两点建议：一是要他写自己的亲身体验，不要东拼西凑；二是要他了解作家是怎样写东西的。根据老师的建议，他认真阅读了美国的富兰克林《自传》中描写自己练习写作的一段，还阅读了英国小说家史蒂文森《回忆和人物描写》中叙述自己成才的一段。读了这两段文章后，他受到了很大的启发。

老师听了他的读书心得后，就开始向他提供各种范文，让他仔细揣摩，并出了好几个题目，诸如《台城漫步》《夫子庙逛摊贩市场》等。老师要求他每篇文章不要写得太长，最多两三页。开始时他感到很困难，吃饭不香，睡觉不熟。他从观察人与事入手，反复思考，反复琢磨，通过不断实践，慢慢地老师认为他的文章上路了。在回忆录中，他写道："直到现在，我常常怀念那位老师，因为他给我指出了一条切实可行的路子。"

对于初学外语的少年儿童，基本功的扎实是很重要的。听、说、读、写都不可偏废。如果在打基础阶段就形成了对于外语的错误概念，以后要想纠正就会很困难了。尤其是发音、听力方面，相信很多人都有这种体会，如果一开始把某个单词的发音弄错了，这一错误概念往往会始终纠缠着人。

当然，基本功的训练并非指一字一词地死记硬背，而是指孩子一开始学习外语，就要努力形成对此门语言正确的概念，逐渐培养准确的语感，提高各项语言技能。用一句话可以说清楚：孩子学习的，必须是正确的东西。

第一，应建立"整体语言"的概念。孩子是在学习一门语言，而不是单纯地学习词汇、句型、语法……如果把单个语言现象割裂出来，让孩子机械地记忆，那是绝对没有什么效果的，即使单词量数万，语法滚瓜烂熟，也依然是一堆散沙砖瓦，不是结构严谨的大厦。

第二，及时发现孩子的弱项。每个孩子在学习语言时都会显示其长处和短处。有的孩子口语流利，却容易犯细节上的错误；有的孩子单词记忆准确，但在句子运用上比较吃力。父母应配合教师，及时发现孩子在哪些环节上存在问题，采用正确的方法进行弥补。

5. 没有语感，事倍功半

我们学汉语，所学到的讲话能力，都是凭感性知识积累起来的。我们中国人学英语就不一样了。在缺少语言环境和诸多不利条件下，该怎么学好它呢？

学习语言，最难的就是语感。语感是什么？很难解释也很难捕捉，我们如果听见一句不合汉语规范的话，用不着什么分析，第一感觉就是"说错了"，这就是语感。语感越敏锐，对于语言的掌握程度就越高；作家、诗人的语感，就比一般人敏锐得多。

要知道，语言习惯在很多场合是没有道理可讲的。自有语言以来就是如此，而且它还会随着外界需要细微地变化着。这些语言习惯不是单靠记忆一些规则就可以掌握的。

反之，如果你掌握了大量的感性知识，比如生长在美国的中国孩子，他们拼写单词的能力或语法知识可能都不如我们在中国学习的学生，但他们却能讲一口地地道道的英语。

培训语感是一个潜移默化、养成良好习惯的过程，必须在学习一开始就予以重视。要知道，人们对有兴趣的东西就会有较高的学习积极性，会有求知的愿望，也才会有克服困难的勇气和毅力。

培训孩子的语感，最重要的就是多听、多说、多模仿、多应用。模仿老师正确的语音语调、模仿英语录音带或录像带，这是培养语感极重要的一个手段。

听就要听准，就要模仿准，从某种意义上讲，学语言是学一种技能，而不是学习某一学科的理论，要掌握一门陌生的语言，主要靠几百次、几千次仔细认真、不厌其烦的模仿，熟悉再熟悉，习惯成自然。有位成年人自学英语，每张英语教学唱片，他都至少听了500遍，结果无师自通，成为深受他人佩服的口语翻译。

除了语音训练外，朗读、背诵都是培养语感的重要手段。

家长最好能积极主动，不放过任何对培养孩子语感有利的事情，比如在家里的用具上都贴上英语单词和习惯用语或句子；在家放置一块小黑板，每天写5个单词或短语，为孩子整理一套知识卡片；每天和孩子一起看一会儿电视英语新闻等。孩子了解得越多，使用得越多，语感也就会更强。

6. 听、说、读、写应均衡发展

卡托·罗姆勃是当代匈牙利的女翻译家，懂得16种语言。她能熟练地运用俄、英、法、德和匈牙利语这5种语言进行口笔头交际，并且能自如地进行互译。当工作需要意、西、日、汉或波兰语时，她只要花半天时间复习一下，就能胜任工作。其余的6种语言她能用来翻阅文学作品和专业书籍。

看到这里，你可能要问，她怎么能学会那么多门外语？是遇到了好老师？是学习环境特别优越？都不是。她主要是靠自学掌握这些外语的。她在《我是怎样学习外语的》一书中，把她的学习方法归纳为：阅读领先，听说跟上。她认为这是一切外语知识的源泉，也是巩固已获得知识和掌握新知识的主要工具。因此，她学习外语总是从阅读入手。她选教科书时专挑本国人编写的外语教材，她说只有匈牙利人才知道匈牙利人学外语的困难。除了通过教科书学习，她还阅读一些文字优美朴实的文学作品。这些书里的对话很多，她从中学到了许多实用的口语词汇和句型。

在阅读的基础上，她再训练自己的听说能力。她坚持每天收听外台的新闻。碰到生词时，她在尽可能不影响收听广播的情况下，把生词记下来，一听完广播就立刻到字典上去查找。每周，她用录音机把广播录下来一次，然后反复听，直到听懂每一个词为止。为了提高和检查自己的听力水平，她总是在同一天收听本族语或其他她所学过语种的新闻广播。

为了提高自己运用外语的能力，她经常用英语独白，她认为独白不受环境的限制，随时随地都可以进行。她还经常把本族语翻译成外语。在她看来，这样的练习是"最好的、最有效的巩固知识的手段"。

听、说、读、写是4种基本的语言技能。从它们之间的关系上看，"听、说"涉及口语，"读、写"涉及笔语。其中，听和读是输入——获取信息；说和写是输出——传情达意。听、说、读、写分别涵盖不同的专门技巧，需有专门训练才能培养起来。它们既有联系，又有区别，组成了语言的统一整体。口语和笔语绝不是互相干扰、相损相克，而是互相促进、相得益彰的。

一方面，口语和笔语是相辅相成、互为补益的。所以，初学英语时，只重口语训练而偏废笔头训练，对语言能力的发展会有不良影响。有些父母忽视孩子书面语的学习和笔头训练，只注重口头交际，口语中出了多少语法错误不以为然，认为口语不是笔语，用不着字斟句酌，只要能大概表达出自己的意思就行了。久而久之，由于笔语的基础没有打好，就会出现一下笔就错误百出或者根本写不出东西来的结果。而口语由于缺乏笔语练习来配合，也会养成表达松散的不良习惯。

然而另一方面，初学英语时如果只重笔语训练而偏废口语训练，对语言能力的发展同样也会有不良影响。"听、说"是英语入门阶段的学习重点之一。只抓笔语忽视口语的孩子，数年后往往是既听不懂又不会说，形成了"聋哑外语"。这时再回过头来抓口语就晚了，由于过了学口语的最佳年龄，他们会碰到更大的困难。

总之，初学英语是打基础的重要阶段，应该特别注意口语和笔语一起抓，不能偏废，不能搞"跛脚英语"，而应坚持全面训练。

7. 逐步培养英语思维

使用英语的人，思维方式和思维角度有些地方和中国人不同，这常常反映在词语的含义和语句的表达方式上。例如汉语中"早饭"这个词是由"早"和"饭"两个字合成的，表示这顿饭在早晨进行。但英语的breakfast根本是两回事，它是由break和fast合成的。上一天夜里睡觉时停止吃东西叫"fast"；第二天醒来打破(break)不吃的状态，再吃起来，这便是他们对"早饭"的理解(这些还和西方人的文化背景有关)。汉字长于简洁、概括、含蓄，英语则讲究具体、细腻、确切。汉语中一个"开"字，可以简练地表示很多动作，如"开门""开灯""开会""开饭""开河""开销""开战""开国""开工""开道""开窍""开胃"等。但英语绝不能都用open，它要具体地考虑怎样的动宾搭配才符合确切的含义，因此分别说成open the door，turn on the light，hold a meeting，serve a meal，dig a canal，pay expenses，make war，found a state，go into operaion，clear the way，straighten one's idea out，stimulate the appetite。即便用open这个词，也要想到英美人在有些句子里由于思维方式不同，表达方式也不同。如"我几乎睁不开眼"，他们说成"I can hardly keep my eyes open"，因为他们首先想到眼睛本来就是开着的，而中国人对"睁眼"这个动作是直接思维，学生受此影响就说成"I can hardly open my eyes"。英美人听上去可能觉得你生理上有缺陷，至少觉得很别扭。再如，在表达"人家听不懂我的话"时，在一般场合下，英美人的思维角度是从"我"考虑，说"I can't make myself understood"，中国学生一开始就从"人家"这个角度思维，所以不管什么场合都容易说成"People can't understand me"。

在学习英语的过程中，不可避免地要通过本族语的中介作用(即心译活动)才能与思维联系起来，但随着学习的进展，脑子里的英语越来越多，英语会逐渐与思维发生直接联系。这种直接联系的发生一般是自己不自觉意识到的，而且最初只是简单的英语词语或简单的英语句子与概念、思维的碰撞，很可能瞬息即逝。

我们的目标既然是完全用英语思维，就要随时捕捉英语与思维一刹那的撞击，并不断地使之增多，这就要做有意识的准备工作。

温习单词、词语时，我们也要用英语的注释来记忆；复习课文句子时，要想想是否能换个说法，然后把课文中好的段落背下来。

闲暇时，碰到一样东西、一件事情、一个概念，如果还不知道它在英语中的对应词语，我们就要想一下用英语怎么表达，必要时还可以翻阅汉英词典寻找答案；真有兴趣时，不妨闭上眼，用英语来思考或计划一件事情。在英语的思维过程中，我们要敏捷地想到关键词或核心词，然后据此串成完整意义的思路。

功夫不负有心人，只要能按照上面各部分介绍的方法坚持去做，就一定能把英语学好，并最终进入完全用英语思考和表达的自由王国。

七、怎样培养孩子的数学才能

1. 什么是数学特长

数学天才是存在的，像与阿基米德、牛顿齐名的"数学王子"卡尔·费雷德里希·高斯就是一例。

你的孩子具有数学天赋吗？他是否有下列特征呢？

① 他常常问起"时间是从什么时候开始的"一类问题。

② 他喜欢按大小和颜色把玩具分类，善于划分种类。

③ 他喜欢下棋打牌。

④ 他能很快地学会等量关系的转换，如500克＝1斤，2天＝48小时等。

细心观察孩子的一举一动，天赋的种子就埋藏在不起眼的一个细节中。

2. 父母肩上的成功

"小神童"曹宇6岁上小学，而且是直接插入小学二年级，一个月后又跳级进入三年级，后来竟然只用了一年半的时间，就圆满完成了小学的全部学业，以叫人难以置信的速度打开中学的大门。他仅用4年，就完成了初中、高中的学业。高二时，他跟随大庆石油学院聘请的美国教师专修了一年英语。12岁，他幸运地考入了中国科技大学第八期少年班，成为一名大学生。16岁，他以全国第10名的成绩，成为中美联合招收的物理学研究生，完成研究生的学业后，赴美国攻读博士学位。

其实，"神童"并不"神"，家庭的培养才是"出神入化"的灵药。在大庆石油学院工作的爸爸妈妈深知儿童教育学、心理学的奥妙，深知孩子只要有了兴趣，无论多艰深的学问都可迎刃而解，所以把对孩子的教育寓于日常生活中的玩耍游戏之中。象棋是曹宇的启蒙读物，也是他的智力玩具。一岁多的时候，妈妈让他用象棋摆多种图案，摆好了圆形、方形、三角形等形状，妈妈就鼓掌。爸爸还买了100多个小小的塑料狮子和大象，和曹宇一块玩数数。后来大些了，爸爸妈妈允许他自由地玩水、玩泥、打拳、滑冰等，哪怕是糊成一个泥猴，衣裤磨得稀烂，也不会责备他。就这样既提高了他对自然、生活的兴趣，又激发了孩子智力的醒悟与成长。他们为了培养孩子专心致志、有始有终的习惯，从不因为吃饭或其他事情，打断孩子们正干得高兴的事。在爸爸妈妈的诱导下，曹宇从小就对科学产生了浓厚的兴趣。

曹宇的父母从不压抑孩子的兴趣，但对孩子的要求却十分严格。他们家有一个规矩：只有星期六晚上才能开电视，平时无论有多么精彩的节目，父母也决不会打开。

3. 抓住孩子的"醒悟点"

在一个人成才的过程中，往往有一个醒悟点，如果能够抓住这个"醒悟点"，对孩子进行启发诱导或者督促激励，孩子的思维空间便会豁然开朗，进入充满兴趣的学习创造活动。所谓的"醒悟点"，就是一个人对某一方面特别敏感，一经触动，便激活了某方面的兴趣。有位国际奥林匹克化学竞赛的参与者，在初二前一直是个顽皮的男孩子，一次上化学课时，老师表扬了他一句，从此他喜欢上了化学，其他各科成绩也提高了，超前学完高中、大学的课程，获得参加国际奥林匹克化学竞赛的资格。

每一个孩子都有一个醒悟点，有的孩子很早就被诱发了，爆发出智慧与力量的火花；有的孩子醒悟点却久久沉睡，无缘被触动。对于这样的孩子，希望他从小就会学习、会观察、会创造的年轻父母，应在日常生活中做一些不经意的早期诱发。

早期诱发的方式有这样几种：一种是有意诱发，父母有意识地设计一些有关数学家和数学问题的活动、谈话，诱发孩子对数学的兴趣和向往；二是无意诱发，爸爸妈妈本身对这一领域的兴趣，激起了孩子的期望；三是自我诱发，是孩子在学习过程中的自觉醒悟；四是他人诱发，在亲友、师长、朋友、同学的启发感染下，自然而然地诱发孩子对数学的浓厚兴趣。许多聪慧的孩子并非天生与众不同，而是善于在日常生活中接受各种良性兴趣，使自己在数学等自然科学方面的才能天赋得到显现和"开窍"。

中国科技大学教师司有和在对大学生的成长经历做细致的研究后，把早期诱发归纳为以下程序："了解对象—激发兴趣—建立信念—调动情感—锻炼意志—塑造性格—培养能力—提供条件"。

他把这个程序用于自己的孩子身上，取得了很好的效果。比如，坐火车回家，司有和就问儿子司卫东："你说这车窗外的树木、电杆为什么往后跑呢？"骑自行车时，他就问："自行车前后轮同地面的摩擦力有什么不同？"洗衣机水流出现漩涡时，他就让孩子观察，并给他讲龙卷风形成的道理。其实，我们身边到处是科学，可以随时遇到随时讲，能极大地唤起孩子对自然科学的浓厚兴趣。

为了激励孩子树立奋斗目标，他采用的诱发方式是常对司卫东讲华罗庚、钱学森、李四光等科学家对理想的执着追求和爱国精神，介绍少年班大学生的勤奋学习与有趣生活。他耐心的诱导终于点燃了孩子心灵的灯，儿子向爸爸提出要求：明年我能不能报考少年班？这句话正是司老师长时间想触发的"醒悟点"，他日日夜夜希望听到的请求，孩子终于说了出来。

触发孩子"醒悟点"，不是解决一个个具体问题，也不是针对一道道习题进行辅导，而是传给孩子一种治学的思想和方法，激发孩子浓厚的科学兴趣，甚至帮助孩子确立人生的态度和目标。这是孩子"开窍"的关键，同时也是父母"开窍"的秘诀。

4. 设立明确的学习目标

早在1974年，美籍物理学家李政道教授回国探亲时，向周恩来总理提出了"理科人才也可以像文艺、体育那样从小培养"的建议。

李政道教授的建议是有科学依据的。纵观世界科学史，在童年、少年时期便脱颖而出的科学家不在少数。德国数学家高斯9岁能解"级数求和"问题；德国化学家李比希11岁就做热心化学实验；英国物理学家麦克斯韦14岁发表数学论文；意大利物理学家伽利略17岁发现钟摆原理；苏联物理学家朗道14岁上大学；美国数学家、控制论的创始人维纳4岁开始读书，7岁就能攻读但丁、达尔文的著作以及一些神经病学说，11岁写出哲学论文，14岁大学毕业……这样的例子很多。

设立明确的学习目标，先要定好求索的方向，这样可以让孩子在追求和奋斗中早日发展自己的智力潜能。儿童潜在的智能如果不及时加以开发和训练，孩子的才智便会遵照递减法则而逐渐消退。应该做的没有及时做，对孩子的延误和损失，恐怕是难以估量的，甚至可能误了终生。

在确立孩子成长的大方向后，还应把孩子的成长具体量化为一个个问题，一个个目标。有了明确的学习目的，孩子学习的动力就会加强。陈景润十几年如一日研究数论，就是为了那一个明确的问题：哥德巴赫猜想。没有了问题，也就没有了研究本身。

在设定目标时，应设置悬念。心理学告诉我们在认知过程中，明确目标对注意力、记忆力、想象力都有促进的作用，孩子在学习中的悬念是对学习目标的向往。孩子有了明确的目标，就能经常保留一种学习的未完成感。如教孩子"年、月、日"的概念时，可问：玲玲满8岁时，只过了两个生日，猜一猜她是哪天出生的？这对孩子来说很有趣，使他们求知欲强烈起来。

除此之外，还应重视操作。儿童的思维和理解，往往与他们的活动分不开。父母应重视孩子的动手能力，通过动手、动脑、动口，培养孩子思维的灵活性、深刻性、创造性。

5. 思维的训练是第一位的

有数学才华的孩子，其逻辑思维能力强，思维速度敏捷，思维方法灵活。他们能够抓住问题本质，找到问题的关键，按照不同的条件灵活地改变思维方法，迅速提出解决问题的方法。孩子面对提出的问题，常常自觉或不自觉地墨守成规，依然用以前用过的成功方法，去试图解决它。一旦成功，则沾沾自喜；一旦失败，就束手无策！这些孩子的思路比较狭窄，方法比较单调。

鉴别这两类思维方法的最好办法是观察孩子的解题过程。思维敏捷而又灵活的孩子，看到一道题后，先看题目的已知条件和要求，然后去理解题目的内容。经过这些准备后，他会选择方法去解题，一旦发现此种方法不行，则立即放弃，而去寻找别的方法。而一般孩子则见题就"套"，看这道题像老师讲过或自己做过的哪一道题。"套"住了，就解出了这道题，"套"不住，则弄得满头大汗，很长时间还是解不出来。

门捷列夫是俄国伟大的化学家。在他不满6周岁时，便被爸爸送进了小学。学校老师按照录取新生的惯例首先测试了小门捷列夫的数学知识。

老师叫小门捷列夫数1到100，然后问他这100个数里有几个10，几个1。门捷列夫不仅对答如流，还额外地回答了1000个数里有10个100，有1000个1；10000个数里有……一般孩子回答这个问题比较缓慢，因为他们只能遵循幼儿园老师所讲的扳着手指一一去数的方法，而门捷列夫却选择了自创的新方法，迅速地回答了提问以外的一连串问题。

思维敏捷的门捷列夫很快地经过跳级结束了小学的学业，15岁中学毕业，21岁就获得博士学位，当上了彼得堡大学教授。后来，他因发表了化学元素周期表而震惊世界。

数学能力强的孩子，其逻辑推理的能力也是很强的。

思维具有逻辑性，是指在思考问题时能遵循逻辑规律而进行有理有据的判断和推理，即能从已知的事实中推出新知识，得出一个结论的能力。

检测孩子思维的逻辑性，可用一些简单、明显的问题来考核。

问题一：张老师比王老师小，赵老师比张老师小，其中谁最小？

问题二：张三比李四小，王五比李四大，其中谁最大？

思维能力较强的孩子能一下说出问题的答案，一般的孩子也许要用手指头或者摆出铅笔、橡皮等物品，作一番比较以后才能回答。前者用的是逻辑推理，后者用的是直觉推理。下面介绍几种用数学方法训练孩子思维能力的基本手段。

① 要从小让孩子学习数数，使孩子初步认识数的意义。使孩子懂得10表示10个，可以是10个苹果、10个李子或10个人。进一步，可让孩子懂得1/2、0.50等的意义。让孩子理解1/2代表半个西瓜、半个苹果、半本练习本。

② 要努力让孩子建立数序的概念。数有大有小，自然数的大小容易理解；而分数、负数的大小则不容易理解。父母要训练孩子懂得12、13、14、15的大小和-1、-3、-7的大小比较。

③ 培养数的分配组合能力。要让孩子熟练地领会10可分成几组数，100可分成几组数。

④ 要培养孩子数学原理的抽象能力。例如，孩子们容易领会3个苹果加5个苹果与5个苹果加3个苹果的结果是一样的，进一步让孩子领会a+b=b+a。孩子由具体运算到类型概括，总结出一般性的算术原理，有利于归纳能力、概括能力的提高。

6. 把主动权掌握在自己手里

在孩子的成长历程中，通常是按部就班地依照学校开设的课程学习和汲取知识。但要成就一位杰出人物，使孩子进入科学的殿堂，这种按部就班，无疑就是一种约束，一种自我封闭，这是孩子成才的一忌。我们说提倡超越常规，并不是让孩子放下常规的学习不管，而是以常规为基础，在搞好自己课内学习的基础上打开眼界，广泛阅读课外书籍，甚至提前学习高一级学校的内容。

鼓励孩子"抢跑"，并不是要孩子好高骛远，不要循序渐进的学习过程，也不是一定要求孩子个个都去考大学少年班，而是提倡孩子富有创造精神，在课本的基础上加宽、加深、加厚。

课本知识是每个孩子都应掌握的基础知识，但也正因为其基础性、普及性，对悟性高的孩子，就显得"吃不饱"了。这时，父母应该主动给孩子"加餐"。一方面，可以让有条件的孩子全方位"抢跑"，直接升入更高的年级。另一方面，也可以让孩子跟随原来的班级学习，只是创造条件，让孩子把某方面的知识学深学透。就像比尔·盖茨，虽然没有跳级，但他在中学时代的电脑水平，就远远越过了大部分大学生。

7. 耐得住寂寞

数学家可以说是最孤独的一种职业。它需要几年如一日，甚至几十年如一日的探索钻研。它的工作性质则几乎全是靠头脑的思考。

宁静、寂寞是这一行业的特色。这让许多人无法忍受，但对某些人来说则是世间至乐。

环境和教育一旦化为孩子的需要，成为其内动力，那么将转化为一种可贵的、勤奋专注的品质，而勤奋的专注，是通向科学理想的金桥。每一位科学家成功的背后，都有一部充满汗水与心血的勤奋史，一串迷恋科学的逸闻趣事。

① 成为科学家的梦要靠孩子勤奋努力来实现，要靠父母科学的方法来培养。爸爸妈妈必须走出培养科学童星的误区，比如：超前过度教育。本来，超前学习是培养学有余力的孩子的一种行之有效的方法，然而，有些父母既忽视遗传因素的影响，又忽视后天环境教育的基础，搞超前过度教育。他们脱离孩子实际，逼着孩子整天算题、背公式，做他们没有兴趣的事，有的还盲目地让孩子跳级跳校。岂不知，这种揠苗助长的做法，往往适得其反，欲速不达。

② 不要单科独进。有的父母在孩子中小学时期鼓励其偏科，忽视全面发展。他们误认为只要孩子能算几道难题、偏题，搞几项发明制作，就算培养了一个科学家。其实这是十分有害的。

③ 重视非智力因素的作用。一个孩子能否成为科学家，除了智力因素的作用外，很大程度上靠非智力因素作用。伽利略讲过："追求科学，没有坚强毅力和勤奋努力，即便有天才的脑袋也成为不了科学家。"

8. 多才多艺就能才华横溢

科学素质是打开科学之门的金钥匙，科学家的素质需要你的孩子具备科学领域之外但又息息相关的多方面才能。其中，最重要的莫过于美育素质和语言表达能力。美育是培养未来科学家、促进创造力发展的最佳途径。科学的发明创造是以假说为前提的，假说离不开想象，培养想象力就需要发展以审美为根本的形象思维。

古今中外许多著名的科学家，都具有很高的审美能力和惊人的空间想象能力，他们不光获得了科学上的成功，而且在艺术方面也崭露头角。

爱因斯坦喜欢音乐，他的小提琴比一般职业琴师还拉得好些。牛顿、戴维、麦克斯韦和罗蒙诺索夫都喜欢写诗，常以诗抒发科学情怀，借以消遣。达·芬奇既是物理学家、数学家、建筑师，又是画家。我国古代数学家祖冲之曾写过小说。地质学家李四光酷爱音乐，也是优秀的小提琴手。华罗庚语言幽默有趣，做报告谈笑风生。苏步青喜欢吟诵古典诗词，写得一手好诗。

科学家的多才多艺，不但拓宽了思维想象的空间，促进科学的创造力的发展和表现，而且在科研和创造的过程中同时享受到了审美的愉悦。正如居里夫人所说："科学的探讨和研究，其本身就含有至美，其本身给人的愉快就是酬报，所以我在我的工作里寻得了快乐。"

语言文字作为人们交流思想的工具，对科学家发明创造的表述有着极其重要的作用。好的构思、好的设想往往要用语言文字表述，重大科研成果要用语言文字来记载。优秀的科学家，大都是运用语言的高手。所以，要培养未来的科学家，切莫只重科学知识和思维本身，还要加强孩子对文学作品的阅读和语言表达能力的锻炼。有人说："学好数理化，走遍天下都不怕。"其实如果不掌握好语言文字这一工具，才会寸步难行。

著名科学家法拉第就因为语言知识不扎实而吃了一次大亏。法拉第最伟大的贡献之一是发现了电磁感应现象，但他还对光的电磁说提出过基本理论，由于他文字表达能力差，又没有数学说明，所以没能引起人们注意。后来，麦克斯韦用明白流畅的语言和数学公式对这种理论进行说明后才为世界所公认。

我国著名的桥梁专家茅以升，在中学和小学都偏重学文，读了大量的文史书籍，背诵了许多优秀的篇章，能写出优美的游记散文。丰富的文史知识，使他渐渐掌握了运用语言的道理，了解了抒发感情的表达方法。他认为："学理的人离不开作文。从规律讲，文学和科学一样，都有很强的逻辑性。""学理的同学学好了文，不仅能促进你理解、表达能力的提高，对自己还是一种享受不尽的乐趣呢。"茅以升曾主持建造了钱塘江大桥，参加过武汉长江大桥的设计工作，谁能说他建立的丰功伟绩里没有文史知识的帮助呢？

八、怎样培养孩子的领导才能

1. 什么是领导特长

领导能力包含两种能力：一是社交能力，二是领导能力。

人生活在社会上，不与别人打交道是不可能的，与人打交道的这种能力叫社会交往能力。在当今信息时代，一个人如果社会交往能力差，则他的信息来源就会大大减少，而缺少信息的科学工作者是很少会有成果的。

比如，一个科研人员在一个课题的研究中，用在查找和阅读信息上的时间要占该研究总时间的50%，实验后的研究时间占32.1%。在这总计约83%的时间里，他要不断地同图书馆、资料室、计算室以及各级管理部门打交道。善于打交道的人，能在这些部门顺利地索取他所要的一切资料，从而迅速地完成研究所需的准备工作。不善于打交道、缺乏社会交往能力的人，就难以得到别人的同情和支持，他的工作就会困难得多。

科学研究的方法和各学科的最新成果，一般都靠社会交往的手段来获得。有人研究发现，一个科学工作者的50%以上的最新信息来自于与别人的交谈和通信。而思维方式的改变，竟有60%以上是在与他人的直接交谈中进行的。这足以说明社会交往能力的重要。

领导能力的重要性就更明显了。"千军易得，一将难求"说的就是这个道理。当代社会所需要的人才，不仅要有较强的科学研究能力，还应有较强的组织领导能力。比如，美国的奥本海默被任命为领导研制原子弹的实验室主任，而他的理论水平只是二三流。可是，他思想活泼、遇事果断、知识面广、有远见、有忘我精神、创造性强且颇得人心。总之，他具有较强的社会交往和组织领导能力。他上任后，采取果断措施，把分散在几个国家的许多实验室合并在一起，避免了重复研究。他集中了数学、原子物理、冶金、爆炸、测量、统计等各方面的专家，统一领导。在他的领导下，人人都愿为研制原子弹而赴汤蹈火。两年后，第一批原子弹研制成功了。

2. 有领导才能的孩子会这样

你的孩子将来是否适合当领导？你可以通过以下几个方面进行观察。

(1) 有主见

对别人的话，哪怕是父母的话，也不是在任何情况下都绝对服从。他们能根据自己的意愿提出自己的看法，有时甚至是完全相反的看法。也就是说，这些孩子富有独立自主的精神。

(2) 自信

当交给孩子一项任务时，他能充分自信地去完成。这些孩子对自己的能力充满信心，他能够独立思考、独立行动，特别是当孩子参与和他具有同等能力的伙伴进行的竞赛时，他不但敢于参加，而且跃跃欲试，有一种不成功而不罢休的劲头。

有些孩子却缺乏自信或者依赖性很强，所以总也不敢承接单独去完成的任务。其实，依赖性是孩子丧失自信的一个重要原因。所以，对孩子不应娇惯，哪怕是孩子生病，也应该尽量让他自己去做自己的事情。

(3) 有勇气

有些孩子在遇到困难、危险或者遇到未经过的事情时，能够不借助任何外力而独立地考虑和解决问题。有些孩子却胆怯得不敢单独行动。

(4) 无私

这些孩子愿意与别的孩子，尤其是与同龄孩子交往。在集体游戏和集体生活中，他们不会硬要牺牲别人来满足自己的要求。在与别人意见不一致时，会在妥协的情况下提出用游戏的方法来解决。这些孩子虽然有的已在集体中被人尊重，也感到了自豪，但他们懂得如果有自私的言行，将会被孤立和嫌弃。这些孩子有意、无意地把孩子的群体看成了一个小社会。

(5) 幽默

具有幽默感的孩子哪怕遇到到处碰壁的逆境，也会尽量看到事情积极的一面，懂得只要竭尽全力去做，就一定会取得良好的结果。

(6) 热情

热情是对某种对象的兴趣，从这个兴趣出发，孩子能有坚强的毅力和集中全力去完成它的决心。热情洋溢的孩子，愿意和别人在一起，愿意考虑别人的意见。他平易近人，善于与别人相处，并对其他人感兴趣。

(7) "小领袖"

有些孩子容易被事情吸引和卷入，对别人，甚至是对成人的谈话和争论极感兴趣。他们对社会活动感兴趣，什么诗歌朗诵会、郊游活动、体育比赛，都是积极的倡导者、活动的发起人，并善于组织，是个集体的领导者。所以，只要在孩子成群的地方，你总可发现一些身边围着一群"追随者"的"小领袖"。

如果你的孩子具备上述7项行为特征，可以证明他具有社会交往、组织领导的潜能，构成了今后孩子在这方面发展的资本。这类孩子，善于交际，善于参与社会活动，善于组织，是未来当"官"或"公关"的材料，很有可能会成为社会活动家、组织团体的领袖、政府机关的领导、各企事业单位的"当家人"……这也是我们培养的重点和孩子努力的方向。

3. 坚韧不拔的意志力量

在孩子的日常生活中，有许多培养和锻炼孩子坚韧不拔的意志的机会，鼓励孩子参加各种体力劳动、体育活动、养成勤奋学习的好习惯……这些都是培养孩子坚韧不拔的意志的必要活动。当然，我们还可以利用生活中的小事，对孩子因势利导地进行培养，比如：鼓励孩子去进行一些日光浴、雨浴、游泳；孩子做作业或做别的事缺少耐心时，鼓励孩子坚持做下去；与孩子一起谈论政治家或其他专家的成功事迹时，要注意突出或强调坚韧不拔的意志与事业成功的关系；在带孩子去旅游的过程中，注意激发孩子爱祖国、爱人民的感情……

目前，我国的孩子在家庭受到过多的溺爱，他们中的许多孩子聪明、活泼、知识丰富，善于表现自我，但缺乏意志力，没有生活能力，经不起小小的挫折，这些对于培养孩子的领导才能是十分有害的。

4. 高尚的道德品质

品格胜于知识，崇高的道德品质、高度的责任感与同情心，不但能激发孩子服务社会、服务民众的热情，也能让孩子形成迷人的人格魅力。

哈佛大学教授兼精神病专家罗伯特·科尔斯，根据个人养儿育女的经验，结合他周围人教育孩子的心得，著述出版了《孩童的道德智商》。他记述了一件自己的亲身经历：

当他9岁的儿子不听话，玩弄汽车房里的木工器具而弄伤自己时，科尔斯不仅为儿子不听话感到难过，更难过的是儿子伤得不轻。科尔斯便在雨中开车奔往医院，甚至闯红灯，不断溅湿了路人。这时，他儿指出："爸爸，如果我们不小心，不但不能解决自己的问题，可能还会制造更多的麻烦。"

这时科尔斯才意识到驾快车很可能撞到别人，但更重要的是，他意识到正在受伤的儿子也能为别人着想。

如何培养孩子的道德品质？背诵几条道德法则是毫无用处的，孩子的道德水平，取决于父母的道德水准。我们学习怎么跟人相处、怎么对待他人时，也逐渐形成我们的道德观。这个学习过程，是从我们所见所闻而记于心中的，而成人的道德行为如何，小孩子是最敏锐的觉察者。

在小孩进小学前后，他们开始为这世界设想种种原因，如事情是为什么和怎么发生的，以及他或她应该在不同的情况怎样待人处事。这是小孩的良知开始启蒙的年龄，他们也开始建立自己的一套道德观，同时，小孩子也开始建立和巩固自己的性格。这种时候，父母尤其应当加以注意，避免孩子受到社会上不良风气的影响，并用高尚的品格启迪孩子的灵魂。

当孩子的行为出现了某种偏差时，父母不应一律责备，而应尝试用一颗少年的心去理解和开导他们。因为只有有了沟通和理解，才能打开心扉，慢慢建立桥梁，将其纠正过来。

希望孩子成为领导人才的父母，千万不可忽视孩子的道德品质修养。

5. 高超的口才艺术

高超锋锐的口才是领导者必备的素质。有了它，才有打动人、感染人的力量，才能把群众吸引、团结到自己的旗帜下来。中外著名的领导者，许多都同时是著名的演说家、辩论家、口才艺术大师。

培养孩子的口才，要注意培养孩子富于逻辑感和条理性的思维方式，思维是语言的内核，思维不清晰，语言就不可能生动有力。锻炼孩子的逻辑推理能力是培养高超口才的基础。

培养孩子的口才，需要让孩子尽可能掌握广博的知识。对要说明的事物有真实深刻的了解，说起来也会自然流畅。丰富的知识面、大量而翔实的材料会使人的口头表达严谨而具有说服力。

培养孩子的口才，关键是给孩子提供尽可能多的锻炼机会，从课堂发言到小组讨论，从家庭里与父母的辩论到学校的演讲、辩论比赛。鼓励孩子尝试每一个机会，在每一个场合锻炼自己驾驭语言的能力、冷静沉着的心理素质和随机应变的交际能力。

6. 广博的知识

领导者所具有的素质中，丰富渊博的学识是十分重要的。唯其如此，才可能才智高超、富有创造精神、有胆有识；唯其如此，才可能接受新思想，并从中提炼出精华。

领导者应当是一个具有非凡智慧与力量的人，他应当有文学家的激情、科学家的缜密、军人的严峻和商人的精明。真正的领导者不可能不是博学多才的人。

父母可以多激发和培养孩子的读书兴趣，让孩子成为一个"小书迷"，博览群书，并能从阅读中外杰出人物，特别是政治家传记中吸取经验和智慧。父母还可以带领或鼓励孩子独自去读社会这本百科全书，去观察社会，并努力进行思索和参加诸多实践活动。这样，你为孩子描述的景象才会变得真实而生动，活跃在眼前和未来的社会舞台上。

九、怎样培养孩子的表演才能

1. 什么是表演才能

你的孩子善于表演吗？他是否动作优美而准确，善于模仿各种身体动作以及面部表情？他是否喜欢和小朋友玩演戏的游戏，并自己编出剧情？他经常把动作和情感变化联系起来吗？譬如他说："我发了昏才干这事……"当你愁闷或高兴时，他立刻就能注意到？他讲故事时表情和身体语言都很丰富吗？在看电影、电视时，他是否很快就能看出谁是坏蛋？

儿童都喜欢模仿，这就是表演的基础。所不同的是，一般的孩子模仿成人是无意识的，结果是加速了孩子的社会化进程。而有表演天赋的孩子，则将模仿视为纯粹的游戏，他们尽情发挥想象，模仿各种人物和事物，并从中得到无穷无尽的快乐。

2. 气质与形象之谜

相貌不可选择，气质风度却是可以改变的。父母应该指导孩子，多模仿优雅的行为举止，大方的谈吐礼貌，并从内心充实孩子的修养。经过长时间的积累和积淀，你的孩子也会培养出高贵洒脱的气质来。

3. 第一步是模仿

要表演，首先就要会模仿。表演说到底是再现生活的某部分、某方面，不"模仿"生活，又如何"再现"？

训练演员的第一步，就是启发他模仿。模仿的对象可以多种多样，从身边的熟人朋友到电影电视明星；模仿的角度则应由浅入深，从人物的动作、语言特征深化到人物内心情感；模仿的标准应当是"形""神"均似；模仿与创造应相辅相成，如卓别林的经典形象就是对一位马车夫的模仿，同时加上了自己的夸张和创造。

如果你的孩子能把他们班级的同学或老师模仿得惟妙惟肖，如果他经常从中得到欢乐，那么，他可能就是个天生的演员。

4. 观察生活，感受生活

表演艺术是对生活的加工、创造、再现，一个擅长表演的人必定是个用心去生活的人。他会细致地观察生活中的一点一滴，耐心揣摩体会，体验各种感觉并使它们定形，然后把这些运用到自己的表演中去。

像这样的例子还有许许多多，美国演技派明星达斯汀·霍夫曼在一部电影中要男扮女装。他先扮成女子，每天晚上坐到酒吧里，向男子调情，直到有一天，一个男子主动跟他搭话，他这才认为自己"可以了"。

启发孩子有意识地观察事物，先确立一个目标，比如观察父亲、母亲或某个同学，让孩子注意观察对象什么时候高兴，高兴时如何表现；什么时候生气，生气时又有什么特殊的表现。然后，让孩子表演出来。

多给孩子做做"感觉游戏"。让孩子闭上眼睛，想象各种感觉：

- 眼睛突然一亮的感觉；
- 进入黑屋子的感觉；
- 看见自己最心爱的东西的感觉；
- 看见一只小猫被虐待的感觉；
- 听到嘈杂声音的感觉；
- 听到有人喊"救命"的感觉；
- 闻到花香的感觉；
- 闻到恶臭的感觉；
- 摸着一只小猫或小狗的感觉；
- 抚摸花瓣、丝绸、亲人的脸的感觉；
- 光着脚踩在沙地、雪地、泥地、水中的感觉；
- 干渴许久，突然喝到水的感觉；

……

让孩子想象，再用动作和神情把他的感觉表现出来。然后，父母可以把孩子想象的感觉变为现实（真实地给予孩子某种刺激），这样，他们的感觉经验将在短时期内大大丰富。

5. 深入人物心灵里去

表演贵在演出人物的"神"。什么是"神"呢？不就是人物内心的心理、情感，人物的个性、品格、人物情绪和思维的细微变化吗？能演出人物的"神"，证明表演达到了一定的深度。

曾经有这样一个故事：西班牙大画家毕加索曾为欧洲艺术沙龙著名的女主持人斯泰因夫人画了一幅肖像，肖像完成之后，所有的人都说不像，毕加索则说："有什么关系呢，她最终会看起来和这幅画像一模一样的。"果然如毕加索所料，人们越来越发现：肖像与斯泰因夫人如此"神似"，内在精神气质的相似使人根本忘却了画与人在外表上的不同。

虽然说的是绘画，却也同样适用于表演，如果演员不去努力揣摩角色的心理情感，又怎能把人物活生生地表现出来？

卓别林著名喜剧《城市之光》中有这样一个细节：流浪汉为了让卖花的盲女相信他是一位富家子，特地趁一辆豪华汽车开车门后走到卖花女面前。这样，盲女听到的是：汽车驶来，一停下，车门打开，车门关上，那人走过来，她便相信了他是一个富翁，这个细节多么微小，但如果没有对人物心理细腻的揣摩，则万万设计不出这样一场戏！

让孩子学会"善解人意"、洞察人心，即使父母并不希望孩子做演员，这一课也是必修的吧！

父母应引导孩子多"将心比心"，当孩子表示出对某人、某种行为的不理解时，父母可以说："你站在他的角度想想。"如果孩子依然无法与人物发生感应，父母则要做细致的分析，说明这个人的心理、情感、个性等导致了他的行为。

这种"将心比心"的功课可以在日常生活中进行，当孩子被老师冤枉了，父母便可要求孩子为老师着想，这样既能让孩子了解现实生活中人的心理，又可培养孩子宽容仁厚的个性。"将心比心"也可以结合观看影视表演、阅读文艺作品进行，父母应引导孩子在欣赏文艺作品时全身心地投入，把自己和人物融成一体，与人物同喜同悲。孩子有了这样的"内功"，表演起来就会多几分"底气"。

6. 自信方能成大器

父母时常的鼓励、赞美当然是培养孩子自信心的一种最重要的方法。事前对孩子说："我知道你一定做得到！"孩子做成功了就说："你果然做到了，真了不起！"孩子听到这些话，自然会信心大增。从孩子学步那天起，你就要帮助他建立自信。成就不论大小，一样值得称赞表扬。

鼓励孩子挑战自己。在某些机会面前孩子会自然地感到畏惧。父母不应对这种现象感觉烦恼，而应尽力帮助孩子明白这次挑战的意义，以及他个人的优势所在。

珍惜孩子的"第一次"。第一次在公众面前表演对孩子的心理产生有极大影响。他当然不一定非得一出场就赢个大奖，但如果第一次就遭遇了难堪尴尬的局面，孩子的自信心恐怕就要大大受损了。

7. 机遇属于有准备的人

机遇，如同流星一般在每个人的面前都闪现过，问题是如何抓住转瞬即逝的机遇？机遇属于两种人，一种是早就知道机遇即将来临，做好充分准备的人；一种是不知道机遇，但机遇一经出现，就能马上调整自己、做短暂准备，及时抓住机遇的人。

父母应打好孩子的基本功，储备好实力，否则即使机遇来了，恐怕也抓不住。

习惯篇
习惯决定命运

习惯的基本理论
做人习惯的养成
做事习惯的养成
学习习惯的养成
生活习惯的养成

习惯的基本理论

一、什么是习惯

1. 什么是习惯

(1) 习惯的定义

人们常说"习惯成自然",其实是说习惯是一种省时省力的自然动作,是不假思索就自觉地、经常地、反复去做了,比如每天要刷牙、洗脸等。

习惯不是一般的行为,而是一种定型性行为。我国著名儿童心理学家朱智贤教授认为,习惯是人在一定情境下自动化地去进行某种动作的需要或倾向。例如,儿童养成在饭前、便后或游戏后一定要洗手的习惯,完成这种动作已成为他们的需要。他指出,习惯形成就是指长期养成的、不易改变的行为方式。习惯形成是学习的结果,是条件反射的建立、巩固并达到自动化的结果。

结合《现代汉语词典》对"习惯"一词的解释——"常常接触某种新的情况而逐渐适应;在长时期里逐渐养成的、一时不容易改变的行为、倾向或社会风尚",不难看出,习惯具有个体和社会群体两个层面的意义:

从个体层面来看,习惯是个体后天习得的自动化了的动作、反应倾向和行为方式,它是条件反射在个体身上的积淀;从社会群体层面看,习惯是人们在长期的生活中形成的共同的、相对稳定的行为方式和反应倾向。

(2) 习惯的分类

人们通常把习惯分成好习惯和坏习惯两大类,这种分法虽然简便,却很笼统。《儿童教育就是培养好习惯》一书从不同的角度对习惯进行了较为细致的分类,归纳出来主要有以下几种。

① 按习惯的价值分，可分为良好(积极的)习惯和不良(消极的)习惯。凡是对人的学习、工作和生活等起积极作用的，适应人正常需要的，且对人具有正向价值的一类习惯就是良好的习惯或积极的习惯，如节约能源、坚持体育锻炼等；反之，则是不良的习惯或消极的习惯，如不讲究卫生、酗酒、吸烟等。

② 按习惯的层面分，可分为社会性习惯和个性(个体)习惯。社会性习惯多是强调与他人发生联系的习惯，通常体现为适应公共生活领域的习惯，如遵守交通规则、爱护环境、文明礼貌等。个体习惯则是社会个体所独有的习惯，如有人习惯早睡早起，有人习惯晚睡晚起；有人习惯早上锻炼，有人习惯晚上锻炼等。

③ 按习惯的水平分，可分为动作性习惯和智慧性习惯。动作性习惯主要是一些自动化了的身体反应和行为动作，比较简单，形成的时间较短，容易训练，如饭前便后洗手、早晚刷牙洗脸等。智慧性习惯比较复杂，层次更高，需要较长时期的训练才能形成，这类习惯主要涉及的是思维方式、情感反应和心理反应倾向方面的内容，如做事有计划、凡事三思而后行、实事求是、质疑等。

④ 按习惯与能力的关系分，可分为一般性习惯和特殊性习惯。一般性习惯与人的一般能力要求相一致，如善于观察事物、勤于思考等。特殊性习惯与特殊技能和能力要求相适应，如建筑师、艺术家等职业所需要的利用表象构图的习惯等。

⑤ 按不同的活动领域分，可分为学习习惯、生活习惯、工作习惯、交往习惯。这是按照人们日常活动的主要领域来分的，还可以进行细分，如学习习惯中可分出预习习惯、复习习惯、作业习惯等。

⑥ 按出现的时间分，可分为传统性习惯与时代性(现实性)习惯。从历史上传承下来的习惯可以看成传统性习惯，随着社会的变迁，人们在现实生活中形成的新习惯就是时代性习惯，如乘电梯靠右边站立的习惯等。

2. 人的行为模式与行为水平

(1) 人的行为模式

教育专家关鸿羽在研究中发现，人的行为从方向上可分为良好行为与不良行为，从行为方式上可分为定型性行为和非定型性行为，如下图所示。

下图实际也呈现了习惯与人格的关系：良好的习惯是形成和完善好的人格不可缺少的一部分，而不良的习惯也正是形成不良人格的重要原因之一。

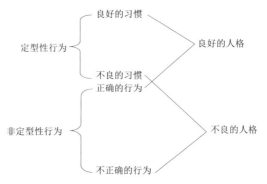

(2) 人的行为水平

人的行为有4个层次，依次为被动性行为、自发性行为、自觉性行为和自动性行为。这4个层次是依次递进的，各层次的特点可由《教育就是培养习惯》一书中的图表得到说明。

这4个层次实际上也揭示了习惯养成的4个阶段，到最后一个行为层次即自动性行为阶段时，也就是养成习惯了。养成良好的习惯就是行为的最高层次。

我们可以看一个具体的例子：一个刚进幼儿园的3岁小孩，从前习惯了被家人抱着走或背着走，对老师提出"自己走"的要求，他会经历4个阶段。

第一个阶段：被动。他对为什么要自己走还没有认识。在幼儿园里，老师提醒了，他就会自己走；离开幼儿园，没有老师的提醒，他就不会自己走了，还是要家人背着或者抱着。

第二个阶段：自发。通过老师的教育，他对"自己走"有了一定的认识，但还不能完全控制自己，需要一定的情境提醒和外部监督，经常出现反复。比如父母送他上幼儿园，出门时他会要求被抱着或背着，但在门口看到老师时，他会意识到自己的行为不恰当，很快就下来自己走了。

第三个阶段：自觉。坚持一段时间后，不需要接受老师和父母的监督，他基本上能够做到自我要求和自我控制了，偶尔会有反复，需要说服自己要自己走，但还不是自动的行为。

第四个阶段：自动。既不需要老师和父母的监督，也不需要自己的意志努力，不管在什么地方、什么时间都愿意自己走，自己走成为一种自然的、自动的行动，即形成了一种习惯。

这4个阶段与养成教育经过的阶段是吻合的。养成一个好习惯，通常就需要经过从被动到自发、再到自觉、最后到自动的过程。

二、养成良好习惯的重大意义

1. 习惯改变人生

(1) 好习惯让人受益终身

下面这则故事曾在欧美许多国家广为流传。

一位非常富有但脾气古怪的老绅士想要找一个男孩服侍他的饮食起居,帮他做些事情,唯一的要求就是这个年轻人必须是一个诚实正直的孩子。他经常说这样的话:"向抽屉里偷看的孩子会试图从里面取出点东西,而在年轻时就偷窃过一分钱的人,长大后总有一天会偷窃一元钱。"

很快,老绅士就收到20多封求职信。但是他要对这些孩子进行考核,只有符合要求的人才能得到这份工作。

4个精干的小伙子来参加最后的面试,他们来到了绅士那里。绅士提前准备了一间房子,他要求4个人逐一进入这个房子,只要在里面的椅子上安静坐一会儿就行。

查尔斯·布朗第一个进入房间,刚开始的时候他非常安静。过了一会儿,他看见桌子上摆放着一个罩子,好奇心让他很想知道这个罩子下面到底是什么,于是他掀起了罩子。一堆非常轻的羽毛飞了起来,于是他又急忙把罩子放下,可是这下更乱了,其余的羽毛被气流吹得满房间都是。

老绅士在隔壁的房间看得很清楚,查尔斯无法抵制诱惑,结果可想而知,查尔斯落选了。

亨利·威尔金斯是第二个进入房间的孩子。他刚一走进去就被一盘诱人的、熟透的樱桃吸引了。"这么多樱桃,吃掉一个,别人是不会发现的。"亨利心想。于是他就拿起了一个最大的樱桃放进了嘴里,但是这个樱桃的滋味可不像他想象的那样,而是非常的辣,他忍不住喊了起来。其实这些樱桃都是假的,里面全是辣椒。亨利·威尔金斯也被打发走了。

接下来的是鲁弗斯·威尔森,他看到桌子上有个抽屉没有锁,其余的都锁着。于是他决定拉开那个抽屉看个究竟。但是他刚刚把手放在抽屉把手上,就响起了一阵铃声。老绅士气愤地把他赶出了房间。

最后一个进入房间的男孩名叫哈里。他在房间的椅子上静静地坐了20分钟,什么也没有动。

半个小时后,老绅士非常满意地告诉他:"诚实的孩子,你被录取了!"

"屋里那么多新奇的东西,难道你不想动一下吗?"老绅士问。

"不,先生。在没有得到允许之前我是不会动的。"哈里回答道。

后来,哈里一直服侍老绅士,当老人去世的时候,留给他很大一笔遗产,从此以后,他过上了充实富裕的生活。

好的习惯一旦养成，便可终身受益。进化论的创始人达尔文说："我的生活过得像钟表那样有规则，当我的生命终结时，我就会停在一处不动了。"达尔文所说的"规则"，便是指良好的习惯。

青少年时期正是学习的关键时期。国内外相关研究资料表明，学习的好坏，20%与智力因素相关，80%与信心、意志、习惯、兴趣、性格等非智力因素相关，其中习惯占有重要的位置。古今中外有所建树者，无一不具有良好的习惯。

(2) 坏习惯贻害无穷

关于坏习惯的养成，有这样一个传说。

大哲学家柏拉图有一次就一件小事毫不留情地训斥了一个小男孩，因为这小孩总在玩一个很愚蠢的游戏。

小男孩不服气："您为什么要为一点鸡毛蒜皮的小事而谴责我。"

"但是，你经常这样做就不是鸡毛蒜皮的小事了。"柏拉图回答说，"你会养成一个使你终身受害的坏习惯。"

可见，习惯的力量往往是惊人的。坏习惯常常让人们与幸运失之交臂，甚至造成不可挽回的损失。

2. 习惯与人格发展

人格究竟是什么？太多的人对这个问题不了解。其实，人格存在于我们每一个人身上，只要认真观察，就会发现人格时时刻刻存在于我们的生活、事业和学习之中。比如，一个孩子很喜欢学习，对自己要求很严格，对人热情、坦率、谦虚等，这些词语都是人格的表现。

心理学上关于人格的定义已经有50多种了，但是目前学术界比较认同的是1989年美国心理学家麦克雷·可斯塔等人提出的"大五人格模型"(OCEAN)，他们把人格分为5个方面来描述。

① 开放性，包括：具有想象、情感丰富、审美、求异创造、智慧等。
② 责任心，包括：胜任工作、公正、有条理、尽职、成就、自律、谨慎克制等。
③ 外倾性，包括：热情、社交、果断、活跃、冒险、乐观等。
④ 宜人性，包括：信任、直率、利他、依从、谦虚、移情等。
⑤ 情绪稳定性，包括：焦虑、敌对、压抑、自我意识、冲动、脆弱等。

在这5个方面中，有许多因素与人的习惯紧密相关。应该了解的一点是，人格有一个最高点，也有一个最低点，例如在情绪稳定性这一条中，也有许多不好的方面，比如焦虑、敌对等。而要慢慢改掉这些不健康的人格，培养健康的人格，就要从习惯入手。

可是，许多人不太在意自己的习惯，总觉得这是小事情。父母可能更看重孩子是否有理想，是否学习成绩好、有竞争能力，是否人际关系好，是否适应环境等。其实这些都和人格有关。孩子是否有理想、有信心、有道德、爱学习，这些项目都包含在一个人的人格当中。

有一些学习成绩非常优秀的孩子，在进入大学或者到了梦寐以求的工作岗位以后，却屡屡出现问题。他们虽然成绩好，但在人格上是有缺陷的。这些人格缺陷表现在一个人的行为习惯上。所以我们在形容这些人的时候会说他"缺德""没有教养"。比如，有的人没有办法适应集体生活，乱翻别人的东西，不能顾全大局，还有的人在公共场合随意乱扔废纸、随地吐痰等，也有的人人际关系很糟糕，甚至为了竞争而自杀或杀人。这些应该说都是人格不健康导致的。

也有一些人常常表现为"两面人"，即在家里一个样，在外面一个样；自己的时候一个样，在他人面前又一个样。比如，有的人在家的时候特别爱干净，甚至干净到有洁癖，但在外面却把垃圾随便倒、把痰吐在墙上，或者不冲厕所。当只有自己的时候，把所有的灯都打开，不怕浪费电，但有同学在的时候又会表现出很关心集体的样子。

出现这些问题的一大重要原因，就是从小没有培养起好的习惯。表面上看，这些都是道德问题，但事实上人的人格、道德、品德、习惯是有联系的，而且有很密切的联系。为什么呢？

每个社会都有自己的道德，道德构成了一个时代的意识和倾向。道德是外部的，要把道德转变为个人行为就是品德。品德是什么？品德是人的行为的内化。行为呢？行为与人的习惯有关，因为习惯是一种自动化的行为。

如果反过来说，就是当一个人培养了好的习惯之后，他的这些自动化行为会渐渐内化成他的品德。这些好的品质在做人、做事、学习方面就表现为好的道德。这样，这个人健康的人格就显现出来了。

人格是遗传和后天决定的。后天因素又包括环境、教育等。而环境和教育都对习惯有一定的影响。习惯的培养要从小抓起，越早培养越好，因为人在幼年时期最有可塑性，就像橡皮泥一样，想让他成为什么样的人是比较容易的。

习惯与人格的关系是相辅相成的。习惯影响人格，人格更会影响习惯。也可以这么说，年龄越小，习惯对人格的影响越大；年龄越大，人格对习惯的影响越大。因此，在儿童时期重在培养良好习惯，就是为健康人格奠定基础。

3. 习惯与素质提升

著名作家冯骥才先生在一篇短文中描写了几个发人深省的小镜头。

镜头一：在汉堡定居的一个中国人，对我讲了他的一次亲身感受。他刚到汉堡时，跟几个德国青年驾车到郊外去玩。他在车里吃香蕉，看车窗外没人，就顺手把香蕉皮扔了出去。驾车的德国青年马上"吱"地来了个急刹车，下去拾起香蕉皮塞到一个废纸兜里，放进车里，对他说："这样别人会滑倒的。"

镜头二：在美国碰到一件小事，使我记忆深刻。一次，在华盛顿艺术博物馆的开阔地上，一个穿大衣的男人猫腰在地上拾废纸。当风吹起一块废纸时，他就像捉蝴蝶一样跟着跑，抓住后放在垃圾筒内，直到把地上的废纸拾干净，他才拍拍手上的土，走了。

镜头三：另一个发生在美国的小事。在芝加哥的音乐厅，休息室的一角是可以抽烟的，摆着几个脸盆大小的落地式烟缸，为了不让里边的烟灰显出来难看，里面放着银色的细砂，但大烟缸里没一个烟蒂，柔和的银砂很美。我用手一拨，几个烟蒂被勾出来。原来人们怕银砂看上去杂乱都把烟蒂埋在下面。值得深思的是，没有一个人不这样做。

这样的场景不得不让我们深思：我们究竟比别人差了什么呢？当别人动不动就因为我们的坏习惯而将我们冠之以"素质低""没道德"时，我们是否应该学会反思？

通常人们认为素质是人的基本品质，是个人在后天环境或教育的影响下，由知识内化而形成的相对稳定的心理品质，包括人的思想、知识、身体、心理素质等。素质不是天生的，它是教化的结果，是可以培养、造就和提高的。素质基础的形成主要在幼儿园和中小学阶段。

习惯和素质一样，都是人的第二天性，即稳定的、长期起作用的品质。在一定意义上来说，习惯就是素质，素质总会通过习惯表现出来。良好的行为习惯是人的能力和素质的生长点，能为实现人的全面发展和成功提供支撑性平台。

广大少年儿童是整个社会成员的重要组成部分，是成长中的小公民。少年儿童素质的发展状况，将直接关系到新一代国民的水平。素质教育的核心是培育健康人格，而健康人格必然以一系列优良素质为基础。从培养良好习惯入手，是进行素质教育的最佳途径。

良好习惯是个体成功人生的助推剂，是人的素质和能力的生长点。著名教育家叶圣陶说过："走路和说话是我们最需要的两种基本能力。这两种能力的形成是因为我们从小就习惯了，'成自然'了。无论哪一种能力，要达到习惯成自然的地步，才算我们有了那种能力；如果不达到习惯成自然的程度，只是勉勉强强地做一做，就说明我们还不具有那种能力。"

他还说："通常说某人能力不强，就是说某人没有养成多少习惯的意思。比如，张三记忆力不强，就是张三没有把看见的、听见的一些事物好好记住的习惯。因此，习惯养成得越多，那个人的能力就越强。做人做事，需要种种能力，所以最要紧的是养成种种习惯。"

总之，素质形成的过程，往往是良好习惯形成的过程；养成了良好的习惯，才能谈得上良好的素质。

三、养成良好习惯的十大方法

1. 突破法

在习惯养成的过程中，"突破口"就如同针灸中的"穴位"，找对了突破口，良好的习惯也就离你不远了。找好"突破口",无疑是在习惯养成道路上前进了一大步。

孙云晓曾经对上海闸北八中的成功教育进行采访,并写了一篇名为《唤醒巨人》的报告文学,书中有一个故事发人深省。

周彩虹,13岁,家庭条件很好,身高1.69米,可是她就是不爱学习。为了让她提高成绩,班主任周老师常常免费给她补课。但是,她却变着法儿想逃走。有一次,她甚至对周老师说:"我家远,6点是最后一趟班车。如果您留我补课,就把打车的钱给我。"

为了培养周彩虹爱学习的好习惯,周老师不断寻找办法,后来,周老师经过研究,终于找到了一个突破口。

一天,周老师约周彩虹谈话。周彩虹以为又要谈学习,摆出一副"死猪不怕开水烫"的样子,总用眼睛望着窗外。周老师笑笑,问:

"彩虹,你去当模特怎么样?"

"当模特?"

周彩虹的魂儿一下子被勾了回来,她简直无法相信,班主任会与她这个"差生"谈时尚问题。

"是啊,我一直在琢磨,你1.69米的个子,审美意识强,又有运动潜质,当模特也许是一条适合你的发展道路。"

"可……可我这么小,去哪里当模特?"

周彩虹来了情绪,却又不知所措。

"你看,东华大学模特队培训班不是在招生吗?"

说着,周老师取出一些资料,递给周彩虹,说:"我研究了一下,我相信,你去报名会被录取的。"

"真的?"周彩虹心跳加快了。

要知道,她一直做当模特的梦,却头一回有机会实现梦想。

进入了模特班的周彩虹,仿佛变了一个人,对生活中的一切都热心起来了。预备班准备开主题班会——"祖国在我心中",她头一个报名出节目,说用报纸设计时装来表演。周老师建议多找几个人,效果会更好一些。于是,她就找了三个男生、三个女生。

从此,周彩虹更忙了。每到周末,她便约同学们去附近的公园里练习走台步。她已经受了一段时间的正规训练,加上天赋灵感,还挺像个模特教练的样子。训练结束,她请同学们到家中吃晚餐,与大家建立了融洽的关系。结果,节目大获成功。

不久,全校举行班会巡展。预备班由周彩虹领队的模特表演,最后一个出场,一下子征服了全校师生。谁也想不到,闸北八中会冒出一支挺专业的模特队,而且出在最懒散的预备班里。他们狂热鼓掌,高声叫好。不用说,此节目荣获一等奖。

看到今非昔比的周彩虹,周老师深深认同了这句话,她悟道:成功教育就是播撒阳光的教育。

这天放学，她又约周彩虹谈心。此时的周彩虹与周老师早已情同姐妹。

周老师说："彩虹啊，看到你在模特艺术上潜力无限，老师真为你高兴啊！"

"我也觉得生活有意思了，一切都变得那么可爱！"

"可是，我也有些担心。"

"怎么？"

周彩虹紧张起来了。她知道周老师虽然年轻，却并不轻言，说什么都有比较充分的准备。

"你回去看一下，这是我从网上下载的资料，都是关于模特专业发展的。"

周老师递给她一摞资料，平静地说：

"现代社会对模特的素质要求越来越高了。一级模特，要有大学学历，最低一级的模特，也要中职毕业。明白吗？"

周彩虹的脸上掠过一丝阴云，她沉思了一会儿，说："这就是说，我先要初中毕业，再至少读完中职或高中，才可能正式进入模特界，对不对？"

"完全正确。"周老师点点头，又说，"我观察你很久了，发现你很灵。只要你肯学习，在八中这样的环境里，你一定会成功的！而这一点关系到你的一生。"

也许，这一次谈话对症下药了。也许，当模特的成功给了她从未有过的信心。从此，周彩虹开始学习了，开始以新的状态学习。她上课认真听，课下与同学讨论，并且主动找各科老师补课。渐渐地，周彩虹的学习成绩上来了，与她的模特步儿一样大步向前。

在上面的故事里，周彩虹本来是个爱时装不爱学习的孩子，当老师和她谈起做模特的时候，她的眼前一亮，心中一亮。通过这个突破口，她渐渐开始重视学习，并爱上了学习。

周彩虹找到习惯培养"突破口"的过程并不是一个自觉的过程。的确，很多人是在父母或老师的帮助下找到"突破口"的，如有的父母使用激将法，有的父母使用体验法，有的父母使用比较法，等等。

用特长作为"突破口"是一个很重要的原则。

每个人都是独立的个体，世界上的人千差万别，各有不同。适合别人的，不一定适合自己。因此，在寻找适合自己的方法时，需要考虑其年龄、环境、心理特点、性格等。这样，才能找到适合他们自己的办法。只有适合的，才是最好的。

在习惯的培养中，有的人可能对这个感兴趣，有的人可能对那个感兴趣。大家感兴趣的"点"不一样，寻找的突破口也就有所区别，具体怎么操作呢？

(1) 了解自己

这是寻找突破口最重要的一点。如果我们对自己没有一个全面的认识，是很难找到一个好的"突破口"的。了解自己的一个重要方面就是明确优势，扬己之长，避己之短。

(2) 请父母给予适当的建议

父母一般能对自己的孩子有一个较为全面、正确的认识。

(3) 必要的训练

习惯培养毕竟是具体行为的体现，因此，需要进行必要的训练和强制。在一定时期，如果出现某些不良行为习惯，就要及时进行强制改正。

2. 榜样法

每一个成长中的人，都需要好朋友。好的朋友犹如前进中的一盏明灯，带领人们更快地奔向目标。所以，作家塞万提斯在他的名著中说："以好人为友者自己也能成为好人。"

在习惯培养中，给自己找个好朋友也同样重要。对于青少年而言，父母的榜样是一方面，同龄人的榜样示范也不可缺少。心理学研究表明，对于稍微大一些的孩子，同龄群体对他们的影响往往超过了父母。这时，在各种习惯形成方面，同龄伙伴的影响力可能会超过父母。

一位学子这样回忆：

我有几位很要好的朋友，他们也是我高中时学习上的对手。我们在高考中都取得了很好的成绩，全都上了重点大学。今天想来，我们的成功是因为彼此珍惜那份充满着竞争和关爱的友谊，所以我要感谢我高中时期的那些朋友。

我们都是从小县城考上我们地区的唯一一所重点高中的，大家都是县里的第一名，成绩都很好。高二之后文理分班，我们又大多进了理科班，之间的竞争更加激烈。每次考试，大家的总成绩都相差无几，这次我高两分，下次他高三分，我们成了名副其实的竞争对手。

我高中的同桌叫赵连城，他和我住一个宿舍，我们每天形影不离，学习、吃饭、睡觉……所有的事情都在一起。我们是当年中考文化课程的前两名，他只比我高1.5分。我们是好朋友，也是竞争的对手。他的英语和数学比我好，我的物理和化学比他好，所以我们经常在一起讨论问题。我们在学习上互相帮助鼓励，当有一个人在学习上遇到困难的时候，另外一个总是鼓励对方。

我和连城都很喜欢运动。他的乒乓球打得很专业，而我是新手，我们经常在周末的时候跑到学校门口的乒乓球室痛痛快快地打一下午球；我足球踢得好，他是新手，我们也经常在周末踢足球。有的时候玩得高兴，竟然连饭也忘记吃，错过了学校的晚饭时间，我们就到学校外面的小饭馆吃涮羊肉或者大碗的牛肉拉面。每个星期都是这样度过，学习的时候我们比着学，玩的时候我们也要争个高低，在安静下来做总结的时候，我们互相提建议，又是最贴心的朋友。

我和连城同桌两年时间，其间经历了无数的考试。记得我们的班主任数学老师经常在晚自习的时候突然起来，一脸严肃地对大家说："先把手上的东西收起来，咱们考一下！"每当这个时候，就是我与同桌的一次较量。我们总是在考试的过程中暗暗赛着速度，在考试的结果上赛着分数。一般都是我的速度比他稍微快一点，而他的成绩比我稍高一些。在临近高考的时候，连城生病住院了一段时间，出院后不久就是高考。高考的最终成绩下来，我比连城多了五十多分，我上了清华，他也进了山东大学。现在我保送上了清华的研究生，连城也被免试推荐到南开大学读研究生。

我承认，因为有了他这个竞争对手，才让我在高中枯燥的学习中更有动力，也因为有了他这个朋友，才让我在激烈的竞争中得到了鼓励和关照。大学四年和连城的联系并不是很多，但是每每打电话时，都感觉到和他的友谊之诚、之真，那些情谊和关爱正是我们的进步之源。我永远感谢连城，他是我高中最好的对手和朋友，我永远珍惜和他之间的友谊，我将永远和朋友一起进步。

看来，同龄的伙伴在自己的学习、生活中的位置十分重要。如果没有你追我赶的劲头，没有这样好的伙伴作为榜样，上文中主人公的中学生活是否会"失色"很多呢？

萧伯纳曾经说过："你有一个苹果，我有一个苹果，彼此交换，每个人只有一个苹果。你有一种思想，我有一种思想，彼此交换，每个人就有了两种思想。"一个人的目光总会有狭隘的时候，如果能与朋友真诚协作，互相交流，就能取人之长，补己之短。刘邦曾说过："夫运筹帷幄之中，决胜千里之外，吾不如子房；镇国家，抚百姓，给饷馈，不绝粮道，吾不如萧何；连百万之众，战必胜，攻必取，吾不如韩信。三者皆人杰，吾能用之，此吾所以取天下者也。"如果孩子能与他的同龄榜样充分利用周围的有利条件，就能够营造出一种你追我赶的氛围，形成海纳百川的胸怀。这不仅是一种学习和竞争，也是一种高层次的人生境界。

那么，选择好的同龄榜样应当遵循什么原则呢？

也许有人觉得，既然是选择榜样，就要"择优为邻"，找那些各方面表现都很优异的人作为孩子的榜样。这样想固然无可厚非，但不是一定要这样。其实，我们身边的伙伴，哪怕其身上只有一点值得学习的地方，也可作为榜样比如学习特别认真、特别守时、很有礼貌、遵守交通规则等。如果刻意寻找那些最优秀的同龄人做比较，由于目标太高，反而不利于自己的进步。因此，选择适合的高度目标，应当成为我们寻找同龄榜样的一个重要原则。

我们的很多朋友是在自然接触、交往中形成的，要么是同班同学、同校同学，要么是邻居，也有的是在某项共同活动中结识的。父母常常怕我们交到坏朋友，那么，我们究竟该怎样把握好交朋友的"度"？

(1) 了解自己，根据情况选择朋友

首先，要对自己的具体情况进行分析，如：有什么优点和不足，需要在哪些方面有所提升。比如，孩子觉得自己在清洁卫生方面有待改进，不妨让他尝试交一些卫生习惯很好的朋友；然后，再加上自己的兴趣爱好来选择朋友。比如，孩子喜欢阅读，不妨与那些同样具有阅读兴趣的伙伴多交往，在交往中交流自己的读书心得等。

此外，很重要的一点是，了解对方的情况。条件允许的话，可以了解一下对方的家庭背景。家庭环境对于一个人的影响非常重要，从他的家庭中可以更加了解朋友。

(2) 多和父母沟通

通常，父母眼里的"坏"孩子，大多可分为4种情况：第一种是学习成绩不佳，没有什么品质问题；第二种是学习成绩差，又有不遵守纪律、贪玩、旷课等行为；第三种是学习、纪律不好，还有抽烟、打架、引逗异性等劣迹；第四种是劣迹行为严重，甚至有轻度违法行为，如小偷小摸、少量骗钱、抢劫等行为。对于前两种情况，是不能说是"坏"的，而是有缺点，有一定的错误；第三种错误多一些，严重一些；第四种问题比较严重，但与社会上成年人中的坏人还是有区别的。

父母之所以觉得这些朋友"坏"，无非是因为他们身上有较多的缺点，怕他们影响孩子的学习，必要的时候，父母也可以请孩子的朋友到家里来，这样不但让父母更了解孩子的朋友，也能结合实际情况指导孩子的行为。

(3) 记住父母规定的行为原则

青少年判断是非的能力比较有限，父母又不可能一直跟着我们，所以，有必要记住父母告诉我们的话，和朋友在一起的时候什么事情可以做，什么事情不能做。比如，父母不在家的时候，可以请朋友到家里来玩，但不要随便翻家里的东西，要注意用电安全等。

(4) 与朋友共同进步

榜样的力量是无穷的。通常情况下，由于各自的局限，常常是你在这点比我好，他在那点比你强，大家各有优势，不相上下。在这种情况下，大家最好是互为榜样，学习他人身上的优点，克服自己身上的缺点，同时以自己的优秀之处影响别人，帮助别人进步。"三人行，必有我师。"只有不断地相互学习，才能不断地进步。

3. 体验法

这种方法就是指通过亲身实践来认识和体会养成好习惯的重要性，从而强化好的行为习惯，削减不好行为的出现。少年儿童获得"知"的过程，不仅来自成年人的教育，还来自少年儿童的体验。这是少年儿童认知的重要来源。体验教育在少年儿童思想道德教育及成长中占据重要的地位。

就整体来看，我国城乡少年儿童大多存在社会体验不足的缺陷。一方面，我国城市少年儿童大多是独生子女，这一群体虽然在接受信息方面较过去有了很大变化，但是这些知识的获得大多来自书本、报纸、杂志、电视、网络、广播等，是间接的。虽然父母们常常苦口婆心地对孩子说要遵守交通规则、不讲卫生容易生病、要学会对自己对他人负责等，但对孩子来说，父母的话往往还没有电视里讲得好听，也没有网友们讲得生动到位。这样，习惯对孩子来说，仍然是看不见摸不着的概念。

而对于农村少年儿童而言，和城市少年儿童相比，他们的信息依旧闭塞，对生活的理解依旧仅停留在乡土上。一些现代生活准则、具有时代特色的好习惯，对他们来说，仍然很遥远。因此，当老师们对他们讲要遵守一米线、尊重他人的隐私、尊重别人的私人空间、乘滚梯靠右等时，这些习惯在他们的脑海里往往是空洞的。

所以，要更准确地理解习惯的重要性，了解习惯的好处，体验是非常行之有效的途径。

鲍姆就是在体验中养成自己带饭的好习惯的，这中间，妈妈和老师也伤了不少脑筋。

鲍姆是个7岁的男孩，上学的时候常常忘记带午饭。每当此时，妈妈都要在繁忙的工作间隙开车到学校给儿子送饭。虽然妈妈就这件事跟鲍姆说了几次，但鲍姆就是记不住带饭。后来，妈妈听从了专家的建议，决定让孩子体验一下不带饭的感受。回家以后，妈妈首先和鲍姆谈话，她告诉鲍姆：妈妈相信你已经长大了，有能力管自己的事情了。你应该对自己带午饭的事情负责任了。妈妈每天工作很忙，不能总是给你送饭。今后，妈妈不会再到学校给你送饭去了。

鲍姆听了妈妈的话，点头答应得很好。但是，这一计划开始实施的时候，却受到了一些干扰，因为鲍姆的老师借钱给鲍姆，让他自己买饭吃。为此，妈妈又和鲍姆的老师协商，告诉老师自己的想法。老师答应不再借钱给他买午饭了，让鲍姆自己去经受考验。一次，鲍姆又忘记带午饭了，他去向老师借钱。老师说："很抱歉，鲍姆，我们已经讲好了，你要自己解决午饭问题。"鲍姆给妈妈打电话，请求她给送午饭来。妈妈很和蔼但坚决地拒绝了他的要求。

最后，鲍姆的一个同学分给鲍姆一半三明治，但鲍姆还是被饥饿折磨了一个下午。他因此体验到了因自己不带午饭而饥肠辘辘的难受滋味。从那以后，妈妈发现，鲍姆真的很少忘记带午饭。

这个案例说明了在习惯培养中体验的重要作用。为了让儿子养成对自己负责任的好习惯，妈妈对鲍勃采取了体验教育法，让他亲身体验不带饭给自己带来的麻烦和尴尬。

"不让他人代劳"，应当成为在体验中养成好习惯的一个原则。

美国人有一个家教原则叫作"二十码法则"：尊重孩子的独立倾向，与其至少保持二十码的距离。这符合让孩子在体验中养成好习惯的原则，那么具体怎样操作呢？

(1) 确定习惯培养目标

这是培养一个好习惯的第一步。凡事预则立，不预则废。有了目标，才能更快地走向实际行动。

(2) 自己的事情自己做

在日常生活中，尽量做到自己的事情自己做，如自己的衣服自己洗，自己的房间自己收拾，自己做错了事情要勇于承认过错。

(3) 体验好习惯带来的愉悦

在妈妈的教育下，当当养成了节俭的好习惯。有一天，他特别想买一件运动衣。妈妈告诉他，可以用自己攒的钱来买，并且说，平时节俭一些，等到急需的时候就有钱用了。于是，当当取出自己的零用钱，去买了运动衣，觉得存钱真好。

过了一段时间，当当想买一顶运动帽，可是很贵，自己的零用钱不够买了。妈妈知道了，从自己的存钱罐里取出一些钱，帮助他凑够钱，不过要求当当在一段时间内还回来。当当这次更高兴了，因为妈妈说他有存钱的好习惯，有足够的信任度让妈妈借给他钱。当当感受到了好习惯给自己带来的快乐。

(4) 牢记不良习惯带来的麻烦

在美国威斯康星州基罗萨镇传出了一条有趣的新闻，格外引人注目。

舒尔德和泰妮夫妇有4个子女。长期以来，兄妹4人打架滋事，调皮捣蛋，专搞恶作剧。在他们的房中，有扫不尽的垃圾，响个不停的电话，日夜咆哮的唱机……这种局面，令舒尔德和泰妮夫妇焦虑不安，但因忙于打工谋生，没有时间顾及这些。

随着时光的流逝，为这个家所承受的繁重的劳作和沉重的精神压力，使舒尔德和泰妮夫妇再也无法忍受了，他们经过深思熟虑，决定在家里采取"罢工"。首先，母亲泰妮停止为4个孩子做饭、洗衣服，不再为他们收拾房间，不再为他们清理垃圾，不再开车送他们外出。与此同时，父亲舒尔德切断了子女房间的电话，断绝他们与外界的联系。

在舒尔德和泰妮"罢工"的当天，4个孩子就泪流满面，一齐向父母道歉，发誓痛改前非。

"家庭罢工"胜利后，一对对父母来向舒尔德和泰妮"取经"。泰妮兴奋地说："以前家中如同跳蚤市场，4个孩子没一个肯帮助我做家务的，他们除了打闹、看电视，就是制造垃圾和噪音。现在，他们已懂得自己收拾房间、洗衣服、擦碗碟，并争着给我当家务助手，一家人和谐融洽，欢欢乐乐，可是，我和丈夫还要再接再厉，继续扩大成果，使孩子们成为真正自食其力的劳动者。"

看来，舒尔德和泰妮夫妇有效地使孩子们体验到了自己的坏习惯是多么让人不快，如果没有父母的"狠心"，他们恐怕不会这么快"痛改前非"。

4. 反复训练法

习惯是一种动力定型，是条件反射长期积累和强化的结果，因此必须经过长期、反复的训练才能形成。严格要求，反复训练，是形成良好习惯的最基本方法。

古今中外的教育家都强调训练的重要性，是因为训练可以使机体和环境之间形成稳固的条件反射。实践证明，真正的教育不在于说教，而在于训练。如果我们的习惯培养只停留在表面的口头话语，那么这样的习惯一定是没有真正生命力的，时间长了，还容易使人养成言行不一致的坏作风。只有反复训练，才能形成自然的、一贯的、稳定的动力定型，这是人的生理机制决定的。所以说，没有训练，就没有习惯。

训练法对成长中的青少年尤为重要，因为青少年的品德形成往往不是先从概念开始的，而是从实践中体验和训练出来的。对于一些大道理，青少年理解起来尚有困难，但是随着年龄的增长，慢慢也就理解了，这时的习惯就如同他们的第二天性一样自然了。

万丈高楼平地起，想形成良好的习惯，首先要经过足够严格的训练，著名球星乔丹曾经为了一个单手投篮习惯而靠墙苦练了三个月，时装模特往往为了一个台步习惯而苦练终身。

对于青少年而言，养成良好习惯以后是非常愉快的，但是要养成好习惯，要把不经常出现的行为训练成经常出现的行为，则是一个十分艰苦甚至是"痛苦"的过程，需要咬着牙，战胜许多困难，更要经过许多枯燥单调的练习。特别是针对已经形成的不良习惯，矫正起来颇有些"难于上青天"的味道，要克服很多难以想象的困难，不少人半途而废，功亏一篑。

虽然如此，我们并不提倡苦行僧式的训练，如果光是苦练，过不了多久就会感到厌烦。所以，不妨把"苦练"与"趣练"相结合，采取一些有趣的形式，如通过游戏、活动、竞赛、绘画等途径，不断变换形式来进行训练。

例如培养使用礼貌用语的好习惯，就可以在不同的场合来进行，抓住去商场购物、乘车买票、外出游玩等机会，提醒和训练孩子在不同的场合使用好礼貌用语。如乘车时不小心踩到了别人的脚，要诚恳地向对方道歉，说声"对不起"；别人帮助了你，要道一声"谢谢"；中途下车跟朋友分别，要记得说"再见"等。这种自然的生活场景对良好习惯的培养十分有利。

由于人的行为往往具有惯性，在一段时间的训练之后，如果稍加放松，就会出现反复。所以，在进行训练时，一定要反复抓，不能放松，即使在某种行为上已经表现很好了，也要反复抓。同时，对于出现的反复现象，也不要气馁，这是正常的，也是通过努力可以解决的。

对于反复训练法，具体如何操作呢？

(1) 目标明确，要求具体

良好的行为习惯只有通过反复的分解操作练习，才能形成自然的、一贯的、稳定的动力定型，有些操作过程较复杂的行为要求，可采用分解操作。

比如使用文明礼貌用语时，说"谢谢"二字，虽然看起来很简单，但是要注意的细节其实很多。

第一，说"谢谢"时必须诚心诚意，发自内心，要让人听起来不做作，不生硬，不是为应付人家，而是真心实意地感谢，只有真心，才能使"谢谢"二字富有感情。

第二，说"谢谢"时要认真、自然，要让人听清楚，不要含含糊糊，不好意思，更不要轻描淡写地凑合，好像不太情愿、应付差事。

第三，说"谢谢"时要注意对方的反应。如果对方很高兴，就是达到目的了，如果对方对你的致谢莫名其妙，就要说清道谢的原因，以使对方感到你的真情实意。

第四，说"谢谢"时要用整个身心说，除了嘴里说以外，头部要轻轻地点一下，眼睛要注视着对方，而且要伴以适度的微笑。

第五，别人帮助自己解除了困难之后，应表示谢意。表示的方式可以说"谢谢""多亏您帮助"，也可以握手致谢，还可以赠物致谢。

表达谢意的方式因人、因场合而异，一定要根据实际，选择最恰当的行为方式，这样的训练才能既规范又不机械。

(2) 层次分明

由于青少年年龄层次不同，各个年龄段掌握良好习惯的要求也就不同。如养成"文明乘车"的习惯时，最好是先训练上车能主动买票、乘车时不向窗外扔杂物、不把头伸出车厢外等较为基础的要求，然后再进一步要求能主动为乘客让座、为乘客传票等更多的要求。

(3) 及时检查

只有要求而没有检查，要求就容易落空，因此自我检查和评价必须坚持做。比如训练做作业仔细认真，就要天天检查，哪天写不整齐，就要求哪天的作业重做，一点也不能马虎，最好是准备一个专门的本子，对作业的情况进行登记，以便一个阶段做一次总结。再比如养成每天早晨自己叠被子的好习惯，就要每天检查被子叠了没有，叠得整不整齐，发现没有叠或叠得不好的情况，一定要及时纠正，这样训练才能形成好的习惯。这些工作虽然比较琐碎，但是必须长期坚持。

5. 层次目标法

我们常说做事情要按步骤进行，习惯培养同样如此。这里所说的层次目标法，其实就是说在培养习惯的时候，要根据自己的年龄特点，按层次分解目标，由浅入深、由近及远、循序渐进地进行。

我们认为，习惯和习惯之间不能机械地用年龄划分开，比如几岁到几岁培养学习习惯，几岁到几岁培养做人习惯，只能说根据孩子的年龄特点和心理发展特点，在不同年龄阶段要有不同的要求，在要求、水平、层次上要有差异。

很多人在培养孩子良好习惯的过程中就曾走过不按层次培养、急于求成的弯路。一位母亲说：

我是一个要强的女人，从小到大我做什么事情都走在别人前面。有了孩子以后，我就一心希望把孩子培养成一个杰出的人。我知道，对于小孩子来说，习惯养成特别重要。人们都说习惯培养好了，孩子长大一些就省事儿了，就不会那么累了。于是，几乎从孩子一出生开始，我就着手培养孩子养成各种好习惯。别人家的孩子都是大人给喂奶，我却尽量让他自己拿着奶瓶喝奶；别人家的孩子由大人扶着学走路，我却一开始就让他自己走路。孩子为此摔了很多跤。我也很心疼，但是我都忍耐着。因为我知道，在孩子学走路的时候，不摔跤是不可能的。当他上小学以后，我教他的第一件事是学习查字典。别人都说我教得太早了，孩子的拼音还没学好呢。可我当时想，什么事情都不能落后，边查边练不是挺好吗？

这样做了一段时间以后，我发现孩子的性格有了变化。这种变化并不是我希望的那样——孩子具有独立性。相反，孩子变得很爱哭，一让他写作业，他就闹情绪，有的时候和我急，有的时候就和自己较劲，要么摔了铅笔，要么弄破了本子，有的时候还小声哭泣。

没办法，我只好带孩子去咨询专家。专家们认为，孩子是因为承受了太大的压力才会这样的，他们说都是我没有考虑孩子的年龄特点和心理特点，给他很多要求，让他感到自己无法达到这些目标才会变成现在这样的。对这样的结果，我真是没有想到。我自己也觉得挺委屈的，我还不是为了孩子能更好吗？

的确是这样，很多父母都在"为了孩子好"的心态下，给孩子提出过多的要求。这样不考虑孩子的年龄、心理发展以及个体特点的做法，很容易导致揠苗助长的后果。"好了"才能"更好"，要想"好"，就要一步一步，循序渐进，按照客观规律办事。

设定一个正确的目标不容易，实现目标更难。把一个大目标科学地分解为若干个小目标，落实到每天中的每一件事上，不失为一种大智慧。

既然习惯的培养要按照层次进行，那么在制定自己的习惯培养序列化内容时，应该遵循什么样的原则呢？我们看看北京教育学院关鸿羽教授结合青少年的年龄特点和性格特征而提出的建议。

① 运用"循环说"理论。行为习惯的形成需要长时间的循环反复，是螺旋上升的。低年级训练过的，到了中高年级还要经常重复训练，否则很难巩固。因此，如果孩子在小的时候已经培养过某些习惯，长大后依然不要放弃，可以选择不同的时间进行循环，每过一段时间就有意识地强化一下。

② 运用"阶段说"理论。习惯形成各有不同的关键期，小学低中高年级有各自的训练重点，可以抓住各种习惯形成的关键期来进行教育。在不同的年龄阶段，要选择适合本年龄阶段的习惯进行培养，不能心急。

③ 运用"中心扩散说"理论。行为习惯是一个纷繁复杂的体系，要把所有的行为习惯都在短时间内培养好是不可能的。因此，在培养孩子的习惯时，就要抓主要的习惯进行培养。重点习惯培养好了，就可以带动其他好习惯的形成。

对于层次目标法，具体怎么操作呢？

(1) 分层次确定目标

例如，我们要培养"做事有始有终"的习惯，对幼儿园的孩子来讲，应该要求在玩的时候自己把玩具拿出来，玩完以后自己收好；对小学生，就要求看书做作业的时候认真仔细，写完以后自己检查，然后自己收拾好书本才能去玩；对于中学生来说，就要求做事有责任心。从收玩具到做事有始有终，再到责任心，有了这样比较细致的要求和层次，培养起来就比较容易进行。

(2) 目标分解要具体

目标不仅要分解，而且要具体。有人做过这样的试验，把人随机分成两组，让他们去跳高。两组个子都差不多，先是一起跳了1.2米，然后把他们分成两组。对第一组说："你们能跳过1.35米。"而对另一组说："你们能跳得更高。"然后让他们分别去跳。结果，第一组由于有1.35米这样一个具体要求，他们每个人都跳得高。而第二组没有具体的目标，所以他们大多数人只跳1.2米多一点，不是所有的人都跳过了1.35米。由此可见，有无具体的目标是有差别的。

在习惯的培养中，我们也要学会把大目标分解成小目标，把远目标变成近目标，把模糊的目标变成具体的目标。学会分解目标并将目标具体化的人，更容易获得成功。

6. 行为契约法

行为契约有两种类型：单方契约和双方契约。我们在此只谈后者，它是指双方经过谈判，共同协商的一种对双方行为均有约束力的书面约定，体现了双方互为强化和互惠互利关系。签约双方之间是有相互关系的，如配偶、亲子、同学、同事等。双方都想改变对方的行为，一方的行为改变充当了另一方行为改变的强化物，如果有一方没有执行约定的行为，就可能导致另一方也不执行协议，整个行为契约法就要失败。

在习惯培养中运用行为契约的方法，不仅可以进行有效的自我监督、自我控制和自我管教，同时也为父母对孩子的监督提供了更为客观的环境，能省略很多不必要的"啰唆"和"唠叨"，可谓一举两得。

"行为契约法"常常用类似公司签协议的方式帮助我们进行自我观察，建立良好的行为，父母因此省去了许多说教，亲子之间的情绪冲突大大减少，是科学、有效的习惯培养方法。

有一段时间，不少媒体都报道了河南郑州某家庭签"亲子合同"的事情。

王宝贝的妈妈一直希望自己的独生子比同龄人优秀。从上幼儿园开始，她就经常问他一些问题，渴望了解他在外面的生活，想帮他少走弯路，做一个懂事聪明的孩子。他上小学后，王女士就更关心他了，每天不是问学习，就是问成绩，要不就问他与同学的关系，还陪着他做功课。

其实，王宝贝是一个勤奋好学、性格开朗的四年级学生，在班上成绩一直名列前茅，是第五届宋庆龄奖学金获得者。王宝贝说，他很努力地学习，希望妈妈满意。本来在学校一天的生活已经很紧张了，回家还要应付妈妈没完没了的问题，不回答吧，妈妈就很不高兴，他特别无奈。特别是吃饭的时候，妈妈坐在一旁，又是夹菜又是夹肉，还不停地说："儿子，你多吃点蔬菜，补充维生素和纤维。""儿子，别吃那么多饭，当心发胖。"本来香甜的饭菜，让妈妈搞得没了胃口。他说："我已经9岁了，妈妈还当我是不会吃饭的婴儿。"

于是，新学期开学没几天，聪明的王宝贝主动对妈妈实施行为契约法。当妈妈又在吃饭时说些老生常谈的话题时，王宝贝把筷子一放，站起来郑重地说："妈妈，咱们签份合同吧！"

王宝贝和妈妈的协议合同

Ⅰ.以后妈妈不在吃饭时间问王宝贝的学习情况；作业不会时，妈妈不许发脾气，不许敲桌子，要耐心讲解；周末晚上给王宝贝放松时间，不能硬性规定必须9点睡觉。

Ⅱ.王宝贝要主动跟妈妈谈心，不乱花钱，不瞒着妈妈做事情，每天洗自己的碗，叠自己的被子。

Ⅲ.合同有效期：本学期。

母子俩都签了字，然后按照协议行事，很快母子关系不再紧张。妈妈再也不在吃饭的时候问个不停："儿子，今天功课学会了没有？""老师提问你了没有？""数学题有错的吗？"

王宝贝的变化也很明显：不乱花钱买玩具，回家主动告诉妈妈当天在学校的情况，按时做作业，自己洗碗，还承担了全家的扫地任务。

的确，父母长期的唠叨和啰唆常常会引起孩子的反感，不仅起不到好的教育效果，还会降低父母在家中的威信和地位。其实，对于青少年而言，行为规则如"脏衣服不要乱扔，要放进洗衣篮"等一旦约定俗成，就不用三令五申，只要照章考核他们的行为就行了，如果没有达到要求，还可以运用约定的较为公平的惩罚手段，这比不断的唠叨和提醒要有效得多。

行为契约条款的确立，要遵循以下几条原则。

① **彼此尊重**。在家庭教育中，虽然父母是教育者，青少年是被教育者的身份，这种形式上的"不平等"并不能抹杀孩子与父母在独立人格上的平等。父母要尊重孩子的人格权利。其实，有的父母不签契约，可是心中却有一个永恒的契约——"我生你、养你、教育你，你就得听我的，这还需要签什么协议、契约？"这样的想法就是不对的。

② **相互制约**。行为契约条款要以孩子和父母的客观实际为准，并具有一定的制约性。如父母允许孩子每天做完作业后可以看电视，这并不表示可以无节制地看，如果缺乏一定的时间上的制约，很可能对孩子的身体健康和学习生活带来不利影响。另外，孩子的良好行为要对父母的"不良"行为具有一定的制约性，比如只要孩子做到了某些条款，父母就不应该就某个问题穷追猛打等。

③ **要求详细**。确定行为契约时，不妨开个家庭会议，充分尊重各方权利、综合各方面意见后列出各项条款。各项条款要详细具体，不能毫无指向，比如要养成清洁卫生的习惯，最好分成家庭和公共场合两大部分的要求，在家庭中又可以进一步细分，如勤换衣服、勤剪指甲、饭前洗手等。

行为契约最好以书面形式出现，契约牵涉的成员人手一份，并且签字。对于一些短期的行为，在确定双方都能遵守的情况下，也可以使用口头承诺的形式。

那么，如何操作一个行为契约呢？一般要注意以下5个方面。

(1) 确定目标行为

行为契约的目标可以是减少不适宜或不良行为，也可以是增加适宜或良好行为，或者两者兼有。

目标行为必须是客观的、可操作的，不能含义模糊、靠推论。比如，王宝贝和妈妈的协议的第1条如果写成"以后妈妈不能啰唆"，第2条如果写成"王宝贝得听妈妈的话"，行为契约就不好执行了。遇到一件具体事情的时候，亲子之间有很大的余地可以争辩或"耍赖"，如"我就说这一句话也算啰唆吗？""我这么做难道不是听你的话吗？"

(2) 确定目标行为的方法

既然签约双方要对目标行为相互监督，那么目标行为出现或者没出现，就要有一个双方都认同的目测方法。

常见的方法有直接观察的行为文件和固定的行为产物。前者如家庭作业本，后者如案例中的"不在吃饭时间问""不许敲桌子""不能硬性规定必须9点睡觉""不乱花钱""每天洗自己的碗，叠自己的被子"。这些行为目标清晰明确，双方都不会扯皮。

当然，王宝贝的协议是自发行为，与严格的"行为契约法"稍有距离。比如，他在契约里也出现了一些模糊的、难以操作的用词：王宝贝的学习情况、主动跟妈妈谈心、不瞒着妈妈做事情。这些目标行为实施起来会出现随机性和主观性。

(3) 确定行为契约的有效期

对于较难形成或较难改变的习惯，最好确定一个较长的有效期，并在有效期内划分出几个较短的考察期，每个考察期都制定相对具体的考察目标，每一目标的要求逐级递增，不要忽高忽低，以免在执行过程中无所适从。

(4) 确定强化和惩罚的跟随条件

签约者执行的是适宜行为，得到契约中明确规定的强化，如果是不适宜行为，契约中也要明确惩罚后果。王宝贝是个大孩子了，他的跟随条件不是具体的物质，而是相互之间的行为依赖，他们都比较自信，也相信对方，因此，惩罚细则就省去了。

(5) 契约双方签字

双方签字虽然看起来只是一个形式，却很有存在的必要。由于教育关系的存在，父母和孩子在家庭中的地位往往是不对等的。如果父母以"你是我生的孩子，我就得这样来教育你"等话语来违反行为契约，孩子很可能惧怕父母的权威不敢继续执行契约内容。而双方的签字，有利于孩子建立起"父母与我是平等的"观念，利于行为契约的顺利执行。

7. 父母言传身教法

父母的行动对孩子来说，就是榜样，是一种潜移默化的、无声的言教。少年儿童时期，模仿是其主要的学习方式。模仿可能会产生好的效果，也可能会产生坏的效果，关键在于他所模仿的对象是怎样的。

如果父母的习惯不好，则不利于培养出孩子的良好习惯。习惯是在不经意间培养起来的。利用父母的言传身教，就是要在父母的教育中，学习父母身上的优良品质，培养出更好的习惯。

教育家陈鹤琴先生的三女儿陈秀云女士回忆起父亲曾对子女进行的教育时深情地说出了下面的话：

父亲总是说榜样是很重要的，他曾经在他的书中谈及失败的教育。那时候，我的大哥才两岁多，有一次，父亲在阳台上吐了一口痰，被哥哥看见了，结果也跟着学。后来，父亲就反思说，榜样的力量太大了，年龄小的孩子善恶观念比较薄弱，普通知识很肤浅，成人的一举一动都会影响小孩子。他还说，父母要注意孩子所处的环境，使他听到的、看到的都是好的事物。这样，孩子自然而然就会受到好的影响。

我父亲特别勤奋好学，他每天早晨特别早就会起来读书。不仅他自己如此，还要把我们也叫起来读书。到现在为止，我们家里都没有人睡懒觉。父亲从来不打牌、打麻将。我父亲家本来是很富裕的，因为他的伯父特别爱赌博，把家里的财产都输光了，因此父亲发誓一定不赌不嫖，不吸烟不吃酒。就连他结婚的时候，别人敬酒给他，他都不吃。我们家里没有人会打牌和打麻将，我们也从来不玩，我们的娱乐就是看书、看电视或者工作。

父母往往是我们人生的第一任老师，也是最先在我们脑海中烙下烙印的人。在欧美一些国家，流传着一首很有哲理的《育儿歌》，形象地说明了家庭教育在影响孩子成长中的作用：

挑剔中成长的孩子学会苛刻；
敌意中成长的孩子学会争斗；
讥笑中成长的孩子学会羞怯；
羞辱中成长的孩子学会自疚；
宽容中成长的孩子学会忍让；
鼓励中成长的孩子学会自信；
称赞中成长的孩子学会欣赏；
公平中成长的孩子学会正直；
支持中成长的孩子学会信任；
赞成中成长的孩子学会自爱；
友爱中成长的孩子能感受到关怀。

对于习惯培养来说，身教大于言传。因为习惯大多是在琐碎小事中和日常生活中培养的。父母给孩子树立一个好榜样，就是在对孩子进行无声的习惯培养。父母给孩子一个坏的行为，可能孩子也会跟着养成坏习惯。无论家长有意无意，都必然起到榜样作用，不是正面的榜样就是反面的榜样，而且这种榜样还往往是孩子所不可抗拒的。

8. 自我教育法

任何教育最终必须变成自己的认识、自己的情感、自己的意志、自己的行动。因为教育的过程是个内化和外化的过程，先由外而内，再由内而外。真正的教育是能够促进孩子的自我修养的，凡是不能引发孩子自我教育、不能促进自我修养的教育都不是真正的教育。

自我教育法要求我们在自我养成的过程中，在正确认识周围世界的同时，正确地认识自己，并进行自我约束，经过刻苦的锻炼，使自己的行为变得更加高尚，内心世界变得更为美好。

从人的成长过程来看，自我教育能力也是人在社会化过程中不可缺少的重要能力。任何一个健全的人，从生到死都在不停地进行社会化，否则他将与社会发展不相协调，最终为激烈的社会竞争所淘汰。而"终身社会化"的机制，主要是自我教育能力的表现。目前，人们对人才所提出的"信息能力""应变能力""参与意识""竞争意识"等，无一不与自我教育能力密切相关。因为这些能力都体现了顺应客观形势的不断变化，积极主动地进行自我调控以适应社会环境这样一种基本素质。

自我教育首先要求我们对自己有正确的自我评价。自我评价是在父母的指导下运用一定的道德和行为标准，对自己的行为进行分析、判断的过程。正确地评价自己能够帮助我们确定合理的方向，不断强化自身积极的方面，减少自身消极的方面。这种方法具有较强的约束作用，迫使孩子不断调整自己的行为，以达到自我约束。

获得良好自我评价的一个重要方法是保持自信的态度。

在1949年，一位24岁的年轻人，充满信心地走进美国通用汽车公司，应聘做会计工作，他只是为了父亲曾说过的"通用汽车公司是一家经营良好的公司"，并建议他去看一看。

在应试时，他的自信使助理会计检察官印象十分深刻。当时只有一个空缺，而应试员告诉他，那个职位十分艰苦，一个新手可能很难应付得来，但他当时只有一个念头，即进入通用汽车公司，展现他足以胜任的能力与超人的规划能力。

应试员在雇用这名年轻人之后，曾对他的秘书说："我刚刚雇用一个想成为通用汽车公司董事长的人！"

这位年轻人就是从1981年开始出任通用汽车公司董事长的罗杰·史密斯。

罗杰刚进公司的第一位朋友阿特·韦斯特回忆说："合作的一个月中，罗杰正经地告诉我，他将来要成为通用的总裁。"

高度的自信和自我激励，指引着罗杰朝成功迈进。事实上，积极地自我评价对自我约束、自我监督、自我检查、自我提高都很有帮助。

自我教育需要有一定的道德标准，如果对这些标准不甚了解，可以寻求父母或老师的帮助，逐步了解什么是对，什么是错；什么是善，什么是恶；什么是是，什么是非。有了这个标准，才好进行自我判断、自我评价、自我约束。

对于自我教育法，具体怎么操作呢？

(1) 树立自我教育能力的信心

要树立起自我教育的信心，对自己的自我教育能力有信心。

(2) 努力培养自尊心和上进心

自尊和上进是个体不断追求发展和进步的内在动力。有了较强的自尊心，孩子就会不断挖掘自己的潜能，向着最佳的方向自我发展。苏霍姆林斯基曾说：自我教育需要有非常重要而强有力的促进因素——自尊心、自我尊重感、上进心。

(3) 树立行为标准，正确认识自己

要进行自我教育，应该确立一个行为标准。标准的高低取决于我们对自己的准确认识。如果对自己的要求太高，可能会没有力量达到标准，因而内心气馁；如果对自己的要求太低，则失去了向上的动力。所以，提出要求的时候，要"跳一跳，够得到"，就是这个意思。

(4) 学会自我评价

自我评价是自我教育的一个重要形式。自我评价就是要按照自己的目标或者是父母、教师的要求来评价自己的行为。自我评价是自我教育的重要环节，在自我评价的过程中，我们会认识到自己的缺点和不足，并进行自我反省，从而强化自我积极的行为，克服消极的习惯行为。评价自己和认识自己是相辅相成的，评价自己的过程也是认识自己的过程。反之，正确地认识自己才能更好地评价自己、反省自己。

(5) 请父母给予指导

林格伦说："儿童需要管教和指导，这是真的，但是如果他们无时无刻和处处事事都在管教和指导之下，是不大可能学会自制和自我指导的。"青少年毕竟年龄还小，习惯培养又是一个长期要进行的教育工作，因此，要请父母给予适当的指导，把道德认知和道德情感、道德体验结合起来进行，发现孩子好的行为，父母要及时鼓励，当孩子身上出现了不良习惯时，要及时帮孩子认识不良习惯的危害。

9. 以好代坏法

破除坏习惯的确是一件困难的事情，但是如果从它的反面出击，将会起到意想不到的效果。以好代坏法，就是避开坏习惯的正面，从反面入手，培养一种新的好习惯，逐渐取代坏习惯。

曾经有这样一个故事：

6岁时，妈妈跟别人打架，特别凶。晚上，趁着月光，为了报仇，我去拔光了别人家已带了花的辣椒苗。几天后的夜晚，我家一块地里已齐腰的玉米苗被别人全部斩断。

拔光别人家的辣椒苗后，回家来向奶奶表功讨赏，一向仁慈的奶奶抓了一根棍子劈头盖脸地朝我一阵猛打，直到我答应每次见到我家的"仇"人，该叫爷爷的都要叫爷爷，该叫婶婶的都要叫婶婶，奶奶这才住了手。

秋后建房，爸爸被石头砸了脚，可"上梁"的那天，很多跟我家有"仇"的人都来帮忙，看到妈妈一脸内疚，他们说："娃儿平时喊人喊得可好，不看大人面，也看娃儿面哩。"

不少人的成长都得益于坏习惯的破除和好习惯的建立。我们要时刻警惕坏习惯的"侵袭"。人很容易陷入无所事事的境地，而随波逐流则更容易，但随波逐流的后果往往就是你会不小心结交上几个坏人，不小心进了酒吧，不小心喝了一杯啤酒，不小心赌了一把钱。就是因为结交了几个坏人，因为浪费了一点时间，你的一生就全毁了。

以好代坏，具体怎样操作呢？

(1) 选择适当的时间

在较为轻松的日子，所下的决心即使面临考验也较易应付，压力只会使恶习加深，令人故态复萌。

(2) 运用意愿力而非意志力

习惯之所以形成，是因为潜意识把这种行为跟愉快、慰藉或满足联系起来。潜意识不属于理性思考的范畴，而是情绪活动的中心。"这种习惯会毁掉你的一生。"理智这样说，潜意识却不理会，它"害怕"放弃一种一向令他得到安慰的习惯。

运用理智对抗潜意识，简直难以致胜。因此，要戒掉恶习，意志力不及意愿力有效。

(3) 找个替代品

若培养了一种新的好习惯，那么破除坏习惯就会容易得多。

有两种好习惯特别有助于戒除大部分的坏习惯。第一种是采用一个有营养和调节得宜的食谱，这样有助于稳定情绪。情绪不稳定使人更依赖坏习惯所带来的慰藉。

第二种是经常做适度运动。这不仅能促进身体健康，也会刺激脑啡肽——脑内一种天然类吗啡化学物质的产生。近年科学研究指出，缓步跑的人能感受到自然产生的"奔跑快感"，全是脑啡肽的作用。

(4) 按部就班

一旦决定改变习惯，就拟订当月的目标。要切合实际，善于利用目标的"吸引力"。如果目标太大，就把它化整为零。

达成一项小目标时不妨自我奖励一下，借以加强目标的吸引力。

(5) 切勿气馁

成功值得奖励，但失败也不必惩罚。在改变习惯的时间内如果偶有失误，不要引咎自责或放弃。一次失误不见得是故态复萌。

比尔·盖茨指出，人们往往认为，重拾坏习惯的强烈愿望如果不能达到，终会成为破坏力量。然而只要转移注意力，即使是几分钟，那种愿望也会消散，而自制力则会因此加强。

10. 家庭会议法

心理学家认为，家庭生活可以给人幸福，也会使人产生心理障碍和隔阂，但家庭同时也具备一种积极的力量，所以人们应该主动而充分地利用它来解决问题。毫无疑问，良好习惯的培养，光靠我们青少年的自我控制和自我培养是不够的，通过家庭会议，表达出自己的想法、目标和感受，能调动父母和其他家庭成员的力量，使习惯培养变得更顺利。

家庭会议能帮助我们计划好家中的大事。涉及家中每个人的事情如果有大家的参与，就能很好地交换意见和达成一致，使计划更完善，让每个人都高兴。同时，因为计划是大家共同制订的，也就更容易执行。

家庭会议另一个重要的作用就是沟通信息，增进情感，融洽家庭关系。

家庭会议给家庭成员尤其是孩子带来的正面影响是巨大的。

老爸老妈都是受过高等教育的知识分子，虽然不至于让整个家文绉绉的，但是从来没有像别人家时不时出现剑拔弩张的紧张气氛。

老爸老妈很恩爱，真有什么事都会有商有量的。每逢周末，我回到家时会感受到家的温馨。家庭成员都齐了，老爸老妈便把我拉进了家庭扩大会议中来。当然会议的模式是一本正经的，也是在和平友好的气氛中开展的。

前不久，老爸一个多年前的同事突然来到我们家。等那位叔叔走后，老爸告诉我们，他是来还一笔老爸老妈都忘记的借款。好几千块钱哪，在前几年还是一大笔资金，现在老爸却把它当作"天上掉下的馅饼"。老妈还开玩笑地说老爸借钱给别人不长记性，老爸却假装沉下脸，然后宣布新的家庭会议要召开了。

我们讨论的主题当然是围绕着这笔钱的用途，老爸说要给我添置一台电脑，我却说自己回家比较少，学校上机方便不需要。我想给老妈买几套时尚一点的高级外国时装，制造一个"漂亮妈妈"，老妈又想着快过年了拿去孝敬爷爷奶奶……会议持续了一个多小时，虽然没有什么实质性的结果，钱多半会存进银行，但是那种家独有的温暖却在这样的冬夜里弥漫着。

我们的小家就是这样，总是会议不断，但是我们的快乐也像这层出不穷的会议，住进了老爸老妈和我的心底。

可见，家庭会议不但有助于家庭问题的解决，还是培养良好家庭关系的润滑剂。家庭会议不一定是处理疑难、棘手、严肃问题的程序，更可以成为全家人都盼望的其乐融融的家庭聚会。

召开家庭会议不要流于形式。一般来说，涉及全家的事情，或者需要全家人帮忙的事情，都可以在家庭会议上讨论。

比如，很快就要放长假了，全家人去哪里休闲娱乐，这就需要统筹考虑每个人的兴趣，做一个让大家都高兴的决定。

再比如，随着孩子长大，或者爸爸妈妈工作时间的变动，全家人在家务事上的安排也要相应调整。怎样调整呢？恐怕只是爸爸妈妈说了算也不太合适。

还有，家里过几天要来几个客人小住，睡觉的时候房间如何安排？怎样保证孩子或爸爸妈妈还能有安静的空间做自己的事情，这也不是一个人说了算的事情。

一些只涉及个人的问题，比如孩子在幼儿园报个兴趣班什么的，如果不影响到别人，不必通过家庭会议来决定。如果家庭成员遇到了难题，需要全家人支持、帮助、出主意，也完全可以在家庭会议上讨论。

当然，父母应该具有某些特殊的决定权力，在诸如换新工作、买车、搬家等问题上，不见得都要全家开会讨论才能决定，但可以通过家庭会议告诉孩子们自己的决定。当然，在这些问题上，听听孩子们的意见或许能起到意想不到的效果。

对于家庭会议法，具体如何操作呢？

(1) 确定家庭会议的周期

家庭会议要定期。如果条件允许的话，最好是一个星期举行一次。如果受到客观条件的限制，可以选择半个月一次或者一个月一次。周期最好不要超过一个月，否则很难养成召开家庭会议的习惯。

(2) 确定家庭会议的主持人

家庭会议的主持人可以是固定的，如由孩子们来充当；也可以是轮流当主持人，每个家庭成员都有机会。主持人负责在共同制定的时间里召集所有家庭成员开会。

(3) 要努力说出自己的想法

家庭会议的气氛应该是诚挚、民主、轻松的，如果因为有长辈在场就不敢说出自己的想法，家庭会议就失去了它原本的意义，算不上是成功的。

(4) 要仔细听取父母的意见

父母往往比我们具有更多的生活经验，他们绝大多数都是从为孩子们好的角度出发思考问题。尤其是在习惯培养的问题上，父母往往更能看清孩子们身上的优、缺点，他们提出的意见通常是十分中肯的。所以，请抛开所有的成见，虚心地听取父母的意见吧。

(5) 做好会议记录

最好由专人进行会议记录。记录的内容包括每次家庭会议召开的时间、地点、参加人员、谈论议题、主要发言及讨论结果等。

做人习惯的养成

一、诚信

1. 概念与内涵

所谓诚信，就是诚实、守信用。诚实守信是人的立身之本，是全部道德的基础。一个言而无信的人，是不堪与之为伍的；一个言而无信的民族，是自甘堕落的。

行为分析训练学导师孟华琳曾这样说过诚信的力量："我获得了一些成功，但这不是因为我是天才，别人尊敬我也不是因为我是富翁，其中很大程度上是因为我遵守诺言！只要我说出的话，我绝对兑现。所以，我的学生信任我，社会人士尊敬我，他们尊敬的不仅仅是我这个人，更是尊敬我坚守承诺的人品！我从不对别人失信，无论他是非常成功的名人，还是刚步入社会的穷小子。我相信，如果我经常爽约或是迟到，无论我怎么成功，也不会有人来听我的演讲。况且，没有诚信，我根本不可能成功。"

诚信的习惯具体包括以下几个方面。

(1) 遵守诺言、说话算数

信守诺言是一个人最基本的素质之一，没有它的人格是不健全的。我们也常说那种不信守诺言的人是食言而肥。

春秋战国时期，鲁哀公的身边有一个重臣叫孟武伯，他有一个最大的毛病就是说话不算话。鲁哀公对他很不满。有一天，鲁哀公举行宴会招待群臣，孟武伯和另一个重臣郑重也参加了这次宴会。孟武伯向来不喜欢郑重，在宴会上借机出郑重的洋相，便问道：郑大人怎么长得越来越胖了？哀公听到后，便插嘴道：一个人常常吃掉自己的诺言，当然会长肥呀！在座的大臣一听就知道哀公并不是批评郑重，而是在暗中指责孟武伯不信守诺言。"食言而肥"的说法从此而来。

许下诺言，就一定要去履行它，这是立足社会的根本。一个人一再地违背自己的诺言，就得不到他人的信任和尊重。

(2) 实事求是、不说谎话和瞎话

所谓实事求是，就是从实际情况出发，不夸大、不缩小，正确地对待和处理问题。

实事求是就要求人们对事物做如实的反映，谎言和欺骗是绝对不能存在的。做人做事如果不能做到这点，那么受到损害的可能不仅是自身形象，有时甚至会带来灾难性的后果。

没有人天生就是个谎言家。事实上在我们生命的最初，每一个人都拥有无比诚实的心。那么，在成长的过程中，我们就要努力使自己永远都保有这颗诚实而美好的心。

(3) 守时

守时也是一种诚信，是遵守关于时间的约定。这种约定可能是与他人的约定，也可能是指某一种关于时间的制度，还可以指我们自己在日常生活中形成的作息时间。无论哪一种，既然是遵守约定，那么这个"守"字，就一定要做到。

守时，即按时间进行，固然不能迟到，但也不要提前太多。在中国人的心里，觉得提前到达总是好的。其实不然，一方面，如果提前到达而对方并未给予相应的回应，这岂不是浪费自己的时间？另一方面，如果对方知道你提前来了，不免给他造成不必要的困扰，也许他还没有完全准备好。总之，单方面将约定的时间太过提前，与迟到一样是不太礼貌的。最好是准时到达，这便是最好的守时。

10岁的丽莎对穿衣特别挑剔。一天大家都穿好了礼服去参加一个宴会。丽莎对妈妈说："我要再换一条裙子。"爸爸说："我们没时间了"。妈妈也说："这条裙子很好看，不需要再换。"可是丽莎坚持要换，要不然就不去了。妈妈说："好，丽莎，你可以在家换衣服，但我们要走了。""你们为什么不能等一等我？""我们已经没有时间了，说好了八点钟准时到的，如果我们再等下去，全家人都会去晚的，我们就失去了信用，对主人也很不礼貌。"妈妈说完就打开车门坐了进去，然后开车带着其他人走了，将丽莎留给了阿姨。

有了这一次经验后，丽莎就明白了：约好的时间就不应该迟到，说好的事情就不该失信。

(4) 真诚待人接物

所谓真诚，是指真实诚恳，没有一点虚假。在生活中，我们常常会说身边的某个人挺虚伪的，意思就是说这个人待人不真诚。要不就是常常摆出一副真诚的样子，但并没有诚心诚意地对待别人，要不就是说一套做一套。随着时间的推移，这样的人就会慢慢地被疏远。所以，就算这样的人还有朋友，那也不过是一些同样以虚伪来对待他的朋友罢了。

也许也有人会说，在生活中我就是以自己的真诚之心来对待每一个人，来做每一件事的。但是令人沮丧的是，我的真诚却得不到别人真诚的回报，而屡屡让我伤心失望。其实这也许会是我们每个人在生活中都会遇到的事情，可我们要坚信的是，在这个社会中，像我们一样以真诚来待人接物的人一定是大多数,并且会越来越多。因为真诚是人存身于这个社会最宝贵的心灵之花。

2. 培养要点

既然诚信是人的立身之本,那么我们如何才会具备这个品质呢?

(1) 要有为做到诚信而付出的心理准备

坚守诚信,需要一定的勇气和付出。有位作者这样回忆他曾经受到的关于诚信的教育:

恢复高考那年,我们正读初一。新来的班主任是个上了年纪的人,姓宋。据说曾经在美国人手下当过卫兵。

第一堂英语课,宋老师将一张偌大的字母表挂在黑板上,逐个逐个地教我们学,课堂纪律很糟,但他似乎并不在意。下课时他告诉我们:"学英语并不难,做好一个人却更难。"

有一天上英语课,他发给我们每人一张白纸,要求我们按顺序默写26个英文字母的大小写,他说对此次测验成绩优异的学生,将给予特别奖励。尔后,他若有所思地站在门边,望着门外出神。20分钟后,他似乎醒过神来,立即收上试卷,全班总共才五十几个人。他很快阅完了所有的试卷,然后拍拍手,轻轻地宣布:很好,除一个同学写错了3个字母外,其他同学都是100分。很高兴有这么多同学能得到奖励。但在奖励之后,我不得不警告这个学生——"张小哲,请你站起来!"

宋老师对他说道:"我实在想不通,这么简单的几个字母,全班同学都会,而独有你一个弄出差错,你说你惭愧不惭愧?"

张小哲默不作声。所有同学都幸灾乐祸地盯着他。

"你必须回答我!"宋老师一反之前的慈祥态度,透露出一种近似残酷的威严,"惭愧,还是不惭愧?"

"我不惭愧。"张小哲轻声说。

"居然不惭愧,那么,你凭什么理由,难道大家错了而你一个人是对的?快说,什么理由?"宋老师近乎歇斯底里地吼道,并一步步逼近,脸上的表情很奇怪。

我们不再幸灾乐祸,心里开始为张小哲捏一把汗。

"我有理由,但我绝对不说。"张小哲眼里噙满了泪水。"老师,你要是逼我,我现在就离开学校。"说着,他真的拎起了书包。

沉默,短暂的沉默。宋老师向张小哲走过去,双手搭在他的肩头上,一改刚才的暴怒,温和地说:"好吧,我不再逼你,你坐下吧。"

他退回讲台,扫视着全班学生,语重心长地说:"第一天上课我就讲过,学好英语并不难,但做好一个人却更不容易。我不急于知道你们的成绩,但很想知道你们的为人,所以才有今天这个测验。请大家抬头仔细看看我身后那张字母表——你们以为我忘记摘下了字母表。除张小哲以外,你们全都照抄不'误'。他没得到100分,但他是个诚实的孩子。所以，他敢说自己不惭愧。这种信守诚信的勇气非常难得，很少有学生能在老师的逼迫下坚持这一点的。请大家记住这一点：重要的不是成绩，而是品格。"

为了维护做人的诚信，也常常需要我们像故事中的张小哲一样，有勇气。

维护诚信，除了勇气，可能还需要付出其他的东西，比如时间、精力与金钱。

我们经常在最初答应别人的事时，并没有充分考虑到为了做到这一点会有所付出。可是一旦问题来了，便会为了那些不得不付出的时间、精力或者金钱而进行思想斗争，如果舍不得这些付出，那么诚信就会在内心动摇。

不守诚信的时候，有些人总是在做对自己现在有利的事情。把自己的舒服和安逸放在第一位，而且还没有发现不守诚信能对自己造成什么损害。从这时候起，他们就变成了彻底言而无信的人！

(2) 从小事做起

有很多人总是想，对于答应过的重要的事情，我一定会做到"诚信"二字，可是，人无完人，有时候生活中的小事不能完全做到诚信，也是可以的吧？

可是，正因为是小事，才需要人们在一开始的时候就去认真对待，因为如果不是这样，不守诚信就会变成一种习惯，那么一旦真的有非常重大的事情时，习惯会支持你再一次不守诚信。

一个星期天，父亲宋耀如准备带着全家去朋友家做客。孩子们大都穿好了礼服要出发了，只有宋庆龄仍在钢琴前弹奏着。母亲喊道："孩子们快走吧，伯伯在等我们呢！"

"今天我不能去伯伯家了！"庆龄有些着急地说。

"为什么呢？"

"妈妈，爸爸，我昨天答应了小珍，今天她来我们家，我教她叠花。"庆龄说。

"我以为有什么非常重要的事情呢？这好办，以后再教她吧！"父亲说完，拉着庆龄就走。

"不行！不行！小珍来了会扑空的，那多不好啊！"庆龄边说边把手从父亲手里抽回来。

"那也不要紧，回来后你就到小珍家去解释一下，并表示歉意，明天再教她叠花不也可以吗？再说，如果小珍早就忘了这件事了，你不是要在家空等吗？"妈妈说。

"不，妈妈，你不是常说做人要讲诚信吗？我答应了别人的事，怎么可以随便改变呢？就算小珍不来，我也要在家里等，因为这是我必须要做的。"

"我明白了，我们的小庆龄是个守信用的孩子，不能自食其言吗？"妈妈望着庆龄笑了笑，接着说，"好吧，那你就留下吧。"

父母放心不下家中的庆龄，在客人家吃过午餐就提前回来了，一进门，父亲就问庆龄："你的小朋友小珍呢？"

庆龄回答说："小珍没有来，可能是她临时有事吧！"

"没有来，那我的小庆龄一个人在家该多寂寞啊！"母亲心疼地对女儿说。

"不,小珍没有来,但我依然很快活,因为我做到了诚信待人。"小庆龄说。

(3) 不要说出超出自己力量的诺言,若无法做到,就不要轻易说出口

如有人告诉朋友自己可以不坐公车,和他一样每天一起骑自行车上学,可是第二天就嫌骑车上学又累又慢,找个借口拒绝了,全然忘记了当初拍胸脯许诺时的样子。

自己说过的话,就应该实现,不管代价是什么。如果实现不了,当初就不要答应,言而无信的小人是大家最深恶痛绝的。信口开河的人会经常忘记自己的许诺。

一只老鼠在墙根下偷听到人的谈话:要开一次大规模的灭鼠活动……

老鼠听罢,吃了一惊,它想:"人恨鼠,还不是因为鼠贪心。"老鼠告诫自己:从此不再贪心。

次日,老鼠见桌上有块肉,便馋涎欲滴,心想"只贪一次,下不为例",便吃掉了那块肉。隔日,老鼠见碗里有条鱼,又想"无人知道,绝对保险,"于是美餐一顿。又一日,老鼠在洞边发现两只散发着油香的虾,便想"送到嘴里的美餐,不贪白不贪",于是三下五除二便又吃饱了。

没想到,虾是毒饵,老鼠一命呜呼。

(4) 诚信并不意味着要呆板处事

如果确实是自己无能为力的事,就一定要给当事人打电话说明理由或者当面致歉并解释清楚。尽可能不要给对方造成更大的损失。

这样的事情可能比较常见,如在学校里,老师号召什么事,大家都特别积极:老师,这个我来做,那个我能做,大包大揽。最后回家一琢磨,发现自己做不了。面对这样的情况,有的同学就再也不提这件事了。可是,有的同学就会自己主动向老师说:"哎呀,真对不起,老师,这个事我以为能做到,可是后来一试,我做不到,非常对不起,您赶快想个什么办法,别耽误了。"

二、负责

1. 概念与内涵

所谓负责,是指担负责任。这个责任有可能是因为自己的言行所带来的后果而必须负的责任,以天下事为己任的责任心。

对于个人来讲,只有一个人在意识到要主动承担责任的时候,那么他的美好人格才开始形成。而他,也才有可能成为一个真正的人。责任是你必须为之付出努力的任务,无论大小都应该重视,人的能力和责任心是相辅相成的,真正伟大的人不会忽视任何责任。

可是,真正把责任心看成是人格重要部分来对待的人有多少呢?更多的人在更多的时候不是在主动承担责任,而是想方设法去逃避和推卸责任。

这样的情形在人类身上经常以这样的方式表现出来。

在某企业的季度会议上，营销部的经理说："最近销售情况不理想，我们得负一定的责任，但主要原因在于对手推出的新产品比我们的产品先进。"

研发部经理"认真"总结道："最近推出新产品少是由于研发预算少。大家都知道，杯水车薪的预算还被财务部门削减了。"

财务部经理马上接着解释："公司成本在上升，我们能节约就节约。"

这时，采购部经理跳起来说："采购成本上升了10%，是由于国外一个生产铬的矿山爆炸了，导致不锈钢价格急速攀升。"

于是大家异口同声地说："原来如此！"言外之意便是大家都没有责任。

最后，人力资源部经理终于发言："这样说来，我只好去考核国外的这座矿山了。"

曾经有一位教育专家在谈到人最基本的素质时说道：人生有三底色。一是自信，连自己都不相信自己，谁还能相信你？二是善良，有恻隐之心，方可助人不倦，而助人者天助也。三是责任，主动承担责任是决定个体价值的唯一形态。只有有责任心的人，才能成为独立的人，只有有了独立能力，才能懂得思考、懂得判断和选择、懂得创造和创新。

所以，责任心是一种非常重要的素质，是做一个优秀的人必须具有的。而主动承担责任，意味着个体愿意主动去为他人或集体做更多的事情，愿意去冒更多的风险，也愿意付出随之而来的可能会有的代价。

我国加入WTO以后，首席谈判代表龙永图在《实话实说》栏目中讲述了一个令人感慨的事情。他到瑞士访问的时候，在一个洗手间里，他听到隔壁小间里一直有一种奇特的响动，由于这响动时间过长，而且也过于奇特，因此吸引了他的好奇。于是，他通过小门的缝隙向里探望。这一看使他惊叹不已。原来，小间里一个只有七八岁的小男孩正在修理马桶的冲刷系统。一问才知道，是这个小男孩上完厕所以后，因为冲刷设备出了问题，他没有把脏东西冲下去，因此他就一个人蹲在那里千方百计地想修复那个冲刷设备。而他的父母、老师当时并不在他的身边。这件事令龙永图非常感慨，一个只有七八岁的小男孩，竟然能够如此勇于主动承担责任。可以说，这种承担责任的精神已经渗透到了他的每一个细胞、每一根神经，已经完全成了一种习惯。

事实上，勇于承担责任的习惯仅仅是衡量一个人有无责任心的一个方面。关于责任心的内涵，还应该包括如下几个方面。

(1) 自己的事情自己做

所谓自己的事情，是指在日常生活和学习中，完全属于自己个人必须面对的事情，而这些事情往往也是凭借自己的力量和经验就可以完成的工作。

著名相声演员姜昆，小时候家里很困难，就想做些自力更生的事情，减轻家庭负担。他发现胡同里有的孩子夏天经常去捡西瓜籽儿，一腌就是一大缸，到了冬天拿到街上去卖，而且能卖好几十块钱，他羡慕极了。于是，姜昆没跟爸爸妈妈说，也跑到西瓜摊上去捡瓜籽。

等爸爸妈妈发现时，他已经捡了满满一盆了。妈妈看到后，为他的懂事而笑了。

现在大多数家庭里，很多孩子想不到主动做些力所能及的事情，帮助劳累的父母。家庭的天伦之乐体现在哪里呢？

(2) 经常反省

我们总是在学习中进步，这种学习既有书本上的知识，也有每一个人在生活中经验的积累。我们把前一种知识称作间接经验，把后一种称作直接经验。每一种间接经验的取得，是前人在其实践中直接经验的总结和反思。

每一个单独的个体，在生活中会碰到各种各样的人，会发生许多意想不到的事，这些人和事，一定会带来许多挫败，这些挫败就是人生中必须经历的教训，可是，不是每个人都能从教训中学到经验。有的人只有人生的教训，而没有人生的经验，这种人的人生常常是不完整的。

从教训到经验，中间还有一个转换的过程，那就是总结和反思。

总结常常是将生活和学习中促进成功和进步的方法和思想理出条理，形成行之有效的理论，以便下次遵照执行；而反思，则大多是在生活中遇到挫折或失败之后，及时进行的反省，以免下次重蹈覆辙。

(3) 正确面对错误并承担责任

人的成长，更是一个不断犯错的过程。犯错是成长着的孩子的权利，没有一次次错误带来的教训，也就不会有那些成长的经验，但前提是必须有知错就改的习惯。也就是说，光承认是没用的，对于有些错误造成的不良后果要想办法弥补，要改。也就是说，对于错误不能只是停留在口头的层面，关键是要体现在行动上。有的人虽然及时承认了自己的错误，但却没有从行动上纠正，所以常常过几天又犯同样的错误。

(4) 服务于他人、服务于社会的责任感

人不可能脱离社会而独立存在，必须依赖很多人。比如我们所走的每一步路，都有无数的人在为我们服务，如道路建设者、养路工人、清洁工人、司机、交警等，更不用说吃的粮食、穿的衣服、工作和娱乐了。

雷锋说：一个人的价值，应该看他贡献什么，而不应该看他索取什么。我们每个人每一刻都在不停地向这个社会索取，可是有没有人问过自己：我应该贡献什么？我应该为别人做点什么？

在现实生活中，的确也有很多人一生都做一个麻木的中间派，他们也许坚持自己不伤害他人，不损坏别人的利益，可是，他们也从来没想过要去为别人做点什么，没有一丁点儿为他人、为社会服务的意识，不停地索取而从不付出，那么他的存在对社会，对他人而言就是一种伤害，因为他寄生在别人的贡献之上。

2. 培养要点

如何培养一个人的责任心，可以遵循以下几点。

① 应从敢于主动承担责任开始。

② 应主动承担一定家庭劳动，如打扫卫生、给花浇水等。

③ 对家里的一些日常生活提出自己的建议，这样能培养对家庭的责任感。

④ 多关注父母的内心感受，这是对父母的责任心。做父母的总是希望孩子能无忧无虑地成长，所以尽量把一切不愉快的事都遮盖起来。父母在孩子的眼里，常常是无所不能的，因为他们总是能满足孩子的愿望。可是在成人的世界里，父母也会有伤心的事情和难以解决的困难。这个时候，孩子应当主动为父母分忧解愁，培养对父母的责任心。

⑤ 在集体生活中，多为他人和集体考虑，为所有需要努力付出的事情积极做出自己的努力。有为他人服务的意识，是社会对一个现代人最基本的要求，它不是一种品质，而应该是一种习惯。

三、自信

1. 概念与内涵

自信可以克服万难。

心存疑惑，就失败；相信胜利，必定成功。

愚公之所以能移山，在于他坚强的自信："子子孙孙无穷尽，而移山终有尽。"正是这份自信，才感动了上天。这虽然只是一个传说，却深刻地教导我们：自信可以克服万难。

"一个人最大的敌人就是自己。"如果不够自信，当我们面对某一件事时，就会先自乱阵脚。而自信却能让人从容自如，让人内心生出一份必胜的信念。这份信念，是学习、工作所必需的。一个人一旦丧失了信心，就会迷失自我，无缘与成功女神相聚。

自信应该包括如下内容。

① 乐观自强：相信自己的潜能，凡事作出积极的选择。

② 不自卑。自卑就像蛀虫一样吞噬着人生，它是走向成功的绊脚石，它是快乐生活的拦路虎。自卑让人低估自己的形象、能力和品质，总是拿弱点与别人的长处相比，让人们觉得自己真的是什么都不会，什么都不如别人。所以，孩子要趁早远离自卑。

③ 只看我所有的，不看我所没有的。

④ 天生我材必有用。

⑤ 不怕失败，愈挫愈勇。一个自信的人不可能完全避免失败，而失败恰恰是对一个人自信心的挑战。一个人是否养成了毅力顽强的习惯，关键是看他如何面对失败与挫折。

2. 培养要点

如何培养一个人的自信心，可以遵循以下几点。

① 经常暗示自己是优秀的。我们要经常跟自己说"你是优秀的，在某某方面尤其出色"。做事情的时候，总是想着"一定可以"，因为本来你就是出色的。这样做，可能一开始会不太习惯，但是时间长了，经过两件成功的事情后，他会慢慢发现原来自己一直都是最棒的。

② 从小目标做起。当长远的目标制订出来以后，多设一些中间目标，一步一步完成，经常用完成的中间成就值来鼓励自己，可以不断地消除自卑感，增强信心。

③ 不要有永远无法满足的虚荣心。自卑与自傲看起来距离很大，实际上却是孪生姐妹。一般来说，自卑心理强的人往往有过高的自尊心，他们心理包袱很大，不能轻装前进。在另外一些时候，虚荣心会督促一个人努力奋斗，可是一旦失败，他就会比平常还要失望，信心所受到的打击也较平常要大得多。所以，不要有太强的虚荣心，尽量保持一种平和心态是非常重要的。

④ 忘掉曾经发生过的不愉快。很多不自信的人往往是因为沉浸在过去的痛苦经历中不能自拔，做事之前总是会联想到与这件事相似的失败经历，这样一来，做事的信心就会受到严重的打击。最好的办法就是，当想到过去不愉快的经历时，要迅速转移目标，经常用愉快的事情来调节自己。

⑤ 去做曾让自己害怕的事，比如上课故意坐到第一排，学会正视别人，学会当众发言，学会在陌生人面前展示才华。

四、善于与人交往

1. 概念与内涵

所谓善于与人交往，指的是一个人在处理与他人的关系时游刃有余的一种能力。现代社会没有单打独斗的英雄，我们所要成就的任何一件事，都可能需要与人发生这样或那样的关系，这就需要我们具备这样一种相关的能力。善于与人相处的内涵，应该包括如下几个方面。

(1) 乐于助人

在与人的相处中，我们经常习惯性地考虑这个人对我们有没有帮助，简单地说，就是我们经常以自己的需要为出发点来作为与他人相处的目标。可是一个真正懂得与人相处的人是不会这样做的，相反，他首先考虑的会是对方需要的是什么。也就是说，只有当我们给予了别人想要的东西，我们才可能从别人那里得到我们想要的。

善于与人交往的第一个方面的内容，就应该是乐于助人。

在每个人的心里，都会有一些恻隐之心，那是我们身上最宝贵的东西之一。不仅是看到别人陷入困境需要帮助时，我们会及时伸出援手；当别人在通向成功顶峰的道路上攀登时，我们也要能够给别人一点前进的动力。在帮助别人成功之后，自然会在助人为乐之余得到回赠，那不仅是物质上的，在这个过程中我们同时还能得到快乐。生活中，不妨多做些既帮助别人也娱乐自己的好事。

有一天，一个人和一个旅伴穿越高高的喜玛拉雅山脉的某个山口，他们看到一个躺在雪地上的人，于是他想停下来帮助那个人，但他的同伴说："如果我们带上他这个累赘，我们就会丢掉自己的命。"但他没有听同伴的话，他无法想象丢下这个人，让他死在冰天雪地之中的情景，于是他决定带着这个人一起走。

当他的旅伴跟他告别时，他把那个人抱起来，放在自己的背上。他使尽力气来背这个人往前走。渐渐地，他的体温使这个冻僵的身躯温暖起来，那人恢复了行动能力，于是两个人并肩前进。当他们赶上那个旅伴时，却发现他已经死了——是冻死的。原来，背着人走路加大了运动量，保持了自身的体温，和那个人一起抵御了寒冷。

因为那一点恻隐之心，他救了倒在雪地上的人，结果他们互相取暖，保住了生命，而那个旅伴却由于自私而无法与人共同抵御寒冷，失去了生命。在人生的旅途上，如果我们给别人一点温暖，常常也会让我们自己感觉温暖。

(2) 宽容

宽容不仅是一种美德，也是一个善于与人交往的人身上必备的素质之一。

松下幸之助曾经说过："这个世界上并非全都是好人，有相当好的人，也有相当坏的人。所以，不可能希望社会上全部都是好人，或心地善良的人。10个人之中，必有不完美的人，不正当的人，这种状态是社会真实的状态，因此必须具备宽容之心。有力量微弱的人，也有力量强大的人，两者应该互相包容，从中产生综合的力量。我认为我们的生活内容尽在于斯矣。"

(3) 团结友善

团结友善是善于与人交往的另一个重要内容。在生活中我们也常常会有这样的体会，一个人如果不善于团结他周围的人的力量，那么他是很难成就大事的。

一个老人有7个儿子，但他们经常为了一些小事争吵。一些坏人常挑拨七兄弟的关系，希望他们父亲死后可以骗取他们的财产。

老人知道了这个阴谋。一天，他把7个儿子都叫到跟前，指着捆在一起的7根木棍说："谁能把这捆木棍折断，谁就能得到我的遗产。"

每个人都想得到老人的遗产，都使出了全身的力气去折那捆木棍，脸憋得通红，但没有一个人能把这些木棍折断。

"孩子们，其实要折断这些木棍很简单。虽然我现在老了，但是即使像我这样的人都能折断它们。"父亲说。然后，他将木棍捆儿打开，很轻松地将它们一根一根地折断了。儿子们这才恍然大悟,"这样做太容易了,如果这样,每个人都能做到。"

父亲这才说出了真正想说的话:"我的孩子们,其实你们就像这些木棍,只要你们团结在一起,互相帮助,你们就会很强大,任何人都不能伤害你们。但是如果你们分开,任何人都能把你们一个一个地折断。我活着还能把你们捆在一起,我就像捆着棍子的绳子,但是我就要离开你们了,离开了捆绑你们的绳子,你们还能团结在一起,互相帮助吗?"

儿子们终于明白了父亲的良苦用心,七双手紧紧地握在了一起。

看到儿子们这样团结,老人便放心地离开这个世界了。

(4) 平等待人

所谓平等待人,是对任何人都没有态度上的区别,对所有的人都一视同仁。它要求我们对那些有权势的人不谄媚,也要求我们对那些穷困的人不歧视,对那些身有残疾的人更不能瞧不起。

一名店主在门上钉了个广告,上面写着"出售小狗"。这信息显然把孩子们吸引住了,一个小男孩出现在店主的广告牌下。"小狗卖多少钱呢?"他问道"30到50美元不等。"店主回答道。

小男孩从口袋里掏出一些零钱,"我有2.37美元,请允许我看看它们,好吗?"

店主笑了笑,吹了声口哨,一名负责管理狗舍的女士便跑了出来,她身后跟着5只毛茸茸的小狗,其中有一只远远地落在后面。小男孩立即发现了落在后面的一跛一跛的小狗,"那小狗有什么毛病吗?"

店主解释说:"这只小狗没有臀骨臼,所以它只能一拐一拐地走路。小男孩说:"就是那只小狗,我要买它。"

店主说:"你用不着花钱,如果你真的想要它,我就把它送给你好了。"

小男孩很生气,他瞪着店主人的眼睛,"我不需要你把它送给我。那只狗和其他狗的价值应该是一样的,我会付你全价。我现在就要付2.37美元,以后每月付50美分,直到付完为止。"

店主劝说道:"你真的用不着买这只狗,它根本不可能像别的狗那样又蹦又跳陪你玩儿。"

听了这话,小男孩弯下腰,卷起裤腿,露出一条严重畸形的腿。他的左腿是跛的,靠一个大大的金属支架撑着。

男孩轻声说:"嗯,我自己也跑不好,那只狗需要有一个能理解它的人。"

(5) 学会感恩

一个不懂得感恩的人,是绝对无法顺利与人交往的。试想,如果一个人不懂感恩,别人又如何能长久地、无偿地单方付出呢?比如,当我们在公交车上得到别人的让座后,如果我们以一种理所当然的态度坐下去,连一句谢谢都没有,那么,下次谁还会愿意让座给你呢?

小镇上最富有的人要数面包师卡尔了。他是个好心人,为了帮助人们度过饥荒,他把小镇上最穷的20个孩子叫来,对他们说:"你们每一个人都可以从篮子里拿一块面包。以后你们每天都在这个时候来,我会一直给你们准备面包,直到度过饥荒。"

那些饥饿的孩子争先恐后地去抢篮子里的面包,有的为了能得到一块大点的面包甚至大打出手。他们心里只想着要得到面包,当他们得到的时候,立刻狼吞虎咽地把面包吃完,而且没有一个人想到感谢好心的面包师。

不过,面包师注意到一个叫格雷奇的小女孩,她穿着破旧不堪的衣服,每次都在别人抢完以后,她才从篮子里拿剩下的那块最小的面包。然后,她总会记得亲吻面包师的手,感谢他为自己提供食物。不过她并不立即吃掉那块面包,而是拿着回家。面包师想,她一定是回家和自己的家人一起分享那一小块面包,多么懂事的孩子呀!

第二天,那些孩子和昨天一样抢夺较大的面包,可怜的格雷奇最后只得到了昨天一半大小的面包,但她仍然很高兴。她亲吻了面包师的手后,拿着面包回家了。到家后,当她妈妈把面包掰开的时候,一个闪耀着光芒的金币从面包里掉了出来。妈妈惊呆了,对格雷奇说:"这肯定是面包师不小心掉进来的,赶快把它送回去吧。"

小女孩拿着金币来到了面包师家里,对他说:"先生,我想您一定是不小心把金币掉进了面包里,幸运的是它并没有丢,而是在我的面包里,现在我把它给您送回来了。"

面包师微笑着说:"不,孩子,我是故意把这块金币放进最小的面包里的。我并不是故意要把它送给你,只是希望最文雅的孩子能得到它。是你选择了它,现在它是你的了,算是对你的奖励。希望你永远都能像现在这样知足、文雅地生活,用感恩的心去面对每一件事。回去告诉你妈妈,这个金币是一个善良文雅的女孩应该得到的奖励。"

(6) 尊重不同意见(学会倾听)

尊重他人是与人顺利交往中最重要的一个基本因素,也是吸纳一切智慧的必要态度。因此,从小学会用心倾听各种声音,是现代青少年应有的良好素质。

同时,对一切来自他人的帮助都应心存感激,对于一切妨碍他人的行为都应心存愧疚。

闻名世界的教育家卡耐基先生曾在纽约出版商主办的一次晚宴上,见到了一位著名的植物学家。他倾听着植物学家谈论大麻、室内花草以及关于马铃薯的惊人事实。直至午夜告别时,卡耐基先生几乎没有说过什么话。那位植物学家却高兴地对主人说:卡耐基先生是最有意思的人,是一个最有意思的谈话家。

由此可见,在与人相处中,注意保持"倾听"的姿态正是那些杰出人物受到欢迎、得到拥戴的重要原因。

对于青少年来说,学会倾听,意味着学会心灵与心灵之间的沟通。这是因为"倾听"虽然只是一种谈话的方式,但它却在人与人的关系中,蕴含着巨大信任。试想,有人找你,或者向你诉说怨尤,或者向你袒露心曲,即便只是向你介绍情况,表达见解,也是把你当作可信赖的对象,也是敞开心扉让你阅读。在这种氛围中,你的倾听就不仅是信息上的接受,也不仅仅要做到行为上的端正,更需要有一种情感上的投入,有一种心灵上的应答。若是表现得心不在焉，无动于衷，只能磨损别人的感情，更不要谈心灵间的沟通了。

与此同时，善于倾听也能扩大人际交往。因为只有倾听，才能在同伴中建立信任；只有倾听，才能了解他人的思想、个性爱好和期盼；只有倾听，才能捕捉到外界的各种信息，以利于自己作出正确的思考和判断。

2. 培养要点

如何让孩子善于与人交往，可参考以下几点。

(1) 不要抱怨

这是与人相处中的大忌。无论是抱怨对方，还是抱怨与之不相关的人与事，抱怨都是我们顺利与人相处的敌人。因为一个爱抱怨的人，就像一个垃圾桶，总是把不良的情绪带到与之相处的人身边。

我们生活中的很多人不停地在抱怨，抱怨世道不好，抱怨学校并非名校，抱怨学校的饭菜就像猪食，还抱怨没有一个有钱有势的老爸，抱怨空怀一身绝技没有人赏识……

不错，有时候，我们会觉得生活给我们的全是垃圾，可是我们能不能反过来想，如果我们把垃圾踩在脚下，同样能登上世界之巅。其实我们完全没有必要在乎，我们是踩在巨人的肩膀上高峰还是踩着垃圾爬上高峰的。

要克服抱怨的毛病，就要从如下几个方面来努力。

① 不再自怨自艾。要放弃抱怨，就必须学会如何凭借意志力重组经验。想一想，如果能把消极负面的情况当成正面的机会，那么就对自己的生命取得了掌控的权利。比如把经常会抱怨的一句话："为什么我没有做到？"转变成"我如何才能做到？"有什么样的问题就会有什么样的人生，如果把口头上的每个抱怨都进行这样的转化，那么会看到自己的惊人变化。

② 别把得失看得太重。有人之所以会经常抱怨生活这么累，又如此辛苦，因为只看到了自己的付出，而没有看到自己的所得。而不抱怨的明智之人不会抱怨生活，因为他知道，失与得总是同在的。

(2) 必须学会赞美

人本性上的需求之一是期望被赞美和被尊重。这如同食物和空气对我们一样重要。

既然希望得到别人的称赞，就不应该吝惜对别人的赞美。一句话、一个微笑、一个肯定的眼神有时就能给人无限的鼓舞和温暖，甚至可以打开一片天空。

有一位丈夫很勤快、很厚道，也很爱他的妻子。可是，妻子并不满足，也不踏实。每个女人都希望别人把她当作大美人。虽然她知道自己并不美。终于有一天，她很不甘心地问丈夫："难道你就从来没有觉得我有美丽的时候？"

"当然有。"丈夫沉吟了片刻，回答说，"你每次洗完头发，将披散的头发向后一甩，这个时候很美；每次上街，你走累了，便会轻轻地靠着我，这时你的表情很乖很美；在外面吃饭时，满桌的人都大嚼大咽，只有你小口小口地，那么克制，那么优雅，真美。"

女人很满足很陶醉。在问这话之前，她设想过丈夫的许多回答，说她喂孩子时最美，说她孝顺父母时最美，说她带学生春游时最美，这些回答都会让她觉得遗憾。这些只是作为母亲的美，作为女儿的美，作为老师的美，而不是作为一个女人这样一个独立个体的美。丈夫不落俗套的回答，让她真正明白了，即使是相貌平平的女子，也总会有美丽的时候。女人相信这才是爱，并由此感到从未有过的安全与踏实。

(3) 懂得与人分享

没有人愿意听无休止的抱怨，但是，却没有人不愿意与人分享成功与快乐。当我们把快乐传递给身边的每一个人时，收获到的就是双倍的快乐。

除了懂得与人分享快乐的情绪，还要懂得与人分享成功的机会。如果把一个好的机会拿来与人分享，那么收获到的成功同样也是两倍，这样的事情又何乐不为呢？

有一位犹太教的长老，酷爱打高尔夫球。在一个安息日，他觉得手痒，很想去挥杆，但犹太教规定，信徒在安息日必须休息，什么事都不能做。

这位长老终于忍不住了，决定偷偷去高尔夫球场，想只打9个洞就好了。由于安息日犹太教徒都不会出门，球场上一个人也没有，因此长老觉得不会有人知道他违反规定。然而，当长老在打第二洞时，却被天使发现了。天使很生气，到上帝面前告状，说这个长老不守教义，居然在安息日出门打高尔夫球。

上帝听了，就跟天使说他会好好惩罚这个长老。

第三个洞开始，长老打出超完美的成绩，几乎都是一杆进洞。长老兴奋莫名，到打第七个洞时，天使又跑去找上帝说："您不是要惩罚长老吗？为何还不见有惩罚？"上帝说："我已经在惩罚他了。"

直到打完第九个洞，长老都是一杆进洞。因为打得实在太过瘾了，于是长老决定再打九个洞。那个天使又去找上帝了。说："到底您说的惩罚在哪里？"上帝只是笑而不答。

打完十八洞，长老的成绩比任何一位世界级的高尔夫球手都优秀。天使很生气地问上帝："这就是你对长老的惩罚吗？"上帝说："是的，你想想，他有这么惊人的成绩，以及兴奋的心情，却不能跟任何人说，这不是最好的惩罚吗？"

(4) 谦让与合作

谦让与合作是现代人必备的素质之一。谦让让我们有更多的朋友，合作让我们创造共赢的局面。

在一个原始森林里，一条巨蟒和一头豹子同时盯上了一只羚羊。豹子看着巨蟒，巨蟒看着豹子，各自打着算盘。豹子想：如果我要吃到羚羊，必须首先消灭巨蟒。巨蟒想：如果我要吃到羚羊，必须首先消灭豹子。于是几乎在同一时刻，豹子扑向了巨蟒，巨蟒扑向了豹子。豹子咬着巨蟒的脖子想：如果我不下力气咬，我就会被巨蟒缠死。巨蟒缠着豹子想：如果我不下力气死缠，我就会被豹子咬死。于是双方都死命地用着力气。

最后，羚羊安详地踱着步子走了，而豹子和巨蟒双双倒地。

"如果两者同时扑向猎物，而不是扑向对方，然后平分食物，两者都不会死；如果两者同时走开，一起放弃食物，两者都不会死；如果其中一方走开，一方扑向猎物，两者都不会死；如果两方在意识到问题的严重性时互相松开，两者也不会死。它们的悲哀就在于把本该具备的谦让转化成了你死我活的争斗。

五、孝敬父母

1. 概念和内涵

在源远流长的华夏道德教育史上，孝敬父母是自古至今的先贤们倡导的为子之道，做人之本。孝敬父母也是现代社会最基本的文明要求。

百善孝为先。一个人从小能做到孝敬父母，推广开去，便能懂得爱人、关心人、尊重人，增强社会责任感。从一定意义上说，孝是做人的起点。可以想象，一个不爱自己父母的人，更不用说去爱其他人了。当然这样的人长大了也很难去爱自己的国家和人民。

孝敬主要有如下几个方面的内容。

(1) 体谅父母

现在的很多孩子因为是独生子女，家长对孩子的要求常常是有求必应，没有拒绝。使得很多人以为自己的父母是无所不能的，从来不知道父母也会遇到困难，所以在这个时候，自己提出的要求，若父母做不到，就会不讲道理地胡搅蛮缠，弄得父母既伤心又生气。

所以，不孝敬父母的第一个表现就是不知道体谅父母的难处，从来只知道从自己的立场出发来考虑问题。比如很多人会嫌父母做的菜难吃，或者是没做自己最爱吃的好菜。可是他就没有想过，父母下班已经很累了，还要费心尽力地来做饭已经是一件不容易的事了，或者父母已经下岗，家里的经济条件不允许每顿都能做那些他爱吃的好菜了。再比如，当父母生病卧床的时候，他们不是耐心地询问父母的病情，在床前端茶递水地照顾，反而埋怨父母这么晚了还不起床照顾自己。更有的人，一看见父母生病了，自己拿着钱跑到麦当劳大吃一顿，根本不管父母是不是也饿了，是不是需要喝口水。这样的孩子真的让父母十分伤心失望。

(2) 不随意顶撞父母，不惹父母生气

因为独生子女的关系，也因为现在的父母也越来越想做与孩子平等相处的现代父母，所以在生活中父母并没有刻意地要在孩子面前摆家长的架子，有些不懂事的孩子就会认为这样的父母是不需要尊重的。

(3) 不独占

在很多孩子的心里，都会觉得好吃的好玩的应该全部归自己才对。所以凡是家里出现的好吃的、好玩的、自己喜欢的，就一定要独占。其实这也是不孝敬的一种表现。

时常让孩子想想，父母是出于对他们无私的爱，才会心甘情愿把一切好的东西都给孩子。可是反过来，如果孩子能像父母爱他们那样爱父母的话，是不是也应该像父母一样做呢？可是在大多数情况下，是孩子毫无谦让地接过那些东西，更有甚者，是毫不让人地把这些东西全都纳入自己口袋实行独占。孩子眼里只有自己，没有他人，就算这个他人是自己的父母也不行，这哪里算得上是一个孝敬的人呢？

2. 培养要点

如何让孩子孝敬父母，可以参考以下几点。

① 内心有诚意。父母对子女的爱是无私的，虽然他们并不想要孩子给什么报偿，可是孩子应该有报偿的心理准备，要帮助父母做些力所能及的家务事，以减轻父母的辛劳。

② 学会体贴人和关心人。若孩子为自己做的事，做父母的肯定会倍感欣慰。

③ 教导孩子对父母要讲礼貌。很多孩子在学校或是在外边与人交往的时候，会比较注意自己的语言。可是在家里的时候，就完全不一样了。有的人对父母的话不理不睬，不耐烦的时候就粗声大嚷，有的人早晨上学不跟父母打招呼，晚上回家也是闷不吭声。要孩子对自己有情感的回馈是非常重要的。

④ 一家人一起面对生活的挑战，风雨同舟。在生活之中，我们可能会遇到许多无法预料的事，也有可能会遇到什么不幸的事情。当不幸发生之后，全家人应该一起来面对生活的挑战。

做事习惯的养成

一、做事有条理

做事有条理的习惯，从长远来看，是要对人生有规划；从细节方面来说，则是要日常生活有规律、时间安排有计划；而在自我意识层面上，则是要自我管理有条理。

1. 对人生有规划

(1) 定义与内涵

生涯设计、人生规划，现在已经受到越来越多的人重视。每个人一生中关键的路没有多少，走好了这样几个关键步骤，获得成功的可能性就更大。

有一个人，他希望将来做生意，但是报考大学的时候，他没有直接选商业管理类的专业，而是选择了机械工程专业。因为机械工程是制造业的基础，了解了产品生产的基本程序，就更容易掌握产品的制造成本、制造周期等方面的基础知识。毕业后，他没有急于开创自己的公司，也没有去公司工作，而是先去政府部门当了三年公务员。不开公司并非因为自己没有钱，缺乏运作的基础；没有去公司工作，积累经验，是因为他觉得公司的运营离不开和政府部门打交道，而到政府去做公务员，正好能了解与政府打交道的一些规则，也能了解政府部门运作的特点，还能积累一些与政府部门的关系，为将来开创自己的事业积累资源。当了三年公务员后，他觉得自己已经没有什么可以学习的了，于是考取了企业管理的研究生，去学习管理知识。研究生毕业后，他依然没有急于开创自己的公司，而是到一家大企业中去学习企业管理中具体运作方面的技能，了解企业管理中常见的问题。在那里学习了五年之后，他既积累了各方面的知识，也具备了一定的资金实力。他终于决定开创自己的公司了。经过长时间的调查和积累，他决定开办一家连锁销售超市。结果在短短的两三年时间里，他的公司销售额就达到了三亿美元，迅速成长为一家极具实力的企业。

这个人的成功，或许是个特例，但在他走每一步的过程中似乎都凝聚了对未来目标的铺垫和思考，每一步都走得很扎实，而且很快就取得了预期的成功。事实上，更多的人都是在迷惘中开始自己的大学生活的，也是在随波逐流中去寻找或者自己觉得好玩，或者自己觉得比较有"钱途"的工作的，他们中的大多数人最终走向了平庸。

所以，学会形成规划人生的习惯，认真地规划自己的人生，是每个人都应当养成的习惯。

(2) 培养目标

学会规划人生，需要掌握以下6个步骤。

① 发现或确定人生主要目标。人生主要目标，是你终生所追求的比较固定的目标，你生活中其他一切事情都围绕着它而存在。对于一些人来说，这个工作是一个自我发现的愉快的过程；但对另一些人，也许是一个痛苦的过程。幸福的人通常是这样一类人，即他的职业和生活方式与他的生活目标相一致。比如，一个组织意识强、基础扎实和有教诲倾向的人，就很可能从教育类职业中得到满足。有的人很快就可以知道自己的终极目标是什么，但是大多数人在找到自己的终极目标之前往往需要在不同场合反复问自己。

② 着手准备实现目标。在这方面，职业的选择就是你应着重考虑的问题。职业是一个工具，是帮助实现终极目标的工具。例如，一个事业有成但又并不满足物质上富有的律师，可能会利用他的部分精力做些公益事情，并从中得到精神满足。最理想的职业方面的人生规划，应该是在上大学选专业的时候就已经开始了。不过，人生规划的路途并非起步晚了就会一事无成，应当明确：只要还没有到安享晚年的时候，任何时候开始职业规划都不晚——无论你是20岁左右刚刚踏上职业征程的年轻人，还是40岁左右陷在一份你不喜欢的工作之中的中年人。

③ 制订个人职业发展短期目标。它需要规划个人发展的一些细节。

④ 策划如何实现短期目标。确定自己离目标还有多远，应该怎么做去弥补自己的缺陷，提升自己，使自己在规定的时间达到要求。

⑤ 行动。这是所有步骤中最艰难的一个步骤。良好的动机只是一个目标得以确立和开始实现的一个条件，但不是全部。如果动机转换不成行动，动机终归是动机，目标也只能停留在梦想阶段。不管设计规划看上去多么美丽动人，一旦行动起来，意外总是不可避免的，随时有可能使人失去前进的信心而放弃。因此，一定需要谨慎避免两个方面的陷阱：一个是懒惰；一个是错误。

⑥ 适时修改和更新职业发展目标。职业目标的确定往往基于特定的社会环境和条件。随着环境和条件的变化，目标也应作出相应的修改和更新。记住：你是目标的创造者，可以在任何必要的时候更改它。

2. 日常生活有规律

(1) 定义与内涵

日常生活规律，主要包括饮食起居的规律、工作学习时间的规律、运动锻炼规律、游戏娱乐规律等，做到各种日常事务进行得适当有度。具体地说，每天起床和入睡的时间应有规律，成人保证每天7～8小时的睡眠；工作、学习、劳动的时限应有规律；一日三餐应定时定量，不偏食、不多食、讲究饮食卫生，每天饮水1500～2000毫升，每顿饭的饭量应掌握在临近下顿饭时腹中略有饥饿感为宜；不强求午睡，但应平卧休息一会儿，若长期坚持，有利于减轻心脏负担；每天应尽量定时排便(老年人可隔日一次)，以减轻残渣和毒性物质对肠道的不良刺激，保持腹中舒适；早晨或晚间应适度参加健身运动；每天有放松和娱乐的时间，消除疲劳，增进文化情趣；保持情绪相对稳定、少波动、不暴躁、不抑郁、乐观向上；安排好双休日的休闲时间，从事社交和健身活动。

① 饮食起居要有规律。北京大学和中国老龄科研中心从1998年启动了中国老年健康长寿影响因素研究项目，对全国上万名高龄老人进行跟踪调查。调查发现，生活规律是高龄老人的共同特点。他们饮食有节，不过饱，饮食清淡，荤素搭配，起居有常，不过劳，不吸烟，饮酒有度，爱清洁，讲卫生，适度地进行劳动与锻炼，生活有寄托。遗传因素对长寿的影响在调查中得到体现。高龄老人多有长寿家族史，57%的人兄弟姐妹尚在。童年时有51%的人从不生病。

这项专门针对80岁及以上高龄老人的调查显示，除了遗传因素影响外，健康饮食和有序生活是健康长寿的"秘诀"。

② 要注意早睡早起。例如，决定癌细胞能否激活的关键在于人体的免疫功能。白血球中的T细胞是免疫防卫生力军，可以抑制癌细胞的增殖分裂。日本大阪大学的研究结果表明，"CD4"和"CD8"是显示淋巴T细胞活力的指标。经检测，长年生活不规律的人这些指标比较低，也就是说，这些人的细胞容易发生癌变及增殖。所以，遵守"早睡早起"这一生物钟节律，是提高人体免疫力的天然有效措施，既不增加医药费，也不会带来什么额外的负担。

工作、学习、劳动的时间也要有规律。著名的儿童早期教育者卡尔威特在教育儿子的时候，要求儿子的学习时间不能超过2个小时。他的儿子后来说：

很多人在学习中觉得压力很大，其实是他们在很小时，就形成这样一种错误观念："学习是认真和严肃的事情，与快乐、轻松是不沾边的。"

小时候，当别的孩子都在房间里拼命用功时，我却从玩乐中得到了大量的知识，我称得上是一个最有时间玩也最会玩的孩子。有些人问我父亲："你不担心你的儿子吗？他似乎很少花时间在学习上，整天都在玩。"父亲总是这样回答："学习和玩对孩子来说是同一件事呀！有什么好担心的呢？"我在童年时的学习情况就是这样，并没有半点夸张。当然，我有时也会被父亲关在书房中学习，就像许多其他的孩子一样，但是对我来说，书房却是一个令我轻松愉快的地方，我愿意待在书房里。

　　对我学习的安排，父亲有很独特的方法。他总是想办法让我产生兴趣，自动自觉地去努力学习。他从不像其他人的父亲那样硬性规定我必须读完一本书，或者学完某一本教材。

　　有一次，我兴趣盎然地在做一道很难的数学题，可能是在解答那道题中我得到了乐趣，从而忘记了父亲给我安排的时间。"卡尔，你该出去玩一下，时间到了。"父亲见规定的时间已过了好久，但我还没有出来，便催我道。"爸爸，我还没做出来呢。"我说道。"休息一会儿再做更容易做得好，先放一边吧。"父亲说。"我想先做完再休息，这道题比较难。"我说。"我相信你能做出来，但是等到你做出来后，可能已经很累了，这样你接下来的学习效果会受到影响的，还是休息一会儿吧。""我正在兴头上，我一点也不累。"父亲说："我看得出来，但是如果现在你不休息一会儿，不到外面去走一走，你的兴致很快就会消失的。"

　　听了父亲的话，我便停下来，跟父亲一起去外面散步。父亲一边走，一边对我说："卡尔，这个道理你一定要明白，再大的兴趣，如果得不到适当的培养，早晚都会消失；同样地，再大的热情，如果不进行适当的控制，很快就会失去兴致。所以，任何兴趣都要培养，任何热情都要控制。"

　　③ 要坚持培养有规律地锻炼健身的习惯。为了增强身体素质，很多人曾经设想过要好好锻炼身体，结果"三天打鱼，两天晒网"，不仅体质没有得到根本的改变，反而可能养成了做事一拖再拖、说话不算数的坏习惯。要获得好的锻炼效果，必须长期坚持，养成每天锻炼身体的好习惯。

(2) 培养目标

　　要养成按计划作息的习惯，保证自己的饮食卫生，生理活动卫生，保证自己每天的学习、工作、休息时间。

　　要养成良好的锻炼习惯。大脑是学习的机器，机器好，学习效率才会高。要想保持清醒的头脑，每天进行适当的体育锻炼是必不可少的。有人可能会说，我们每天的学习那么紧张，根本没有时间锻炼身体。其实，学习和锻炼并不矛盾。因为，运动时脑细胞的活动有所转换，管体育活动的脑细胞兴奋，管思考的脑细胞得到休息，有助于消除大脑的疲劳。文武之道，一张一弛，体育活动实际上是一种积极的休息。

　　要养成良好的娱乐习惯。通过娱乐活动，可以缓解紧张的神经，有利于放松自己，使自己的学习、工作、劳动张弛有度，达到调节的作用。但是不良的娱乐习惯也会有损健康，甚至产生严重的影响。例如，有的青少年沉溺于电子游戏、网络聊天等，就很容易引起健康问题，甚至导致很严重的心理问题等。

3. 时间安排有计划

(1) 定义和内涵

　　学会有计划地安排时间，是一个人开始自主生活的标志之一。很多父母一不小心就成了子女时间的"代管者",子女反而远离了时间计划。

时间安排的衔接,有利于在最好的时间做最适合的事情。有的人做事情喜欢拖拉,但是往往因为拖拉使原本很容易做到的事情延误了时机,反而大费周折。日本的摩托车大王,在汽车、摩托车和赛车界里享誉世界的本田宗一郎是从打铁中学会了时间衔接的意义的。

宗一郎从小心灵手巧,3岁时就常趁父亲休息时,到作坊里捡些铁片,拿把铁锤敲敲打打,做成自己的玩具。长大后他常要背着小妹妹上学。放学回来,就帮父亲拉风箱打农具。

一次,宗一郎替父亲拉风箱,拉得"吧嗒吧嗒"响,熊熊的火苗直往上窜。半天,炉膛里的菜刀坯子终于烧得火红。只见父亲用长钳子熟练地将它取出,放在铁砧上,右手紧握一柄铁锤,叮叮当当地敲打起来,动作毫不迟缓。宗一郎见父亲满头冒汗,心里有几分不忍,便问道:

"爸,您不能一下一下地打吗?打得这么快,看您累得………"

父亲瞅了他一眼,答道:"哪能呢。要是动作慢,菜刀就冷了,冷下来还能打吗?所以,办什么事,都要快,不能慢吞吞的。"

"要快,不能慢吞吞的。"父亲这句话,深深地印在他的脑海里。

又有一次,宗一郎见父亲一连把三块铁放在铁砧上,迅速轮换着锻打,父亲像个老练的鼓手,敲打起来又快又准,而且富有节奏感。宗一郎觉得有些奇怪,忍不住问道:"爸,您为什么要三块一起打?打完一块又一块,从从容容不好吗?"

父亲微笑道:"这几块形状小,可以一起打。能够一起打的铁,就不要分开打,这样可以加快速度,节省时间。你要记住:干活要讲速度,一天能干完的活不要拖到第二天,因为每天都有新的工作等着你去做。"

童年,父亲打铁对宗一郎的启迪,他始终牢记在心。

时间的张弛,是指做事情要懂得有松有紧。有的人安排时间没有科学性,高兴了,连轴转不休息;不高兴了,就什么都不干,还自我安慰说"累了就得休息"。这样"三天打鱼,两天晒网",往往会一事无成。只有充分利用自己的时间,学会张弛有度地交替着做事情的人才能真正发挥自己每一刻时间的价值。

德国著名的文学家歌德一生勤奋写作,作品极为丰富,有剧本,有诗歌,有小说,有游记,一生留下的作品共有140多部,其中世界文学瑰宝《浮士德》,长达12111行。歌德为什么能取得如此惊人的业绩?原因就在于他一生非常珍惜时间,把时间看成是自己最大的财产。他在一首诗中这样写道:"我的产业多么美,多么广,多么宽!时间是我的财产,我的田地是时间。"有一次,歌德在他孩子的房间里,看见孩子在纪念册的一页上摘抄着一段话:"人生有两分半的时间:一分钟微笑,一分钟叹息,半分钟爱,因为在这爱的半分钟里他死去了。"歌德看后十分生气,他认为这是对人生极不严肃的态度,是对珍贵时光的嘲弄。他脸上带着不满意的神色,提笔在这段话的下面写了这么几句:"一个钟头有60分钟,一天就超过了1000分钟。小儿子,要知道这个道理,人能够做出多少贡献。"歌德是这样说的，也是这样做的。他一生中把一个钟头当60分钟用，视时间为生命，从不浪费一分一秒，直到1832年2月20日，这位将近84岁的老人在去世前还伏在桌上专心致志地写作。

所谓时间的效率，就是单位时间里的收获有多少，完成的任务量有多大。同样一件事情，有的人做得快，有的人做得慢，那么做得快的人和做得慢的人最大的区别是什么？区别就在于他们时间的效率不同，时间的价值单位也是不同的。人要想过得更有意义，就必须最大限度地发挥自己时间的效率，尤其不要计较尺寸之间的得失。比如，买东西的时候多数国人喜欢讨价还价，甚至为了几块钱的增减，就轻易花上一两个小时，可就在讨价还价之间，让自己的时间轻易付诸东流了。

关于时间，富兰克林说过一句名言："你热爱生命吗？那么，别浪费时间，因为时间是组成生命的材料。"

(2) 培养目标

要想安排好自己的时间，首先要知道自己的时间都在干什么，也就是学会记录时间。只有记下来，你才知道自己确切地干过什么，效率高不高，有没有需要改善的地方。也只有把自己的时间记下来，你才知道自己怎样浪费一些时间，才知道怎样做是必需的。

其次，学会诊断自己的时间，包括找出哪些事情根本不必做，哪些活动即使不参加也不会产生太大的影响，有没有浪费别人的时间。

再次，要学会统一管理时间。

对于青少年来说，可以自由支配的时间似乎不多。例如每天白天雷打不动的上课，好像已经不能做安排了。做作业的时间似乎也不能再安排了。周末或许又有家教、作业之类的时间，大概也不能安排了。其实这种想法本身犯了一种看待时间不细致的常见病。时间以什么单位来算？对于百米短跑运动员来说，11秒钟足够决定冠军谁属，花环谁戴。对于日常学习来说，我们认为时间还是以分钟来算比较合适。在课堂上，也许你只花了20分钟就已经完全掌握了当天的新内容，那么剩下的时间干什么呢？等下课，还是人云亦云地跟着做练习等？做作业需要花多少时间？如果余下一刻钟你会干什么？这些问题其实都应当认真考虑。形成比较统一的安排观念才能有效地利用。

统一安排时间还要统一安排比较长的时间段，例如双休日、节假日。有的人认为，这些日子就是休息，可是什么是休息呢？我们常说玩要痛快地玩、学要痛快地学，但是不学习就是休息吗？不见得。其实合理统一安排这些大段的时间对提高和发展自我尤为重要。

4. 自我管理有条理

(1) 定义和内涵

自我管理有条理，就是要把自己的事情管理得井井有条，对事情的轻重缓急有分别，能根据需要及时调整自己的时间表，还要学会统筹安排。

首先，教导孩子把自己的事情管理得井井有条。例如上学前知道把当天需要的课本带上，文具放好，水瓶、水杯带好，衣着整齐，体育课要穿适合运动的衣服等。这些准备要形成习惯，尽量不花时间思考就能做好。

其次，对待事情要分轻重缓急。光是建立工作待办事项的清单是不够的，必须理清各项任务之间"轻重缓急"的关系，否则很有可能陷入琐事之中。

再次，能根据需要及时调整时间表。时间表制订下来一般是不能轻易修改的。但有的时候遇到紧急情况、突发事件，就需要及时修改了。要让自己的时间表略有弹性，事情之间有过渡，这样就便于安排了。

统筹安排，就是指在做很多事情的时候，有些事情是可以并在一起做的。譬如，在炉火上烧菜的时候，你趁着不需要翻的时候摆放桌椅，而不必等菜全部烧好了再去摆放桌椅。这样在一定意义上你就省出了摆放桌椅的时间。

(2) 培养目标

制订各种事情和活动的检查表。要做到做事有条理，就需要知道哪些活动由哪些事情和步骤组成，再把它们组合成一张便于核对的检查表，那么每当要做这些事情的时候，就可以对照着检查表逐项进行，这样就不会有所遗漏，也能够在不断的实施过程中更好地把控时间。

学会分辨事情的轻重缓急。需要清楚自己要做的几件事情，知道它们耗时的情况，这样才能进行统筹，否则几件事情交叉在一起，反而更混乱，还容易出危险。譬如，你正在煤气炉子上烧着水，然后又去忙别的事情。很可能因为忘记，结果水壶被烧干了，甚至发生意外的火灾危险等。

二、讲究效率

讲究效率，是现代社会的一个要求。以前人们对时间往往没有概念，原本9点的会，往往10点了还没有开始，这种低效的做事方法不仅耽误事情，也耽误人们的生命和时间。

1. 定义和内涵

讲究效率，就是要最大限度地发挥时间的作用。具体来说，要做到讲究效率，必须学会按规律做事、追求效益、有毅力。

(1) 按规律做事

所谓按规律做事，就是指做事不违逆事物本来的内在规律，而是顺应规律，循着最节省时间、最可能有效的方法做事。

尧在位的时候，黄河流域发生了很大的水灾，庄稼被淹了，房子被毁了，老百姓只好往高处搬。不少地方还有毒蛇猛兽，伤害人和牲口，叫人们过不了日子。

尧召开部落联盟会议，商量治水的问题。他征求四方部落首领的意见：派谁去治理洪水呢？首领们都推荐鲧。

尧对鲧不大信任。首领们说："现在没有比鲧更强的人才啦，你试一下吧！"尧才勉强同意。

鲧花了9年时间治水，没有把洪水制服。因为他只懂得水来土掩，造堤筑坝，结果洪水冲塌了堤坝，水灾反而闹得更凶了。

舜接替尧当部落联盟首领以后，亲自到治水的地方去考察。他发现鲧办事不力，就把鲧杀了，又让鲧的儿子禹去治水。

禹改变了他父亲的做法，用开渠排水、疏通河道的办法，把洪水引到大海中去。他和老百姓一起劳动，戴着箬帽，拿着锹子，带头挖土、挑土，累得磨光了小腿上的毛。

当时黄河中游有一座大山，叫作龙门山。它堵塞了河水的去路，把河道堵得十分狭窄。奔腾东下的河水受到龙门山的阻挡，常常溢出河道，发生水灾。禹到了那里，观察好地形，带领人们开凿龙门，把这座大山凿开了一个大口子。这样，河水就畅通无阻了。

经过13年的努力，禹终于把洪水引到大海里去，地面上又可以供人种庄稼了。

后代的人都称颂禹治水的功绩，尊称他是大禹。

舜年老以后，也像尧一样，物色继承人。因为禹治水有功，大家都推选禹。到舜一死，禹就继任了部落联盟首领。

鲧治水之所以失败，是因为他用堵的办法，越堵，水的势能越大，决堤之后为患更深。而禹治水之所以成功，是因为他用疏的方法，理顺了水的去路，就能使水的势能得以宣泄，水患也就解除了。

做事情就是要全面考虑事物的内在规律，循着规律，才不至于走弯路。

(2) 追求效益

做事情还要追求效益。做没有效益的事情，既无用武之地，又白白损耗时间。

《庄子·列御寇》里记载了一个故事：

朱漫是个爱好学习的人，为了学会一项特殊的本领，他变卖了家产，带了钱粮到远方去拜支离益做老师，跟他学杀龙技术。

转瞬三年，他学成回来。人家问他究竟学了什么，他一面兴奋地回答，一面表演杀龙的技术：怎样按住龙的头，踩龙的尾巴，怎样从龙脊上开刀……大家都笑了，就问："什么地方有龙可杀呢？"朱漫这才恍然大悟，原来世间上根本没有龙这样东西，他的本领是白学了。

龙是人们想象中的东西，实际并不存在，因此，虽有高超的杀龙本领，也只能"英雄无用武之地"。

当然，追求效益也不是唯利是图。比如一个人的德行修养，可能一时间也看不出来德行高尚有什么好处，甚至有时候还会吃些"亏"，但是德行的修养却是无价之宝。

(3) 有毅力

毅力，就是坚持，无论是平凡的一件事，还是在困难面前，人们都要面临毅力的考验。

古希腊哲学家苏格拉底，思想深邃，思维敏捷，关爱众生又为人谦和。许多青年慕名前来向他学习，听从他的教导，都期望成为像老师那样有智慧的人。他们当中的许多人天赋极高，天资聪颖者济济一堂。大家都希望自己能够脱颖而出，成为苏格拉底的继承者。一次苏格拉底对学生们说："我们做一件最简单也是最容易做的事：每个人把胳膊尽量都往前甩，然后再尽量往后甩。每天三百下。"说着，苏格拉底示范了一遍，当天学生们纷纷开始依照老师的说法去做。

第二天苏格拉底问学生："谁昨天甩胳膊三百下？做到的人请举手！"几十名学生的手都哗哗地举了起来，一个不落。苏格拉底点头！一周后，苏格拉底如前所问，有一大半的学生举手。一个月后，苏格拉底再次提起此事，有大约不到一半的学生举起手来。

一年后，苏格拉底再问，只有一名学生举手。这个学生就是柏拉图，他后来成为继苏格拉底之后又一位古希腊伟大的智者。他继承了苏格拉底的哲学，并创建了自己的哲学体系，培养出了堪称西方孔夫子的大哲学家亚里士多德。同时，他又撰写了许多记录苏格拉底言行的书籍，我们今天之所以还能领略到苏格拉底的睿智，这大都得益于柏拉图著述中的详尽记载。

柏拉图或许不是几十名同学中最聪明的，但为什么只有他才能成为与苏格拉底比肩的智者呢？那是因为他有非同一般的品质——始终如一的坚持精神。

"每天甩胳膊三百下！"这件事情很简单，正常人都具备做的能力，但是坚持去做的却只有一个人。这样的情况在今天仍然比比皆是。

坚持简单的事情，有时候意义并不在于事情本身，而在于在做事情的过程中对一个人行为习惯的修炼，进而可以提升为意志品质的修炼。

2. 培养目标

(1) 做事有规律

做事讲究规律，主动思考事物的规律。既然做事要讲究规律，就不能任性胡来。规律包括生活规律、做事的规律等。

主动思考事物的规律，用事物规律来把握自己看到的现象，用现象来完善自己对规律的认识，才是科学的按规律做事。按规律做事，要明确为什么要做这件事，然后再想应该怎样做才能使这件事的意义更好地发挥出来，并在实践中不断修正自己的做法。而不能因为别人都做就做，别人都用某种方法或者程序做，也跟着用相同的方法和程序做。

诺贝尔生理与医学奖获得者、苏联生理学家巴甫洛夫有一次给学生上课。他一边讲课，一边在黑板上写。课上到一半的时候，黑板已经写满了，学生们都在神情专注地听课。忽然，巴甫洛夫停了下来，向课堂的后排走去。走到最后一排课桌前看着一位正在埋头仔细做笔记的同学，说："能不能把你做的笔记给我看看？"那个同学双手把自己的笔记奉上。巴甫洛夫翻阅一下，随后对他说："你的笔记记得很好，我在黑板写的内容几乎一字不漏。条理清楚，字体漂亮。"这位学生听到老师表扬自己，心里不禁有些得意。但巴甫洛夫随即话锋一转，说："可是，我在讲课的时候，你似乎一直在埋头做笔记，不知我讲的内容你是否都理解了。"接着向他提了一些问题，这位学生果然回答不上来。见此情景，巴甫洛夫说："听老师上课，关键是听，其次才是记笔记。因为笔记上的东西不一定说明你已经理解了，只有理解了的内容才能更好地记住，所以你可不能总在做笔记啊。"

(2) 做事有效率，讲求效益

有的人做事情慢吞吞的，一副漫不经心的样子，结果原本能用10分钟做完的事情，往往一个小时过去还停留在起点，没有动静。

除了效率，我们还要讲求效益。勿以善小而不为，勿以恶小而为之。

从前在美国标准石油公司里，有一位小职员叫阿基勃特。他在远行住旅馆时，总是在自己签名的下方，写上"每桶4美元的标准石油"字样，在书信及收据上也不例外，签了名，就一定写上那几个字。他因此被同事叫做"每桶4美元"，而他的真名倒没有人叫了。

公司董事长洛克菲勒知道这件事后说："竟有职员如此努力宣扬公司的声誉，我要见见他。"于是邀请阿基勃特共进晚餐。

后来洛克菲勒卸任，阿基勃特成了第二任董事长。

这是一件谁都可以做到的事，可是只有阿基勃特一人去做了，而且坚定不移，乐此不疲。嘲笑他的人中，肯定有不少人才华、能力在他之上，可是最后，只有他成了董事长。

(3) 坚持到底

做事情的效率有时候来源于坚持。坚持每天做一点，常常要比拖到最后效率要高，对于打基础的事情尤其如此。

三、善于合作

1. 定义和内涵

善于合作，是指在需要相互配合的事情上能够与别人协调一致，做好自己的那部分。在合作中，要学会乐于助人、虚心请教别人、团结友善、平等待人。

(1) 乐于助人

乐于助人，会使我们在帮助别人克服和渡过困难的过程中获得朋友，让别人在你的帮助下看到你的能力和品质，还能给你提供意想不到的收获。

弗莱明是一个穷苦的苏格兰农夫，有一天，他在田里工作时，听到附近泥沼里有人发出求救的哭声。于是，他放下农具，跑到泥沼边，发现一个小孩掉到了里面，弗莱明忙把这个孩子从死亡的边缘救了出来。

隔天，有一辆崭新的马车停在农夫家，走出来一位优雅的绅士，他自我介绍是那被救小孩的父亲。绅士说："我要报答你，你救了我儿子的生命。"农夫说："我不能因救了你的小孩而接受报答。"

就在这时，农夫的儿子从屋外走进来，绅士问："这是你的儿子吗？"农夫很骄傲地回答："是。"绅士说："我们来个协议，让我带走他，并让他接受良好的教育。假如这个小孩像他父亲一样，他将来一定会成为一位令你骄傲的人。"

农夫答应了。后来农夫的儿子从圣玛利亚医学院毕业，成为举世闻名的弗莱明·亚历山大爵士，也就是盘尼西林(青霉素)的发明者。他在1944年受封骑士爵位，且得到诺贝尔奖。

数年后，绅士的儿子染上肺炎，是盘尼西林救活了他的命。那绅士是谁？上议院议员丘吉尔。他的儿子是谁？英国政治家丘吉尔爵士。

(2) 虚心请教别人

有的人喜欢自以为是，总觉得别人都不如他，对别人的意见总是不理不睬，因此每当获得了成功总会归于自己的聪明，而遇到了问题就抱怨别人太笨。这样的人，往往没有朋友，也很难取得真正的成功。其实，在生活中，即使你是"最"聪明的人，也不能一个人做好所有的事情，每个人都有自己能够做到的事情，虚心请教别人，就可以把自己的精力放在自己最擅长、最能有效发挥自己能力的方面，从而摆脱烦琐事务的纠缠。

管仲是我国古代有名的治国贤才，齐桓公不避前嫌重用管仲，把齐国治理得强盛起来，管仲还辅佐齐桓公成就了一代霸业。齐桓公十分关注有才干的人，深知人才对于一个国家、一个国君来说是多么重要。他想，光有一个管仲还不行，还需要有更多像管仲这样的人才行。于是，齐桓公决心广纳贤才，他命人在宫廷外面燃起火炬，照得宫廷内外一片红红火火，一方面造成声势，另一方面也便于日夜接待前来晋见的八方英才。然而，火炬燃了整整一年，人们经过这里时，除了发些议论或看看热闹外，并无人进宫求见。大臣们只是面面相觑，也不知是什么原因。

有一天，竟然来了一个乡下人在宫门口请求进去见齐桓公。

门官问乡下人："你有何才干求见大王？"

乡下人回答说："我能熟练地背诵算术口诀，我希望大王接见我。"

门官报告了齐桓公。齐桓公觉得十分好笑，背诵算术口诀算什么才能？于是让门官回复乡下人说："念算术口诀的才能太浅陋了，怎么可以接受国君的召见呢？回去吧。"

乡下人不卑不亢地说："听人们说，这里的火炬燃烧了整整一年了，却一直没有人前来求见，我想，这是因为大王雄才大略名扬天下，各地贤才敬重大王希望为大王出力，又深恐自己的才干远不及大王而不被接纳，因此不敢前来求见。今天我以念算术口诀的才能来求见大王，我这点本事的确算不了什么，可是如果大王能对我以礼相待，天下人知道了大王真心求才、礼贤下士的一片诚意，何愁那些有真才实学的能人不来呢？泰山就是因为不排斥一石一土，才有它的高大；江海也因为不拒绝涓涓细流、广纳百川，才有它的深邃。古代那些圣明的君王，也要经常去向农夫樵夫请教，集思广益，才会使自己更加英明起来啊！"

齐桓公听了乡下人的这一番话，被深深打动，认为乡下人说得太有道理了，于是马上以隆重的礼节接见了他。这件事很快传开了，不到一个月时间，各地贤才纷纷前来，络绎不绝。

虚心请教别人，请求别人的帮助，也是一种力量。人永远不是孤立的，在合作中得到的力量是巨大的。所以，在你遇到困难的时候，似乎已经尽了全力还不能成功的时候，不要忘记还有一种力量叫作请教。

(3) 团结友善

团结友善，要求对待别人的时候和善、充满友谊和温情。人间充满真情才温暖。

想得到爱，先付出爱，要得到快乐，先献出快乐，播种终会收获。

(4) 平等待人

不管你是谁，你的职位多么高，财富多么多，在人格上你不比任何人高，也不比任何人低，众生是平等的。所以，永远坚持别人和你在人格上的平等这一基本原则，是合作的基础。否则，你将在不经意间失去朋友的友谊，失去亲人的亲近。

平等对待你生活中的每个朋友、亲人、一面之缘的人，他们也会一样平等地对待你。

2. 培养目标

(1) 乐于助人

把助人看成是平常的事情，是自己必须做的事，是自然的事情。

要养成乐于助人的习惯，就要承认助人其实只是一件很平常的事情，平常得就像一听到谁需要帮助就觉得那是自己的事，根本不需要什么心理斗争，也不需要去辩驳那应该是谁的责任，而是立即行动起来。所以，助人的关键不在于你拥有多少助人的资本，不在于你多么善于分析事情的责任应该归谁，而在于你是否立即行动了，做了些什么，也就是说，你有什么样的行动。

瑞恩是加拿大一个普通家庭的男孩，一天，他听老师讲非洲的生活状况：孩子们没有玩具，没有足够的食物和药品，很多人甚至喝不上洁净的水，成千上万的人因为喝了受污染的水死去。我们的每一分钱都可以帮助他们：一分钱可以买一支铅笔，60分够一个孩子两个月的医药开销，两块钱能买一条毯子，70元钱就可以帮他们挖一口井。

6岁的瑞恩深受震惊，为非洲的孩子捐献一口井成了他强烈的愿望。他的妈妈并没有像我们的某些家长一样直接给他这笔钱，也没有一直把它当成小孩子一会儿一变的头脑发热时的冲动。妈妈让他在所承担的正常的家务之外自己挣：哥哥和弟弟出去玩，他吸了两小时地毯挣了两块钱；全家去看电影，他留在家里擦玻璃赚到第二个两块钱；帮爷爷捡松果；帮邻居捡暴风雪后的树枝……

坚持了4个月，他终于攒够了70元钱，交给了相关的国际组织。

然而人家告诉他：70元钱只够买一个水泵，挖一口井要2000元。瑞恩的梦想只得继续着。一年多以后，通过家人和朋友的帮助，他终于筹集了足够的钱，在乌干达的安格鲁小学附近捐助了一口水井。

事情到此并没有结束，因为有更多的人喝不上干净水，攒钱买一台钻井机，以便更快地挖更多的水井让每一个非洲人都喝上洁净的水成了瑞恩的梦想。他坚持了下去。

5年后，这个6岁孩子的梦想竟成为千百人参加进来的一项事业，"瑞恩的井"基金会筹款已达75万加元，为非洲8个国家建造了30口井。这个普通的男孩，也被评选为"北美洲十大少年英雄"，被人称为"加拿大的灵魂"，影响着越来越多的人去爱和帮助他人。

(2) 虚心请教别人

虚心请教别人，并不是把自己的事情转到别人头上，只是为了更好地学习和完善自己才去请教。

要做到虚心请教，还要学会尊重别人的知识和能力。当别人在谈论自己的见解时，不是带着一种要和对方一比高下的想法，总想插两句话，而是带着一种学习的想法，耐心地倾听别人所讲的东西。

(3) 团结友善

林肯做美国总统时，他对待政敌的做法引起了一位官员的不满。官员认为林肯不应该试图接近那些政敌，而应当消灭他们。林肯说："当他们成为我的朋友时，难道不是消灭了敌人吗？"

团结友善，需要用把那些假想的敌人当成朋友的态度，化解并非根本性的恩怨，更好地相处相容。

以德报怨，可以帮我们化干戈为玉帛，成就更多的人生快乐。在日常生活中，人与人之间的交往难免会出现一些误会或经意与不经意之间的磕磕碰碰，轻者可能会令人感到不便或不快，重者可能会给人造成麻烦，甚至伤害。其实在每个人的心灵深处，都涌动着善良和宽容的本性，这就是为什么我们经常会感受到"你让我一尺，我敬你一丈"的美好体验。真正有智慧的人在遭遇到别人的得罪或伤害之后，却采取忍耐、宽容的态度，而且还会收到意想不到的效果。

一位同学在操场上与同学踢足球，他飞脚踢起的足球，不巧正砸在一个旁观男同学的头上，只见那个男生气愤地冲到他的面前，挥拳就向他的脸上打去，当时把他打得两眼直冒金星，鼻血也随之流了下来。突如其来的遭遇使他怒火中烧，真想挥拳进行还击。但是想想只要一还手，这场打斗肯定在所难免。于是，他使劲攥着拳头，咬紧牙关，一忍再忍，强咽下了这口气，并压着心里的怒火对那位同学说："实在对不起，我确实不是故意的。"他说出这番话之后，那位打他的同学马上惭愧地停止了自己的鲁莽行为，并诚恳地对我这位朋友说："哥们儿，是我不好，你别介意。" 在场的老师和同学都夸他姿态高。一瞬间，两个本来相互敌视的同学成了好朋友。

(4) 平等待人

做到对人不问出身，一律平等。即使身居高位，你也没有权利随便批评别人，即使你比别人的能力强很多倍，你也没有权利嘲笑别人。在人格上，任何人之间都是平等的，这与你身外的荣誉、头衔、财富都没有关系。

一个刚留学归国的博士去邮局办事，结果承办员的态度非常不好，他气得半死，回去告诉他一个也在邮政单位做事的主管老友："替我去告诉他我的身份，并告诫他态度给我好一些。"朋友苦笑着点点头。

几天后，那位年轻博士又到了邮局办事，且又遇上了那位承办员，岂料他态度不但没变好，反而更加百般刁难，这回他更气了！又去把他那个邮政单位的主管朋友叫来抱怨了一顿："去告诉那个故意吹毛求疵的员工，再给我提醒他一次我的身份，叫他给我客气一点。"

两天之后，他又在邮局碰到了那个员工，果然，这次那个员工不但不再刁难，反而还堆满了一脸笑容，态度亲切，那个年轻的博士好不得意，回去打电话给他的那个邮政单位主管朋友，问："这次你终于替我好好训他一顿了？"朋友回答："不，我没有替你训他，不但如此，我还告诉他，你不断称赞他做事谨慎、态度良好。"那位年轻的博士惊讶得说不出话来，朋友接着笑笑地说："很多时候，低姿态比高姿态更有用"。

四、积极选择

1. 定义和内涵

积极，首先是一种心态，反映了一个人对事物是持有乐观、发展、前进的基本观点，还是一种悲观、静止、无助的基本观点。只有乐观、发展、前进的基本假设能够让你在做事情的过程中，始终保持着对未来的热情和渴望，始终能够坚韧不拔地向前努力。

那年，山德士65岁，已是退休年龄。此后，每月唯一的收入便是从政府那里领回的105美元养老金。但是山德士知道他制作的炸鸡深受顾客欢迎。何不把制作配方变成商品变成价值呢？于是他有了一个想法，就是以这个炸鸡配方做一份事业，让更多的人吃到这么美味的炸鸡，于是他到印第安纳州、俄亥俄州及肯德基州各地的餐厅，将炸鸡的配方及方法出售给有兴趣的餐厅。刚开始，几乎没有人相信这个靠救济金生活的糟老头，但是山德士并没有因此放弃。经历了整整730个日日夜夜、1009次失败后，他终于听到了一声"同意"。1952年设立在盐湖城的首家被授权经营的肯德基餐厅建立。令人惊讶的是，在短短5年内，在美国及加拿大已发展400家的连锁店，这便是世界上餐饮加盟特许经营的开始。山德士成功了！于是，我们现在吃到了"肯德基"。

积极选择，即要把命运掌握在自己手中，而不是交给外在因素。心理学家阿特金森认为，人的成就动机取向有两种：追求成功和避免失败。追求成功，就是把成功达到特定的目标，作为做事情的动力，只注重成功的美丽，不考虑失败的后果，失败了，大不了从头再来。

追求成功的人，勇往直前，可能要经历很多挫折，甚至到最后也没有成功，但他们自始至终都是战士；避免失败的人，喜欢深思熟虑，他们对问题把握更深刻，只要有了相当的把握，成功便如囊中取物。在对更有价值的事情能否干成很不确定的时候，追求成功的人认准了就干；而避免失败的人可能选择放弃。简单地说，当有两条路摆在面前时，追求成功者愿意选择更神秘的那条，而避免失败者愿意选择更有把握的那条。

尽管两种动机并不一定决定一个人的成败，但是不要过多地担心失败的后果，也不要太多地盲目追求成功。

积极选择，还意味着对事物的选择。正如鲁迅先生在其《拿来主义》一文所提到的，拿来主义者，对事物进行有批判的选择，取其精华，弃其糟粕。做事情的时候，我们常常要判断一件事情是否应该做、是否值得做、是否应当有所改变。

2. 培养目标

要形成积极选择的习惯，首先要养成对信念的执着精神。选择了一个信念，就是选择了为它付出任何可能做到的代价。形成信念就是一种积极选择。

古希腊有一位演说家，他本来讲话是结结巴巴的，为了成为演说家，他经常读文章练习讲话，他还每天到海边含着满口沙子，对着大海，大声地演讲，口腔都磨出了血……经过努力，他终于练出了好口才，成了一个有名的演说家。如果不自己去说去练，只依赖别人，他就永远是个结巴，当演说家的愿望永远是个梦想。

形成对成功的渴望，失败了，除了记住失败的教训，其他的大可忘记。不要让失败的痛苦占领你的心房，成为阻碍你前进的绊脚石。

爱迪生在发明灯丝的过程中，前后实验了1600多种金属材料和6000多种非金属材料，当别人问起他失败了那么多次，为什么还不放弃的时候，他只是说，自己已经成功地证明了那些材料为什么不能用作灯丝，却不认为自己失败了。正是这种对失败只汲取教训的做法，才能让他在无数的挫折面前，始终保持着追求的动力，每次实验都像第一次，意味着希望和成功的开始，而不是又一次失败的考验。没有人能经得起多少失败——如果他把那些事情看作失败的话，但是任何人都能经得起无数次失败的考验——如果那些失败只是一些经验积累的过程的话。

形成对错误的事情说"不"的习惯，也是积极选择的表现。有时候说"是"容易，说"不"难。也许我们不得不承认，人在更多的情况下是非理性的，而在非理性的那些时刻，我们拒绝正确的行为往往是那么轻而易举，所以，我们的生活里也就充满了错误、歉疚、后悔和遗憾。

五、要事第一

1. 定义和内涵

做事情高效的一个秘诀就是集中精力。高效的人，往往把重要的事情放在第一位，而且一次只做好一件事。多数人在同一段时间内专心致志地只做一件事，都不见得能做好，更别说两件了，所以学会集中精力在同一段时间内做好一件事情是十分必要的。

要事第一，需要能够分出事情的重要程度，不能兴之所至，便不顾一切。

要事第一，还需要弄清楚哪些事情可以缓一缓。对于多数人来说，阻碍他们没有把重要的事情放在第一位的原因，并非他们不知道哪些事情更重要，而是他们没有考虑过将要做的几件事情中，哪几件可以缓一缓。这将使他们无法为重要的事情挪出时间来。

要事第一，还需要学会拒绝诱惑。在诱惑面前，人们最容易放弃自己最应该做的事情。

2. 培养目标

学会给自己的日常事务划分重要性，并且规定优先等级。这样有助于在需要进行二择一或者多择一的时候提醒自己应该选择干什么；也有助于提醒自己在兴之所至，忘乎所以时想想是否应该继续下去。

有效的个人管理方法须符合以下标准。

(1) 一致

个人的理想与使命、角色和目标、工作重点和计划、欲望和自制之间，应和谐一致。

(2) 平衡

管理方法应有助于生活平衡发展，提醒我们扮演不同的角色，以免忽略了健康、家庭、个人发展等重要的人生层面。有人以为某方面的成功可补偿他某方面的遗憾，但那终非长久之计。难道成功的事业可以弥补破碎的婚姻、孱弱的身体或性格上的缺失？

(3) 有重心

理想的管理方法会鼓励并协助你，着重处理虽不紧迫却极重要的事。我认为，最有效的方法是以一星期为单位制订计划。一周7天中，每天各有不同的优先标的，但基本上7日一体，相互呼应。如此安排人生，秘诀在于不要就日程表安排优先顺序，应就事件本身的重要性来安排。如果有的时候重要的事情被打断了，要及时把自己应该做好的事情完成，即使时间比较晚了，也不能拖到第二天。

(4) 重人性

个人管理的重点在人，不在事。行事固然要讲求效率，但以原则为重心的人更重视人际关系的得失。因此，有效的个人管理偶尔须牺牲效率，迁就人的因素。毕竟日程表的目的在于协助工作推行，并不是让我们为进度落后而产生内疚感。不随便占用别人的宝贵时间，是对别人的尊重，也是对自己的尊重。这样做既有利于别人的工作效率，也有利于自己的事情进展更顺畅，避免因为相互影响造成不必要的耽搁和延误。

(5) 能变通

管理方法应为人所用，不可一成不变，视实际需要而调整。有了错误及时纠正和弥补是十分重要的。也许有的人习惯于为了自己的面子，而不承认自己的错误，但在无形之中，也就失去了更重要的东西，例如时间和友谊，也得到了另外的东西，例如孤独和烦躁。

(6) 携带方便

管理工具必须便于携带，随时可供参考修正。

针对青少年，有效的个人管理可分为4个步骤。

① 确定角色，让孩子写下个人认为重要的角色。假若以往不曾认真考虑这个问题，就把这时闪上脑际的角色逐一写下。比如，在学校里是学生，在家里是孩子，在同学、朋友之间是其中的一分子。

② 选择目标，让孩子为自己的每个角色设定未来1周欲达成的2~3个重要成果，列出来。应把短期目标与自己的宏观目标联系起来，特别注意设想每一角色及重要目标。在未来1周的目标中，务必有一些真正重要但不急迫之事。

③ 安排进度，根据列出的目标，让孩子安排未来7天的行程。例如，锻炼身体是目标，那么不妨一周安排3~4天，每天运动1个小时。有些目标可能必须在学校里完成，有些要在家里实现。每个目标都可当作某一天的第一要务，全力以赴。经过规划，"一周行事历"中，还要留有空白，应付突发事件。

④ 逐日调整，鼓励孩子每天早晨依据行事历，安排一天的大小事务。强调逐日计划行事，使事情井然有序，不致因小失大。

学习习惯的养成

一、主动学习

1. 定义和内涵

主动学习，意指把学习当作一种发自内心的、反映个体需要的学习。它的对立面是被动学习，即把学习当作外来的、不得不接受的一项活动。

主动学习的习惯，本质上是视学习为自己的迫切需要和愿望，坚持不懈地进行自主学习、自我评价、自我监督，必要的时候进行适当的调节，使自己的学习效率更高、效果更好。当然，不是每个人都是天生的"爱"学习者，所以培养主动学习的习惯，有时候也需要他人的提醒和帮助。

具体地说，培养主动学习的习惯，首先要把学习当成自己的事情。这主要体现在处理好关于学习的每个细节，尽量不需要别人的提醒，进行自我管理。

其次，对学习如饥似渴，有随时随地只要有一点时间就用来学习的劲头。

再次，对自己的学习及时有效地进行评价，这也是主动学习的一种表现。在学习的过程中，不仅学习水平在不断变化，兴趣和爱好也在不断地变化，对这些方面进行评价和审视，不仅有利于保证学习的程度和质量，特别重要的是保证学习的方向正确。

最后，学会主动调节、适应不同的环境和需要。当一个人总在抱怨自己的环境是多么不公平的时候，他的注意力十有八九已经脱离了学习本身，他的能力也将浪费在抱怨中。适应不同的环境，不仅是主动学习的表现，也是锻炼不同能力和丰富人格力量的机会。

2. 培养要点

培养主动学习的习惯，首先要形成对学习的需要。只有形成了对学习的需要，才能主动去寻找和发现自己感兴趣的学习资源，才能主动挑战任何学习困难。

其次，把学习当成自己的事情，独立、认真、扎实地做好学习中应该做的每件事情，解决好学习中遇到的每个问题。

再次，学会进行自我评价。自我评价是每个主动学习者必需的基本步骤之一。有正确的自我评价，就能弄清楚自己的学习状况，既知道自己的成绩和优势，也知道自己的不足和缺陷。这样既有利于发挥自己的长处，也有利于进行改善和提高。

最后，要根据情况的变化调节自己的学习目标和行为。世界处于不断的变化之中，在不断变化的世界中，只有能及时应对变化的人，才能时时处处得心应手。

此外，还要有百折不挠的勇气、精益求精的精神。

二、不断探索

1. 定义和内涵

不断探索，就是在未知的领域里，没有任何人的指导，完全凭借自己的兴趣爱好、凭借自己的发现和寻找进行学习。

探索来源于兴趣，但不是"三分钟热度"。爱因斯坦说，兴趣是最好的老师。一旦产生了兴趣，就会产生弄清楚事物来龙去脉的冲动。当这种冲动不是昙花一现，而是指引着一个人坚持不懈地去努力寻求原因时，就成了真正的探索。

诺贝尔物理学奖得主、美国加州理工学院物理系教授费曼天性好奇，自称"科学顽童"。他在普林斯顿大学念研究生的时候，研究蚂蚁怎样通报信息的故事，充分说明了这个称号对他名副其实。

为了弄清楚蚂蚁是怎样找到食物的，又是如何通报食物在哪里的，他着手做了一系列实验。如找个地方放上些糖，看蚂蚁需要多长时间能够找到，找到之后如何告诉同伴。然后用彩色笔跟踪画出蚂蚁的路线，看究竟是直的还是弯的。通过这些实验，他发现蚂蚁是嗅着气味回家的。后来，当他发现蚂蚁成群结队地"光顾"自己的食品柜时，他运用自己发现的规律成功地改变了蚂蚁们前进的路线，保住了自己的食品。

探索还来源于怀疑。没有疑问，就没有探索。对于别人提出来的观点，不假思索地接受，也会埋葬探索的机会。

科学世家的"小公主"、居里夫妇的女儿伊伦·约里奥-居里，与丈夫一起获得1935年的诺贝尔化学奖。她小时候非常好动，淘气得像个男孩子，但是自从参加由母亲居里夫人及其好友朗之万、佩兰等人制订的合作教育计划，她的淘气变成了对未知事物强烈的爱好和探索精神。有一次，物理学家朗之万给孩子们出了一个问题：把一条金鱼放进一个装满水的鱼缸里，然后把溢出来的水接在另一个缸子里，结果却发现这些水的体积比金鱼的体积小，为什么？

孩子们七嘴八舌议论纷纷。伊伦没有参加讨论，而是在想浮力定律——浸在水中的物体所排开水的体积应当与物体体积相等。可是这个定律怎么到了金鱼身上就不灵了呢？又想，朗之万是知识渊博的大物理学家，总不会是他弄错了吧？

一回到家，她就去问妈妈这个怪问题。居里夫人想了想后，笑笑说："伊伦，你动手做一下，试试看就知道了。"伊伦一定要弄出个究竟，想证实自己的想法是正确的。于是从实验台上取了个缸子，又弄了条金鱼，开始做实验，结果竟然是溢出的水体积与金鱼的体积一样。

"奇怪呀！为什么朗之万说体积不相等呢？"伊伦想了半天，最后好像下了很大的决心。

第二天一上课，她就质问朗之万，为什么给他们提出一个错误的结论，并详细地描述了自己的实验经过和结果。朗之万听完，赞赏地笑了："伊伦，你是个聪明的孩子。通过这个小谎言，我想告诉孩子们——科学家说的话不一定就对，严谨的实验才是最可靠的证人。"

探索的兴趣不因外界的关注与否而受到加强或者减弱。并不是所有人都关注的事情才有价值，有时候"真理掌握在少数人的手中"。"随大流"很容易，但是能够"耐得住寂寞"，坚持做少数人就难了。

迄今为止，一生中两次获得诺贝尔化学奖的科学家只有一位，他就是桑格。桑格是英国科学家，分别于1958年和1980年获得诺贝尔化学奖。虽然获得了如此"傲人"的成就，但是可能很多人都想不到，桑格在中学时代远远不是什么"天才"或者"神童"，他的成绩甚至属于"平庸"一类，而且在获得工作机会的过程中也曾经差一点因为"平庸"被拒之门外。

桑格从小受到父亲和哥哥的影响，喜欢生物学。他经常和哥哥去野外采集和制作动植物标本，一起读生物方面的科普书籍。因为热爱生物学，并将大部分精力投入其中，他的生物学知识远远比同龄的伙伴多。但是当时学校里并不考生物学，所以他的生物学对提高自己的成绩并没有什么作用。他的学习成绩一直很"平庸"，而且他内向的性格，也使得他在学校里很少能引起老师和同学的注意。从小到大，在学校里得过的唯一奖励就是"全勤奖"，从来没有显示出过人的才华。

1939年他毕业于剑桥大学，1940年英国剑桥分子生物学实验室主任佩鲁兹在聘请他到自己领导的实验里工作之前，佩鲁兹征求过一些权威人士和一些一般人士的意见。那些人对桑格的正面评价的不多，也没表示出多少赞美。当佩鲁兹选择桑格的时候，还有很多人感到不可思议，觉得不应该选这样一位没什么影响和资历的年轻人到如此有名的实验室。

那么桑格究竟用什么打动了佩鲁兹呢？原来佩鲁兹主要看中了这位年轻人的闯劲和思想解放，还有他的化学专业背景，这都是剑桥分子生物学实验室所需要的。桑格虽然并不突出，但是他的思维很有原创性，在硕士论文里提出了连博士课题都很少具有的创意和思想。

探索的问题来源于对周围世界的观察。它们可能会在教科书里出现，但不是每个问题都能从教科书里找到答案。更为重要的是，越具有原创价值的观察，越无法从教科书里找到答案，这时候需要进行思维的冒险和全身心的投入。而且必须注意到的是，越是原创的探索，需要付出的时间和耐心会越多。

有些探索存在危险。尽可能全面地了解自己的行为可能存在的危险，进行科学探索和保证自己和周围人的安全十分重要。

2. 培养要点

要培养不断探索的习惯，应遵循以下几点。

① 要对周围某些事物、现象，对听到、看到的观点、看法有浓厚的兴趣。如果周围的任何事物和现象都引不起你的丝毫兴趣，不能令你有所感触，不能让你心动，那就不可能产生真正的探索。

② 要有自己相应的探索工具和场所，特别对于实验科学来说，有一个雏形实验室十分重要，而对于动手制作来说，一些手工工具也必不可少。

③ 要不断丰富自己的信息资源。

④ 要有对新事物的开放心态。迄今为止，最年轻的中国科学院院士卢柯是目前我国纳米领域的领头人。他走上研究纳米技术的道路似乎出于偶然，而这个偶然背后，却是对新事物的开放心态。

有一天，卢柯正好没有什么事情，听别人说有个外国专家要做纳米技术方面的演讲，于是就抱着听听看的态度顺便去听了报告。没想到，越听越上瘾，越听越觉得有意思，后来干脆转向了纳米技术的研究。正是由于这一转向，既为他打开了一个前所未有的广阔空间，也为他获得巨大的成功提供了可能。

三、不断自我更新

1. 定义和内涵

自我更新，就是不固守已经掌握的知识和形成的能力，从发展和提高的角度，对自己的知识、认识和能力进行不断的完善。

自我更新，需要不断地对自己掌握的知识和能力进行联系、推敲、质疑和发展。随便打开一门学科的任何主题的综述类论文，我们都能看到这样一个现象：所有的科学发展，最初几乎都显得非常幼稚，甚至很多观点对我们来说简直幼稚得可笑。但是，正是从这种幼稚开始，一个严密的科学体系逐渐建立了起来。对于具体某个人来说，最初产生的认识和能力在更高水平的人看来往往是幼稚的，但是所有高水平的人也是从幼稚开始发展的。明白自己的认识存在发展的空间，也就是说，存在"幼稚"的一面，是进行自我更新的前提。

牛顿经典力学定律确立宏观世界的运动规律，不可谓不"完善"。到了20世纪初，物理学界甚至有人认为，物理学的大厦已经宣告接近尾声，20世纪的物理学家已经基本无事可做。但是，当居里夫妇发现了镭以后，随着放射性物理研究的开始，人们发现物理学大厦远远不是要完工，恰恰相反，只不过才处于打地基的阶段。当爱因斯坦的相对论提出以后，量子力学理论开始建立起来的时候，整个物理学大厦不过是把原来盖茅草屋的地基换成了钢筋混凝土的地基罢了。物理学大厦的落成典礼已经遥遥无期了。20世纪的物理学家忙活了一个世纪，现在不知道的事情反而比知道的事情多了更多倍，他们远远没能享受无事可做的"清福"，而是更加忙得焦头烂额了。

自我更新，首先要有自知之明，明白自己知道的其实还很少。只有这样才能为了一个伟大的目标踏踏实实地从最基础的工作做起。

德国化学家、1979年诺贝尔化学奖得主维蒂希，小时候说过要做总统的豪言壮语。那天上作文课，老师问大家将来想做什么。同学们有的说想当画家，有的说想当作家，而维蒂希说："我要做德国总统，让所有人都有工作，都安居乐业。"有的同学说他吹牛。

老师说："很好，有个伟大的目标是一件好事，希望你通过努力能实现自己的理想。"

受到老师表扬的维蒂希心里很高兴，一下子好像自己真的成了总统。妈妈让他去浇花，他说："浇花不是总统做的事。"然后，他跑到父亲的书房里练习当总统去了。

后来，一次化学课上，他在偷看《名人传》，下课了还不知道。化学老师让他去办公室。在办公室里，老师问他："维蒂希，听说你以后的理想是要做德国总统，是吗？"

"嗯！"维蒂希很肯定地回答。

"这非常好，是一个远大的志向。可是你准备怎么实现呢？"

"我……"他不知道如何回答，只好说："我不知道。"

老师说："中国有句古话，叫'一屋不扫何以扫天下'，你知道什么意思吗？"

维蒂希摇摇头。

老师说："这句话的意思是，光有雄心壮志是不够的，还要从小事做起，慢慢地实现大理想。现在你没有行动，可就等于空想了。"

维蒂希低下了头，想想自己这几天的所作所为，觉得有些羞愧。

那天回到家里，没等母亲吩咐，就主动浇花去了。妈妈奇怪地问他："怎么总统也开始浇花了？"

他说："妈妈，我知道我错了。以后我从身边的小事做起，一步步做好。"

其次，自我更新需要有追求的动力。没有发展动力的人，即使有好的天分，有好的条件，也不一定能够获得良好的发展。

生活条件优越的人，不一定能够发现自己条件的优越，相反却更可能在优越的环境中无法找到追求的动力和目标。

再次，自我更新需要广泛探索。

在二十四史中，《史记》被誉为"群史之领袖"。这部史学巨著就是西汉时期著名的大史学家、大文学家司马迁及其父亲司马谈撰成的。

司马谈针对历史学除了孔子在400多年以前删编过《春秋》之外，几乎一片空白的事实，立志整理出一部历史书来。他利用皇家图书馆的便利条件，熟读前代历史和经典文献。但是，由于古代书籍本来就少，加上秦始皇推行高压统治，只留下一点断简零篇，不少史事的记载还互相矛盾、真假难辨。所以，司马谈经过深思熟虑，鼓励司马迁到全国各地走一走，察看各地的地理和风土人情，观瞻历史遗址，收集书本上没有记载的遗闻逸事。

儒家遵奉"父母在，不远游"，司马谈不但鼓励20岁的儿子远游，而且和儿子做了一次长谈，他告诉儿子自己在编修史书时每每为缺乏材料而感到为难，急需要有人帮助收集材料，但自己作为太史令，职责不仅仅是修史，还要负责其他事宜，所以希望司马迁能够代替自己完成这一夙愿。

司马迁特地借来了一张地图，父子俩详细地研究了出行的路线，一路上应当注意的问题，有哪些可能的线索，以及怎样才能收集到可靠材料的方法。司马迁为了不忘记父亲的教诲，还专门用简牍一条条记上，装入行囊。

临行前，司马谈得知董仲舒已经向当朝皇帝提出罢黜百家、独尊儒术的建议，皇帝也已经接受，准备下诏颁令天下。司马迁听父亲说了之后，表示一定博采诸子百家之说，不拘泥于一家一宗。虽然为了不忤皇帝的旨意，要突出撰写儒家的历史，但对其他各家也要全面记述，自己此行在收集材料方面，一定要注意这个问题。

在这次对大江南北的游历和实地考察过程中，司马迁饱览了名山大川，体会到了祖国的伟大、山河的壮丽。由于他深入民间，广泛地接触到劳动人民，博采各种口碑传说，收集的材料十分翔实可靠。

回到长安，父子俩将近三年不见，司马谈从儿子的言谈之中，发现司马迁的变化很大。三年时间里，他不仅掌握了许多自己也没有听说过的史实，而且对下层人民特别关注，形成了自己的历史观。

整理工作结束之后，司马迁接受朝廷派遣，出使西南(即今天的四川和云贵地区)传达诏令。司马谈得知后十分高兴，认为这是一次难得的机会，可以了解西南夷人的风俗，熟悉巴蜀的历史。像上次一样，司马谈为儿子制订了详细的游历考察计划。

后来，司马迁果然担任了太史令，最终撰写完成了名垂青史的《史记》。

司马谈对司马迁的教育，除了把自己的知识传授给儿子，让他从小跟随名师，更重要的是激励了儿子的事业心和为他提供"行万里路"的机会。如果司马迁只学书本知识，不出门饱受长途旅行之苦，他也不可能写出《史记》这样万世流芳的鸿篇巨制。

自以为是和举止轻浮是妨碍自我更新和提高的绊脚石。永葆自我更新的激情，还要不为荣誉所累。

2. 培养要点

要培养不断自我更新的习惯，应遵循以下几点。

① 要让自己心态开放。对于新事物当中的糟粕，要给予有力的反驳和批判，对它们当中先进和有价值的信息，也要充分深入地理解、运用和认识。

② 培养对新事物、新现象的敏感性。

③ 扩大自己的视野，是自我更新的重要源泉。

④ 虚心地听取别人的意见后，自我反思，对自我更新意义非凡。

四、"做中学，学中做"

1. 定义和内涵

常常听到有学生抱怨学校里学的东西没有用，果真如此吗？学不致用，当然无用；学以致用，自然会有用。在目前我国的学校教学中，可能由于种种原因，老师并不经常引导学生把刚刚学到的知识与生活实践联系起来，很少给学生出一些生活类的题目，把一段时期学习的某个专题，甚至多种学科的多种专题的知识结合起来，进行综合运用。但是，这并不代表知识本身是没有用的。

知识，来源于整个人类的生产生活实践，都是人们在实际问题的过程中不断发展和完善起来的。所以，就知识本身而言，它必然是有用的。之所以会产生"知识无用论"，一方面由于教师对知识的运用引导得不够，而更重要的是，学生自己在探索知识的可用性上没有下功夫。当然，这里并不是指责现在的学生不努力，在当前的教育制度下，学生的学业负担过重，压力太大等，也是导致不能学以致用的原因。现在先不去追究原因是什么，而是把讨论的重点转向怎样做到学以致用上来。

"做中学，学中做"的精髓一方面在于把间接的经验和知识还原为活的、有实用价值的知识。这个还原的过程则需要有一双敏锐的眼睛和始终思考的心灵。一双敏锐的眼睛，让你去观察很多现象是什么样子的。而始终思考的心灵，则让你不断地发现现象背后隐藏的规律。

"做中学，学中做"的精髓，另一方面在于动手。理论上行得通的东西，在实践中做起来可能难度远远比想象的复杂得多。"纸上得来终觉浅，绝知此事要躬行"，动手做一做，比单纯的"纸上谈兵"要来得更具体、更全面，也更直观。对于技术性的工作，最优秀的往往不是学历高的人,而是有操作倾向、操作能力和操作经验的人。

在"做中学"的过程中,能够充分发现人的潜力。很多人对自己没有信心,认为自己这也不行,那也不行,肯定什么也做不好。可是,这里有个问题:你试着去做过吗?你做的时候是浅尝辄止,还是屡败屡战呢?有些问题貌似很复杂,其实真正做的时候却发现并不太难。对于复杂的问题,不可能一蹴而就,如果浅尝辄止,只能加重自己的失败意识,更加没有信心。所以,多做,就会发现自己能做的事情很多;少做,就会发现能做的事情很少。

2. 培养要点

形成"做中学,学中做"的习惯,首先要经常观察和思考。观察和思考是一切智慧的源泉。现象和规律都客观地存在着,就像苹果园里的苹果年年都会往下掉,被砸中的人也不计其数,却只有牛顿发现了万有引力定律。这就是观察和思考的效果。可以说,几乎所有的发现都来源于细心的观察和思考。

"做"是这一习惯的核心,所以需要不断动手去做实验,验证自己提出的想法和观点。

除了实验,"玩"也是"做"的重要方式之一。人喜欢的"玩"有两种方式,一种是纯粹为了轻松,什么也不想做,属于"游手好闲"的玩;还有一种是探索性的玩,凡事想弄个究竟,想玩出点花样。同样是玩游戏,有的人能从玩中学会自己编游戏程序,而有的人则沉溺于其中,荒废青春年华。从本质上来说,玩不是完全一样的,关键在于在玩的过程中,大脑是被游戏牵着走,还是在为游戏设计规则、进行改进和提高。

知识是动手操作的生长点。任何动手操作的成功,都离不开知识。在探索性的动手过程中,可能我们刚开始并不很清楚里面的规律和蕴含的知识,但是操作的过程只有符合了规律之后才能成功。所以,对于动手操作来说,最终总结出其中蕴含的知识非常重要。只有总结出了规律性的知识,操作才有推广的价值,才能更有效、更高效地推广利用。

五、科学利用和管理信息

1. 定义和内涵

在知识社会里,信息浩如烟海,会游泳者生,不会游泳者亡。这里的"游泳"就是指管理知识与处理信息。

可以肯定地说,21世纪最重要的学习能力就是学会管理知识和处理信息。具体说就是,你不可能也不需要记住所有的知识,但你可以知道去哪里找你需要的知识,并且能够迅捷地找到;你不可能也不需要了解所有的信息,但你知道最重要的信息是什么,并且明白自己该怎么行动。

2. 培养要点

计算机和互联网有如此大的作用和影响，那么怎样健康有效地利用互联网呢？

8~11岁：处于这个年龄段时，已拥有较多的互联网络使用经验。为了完成学校作业，需要查阅网上百科全书、下载有关数据和图片；有时候也开始交网上笔友，与远方的亲戚、网络朋友通信。这个阶段也是渴望独立、形成价值观念的关键时期，但是对于不良文化、误导信息和有害信息等还缺乏必要的甄别能力，因此，父母要及时指导，例如建立明确的使用规则；没有父母的允许，孩子不在网上订购产品或发出有关自己及家庭的任何信息；父母要求孩子如果发现不寻常的信息，要马上告知；控制上网的时间。

12~14岁：这个年龄段处于网上相当活跃的时期，学会了收索大批感兴趣的信息资源，例如浏览大学图书馆、网上杂志和报纸等，可以通过各种方式向权威人士提问，参与闲聊小组，与其他人分享经验和兴趣。这个阶段要注意的问题是：要让孩子明确了解网络法律及规则，以及上网的时间限制；父母尽可能和孩子一起上网；要求孩子制订一个上网计划，并从旁监督。

15~18岁：在这个阶段，网络世界提供无限的资源。孩子应该学会利用这些资源解决现实问题，如发现工作机会、选择大学、学习外语等课程，发现新的、有用的网址和结交新的朋友，并且能够试着帮助家里解决一些问题，在网上找到解决问题的方法，如查询网上购物信息、确定旅游路线等。

六、学习基本环节习惯

1. 定义和内涵

学习基本环节习惯是指学习学校课程过程中的学习习惯。它包括规范书写的习惯、预习习惯、上课习惯、复习习惯、作业习惯、阅读习惯、提问习惯和持之以恒的习惯等。

规范书写，就是指用笔书写的时候，注意把字写得工整清晰，用字用词规范，写作格式符合通常的要求等。规范书写，有利于自己复习笔记，有利于使自己的表达易被别人理解，也有利于给别人形成好印象。

预习，是指在开始上新课之前，教师还没有对新课内容进行任何讲解，学生提前通过看课本、做课后练习等方式，或者在前一天的晚上，或者在第二天上课前，或者在新的一个教学周开始前，甚至提前到新学期开始前的假期里，对一节课、一个单元的知识，甚至整本新教材的知识提前学习。这种学习，一方面可以为课堂学习打下基础，保证自己在听课的过程中能够特别关注那些预习时未能完全解决的问题，有针对性地解决；另一方面，也可以使自己减少对教师课堂讲解的依赖性，更主动地自我学习。

上课，就是在课堂上如何更好地学习知识、形成技能，与老师进行良好的互动，既表现出自己对知识的掌握情况，也能使老师有所了解，使自己的学习更顺畅、更有效。

复习，就是在学习了新知识后，进行巩固和发展。

作业，是为了更好地检验和提高对新知识的运用能力而进行的练习和训练。

阅读，包括对教材、课本的阅读，课外资料的阅读，既包括文学性质的阅读，也包括各种科学、科普知识的阅读，进行广泛的阅读对学好知识、扩大视野十分有益。

提问，包括课堂提问、课下提问、自我提问等。在课堂上，如果遇到不明白的问题，可以主动向老师提出，直接解答心中疑惑，使自己能够跟上老师的节奏；课下，如果发现有些问题还不是很清楚，也可以向老师、父母和同学提出，进行切磋交流。在预习、自学的过程中，也要主动根据学习的知识，提出问题，更深刻地了解自己预习、自学的知识解决了什么样的问题，有什么样的价值等。

持之以恒，就是学习要一股韧劲。遇到比较困难的学习内容，能够坚持把它们弄懂、弄通，迎难而上，而不是浅尝辄止，一有困难就打退堂鼓。对于日常学习的一些具体和细节方面，比如预习、复习、作业等，能够按时高效率地完成，不拖拉。

2. 培养要点

要培养科学利用和管理信息的习惯，应遵循以下几点。

① 培养凡事认真的态度。

② 形成规范的学习程序，包括形成预习的习惯，上课认真思考、积极提问的习惯，做作业前先复习的习惯，做完作业自我检查的习惯等。据调查，学习成绩比较好的学生往往在形成规范的学习程序方面做得比较好。从知识学习的角度来看，只要把平时的功课做足了，问题不积攒，及时解决，踏踏实实训练、练习，掌握起来并不难。再者，从考试的角度来看，考试中出现的难题偏题也不多，只要把课堂的习题掌握好，善于举一反三，考个好成绩应该不难。

③ 形成广泛阅读的习惯。学校学习的知识毕竟是有限的，而且是面向大多数学生的一般发展的，不仅对于能力特别突出的学生，而且对于能力并不突出但在某些方面有特别爱好的学生来说，往往不够用。再者，学校教育面向基本知识和基本技能的培养，关于专项技能的培训比较少，知识往往比较基础，现代化的速度往往比较滞后，这些也在一定程度上对个体的发展有所限制。所以，必须明确一点，学校学习远远不是学习的全部，必须从学校以外的各种信息渠道，包括图书、电视、互联网等了解更多的信息，寻找自己感兴趣的部分超前发展。这也有利于形成自己的特色和特长，更好、更全面地了解社会。

④ 持之以恒。举起一块砖对于十几岁的人来说是件轻而易举的事情，但是将一块砖举一个小时对大多数人来说就会比较难。对于日常学习来说，可能大多数的工作更类似于把一块砖举一个小时，难也难在坚持上。

生活习惯的养成

一、坚持锻炼身体

1. 定义和内涵

据研究结果表明,凡运动能力发展良好的儿童,其社会化的质量也好;相反,凡运动能力发展迟缓的儿童,其依赖性强,社会性也欠缺。

另外,我们都知道,人要有坚强的意志,否则无论是生活还是工作,都很难成功。坚强的意志要在实践中培养和磨炼,要从小就开始培养。而对于广大的中小学生来说,任何一项体育活动都要以意志去克服比日常生活更多的困难。很多教育家和科学家认为,体育活动是培养学生有坚强的意志、勇敢、积极向上等良好品质的最佳手段。

坚持锻炼身体应该包括以下几个方面的内容。

(1) 培养运动的兴趣

对于中小学生来说,培养对体育的兴趣是最主要的。这一时期是人形成良好习惯的关键期,在生理上处于生长发育和素质发展的敏感期,人的可塑性大,所以,正是养成自觉锻炼身体习惯的好时期。如果错过了,随着年龄的增长,受旧习惯的干扰,新习惯将难以形成。

作为父母和老师,不能把压力只加在学习上。只有身体好了,学习起来才会更加轻松。

体育锻炼重在参与,仅在家里和孩子一对一地玩是不够的,可以经常去公共场所观看他人的运动,感受运动给人带来的活力,从中获得熏陶与感染。

运动对智力有好处。有的孩子花在学习上的时间比别的同学少,但是成绩依旧名列前茅。究其原因，就是他精力旺盛，上课听讲专心，作业完成速度快。

(2) 养成爱好体育锻炼的生活方式

把体育锻炼变成孩子生活中不可或缺的一部分，好处是非常多的。

首先，体育锻炼能促进人的智力水平发展。大脑思维的灵活与肢体的灵活性是相联系的，一个行为迟钝的人是不会学习超群的。如果仔细观察，有一些有学习问题的同学，他们的视觉跟踪力差，阅读计算时常常出现丢字、串行、看错数，这和他们的眼肌控制能力差有关。而大脑对眼肌的控制，必须在充分的活动中发展。像一些有追踪目标的运动和投掷类运动都对眼肌的发展有直接作用。另外，注意力不集中，是因为其内耳前庭发展不平衡，这导致其处于情绪不安稳的状态，严重影响上课听讲和写作业。内耳前庭的发展，正是在奔跑和悠荡中实现的。

其次，我们通过体育活动可以培养和塑造良好的个性心理。因为参加体育运动本身就必须克服困难，遵守竞赛规则，制约和调控自己某些不利的个性品质。

再次，体育可以增进快乐，调节情绪。如果经常进行体育活动，大脑会分泌出一种叫作内啡肽的物质，科学家称之为快乐素，它能使人产生愉悦感。

还有，适当的体育锻炼可以促进血液循环，保障骨、脑细胞充分的营养，从而促进长高激素分泌及肌肉、韧带和软骨的生长。

(3) 运动为孩子的成长提供机会

运动中需要伙伴，在运动中孩子还能学会与他人沟通和相处，帮助孩子成为一个善于与人沟通和相处的人，为他以后的成长带来很多意外的机会。在现代社会，成功的机会就在与人的相处中。

另外，如果在体育锻炼中发现了真正热爱并且想一生从事的行业，那么，这何尝不是一个人生的机会呢？在体育史上，就有很多人是因为小时候在体育锻炼中发现了自己的特殊才能而成为一名优秀运动员的。

况且，身体是革命的本钱，有健康的身体是一生中工作、学习的有力保障，有健康才有希望，健康是一切事业的基础。

2. 培养方法

要培养坚持锻炼身体的习惯，可遵循以下几点。

(1) 从体育游戏开始

体育游戏是最主要的体育活动内容。在游戏中锻炼身体素质，发展基本活动能力的同时，也能满足中小学生的心理和身体特点。

体育游戏中有发展各种动作的游戏，如"捉人"的游戏，能发展跑的动作；"运西瓜"的游戏，能发展抛接球的动作；"走钢丝"的游戏，能发展平衡能力；"小猴摘桃"的游戏，能锻炼跳跃能力；"小熊猫钻山洞"的游戏，能发展钻爬能力，等等。

(2) 尽量做到活动多样化

有很多人会有这样一种习惯，总是习惯于玩某一种游戏或者是进行某一种单一的运动项目。特别是在刚学会某种运动之后，由于一时的兴趣，会特别热衷这一种游戏。但是这种运动习惯并不好，一是容易让人产生疲劳，二是不能锻炼到身体的各个部位。

青少年正处于生长发育的过程中，身体各部位未发育成熟，未定型，如果长时间只进行某一种运动的话，就容易造成某个相应的部位特别发达，这对于身体的整体协调发展是不利的。所以要多样化，双腿既要走、跑，也要蹲，身体有屈，也要有展，两臂有伸有振，也要有举，各种动作配合进行，促进身体的全面发展。

(3) 锻炼要经常，天天都需要

增强体质，提高身体各器官的生理机能，以及形成正确的动作技能，都不是偶尔活动活动就可以实现的，要通过经常反复地锻炼，长期积累才能获得。

(4) 循序渐进地进行体育锻炼

有很多人刚开始进行体育锻炼的时候，恨不得一下子就能使自己的运动水平达到专业运动员的水平。这违背了体育锻炼很重要的一条原则，那就是循序渐进。任何动作都应逐渐适应，慢慢掌握。刚开始进行体育锻炼时，强度不要太大，只要有些微汗，面部觉得有些发热，动作协调，这个活动量就是合适的。

(5) 按照年龄与身体特点进行运动的选择

① 走、跑动作的变化。

变化路线——直线、后退走、横向走。

变化活动的方向——向前走、后退走、横向走跑。

变化身体的重心——脚尖走、脚跟走、半蹲走、脚内侧或外侧走或跑、高抬腿、踢臀走或跑。

变化节奏走跑——快节奏、慢节奏、快慢交替走或跑。

变化动作的幅度——大步走跑、小步走跑、跨步走跑，等等。

② 跳跃动作。

原地向上跳——跳起顶物(比如小布球等)，跳起触摸玩具等。

从高处向下跳——高度一般随着年龄变化而变化，从10到40厘米不等。

原地向四面跳——双脚向前跳，向后跳，向侧面跳。跳时，因为身体用力方向不一样，所以可以培养我们随时调节自己身体的能力。

连续跳——双脚或单脚都可以做，一般有连续向前跳、连续向后跳、连续向左跳或连续向右跳等，也可以模仿小兔子跳或是小青蛙跳。

③ 投掷动作。

投掷动作包括掷沙包、掷飞机等。随着年龄的增加，在体育课上，也有很多投掷运动，比如铅球、铁饼和标枪等。进行这些运动项目的时候，一定把安全放在第一位，无论是自己的安全还是别人的安全,都要考虑到。

④ 发展平衡能力的动作。

平衡是人的基本活动能力之一,平时锻炼平衡能力的机会是很多的,比如沿着马路沿、台阶沿等走。

在平时的体育课上,也有很多发展平衡能力的项目,比如平衡木、跳马等,但切记这些项目一定要在有专业指导人员的时候才可以做,因为危险性较高。

二、节约每一分钱

1. 概念和内涵

节约是指自觉地、高效地使用金钱和物质财富,在传统意义上,主要指量入为出,节省财物,增加积累。在今天,这个解释仍然适用。我们认为,不管多么富裕,节约都是必须的,随着经济收入的提高,人们可以吃得越来越好,穿得越来越美,用得越来越现代化,但绝不意味着我们可以随便浪费粮食和各种物品,任何浪费都是对劳动的亵渎,对人的尊严的亵渎。节约是永远不能丢弃的美德。

在当今社会,生产力水平不断发展,人民生活水平不断提高,我们当然也有条件追求更美、更好的生活。节约并不是说要把我们的生活拉回以前那种贫困的日子。衡量节约的标准是:第一,是否高效益地使用金钱财物,合理消费;第二,是否有利于人的发展,有利于人的身心健康,有利于良好品德的发展;第三,是否杜绝了奢侈浪费和享乐主义。每个家庭与个人的消费水平不同,这三个原则都是适用的。

节约是一种美德,美学大师朱光潜说:"有钱难买幼时贫。"现在的孩子大多都是独生子女,父母尽一切所能为他们创造最好的生活条件,所以也造成了很多人不懂"节约"二字,只要求吃好的,穿好的,玩具越多越好,越高级越好,更不懂得粮食、衣服和玩具等物来之不易,有的人随便抛洒粮食,不爱护衣物,对玩具随意破坏,乱丢乱扔。

对于中小学生来说,节约的内容主要包括如下几点:

① 节约粮食、水电,不随意浪费和抛洒粮食;
② 爱惜玩具、文具、图书、衣物及其他物品;
③ 学会节制不合理的欲望,不该买的东西就不要买;
④ 爱护公物,对损坏的公物懂得报修或学着修理。

2. 培养要点

(1) 树立正确的金钱观

生活条件改善了,孩子手中的钱越来越多,主要是来自长辈们给的零用钱和压岁钱。钱多了，他们对于钱的态度也就显得不太珍惜了。所以，要做到真正的节约，应树立正确的金钱观。

① 金钱不是白来的。很多孩子不知道家长挣钱的辛苦，以为钱来得很容易，所以花起来也不心疼。在国外，有很多孩子是从中小学就开始打工挣学费。因为有了切实的劳动过程，他们对于钱的来之不易才有切身的体会，花起钱来也就不会过于大手大脚。这一点，我们中国的中小学生也可以学一学。

② 懂得金钱不是万能的，还有比金钱更重要的东西。金钱很重要，但不是最重要的，还有很多东西比金钱还重要。有钱可以买来财物，却买不来精神和道德；有钱可以买来书本，却买不来知识；有钱可以买来药品，却买不来健康；有钱可以买来化妆品，却买不来自然美、心灵美；有钱可以雇人替你干活，却买不来自己的智力与能力；有钱可以拉拢别人，却买不来真正的友谊……

③ 不义之财不可取。孩子们一定要靠诚实的劳动去换取金钱，任何歪门邪道来的钱都不能要。对于中小学生来说，只能花自己挣的或者家长给的钱，绝不能私自拿家里的钱，更不能偷别人的钱。

(2) 花钱有节制，不要挥霍浪费

家长要让孩子明白：他们手中有一些零用钱，是应对每天的正常开销的，比如乘坐公共汽车或是以备不时之需的，不能拿这些钱来随意花费，不要买许多根本不需要的东西，造成金钱上的浪费。

教导孩子在买东西之前要想一想，并问一问自己，这件东西是不是一定要买？没有它行不行？如果答案是肯定的，那么就不要再买了。

另外，不要挥霍浪费。有很多孩子觉得钱是很重要的，不能随便浪费，可是对于衣物、食品、玩具和文具等一些东西，就没有节约的观念了，如铅笔还有一大截就不要了，草稿纸上零零碎碎地画了一点东西就扔了，不想吃的饭菜说倒就倒，牛奶不爱喝就倒掉。

(3) 有科学消费的观念

孩子现在手上的压岁钱和零用钱多了，就要拿这些钱进行科学的消费。

① 精神性消费。在家长和老师的指导下拿出一些钱来买书和杂志等。帮助孩子备一个小书架，一个月购买一本书、一本杂志等，这种日积月累的积攒，到了一定的时间，孩子就会有一批相当可观的藏书，这对于孩子的一生都会有好处。

② 道德性消费。鼓励孩子把省下来的零用钱用在支援灾区重建上。如果孩子能用自己省下来的钱捐献，那才是高尚道德的表现。

③ 发展性消费。家长如果能指导孩子把钱省下来交学费、买书本，用于上学，这种消费不仅有助于孩子的进一步发展，也可以为家长省下一笔钱来，也算是为父母分忧。

④ 交际性消费。逢年过节、亲朋好友生日，往往会送一些礼物表示祝贺，这是中国人的传统之一。但是一些中小学生就把这理解为毫无节制地请客送礼，甚至好多人在生日的时候，都要大宴宾客。其实，这也是一种浪费。孩子完全可以在亲人和朋友生日的时候，利用

手中的零用钱买一点有意义又不贵的小礼物，表示心意。只要表达出了自己的诚意，这样既能节约，又能维护彼此的感情。

⑤ 储蓄。父母指导孩子注意储蓄节约，试着学习理财。这都是很好的方法。

(4) 花钱有计划

若花钱没有计划和安排，我们就会寅吃卯粮，陷入困境。对于中小学生来说，也许这一点暂时还体现不出来，因为孩子现在大多吃住在家里，可是一旦离开了家，需要独自面对这个问题的时候，以往形成的花钱没计划的弊端就会显现出来。

三、科学饮食

1. 概念和内涵

所谓科学饮食，是指按照人体正常的发育发展需要来合理安排人们所要吃的食物和各种饮品，包括食物的种类、品质和数量等。科学饮食是要使人体既不能出现营养不足，也不能出现营养过剩，达到这两点要求的饮食习惯，才算是科学的饮食。

科学饮食包括的内容很多，主要有如下几个方面。

(1) 食物种类全面

人类是杂食动物。杂食可以保证营养物质的全面；杂食能够使各种营养成分互相补充，发挥更高的营养效果；杂食还可以刺激消化系统，使各种消化功能保持旺盛。

人应该是五谷杂粮、鸡鸭鱼肉、水果蔬菜、粗粮细粮、家禽野味、酸甜咸辣、葱姜大蒜无所不食。只有这样，才能保证身体健康。

(2) 定时、定量进餐

为了有一个健康的身体，中小学生应该养成定时吃饭的习惯，训练肠胃的活动，使它有一定的规律。这种习惯和规律的养成，对保持和增强胃肠活动的功能是大有好处的。

(3) 食物清淡少盐

世界卫生组织推荐的每人每日食盐适宜摄入量为6克。人的口味更多的是习惯，婴儿时期一般并不喜欢咸味，以后口味习惯主要是随着家庭和社会饮食习惯逐渐养成的。所以从现在起，就要养成清淡少盐的饮食习惯。

2. 培养要点

(1) 要吃粗粮和多种食物

食不厌精的观念改变了中国传统的饮食结构，不再以谷物为主食，而是以动物食品为主，其结果必然造成高蛋白、高热量和高热能的膳食结构。这样的膳食带来的危害已经很明显了，现在心脑血管病、肿瘤已经成为人类主要死亡原因，全国每天约有1.3万人死于慢性传染病。全国现有高血压患者1亿多人，糖尿病人6000万人，每年肿瘤发病人数达160万人。

食物太过精细，一方面会造成脂肪和热能过剩，另一方面会引起某些营养物质的缺乏。

为了健康，要注意多吃粗粮。

(2) 早餐不可马虎

很多人每天早上会把早餐省略掉，就是为了多睡那么十几分钟。也有一些人虽然也吃，但只是对付一下，根本没有把早餐提到健康的高度来重视。

一般来说，上午的活动量较大，是全天当中负担最重的半天。照理，早餐应该吃得最多。

孩子正处于生长发育的时期，体内能量消耗得更快，贮存的营养物质少，营养物质的供应更要及时。因此，早餐需吃好、吃饱。不少人因为不吃早餐或吃得太少又不好，每到上午11点左右，便会感到体力不支，脑力也不易集中，影响听课效果，甚至个别人会发生头晕、眼花、出冷汗、心跳等低血糖症状，直接影响身体健康。

(3) 坚持每天喝牛奶

作为中小学生，要注意补充足够的钙，而喝牛奶就是补钙最好的方法之一。

(4) 多吃蔬菜和水果

现在我们的中小学生中很多人已经有便秘的毛病了，究其原因是动物性食品和精细粮食吃得多，而蔬菜水果类吃得不够造成的。

(5) 常吃豆类食品和豆制品

豆类中不仅含有丰富的蛋白质，还有丰富的钙质，对于中小学生来说，虽然吃鱼、禽、蛋、肉可以满足蛋白质的需要，但是，这些都是动物蛋白，而豆类中的蛋白质则为植物蛋白，动物性蛋白和植物性蛋白应均匀摄入。为了解决膳食钙营养，一定要天天喝牛奶和多吃豆类食品和豆制品。

(6) 少喝含糖饮料，不喝咖啡和可乐

很多人爱喝果汁饮料。其实这是不好的习惯，因为果汁饮料中含有相当多的人工色素，过量的人工色素进入人体，容易沉着在消化道黏膜上，引起食欲下降和消化不良，还会干扰体内多种酶的功能，对人体新陈代谢和体格发育造成不良影响。并且，由于含糖量过高，容易从中获得不少热量，从而影响进食，长此以往，将造成营养不良。

咖啡的主要成分为咖啡因。这与医学上用作兴奋剂的咖啡因是同一种物质。嗜饮咖啡对正在发育中的青少年来说是非常不利的。它的危害主要有：一是容易使人急躁，必然影响学习效率；二是可引起食欲下降，失眠，记忆力减退；三是破坏儿童体内的某些维生素；四是引起肠痉挛，并且造成钙的流失，导致身材矮小。

为了身体的健康，在日常生活中一定要对这些饮料加以控制。

(7) 不乱用保健品

为了让孩子有更强健的体魄，更聪慧的头脑，现在的父母经常买一些所谓的儿童营养品给孩子吃。保健食品是根据不同人群的需要而生产的，也就是说，不同保健食品适宜食用的人群是不同的，所以挑选保健食品时，不能单纯凭着感觉走，也不能只跟着广告走。其实，如果做到了科学饮食，那些所谓的保健品一般是不需要的。

四、讲卫生

1. 定义和内涵

所谓卫生习惯，既包括个人卫生习惯，也包括公共卫生习惯。在个人卫生习惯方面，对于中小学生来说，主要有勤洗手、早晚刷牙、不吃脏东西、不舔手指、经常洗头洗澡、勤换衣服鞋袜等。在公共卫生方面，主要有不随地吐痰、不乱扔垃圾等。

对于一个人来说，良好的卫生习惯是十分重要的，它能有力地保证人的身体健康。同时，其还体现了个人面貌，也包含了对他人的尊重。在日常生活中，每个人都会有这样一种感觉：如果与你说话的人一张嘴一口大黄牙，还有一股口臭，你肯定会离得远远的；如果一个人一走近，你就闻到一股难闻的气味，你也不会与他太亲密；如果一个人的手指甲不仅长，而且里面总是黑黑的，我想没人会乐意从他手中接过东西。

所以，个人卫生虽然完全是个人的事，但是，如果不能做到干干净净，也会成为一个人际交往的障碍，原因很简单，没有人愿意与一个总是很邋遢的、看起来让人难受的人交往。

不良的个人卫生习惯主要有以下一些：一是不爱洗手；二是没有早晚刷牙的习惯；三是乱吃脏东西；四是舔手指；五是不爱勤洗头洗澡；六是不爱勤换衣服及鞋袜。

公共卫生习惯也很重要，常见的不良公共卫生习惯主要有乱扔垃圾，随地吐痰等。

这些不良卫生习惯的确是为自己或是周围人的健康带来了隐患，一定要改掉。

2. 培养要点

要培养讲卫生的习惯，应遵循以下要点：

① 常洗手，经常修剪指甲；
② 早晚刷牙；
③ 生吃瓜果要洗净；
④ 不吃手指；
⑤ 勤换衣服与鞋袜；
⑥ 不随地吐痰和乱扔垃圾。